# 房屋建筑学

## 第 2 版

主　编　陈晓霞

副主编　张金伟　吴双双　尹　涛

参　编　曹　鸽　李　敏　冯　超
　　　　梁　莉　张保臣　赵韩菲

机械工业出版社

本书为应用型本科土木工程系列教材之一，根据《高等学校土木工程本科指导性专业规范》、教育部"卓越工程师教育培养计划"及现行规范、有关政策法规与技术标准，在第 1 版基础上编写而成。

　　本书主要内容分为上、中、下三篇，上篇为民用建筑，中篇为工业建筑，下篇为专篇。附录中新增现行常用建筑规范汇编和房屋建筑学课程设计任务书，方便师生及工程技术人员使用。

　　本书内容翔实、图表丰富，并设有相关例题，可作为土木工程专业、工程管理专业及其他相关专业教材，也可供土木工程技术人员学习参考和使用。

**图书在版编目（CIP）数据**

房屋建筑学/陈晓霞主编. —2 版. —北京：机械工业出版社，2022.7
（2024.8 重印）

　　ISBN 978-7-111-70679-3

　　Ⅰ.①房… Ⅱ.①陈… Ⅲ.①房屋建筑学-高等学校-教材 Ⅳ.①TU22

中国版本图书馆 CIP 数据核字（2022）第 076240 号

机械工业出版社（北京市百万庄大街 22 号　邮政编码 100037）
策划编辑：李宣敏　　　　　责任编辑：李宣敏
责任校对：潘　蕊　王　延　封面设计：张　静
责任印制：张　博
北京建宏印刷有限公司印刷
2024 年 8 月第 2 版第 5 次印刷
184mm×260mm・17.75 印张・472 千字
标准书号：ISBN 978-7-111-70679-3
定价：50.00 元

电话服务　　　　　　　　　网络服务
客服电话：010-88361066　　机　工　官　网：www.cmpbook.com
　　　　　010-88379833　　机　工　官　博：weibo.com/cmp1952
　　　　　010-68326294　　金　书　网：www.golden-book.com
**封底无防伪标均为盗版**　机工教育服务网：www.cmpedu.com

# 前　言

2019 年以来，随着《民用建筑设计统一标准》（GB 50352—2019）、《绿色建筑评价标准》（GB/T 50378—2019）等新标准及其他相关法律法规的颁布，以及国家对环境保护的日渐重视，装配式建筑在新建建筑中占有越来越大的比重。为适应国家对装配式建筑及环境保护的要求和建筑业的发展，民用建筑工业化部分，在第 1 版的基础上增加了装配式建筑的内容；同时，新增专篇，包括绿色建筑和建筑节能；附录中新增现行常用建筑规范汇编和房屋建筑学课程设计任务书，方便师生及工程技术人员使用。综合上述内容，结合现行标准规范及新的研究成果，对第 1 版内容进行了修订和完善。

本书分为上、中、下三篇共 18 章。上篇为民用建筑，其内容包括：民用建筑设计概论、建筑平面设计、建筑立面设计、建筑剖面设计、民用建筑构造概论、基础与地下室、墙体、楼地层及阳台与雨篷、屋面、楼梯及其他垂直交通设施、门和窗、变形缝、民用建筑工业化。中篇为工业建筑，其内容包括：工业建筑概论、单层工业建筑设计以及单层工业建筑构造。下篇为专篇，包括绿色建筑和建筑节能。

本书由安阳工学院陈晓霞、安阳工学院张金伟、哈尔滨理工大学吴双双、安阳工学院尹涛、河南智博建筑设计有限公司梁莉、河南智博建筑设计有限公司张保臣、郑州科技学院李敏、河南科技职业大学曹鸽、安阳工学院冯超和安阳工学院赵韩菲共同参与编写，由陈晓霞主编并统稿。

本书具体分工如下：第 1、3、4 章由吴双双编写；第 2、13、14 章由李敏编写；第 5、12 章由梁莉、张保臣编写；第 6、9 章由张金伟编写；第 7、15 章由曹鸽编写；第 8、10 章、附录由陈晓霞编写；第 11、16 章由尹涛编写；第 17 章由赵韩菲编写；第 18 章由冯超编写。

在本书的编写过程中参阅了现行的建筑标准规范及国内外同行的著作，并得到了有关业内人士的大力支持，在此表示衷心的感谢！

由于编者水平有限，书中疏漏或不妥之处在所难免，恳请广大读者批评指正！

编　者

# 目　　录

## 中篇　工　业　建　筑

## 下篇　专　　　篇

# 上篇 民用建筑

# 第1章 民用建筑设计概论

建筑是建筑物和构筑物的总称。凡是供人们在其内进行生产、生活或其他活动的房屋（或场所）都称为建筑物，如住宅、教学楼、厂房等；只为满足某一特定的功能建造的，人们一般不直接在其内进行活动的场所则称为构筑物，如水塔、电视塔、烟囱等。本课程所指的建筑主要是房屋建筑。

## 1.1 建筑的起源与发展

人类漫长的发展史，从为了躲避自然环境对自身的伤害栖树、岩洞而居，逐步完善、发展，最终创造出了各式各样的建筑物。由于我国与外国在历史条件、意识形态、建筑技术、自然条件等方面的差别，使得国内外建筑的发展也各具特色。

### 1.1.1 我国建筑的起源与发展

**1. 我国古代建筑发展**（1840 年以前）

据古代文献记载，我国原始社会主要为"构木为巢"的"巢居"和"穴而处"的"穴居"两种主要构筑方式。

"巢居"形式演化出了我国南方的干阑（图 1-1）构筑方式。距今 6900 年历史的浙江余姚河姆渡史前文化遗址，标志着巢居发展序列已完成向干阑建筑的过渡。

穴居为我国北方氏族部落广泛采用的居住方式。西安半坡村遗址（图 1-2）中已出现明确的地面建筑，并出现"间"的雏形，标志着我国以间架为单位的木构框架体系趋于形成。

夏、商、周时期在原始穴居和干阑营造的基础上，突出地发展了夯土技术。木构与夯土技术结合，形成了"茅茨土阶"的构筑方式。河南偃师二里头遗址（图 1-3）是至今发现的我国最早的规模较大的木架夯土建筑和庭院的实例。我国传统院落式建筑群组合开始定型。安阳殷墟主要宫殿宗庙建筑规模宏大，互相连属，多重院落组合有序、左右对称，反映了我国古代宫殿建筑特有的均衡感、秩序感和审美意趣，开创了我国古代厅堂建筑的独特风格，代表了我国古代早期宫殿建筑的先进水平。

瓦的发明是西周建筑上的突出成就。"瓦屋"的出现，开始了我国建筑以土、木、瓦、石为基础用材的悠久传统。

两汉是我国古代第一个中央集权的王朝，也开启了我国建筑发展的第一个高潮。这期间，我国传统建筑的抬梁、穿斗和井干三种主要大木构架体系都已出现并趋于成熟，与之相适应的

图 1-1　余姚河姆渡村遗址的干阑建筑构件

a）柱头榫　b）柱脚榫　c）平身柱榫卯　d）转角柱榫卯　e）加销钉的梁头榫　f）企口板　g）直棂栏杆构件

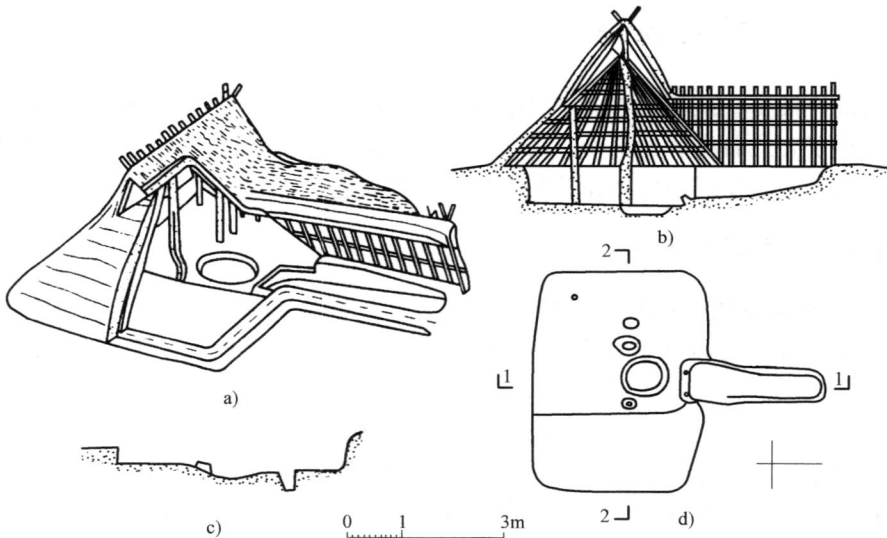

图 1-2　西安半坡村遗址

a）剖面图复原想象　b）断面图 1-1 复原想象　c）断面图 2-2　d）发掘平面

平面布局和外部造型亦基本完备，我国古代建筑作为一个独特的体系在汉朝基本形成，如图 1-4、图 1-5 所示。

隋唐建筑规模宏大，规划严整，我国建筑群的整体规划在这一时期日趋成熟。唐朝首都长安是当时世界上规模最宏大的城市之一，其规划也是我国古代都城中最为严整的。长安城内的帝王宫殿大明宫极为雄伟，其遗址范围即相当于明清故宫紫禁城总面积的 3 倍多，如图 1-6 所示。

北宋李诫编修的《营造法式》一书记录了宋代建筑设计、建筑做法、建筑施工等的系统知识，是我国现存最早、古籍中最完善的一部建筑技术专业书籍。

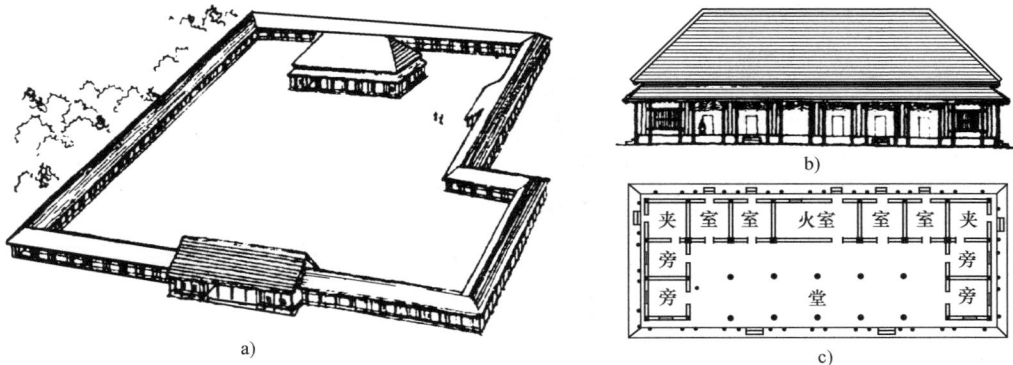

图 1-3　河南偃师二里头（夏末都城斟鄩）一号宫殿复原图
a）鸟瞰图　b）立面图　c）平面图

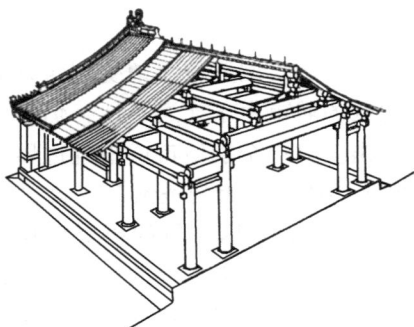

图 1-4　抬梁式木构架

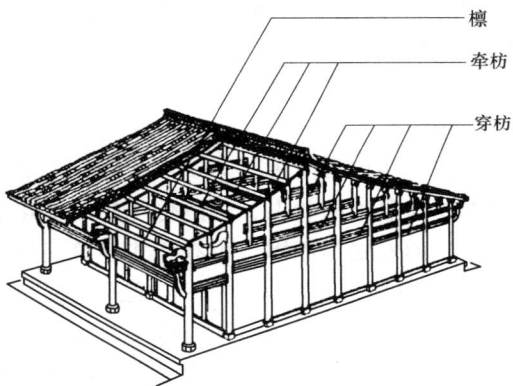

图 1-5　穿斗式木构架

图 1-6　大明宫复原图

　　明清时期是我国古建筑体系的最后一个高峰时期，最大成就在园林领域。明代的江南私家园林和清代的北方皇家园林都是最具艺术性的古代建筑群。清朝政府颁布了《工部工程做法则例》，官式建筑完全定型化、标准化，另有《营造法式》和《园冶》。因制砖技术提高，用砖建的房屋数量猛增，城墙基本都以砖包砌，大木大式建筑也出现了砖建的"无梁殿"。北京故宫（图 1-7）、沈阳故宫、坛庙（北京天坛）、帝王陵墓、古城市（明清北京城、明南京城）和南北方民居（江浙一带的民居和北京的四合院）代表着明清时期前所未有的建造设计水平。

图 1-7　北京故宫

**2. 我国近代建筑发展**（1840~1949 年）

1840 年鸦片战争标志着我国步入了半殖民地半封建社会。我国近代建筑的历史也由此被动地在西方建筑文化的冲击、激发与推动下展开了。我国传统建筑文化的发展与西方外来建筑文化的传播，这两种建筑活动的互相作用，构成了我国近代建筑史的主线。

（1）19 世纪末至 20 世纪初——洋式建筑　随着外国文化的大规模侵入，我国国土上除了传统的古代建筑在延续、演变外，欧洲建筑样式逐渐增多，在我国近代建筑历史上形成了以模仿或照搬西洋建筑为特征的潮流。

我国沿海地区、长江沿岸地区的一些城市较早作为商埠开放，因此较多地受到西方文化的影响，在这些城市出现了某些洋式建筑。而大部分内陆地区的城市由于交通不便，仍处于与外部世界较为隔绝的状态，我国传统建筑文化的表现更为突出。只有个别城市或临近边界，或因铁路建设的发展等原因，也有洋式建筑兴建，如图 1-8 所示的哈尔滨市的圣索菲亚教堂。

（2）20 世纪 20 年代——传统式建筑　20 世纪 20 年代以后，我国建筑的历史反映出了世界现代建筑思潮的影响，同时也反映出了我国建筑师面对列强的入侵而激发的民族意识，这两种因素有剧烈的碰撞、交叉和融和，出现了以模仿我国古代建筑或对之改造为特征的潮流。

传统式建筑的典型代表是由第一代建筑师吕彦直（1894—1929）设计的南京中山陵。中山陵陵园总体平面呈钟形，引人发"木铎警世"之想，寓意深远；墓在祭堂后合乎我国观念，式样采古制，建筑朴实坚固，形势及气魄极似中山先生之气概及精神，如图 1-9 所示。

图 1-8　圣索菲亚教堂

a)

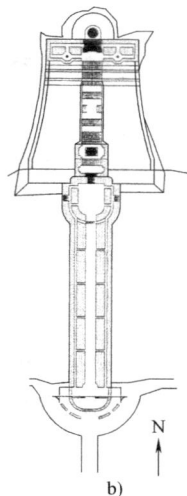

b)

图 1-9　南京中山陵
a）沿中轴线全景　b）总平面

（3）20 世纪 30 年代——新式建筑　受 20 世纪 30 年代欧美"国际式"新建筑潮流的冲击，我国近代建筑的历史呈现出中与西、古与今、新与旧多种体系并存、碰撞与交融的错综复杂状态，形成了新式建筑。如图 1-10 所示的上海汇丰银行。

图 1-10　上海汇丰银行

### 3. 我国现代建筑发展（1949 年以后）

1949 年新中国成立后至 1976 年前，我国建筑业虽有发展但极其有限。1978 年 12 月，中国共产党第十一届三中全会以后，我国建筑活动开始出现全面繁荣的新局面。步入 21 世纪，减少建筑对能源的消耗、降低建筑全生命周期中产生的碳足迹、创新使用可再生能源、将能源系统和建筑美学有机地结合在一起等设计理念已成为建筑行业的趋势。

由同济大学建筑设计研究院设计的郑州市中原福塔（即河南省广播电视发射塔）（图 1-11），塔高 388m，是现今世界最高的钢结构电视塔。中原福塔在结构（图 1-12）、材料和施工方面采用了诸多技术创新（如塔体基本可以实现终身免维护，且不易变色），被专家们称为"现代建筑与艺术的完美结合，是美学元素融入科学设计的一次伟大尝试"。

图 1-11　中原福塔

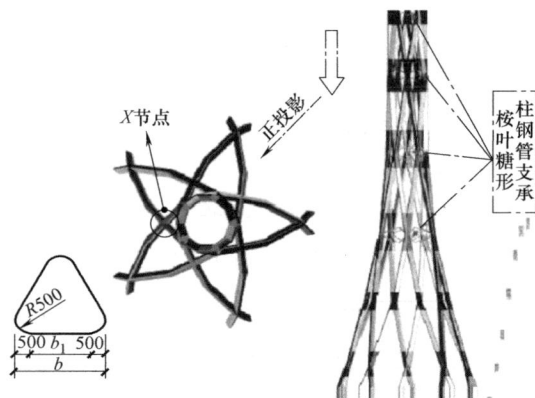

图 1-12　桉叶糖形钢柱结构示意图

### 1.1.2 西方建筑的起源与发展

#### 1. 西方古代建筑发展（1640 年以前）

旧石器时代的欧洲原始人，以狩猎和食物采集为主，居无定所，只能居住在天然的洞穴中或栖居在大树上。新石器时代，原始的农牧业产生后，原始人类开始选择适宜的地方定居下来，出现了村落的雏形。大约在前 5000 年，在西班牙和葡萄牙南部发现的筑有堡垒的村庄，是欧洲早期的巨石遗存。欧洲、北非的地中海沿岸，法国西部及北部，英国、爱尔兰、丹麦、瑞典及德国北部、东亚和南亚沿海等地区，也发现了大量的"巨石建筑"，这些建筑为西方石造纪念性建筑打下了基础。图 1-13 为英格兰索尔伯里的石环。

对西方古典建筑产生影响的古代文明建筑有：古埃及建筑、古西亚建筑和爱琴海建筑。

古埃及建筑在陵墓（如马斯塔巴金字塔和崖墓）和神庙的建设上有突出的成就。其中，神庙的建设是人类历史上第一次大规模的有组织的纪念性建筑（图 1-14）。

图 1-13　英格兰索尔伯里的石环

图 1-14　卡纳克神庙

古西亚时期的宫殿开创了利用拱券和穹隆（古罗马发扬光大）结构系统来建立空间关系的建构方式，对古罗马建筑影响很大。拱券的使用，克服了梁柱的局限性，用很少的材料就获得了很大的空间。如图 1-15 所示的萨艮二世王宫。

爱琴海地区宫殿建筑的梁柱体系及柱头做法，对希腊建筑的发展有很大影响。宫殿建筑（如克里特文明的米诺斯王宫）复杂的平面和空间组织，体现出了与西亚建筑的诸多关联。爱琴海地区建筑中，最负盛名的是采用叠涩券和三角形装饰石板的卫城狮子门（图 1-16）。

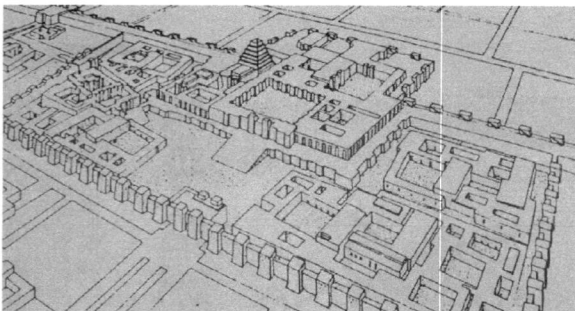

图 1-15　萨艮二世王宫

图 1-16　卫城狮子门

古希腊建筑的形式语言和内在思想奠定了西方建筑最核心的精神观念。古希腊梁柱建造系统和以柱式（图 1-17）来形成整个建筑秩序的方式一直影响到 19 世纪、20 世纪。

雅典卫城是古希腊建筑的典范，是雅典人为了纪念波希战争的胜利而修建的一组建筑群。帕提农神庙（图 1-18）是雅典卫城的主体建筑，其恰当地选择了陶立克柱式，使整个神庙尺度适宜，简洁大方，风格明朗。

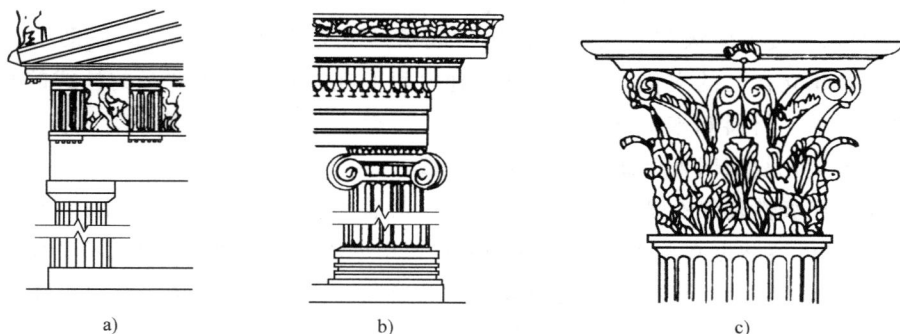

图 1-17　西洋古典柱式
a）陶力克柱式　b）爱奥尼克柱式　c）科林斯柱式

　　古罗马建筑在建筑空间处理以及结构、材料、施工等方面都取得了重大成就，形成了独特的建筑风格。在空间处理上，注重空间的层次、形体的组合，达到了宏伟壮观的效果；在结构方面发展了拱券和穹顶结构，在建筑材料上运用了当地出产的天然混凝土，有效地取代了石材。古罗马万神庙（图 1-19）就是穹顶技术的成功范例——从建筑构图到结构形式，堪称古罗马建筑的珍品。

图 1-18　帕提农神庙

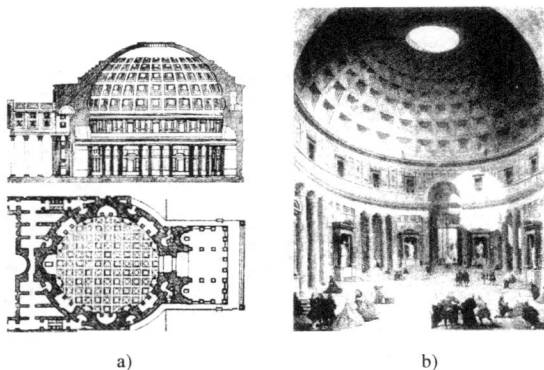

图 1-19　古罗马万神庙
a）平面图　b）室内透视图

　　在 4~5 世纪，欧洲各国先后进入到中世纪的封建社会。在这一时期，宗教建筑得到了迅速的发展，能容纳上千人的大教堂、修道院等便成了这一时期建筑活动的重要内容。为了适应大空间、大跨度的要求，建筑技术也有了进一步的发展，拱肋结构、飞扶壁结构、穹帆结构相继出现，使建筑内外部空间更加丰富多彩。法国的巴黎圣母院（图 1-20）反映了强烈的宗教气氛，不但是哥特式建筑的上乘之作，同时也是世界建筑史上无与伦比的杰作。

　　**2. 西方近代建筑发展**（1640~1917 年）

　　西欧资本主义因素的萌芽，14 世纪从意大利开始，15 世纪以后遍及各地。因此一般欧洲史学家把欧

图 1-20　巴黎圣母院

洲近代史从15世纪中叶算起，因为那时开始出现了与中古告别的文艺复兴、宗教改良，以及各种新思潮，为后来的启蒙思想家提供资源。

在14世纪末，资产阶级在上层建筑领域掀起了"文艺复兴运动"，即借助于古典文化来反对封建文化并建立自己的文化。在这期间，建筑家们在古希腊、古罗马的柱式的基础上，结合当时的建造技术、材料和施工方法等，总结出了一套完整的建筑构图原理。于是，各种拱顶券廊、柱式成为文艺复兴时期建筑构图的主要手段。

这一时期的代表性建筑有罗马圣彼得大教堂，其总面积为2.3万 $m^2$，主体建筑高45.4m，长约211m，最多可容纳近6万人同时祈祷，历时120年建成（1506~1626年），罗马最优秀的建筑师都曾主持过其设计与施工。罗马圣彼得大教堂集中了16世纪意大利建筑在结构和施工方面的最高成就，是意大利文艺复兴时期最伟大的纪念碑，如图1-21所示。

**3. 西方现代建筑发展**（1917年以后）

19世纪中叶开始，一批建筑师、工程师、艺术家纷纷提出了各自的见解，倡导"新建筑"运动。到20世纪20年代已形成了一套完整的理论体系，即注重建筑的使用功能与建筑形式的统一，力求体现材料和结构特性，反对虚假、烦琐的装饰，并强调建筑的经济性及规模建造。德国著名建筑师设计的"鲍豪斯"校舍，就是现代建筑的典型代表。校园按功能要求合理分区，平面灵活布局，立面简洁大方，体型新颖，如图1-22所示。

图1-21　罗马圣彼得大教堂

图1-22　"鲍豪斯"校舍

随着社会的不断发展，特别是19世纪以来，钢筋混凝土的应用、电梯的发明、新型建筑材料的涌现和建筑结构理论的不断完善，使高层建筑、大跨度建筑相继问世。特别是第二次世界大战以后，建筑设计思潮非常活跃，出现了设计多元化时期，同时也创造出了丰富多彩的建筑形式。

罗马小体育馆的平面是一个直径为60m的圆，可容纳观众5000人，兴建于1957年，由意大利著名结构工程师奈尔维设计。它使用要求、结构受力和艺术效果有机地结合起来，可谓体育建筑的精品，如图1-23所示。

由美国加州建筑师弗兰克·盖里（Frank O. Gehry）设计，1997年落成启用的西班牙毕尔巴鄂古根海姆博物馆（图1-24），其结构由建筑师借助空气动力学软件设计而成，使用了玻璃、钢和石灰岩等建筑材料，部分表面还包覆钛金属，与该市长久以来的造船业传统遥相呼应。该博物馆造型奇美、结构特异、材料崭新，堪称20世纪90年代最伟大的人类建筑之一。

图 1-23　罗马小体育馆

图 1-24　西班牙毕尔巴鄂古根海姆博物馆

# 1.2　建筑的基本构成要素

尽管各类建筑物和构筑物有许多差别，但其共同点都是为满足人类社会的需要，利用物质技术条件，按照科学法则和审美要求建造的相对稳定的人为空间。由此可以看出，无论建筑物还是构筑物，都是由三个基本的要素构成，即建筑功能、物质技术条件和建筑形象，通称为建筑的三要素。

### 1. 建筑功能

所谓建筑功能，是指建筑在物质方面和精神方面的具体使用要求，也是人们建造房屋的目的，不同的功能要求产生了不同的建筑类型。例如，工厂为了生产，住宅为了居住、生活和休息，学校为了学习，影剧院为了文化娱乐，商店为了买卖交易等。随着社会的不断发展和物质文化生活水平的提高，建筑功能将日益复杂化、多样化。

### 2. 物质技术条件

建筑的物质技术条件是实现建筑功能的物质基础和技术手段。物质基础包括建筑材料与制品、建筑设备和施工机具等；技术手段包括建筑设计理论、工程计算理论、建筑施工技术和管理理论等。其中，建筑材料和结构是构成建筑空间环境的骨架，建筑设备是保证建筑达到某种要求的技术条件。建筑施工技术则是实现建筑生产的过程和方法。例如，钢材、水泥和钢筋混凝土的出现，解决了现代建筑业的大跨度和高层建筑中的结构难题。由于现代各种新材料、新结构、新设备的不断出现，使得多功能大厅、超高层建筑、薄壳、悬索等大空间结构的建筑功能和建筑形象得以实现。

### 3. 建筑形象

建筑形象是建筑体型、立面式样、建筑色彩、材料质感、细部装饰等的综合反映。好的建筑形象具有一定的感染力，给人以精神上的满足和享受，如宏伟庄严、朴素大方、简洁明快、生动活泼、绚丽多姿等。建筑形象并不单纯是一个美观的问题，它还反映时代的生产力水平、文化生活水平和社会精神面貌，反映民族特点和地方特征等。

上述三个基本构成要素中，建筑功能是主导因素，它对物质技术条件和建筑形象起决定作用；物质技术条件是实现建筑功能的手段，它对建筑功能起制约或促进的作用；建筑形象则是建筑功能、技术和艺术内容的综合表现。在优秀的建筑作品中，这三者是辩证统一的。

# 1.3　建筑设计的要求和依据

## 1.3.1　建筑设计的要求

### 1. 符合城市规划的要求

建筑是城市的组成部分，建筑设计应符合城市规划的要求。建筑项目的用地性质、容积率、建筑密度、绿地率、建筑高度及其建筑基地的年径流总量控制率等控制指标，应符合所在地控制性详细规划的有关规定。建筑及其环境设计应满足城乡规划及城市设计对所在区域的目标定位及空间形态、景观风貌、环境品质等的控制和引导要求，并应满足城市设计对公共空间、建筑群体、园林景观、市政等环境设施的设计控制要求。

### 2. 满足建筑功能的要求

满足使用者对建筑的功能要求，为人们的生产和生活活动创造良好的环境，是建筑设计的首要任务。例如，设计住宅时，首先要满足家居生活的需求，各个卧室设置应该做到布局合理、通风采光良好，同时还要合理安排客厅、书房、厨房、餐厅、卫生间等用房，使各类活动有序进行、动静分离、互不干扰。

### 3. 适应所处的环境特点

我国幅员辽阔，各地区气候差别很大，建筑设计必须与当地的气候特点相适应。对于寒冷地区，建筑设计应满足保温、防冻、防止冷风渗透等要求，其平面形式宜采用有利于保温防寒的集中式布置，且外窗的大小、层数及墙体的材料与厚度受到一定的限制；炎热地区的建筑则应保证通风、隔热等要求，建筑的平面设计布局常以分散式布置为主。构造设计也应采取相应的措施。

### 4. 采用合理的技术措施

合理的技术措施能够保证建筑物的施工安全、经济有效的建造和使用。为达到可持续发展的更高目标，应根据不同设计项目的特点，正确选用相关的材料和技术，并根据建造空间组合的特点，选择适用的建筑结构体系、合理的构造方式和施工方案，力求做到高效率、低能耗，并且保证建筑物建造方便、坚固耐用。

### 5. 具有良好的经济效益

工程项目的建造是一个复杂的物质生产过程，需要投入大量的人力、物力和资金。一般在项目立项的初始阶段应该确定项目的总投资，在设计的各个阶段还要有周密的计划和核算，反复进行项目投资的估算、概算以及预算，重视经济领域的客观规律，讲究经济效果，以保证项目能够在给定的投资范围内得以实现或根据实际情况及时予以合理的调整。

### 6. 符合相关的方针政策及法规

建筑设计应满足我国相关的方针政策和法律法规。《民用建筑设计统一标准》（GB 50352—2019）中明确指出，民用建筑设计应符合"适用、经济、绿色、美观"的建筑方针，满足安全、卫生、环保等基本要求。要突出建筑使用功能以及节能、节水、节地、节材和环保，防止片面追求建筑外观形象。

### 7. 考虑建筑的视觉效果

建筑物在满足使用功能的同时，还要考虑人们对建筑物审美方面的要求，以及建筑物所给予人们的精神享受。高品质的建筑设计应当既有良好、鲜明的个性特征，同时又是整个城市空间和谐、有机的组成部分。

## 1.3.2　建筑设计的依据

### 1. 使用功能

建筑设计要考虑人体和人体活动空间尺度。建筑是为人使用的，在建筑设计中，首先必须满足的就是人的生理需要、人体尺寸及其使用规律。建筑空间应以人体基本动作所要求的空间也就是人体工程学的原则为基本依据。

建筑设计应考虑家具、设备的空间尺度。各类空间为满足其使用要求，都需要有家具、设备。因此，家具和设备尺寸以及人们在使用家具设备时的活动空间，是确定房间形状和面积的重要依据，如图 1-25 所示。

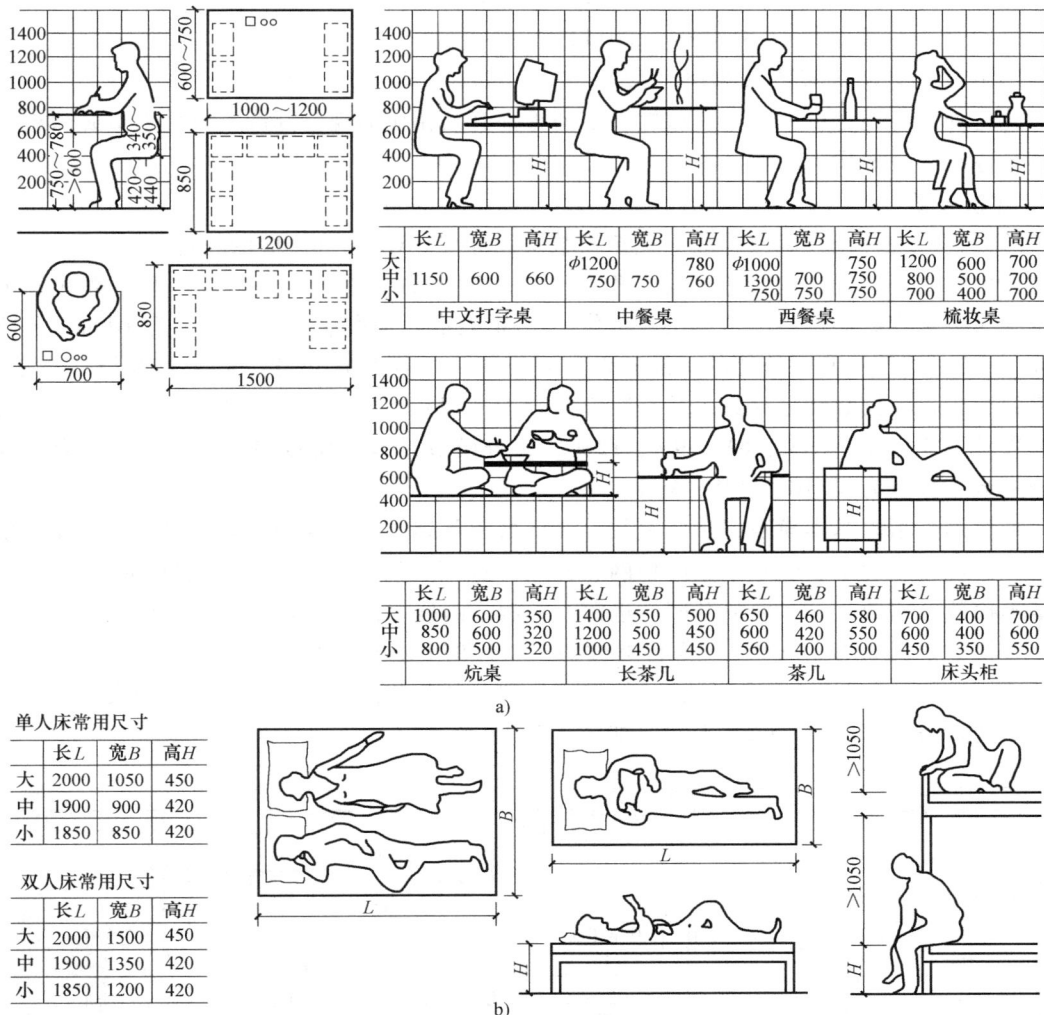

|  | 长L | 宽B | 高H | 长L | 宽B | 高H | 长L | 宽B | 高H | 长L | 宽B | 高H |
|---|---|---|---|---|---|---|---|---|---|---|---|---|
| 大 | 1150 | 600 | 660 | φ1200 | 750 | 780 | φ1000 | 700 | 750 | 1200 | 600 | 700 |
| 中 |  |  |  | 750 |  | 760 | 1300 | 700 | 750 | 800 | 400 | 700 |
| 小 |  |  |  |  |  |  | 750 | 750 | 750 | 500 |  | 700 |
|  | 中文打字桌 | | | 中餐桌 | | | 西餐桌 | | | 梳妆桌 | | |

|  | 长L | 宽B | 高H | 长L | 宽B | 高H | 长L | 宽B | 高H | 长L | 宽B | 高H |
|---|---|---|---|---|---|---|---|---|---|---|---|---|
| 大 | 1000 | 600 | 350 | 1400 | 550 | 500 | 650 | 460 | 580 | 700 | 400 | 700 |
| 中 | 850 | 600 | 320 | 1200 | 500 | 450 | 600 | 420 | 550 | 600 | 400 | 500 |
| 小 | 800 | 600 | 320 | 1000 | 450 | 450 | 560 | 400 | 500 | 450 | 350 | 550 |
|  | 炕桌 | | | 长茶几 | | | 茶几 | | | 床头柜 | | |

a)

单人床常用尺寸

|  | 长L | 宽B | 高H |
|---|---|---|---|
| 大 | 2000 | 1050 | 450 |
| 中 | 1900 | 900 | 420 |
| 小 | 1850 | 850 | 420 |

双人床常用尺寸

|  | 长L | 宽B | 高H |
|---|---|---|---|
| 大 | 2000 | 1500 | 450 |
| 中 | 1900 | 1350 | 420 |
| 小 | 1850 | 1200 | 420 |

b)

图 1-25　人体与家具关系尺度部分常用图例
a）桌、台的尺寸、尺度　b）床的尺度

### 2. 自然与环境

建筑物的平面形状、体型及墙体、门窗、屋顶、地面等围护结构都要受到自然条件包括温度、湿度、日照、雨雪、风速、风向等气候条件及地形、地质条件以及地震烈度等的限制和制约。例如，水文条件会直接影响建筑物基础及地下室是否需采用相应的防水和防腐措施。

同时，建筑物的平面布置、体型、立面造型、场地布置等还会受到其周围建筑、道路、绿化等环境的限制。脱离自然与环境来做设计是难以想象的。

**3. 建筑设计标准、规范、规程**

建筑设计必须根据设计项目的性质、内容，依据相关的建筑标准、规范完成设计工作。常用的主要标准和规范有：

1)《民用建筑设计统一标准》（GB 50352—2019）。

2)《绿色建筑评价标准》（GB/T 50378—2019）。

3)《房屋建筑制图统一标准》（GB/T 50001—2017）。

4)《住宅设计规范》（GB 50096—2011）。

5)《建筑设计防火规范（2018 年版）》（GB 50016—2014）。

除此之外，各类建筑如住宅、旅馆、办公等都有其相应的规范标准，设计人员必须遵守各种规范与标准来完成设计工作。

**4. 建筑模数**

建筑设计应符合现行国家标准《建筑模数协调标准》GB/T 50002 的规定。

所谓模数，是指选定的尺寸单位，作为尺度协调中的增值单位，分为基本模数和导出模数。基本模数是模数协调中的基本尺寸单位，用 M 表示。基本模数的数值应为 100mm（1M = 100mm）。整个建筑物和建筑物的一部分以及建筑部件的模数化尺寸，应是基本模数的倍数。导出模数分为扩大模数和分模数，其基数应符合下列规定：扩大模数是基本模数的整数倍数，扩大模数基数应为 2M、3M、6M、9M、12M 等；分模数是基本模数的分数值，一般为整数分数，分模数基数应为 M/10、M/5、M/2。

模数数列是指以基本模数、扩大模数、分模数为基础，扩展成的一系列尺寸，需要根据功能性和经济性原则确定。建筑平面的柱网、开间、进深、层高、门窗洞口等主要定位线尺寸，应为基本模数的倍数——平面的开间、进深、柱网或跨度、门窗洞口等主要定位尺寸，宜采用水平扩大模数数列 $2n$M、$3n$M（$n$ 为自然数）；层高和门窗洞口高度等主要标准尺寸，宜采用竖向扩大模数数列 $n$M（$n$ 为自然数）。构造节点和分部件的接口尺寸等宜采用分模数数列，且分模数数列宜采用 M/10、M/5、M/2，如图 1-26 所示。

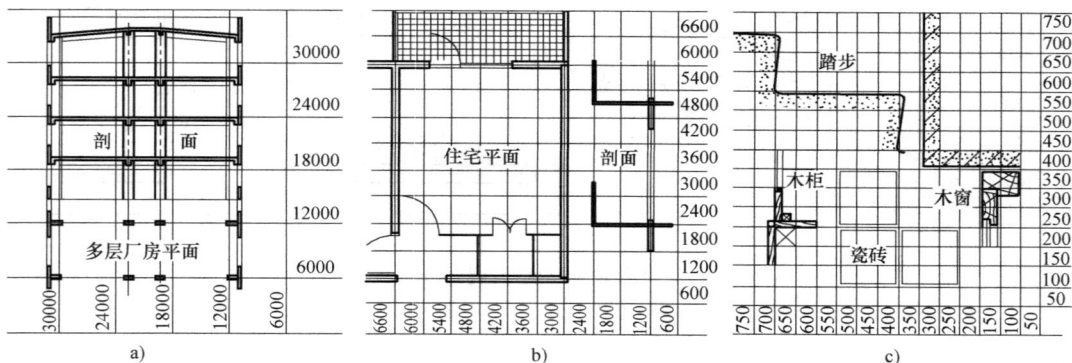

图 1-26　模数数列应用示例

a）适用于扩大模数 60M 数列　b）适用于扩大模数 6M 数列　c）适用于分模数 1/2M 数列

# 思　考　题

1. 建筑的含义是什么？
2. 我国古代建筑体系何时基本形成？
3. 在我国近代建筑思潮影响下，产生了哪些有特点的建筑？
4. 对西方古典建筑产生影响的古代文明建筑有哪些？
5. 当前建筑业的发展趋势是什么？
6. 建筑的基本构成要素是什么？
7. 建筑设计的要求是什么？建筑设计的依据是什么？
8. 何为模数？如何选择模数数列？

# 第2章　建筑平面设计

一个完整的建筑物在进行建筑设计时应从平面、立面、剖面三个不同方向的投影来综合分析建筑物的各种特征，并利用制图知识和相应图示表达出设计意图。

建筑的平面、立面、剖面设计是密不可分而又相互制约的，平面设计主要反映建筑平面各部分的特征和关系，建筑使用功能的要求，建筑和周围环境的关系。在进行方案设计时，主要从平面设计入手，同时结合立面和剖面设计的可能性及合理性来进行建筑设计，因此，建筑平面设计是基本也是关键。

## 2.1　建筑平面设计的内容

建筑平面设计主要是指建筑物单个房间平面设计和平面组合设计。所谓的建筑平面图，一般理解为用一个假想的水平切面在一定高度位置（通常是窗台高度以上、门洞高度以下）将房屋剖切后，做切面以下部分的水平面投影图（图2-1）。从图2-2所示的住宅平面示意图可以看出其组合关系，分为使用部分和交通联系部分。使用部分分为主要使用房间和辅助使用房间，主要使用房间如住宅楼中的客厅、卧室，教学楼中的教室、办公室，宿舍楼中的宿舍，是整个建筑物的核心部分；辅助使用房间如住宅楼中厨房、卫生间、储藏室，以及一些建筑物中电、水、暖设备用房等。交通联系部分是建筑物中各房间之间、楼层之间和室内外间的联系空间，如各类建筑物中的走廊、楼梯、门厅、电梯等。

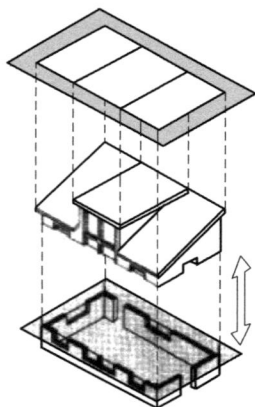

图 2-1　建筑平面图概念

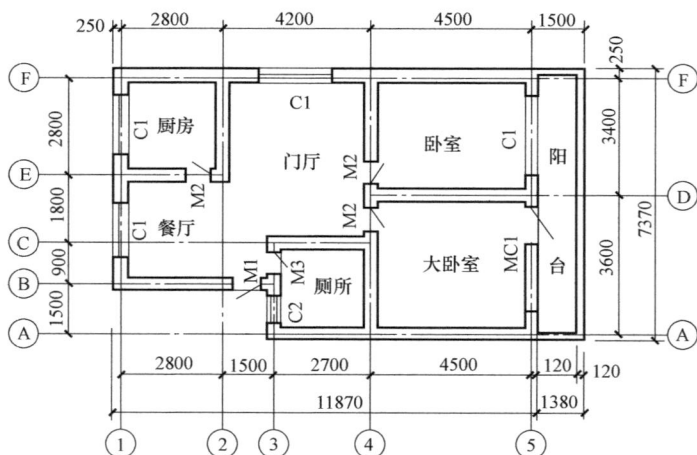

图 2-2　某住宅一层平面图

## 2.2　主要使用房间的设计

主要使用房间是整个建筑物的核心部分，因此在设计时要满足不同房间的使用功能要求，如住宅中的卧室、书房要求安静、无干扰；办公楼中办公室办公时间长，要求朝向好；宿舍楼中的宿舍需要摆放高低床、书桌，决定了层高和门开设位置等。同时还要符合相关规范要求，并尽可能简捷顺畅。这些概括起来为：

1）房间的形状、尺寸、面积满足室内家具、设备、使用的合理布置要求。
2）门窗的位置、大小，满足出入方便、通风采光良好、疏散方便的要求。
3）房间的构成应使结构合理、施工方便，且方便整个建筑物的组合。

### 2.2.1　房间的形状

房间的形状常见的有矩形、正方形、多边形、圆形、扇形等。房间形状的确定主要受建筑物功能，室内活动特点，家具、设备类型及布置方式，采光通风等因素影响；另外还应考虑结构、构造、施工等因素和人们对室内空间的观感。大多数民用建筑房间形状常采用矩形，是因为矩形形状平面简单、墙体平直，与矩形家具设备尺寸相吻合，便于布置，具有较大的灵活性。

一些中小学教室，也可以采用正方形、六边形形状，如图 2-3 所示；对于有特殊功能要求，且空间较大、对外观有美观要求的，如剧院、体育馆，不需要考虑多个房间的组合，可以采用非矩形形状，如图 2-4 所示。

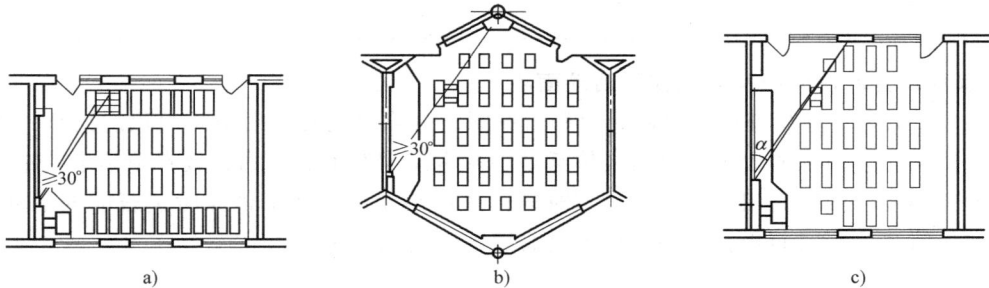

图 2-3　教室形状
a）矩形教室　b）六边形教室　c）正方形教室

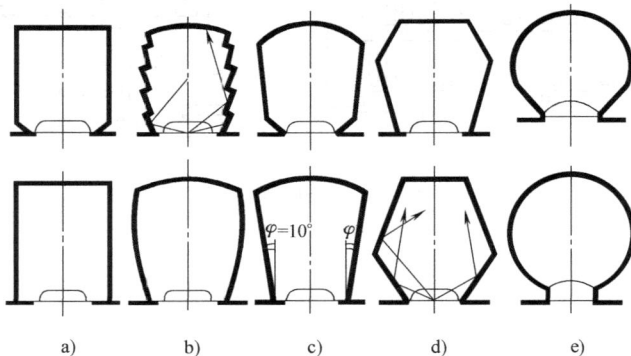

图 2-4　观众厅的平面形状
a）矩形　b）钟形　c）扇形　d）六角形　e）圆形

### 2.2.2　房间的面积

房间的面积主要由家具设备占用面积、人们使用家具设备活动面积、房间内部交通面积三部分组成。房间面积大小的影响因素有容纳人数多少、家具设备所占面积及人们使用活动面积。

**1. 容纳人数**

房间需要容纳的人数越多，家具设备和人们使用活动所占面积就越大，交通面积也大。在实际设计中，房间面积的确定主要依据我国有关部门及各地区制定的面积定额指标，表 2-1 为部分民用建筑房间面积定额参考指标。

表 2-1　部分民用建筑房间面积定额参考指标

| 建筑类型 | 房间名称 | 面积定额/(m²/人) | 备注 |
|---|---|---|---|
| 中小学 | 普通教室 | 1.1~1.4 | 小学取下限 |
| 办公楼 | 一般办公室 | 3.0 | 不包括走道 |
| | 单间办公室 | 10.0 | — |
| | 会议室 | 0.8 | 无会议桌 |
| | | 1.8 | 有会议桌 |
| 公路客运站 | 候车厅 | 1.1 | 按最高聚集人数计 |
| 图书馆 | 普通阅览室 | 1.8~2.3 | — |
| 电影院 | 观众厅 | 0.6~0.8 | — |

**2. 家具设备所占面积及人们使用活动面积**

图 2-5 所示为教室和卧室室内使用面积组成图，为确定主要使用房间面积的大小，还需了解室内活动和交通面积的大小，这与人体活动的基本尺寸有关。例如，教室中学生就座、起立时桌椅近旁必要的活动面积，入座、离座时通行的最小宽度，教师讲课时黑板前的活动面积；卧室中家具门开关预留面积，人们使用家具必要的活动面积等。

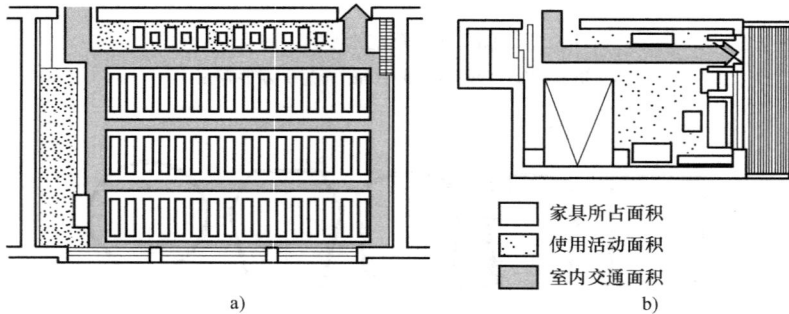

图 2-5　使用面积组成
a) 教室　b) 卧室

## 2.2.3　房间的尺寸

房间的尺寸是指房间的开间和进深，开间是指房间在建筑外立面上所占的宽度；进深是指垂直于开间的深度尺寸。一般从以下几个方面进行综合考虑。

**1. 满足家具设备布置和人们活动使用的要求**

一些常用建筑物主要使用房间的开间和进深受家具设备布置影响，常用取值见表 2-2。

**2. 满足视听要求**

一些房间如教室、会议室、观众厅的平面尺寸除了满足家具设备布置和人们活动外，还应保证有良好的视听条件。以教室为例，如图 2-6 所示，需满足以下视听要求：

表 2-2　常用建筑主要使用房间尺寸值

| 建筑类型 | 主要使用房间 | 开间 | 进深 | 家具设备影响因素 |
|---|---|---|---|---|
| 住宅 | 主卧 | 3.6m | 4.5~5.7m | 要求床可以沿两个方向布置 |
| | 其他卧室 | 2.7~3.3m | 3.9~5.4m | 要求床可沿单方向布置 |
| 医院 | 病房 | 3.3~3.6m(3~4 人间) | 4.8~5.4m | 满足病床布置和陪护活动 |
| | | 5.7~6.0m(6~8 人间) | 6.1~7.5m | |
| 教学楼 | 教室 | 6m×9m、6.6m×9m、6.9m×9m | | 满足教学活动 |

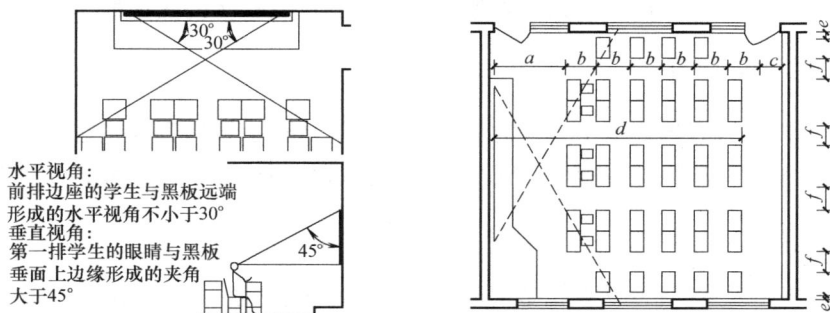

图 2-6　教室的视线要求与平面尺寸的关系

1) 为防止第一排座位距离黑板太近,垂直视角太小易造成学生近视,第一排座位距离黑板的距离必须大于或等于 2.00m,且保证垂直视角大于 45°。

2) 为防止最后一排座位距离黑板太远,影响学生的视觉和听觉,最后一排距离黑板的距离不宜大于 8.50m。

3) 为避免学生过于斜视而影响视力和视觉效果,水平视角(前排边座与黑板远端的视线夹角)应大于或等于 30°。

**3. 良好的天然采光**

主要的使用房间还需满足采光要求,房间一般采用单侧或双侧采光,因此房间的进深会受采光限制。单侧采光时进深不大于窗上口至地面距离的 2 倍,双侧采光时进深可较单侧采光增大一倍,具体如图 2-7 所示。

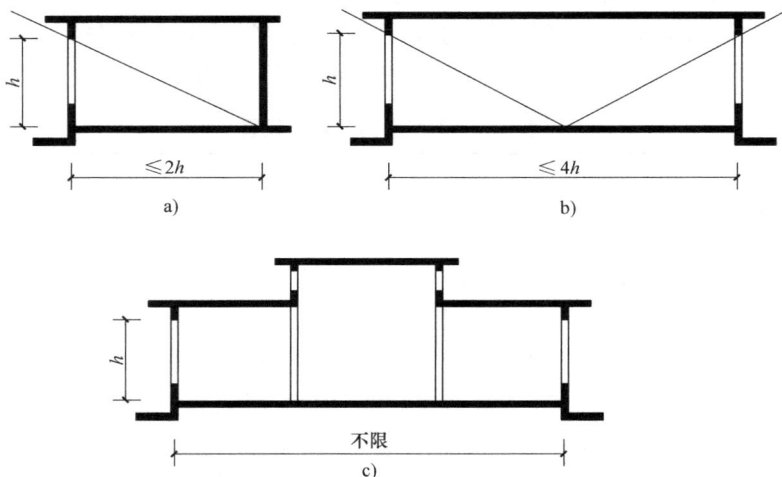

图 2-7　采光方式和进深的关系
a) 单侧采光　b) 双侧采光　c) 混合采光

#### 4. 符合建筑模数协调统一标准

为提高建筑工业化水平，确定房间尺寸时还应符合建筑模数协调统一标准的要求。一般情况下，居室的进深和开间尺寸比例不宜大于1∶2，最好是3∶2或是5∶4，一般以300mm为基本模数。如以办公楼、宿舍、住宅等小空间为主的房间，开间尺寸常取3.30~3.90m，楼梯间开间尺寸常取2.70~3.60m等。

另外，还需考虑其他因素，如寒冷的北方，喜欢开间大进深小的房间以获得更多的日照；炎热的南方，喜欢进深大的房间，以有效形成穿堂风和避免过多的热辐射。

### 2.2.4 房间的门窗设置

房间的平面设计直观地显示了门窗的位置、大小、数量、开启方式，这些也直接影响着房间的通风、采光和居住环境。房间的门窗设置主要是设计门的宽度、数量、开启方式，以及窗的面积和位置。

#### 1. 门的设置

门的宽度取决于人体尺寸、人流股数及家具设备的大小等因素，具体情况和考虑因素见表2-3。

表2-3 常用房间门宽度取值

| 建筑类型 | 房间使用性质 | 门的宽度 | 考虑因素 |
|---|---|---|---|
| 住宅 | 厕所、浴室 | 最小宽度700mm | 单股人流通行最小宽度取550~600mm，一个人侧身通行需要宽度为300mm |
| | 卧室 | 900mm | 考虑一人携带物品通行 |
| | 厨房、阳台 | 800mm | |
| 教学楼 办公楼 | 普通教室 办公室 | 单扇1000mm 双扇1200~1800mm 四扇2400~3600mm | 考虑一人正面通行，另一人侧身通行 |

门的数量取决于房间面积的大小，使用人数的多少，人流活动特点以及消防疏散要求等。依据现行国家标准《建筑设计防火规范》GB 50016，在公共建筑和通廊式居住建筑中，当房间使用人数超过50人，面积超过60m²时，至少需设2个门。对于影剧院、礼堂的观众厅、体育馆的比赛大厅等人员密集的公共场所，门的数量和总宽度应按每100人0.6m宽计算，并结合人流通行方便的要求分别设双扇外开门于通道外。疏散门不应设置门槛，其净宽度不应小于1.4m，且紧靠门口内外各1.4m范围内不应设置踏步。不同房间门数量设置见表2-4。

表2-4 不同房间门数量设置

| 建筑类型 | 房间使用条件 | 门的数量 | 备注 |
|---|---|---|---|
| 公共建筑和通廊式 居住建筑 | ≥50人 ≥60m² | 至少设置2个门 | — |
| 影剧院、礼堂的观众厅，体育馆的比赛大厅 | 人流密集 | 每100人0.6m宽，设置双扇外开门 | — |
| 公共建筑和通廊式 非住宅类居住建筑 | — | 计算确定 不少于2个 | 相邻2个疏散门最近边缘之间水平距离≥5m |
| | — | 可设置1个 | ①房间位于2个安全出口之间，且建筑面积≤120m²，疏散门净宽度≥900mm ②房间位于走道尽端，房间内任一点到疏散门直线距离≤15m，疏散门净宽度≥1400mm；歌舞娱乐放映场所建筑面积≤50m² |

　　门的位置恰当与否直接影响房间的使用，在确定门的位置时需考虑室内人流活动特点，以及家具布置要求，做到缩短交通路线，争取完整空间和墙面，利于采光和形成穿堂风。一般情况下，门多设置在房间一角，门垛尺寸取 120mm 或 240mm；对于集体宿舍，为便于多床布置，门多设置在墙体中部；对于空间大、人流多的房间，主要考虑交通便捷、疏散及时，如图 2-8 所示。

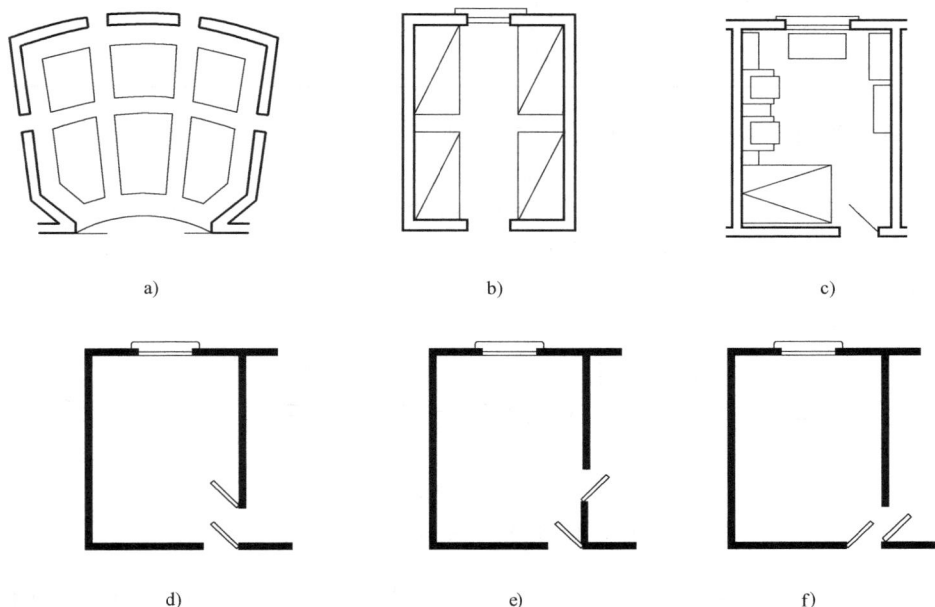

图 2-8　房间门的位置及开启方式

a）观众厅　b）宿舍　c）卧室　d）不好　e）好　f）较好

　　门的开启方式，以开启方式不同分为平开、推拉、旋转；以开启位置不同分为内开和外开。门的开启方式一般常采用内开平开式。不同的开启方式应依据房间的使用功能确定，保证不影响人流通行，不相互碰撞（图 2-8），具体设置见表 2-5。

表 2-5　门开启方式的设置

| 门开启方式 | 使用房间 | 设置条件 |
|---|---|---|
| 平开门 | 常内开用于住宅、宿舍、办公楼；外开，用于疏散门 | 设置在墙一端，开启贴向墙面，开向较短一侧侧墙；设置在墙中间，门轴置于进入方左侧 |
| 推拉门 | 人流量小，不频繁开门 | 不可作为疏散门 |
| 旋转门 | 防风沙，有保温要求 | 相邻处设置平开门辅助使用 |
| 弹簧门 | 人员频繁出入，有保温要求 | 幼儿园及有无障碍设计要求时不宜使用 |

### 2. 窗的设置

　　窗的大小和位置主要取决于采光与通风要求。就采光来说，民用建筑中不同使用用途的房间照度要求是由使用需要的光亮明暗程度来确定的，房间的照度要达到《建筑采光设计标准》（GB 50033—2013）的规定。民用建筑中住宅、学校、办公楼、宿舍等通常采用窗地面积比（窗洞口面积与地面面积之比）来估算房间采光的大概面积，不同使用用途房间的窗地面积比在规范中已有规定，见表 2-6。

表 2-6　不同视觉作业场所的采光系数最低值和窗地面积比

| 采光等级 | 视觉作业分类 | | 侧面采光 | | 顶部采光 | |
|---|---|---|---|---|---|---|
| | 工作或活动要求精确程度 | 识别对象的最小尺寸 $d$/mm | 采光系数最低值 $C_{min}$(%) | 窗地面积比 | 采光系数最低值 $C_{av}$(%) | 窗地面积比 |
| I | 特别精细 | $d<0.15$ | 5 | 1/3 | 5 | 1/6 |
| II | 很精细 | $0.15<d\leqslant0.3$ | 4 | 1/4 | 3 | 1/8 |
| III | 精细 | $0.3<d\leqslant1.0$ | 3 | 1/5 | 2 | 1/10 |
| IV | 一般 | $1.0<d\leqslant5.0$ | 2 | 1/6 | 1 | 1/13 |
| V | 粗糙 | $d>5.0$ | 1 | 1/10 | 0.5 | 1/23 |

　　窗的平面位置直接影响房间照度是否均匀和是否会产生暗角以及眩光，为使室内照度均匀，窗宜布置在房间或开间居中位置，窗间墙的宽度一般不宜过大。如图 2-9 所示教室侧窗布置，图 2-9a 中窗位置集中，中间设柱子，教室室内光线充足，集中在课桌区；图 2-9b 中窗间墙较大，虽产生暗角，但对于采光影响不大；图 2-9c 中窗间墙大，会产生较大暗角，影响该处课桌区亮度。

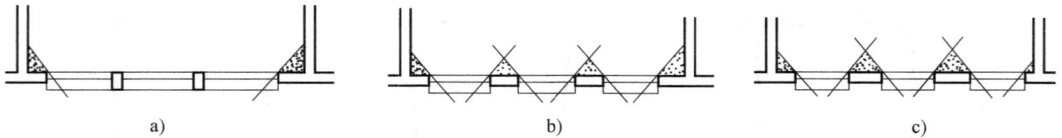

图 2-9　教室侧窗布置示意图
a) 窗位置集中　b) 窗间墙较大　c) 窗间墙大，产生暗角

　　房间的自然通风由门窗来控制，门窗在房间中的位置决定室内气流的走向，影响着室内通风的范围和质量。因此，门窗位置的设置要尽量使气流通过活动区，加大通风范围，并尽量在室内形成穿堂风，如图 2-10 所示，门窗位置不同导致的通风效果不同，图 2-11 所示为形成穿堂风的教室门窗设置和内廊式房间门窗位置。

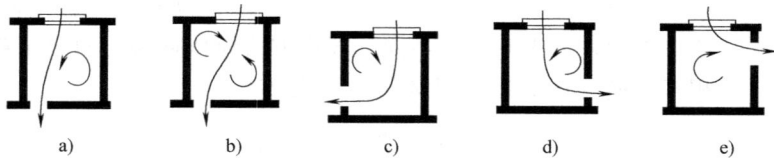

图 2-10　不同门窗位置的不同通风效果
a)、b) 通风好　c)、d) 通风较差　e) 通风差

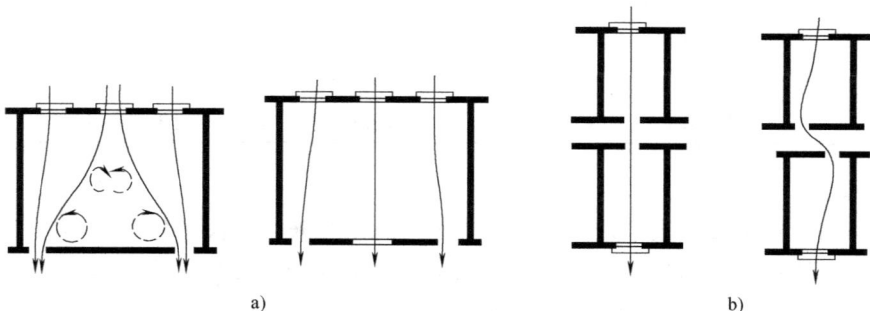

图 2-11　形成穿堂风的教室和内廊式房间门窗的位置设置
a) 教室门窗位置　b) 内廊式房间门窗位置

# 2.3　辅助房间的平面设计

辅助房间主要包括厕所（卫生间、盥洗室、浴室）和厨房的平面设计，这些房间通常布置较多管道，且通风要求较高，布置卫生器具和厨房橱柜家具较多，另外，辅助房间面积较小，这就需要在有限面积中，合理设置门窗和家具以及布置管道。

## 2.3.1　厕所、卫生间、盥洗室、浴室的平面设计

先确定厕所、卫生间、盥洗室、浴室在整个建筑物中的位置，然后了解各种卫生器具及人体活动所需的基本尺度，再根据使用人数确定所需的设备数量以及房间的基本尺寸和布置形式。

**1. 辅助房间位置**

辅助房间位置应符合下列规定：

1）位置选择应方便使用、相对隐蔽，并应避免所产生的气味、潮气、噪声等影响或干扰其他房间。

2）室内公共厕所服务半径应满足不同类型建筑的使用要求，不宜超过 50.0m。

3）在食品加工与储存、医药及其原材料生产与储存、生活供水、电气、档案、文物等对卫生、安全有严格要求的房间的直接上层，不应布置厕所等有水房间；在餐厅、医疗用房等对卫生有较高要求的用房的直接上层，应避免布置卫生间等有水房间，否则应采取同层排水和严格的防水措施。

4）除本套住宅外，住宅卫生间不应布置在下层住户的卧室、起居室、厨房和餐厅的直接上层。

**2. 卫生器具种类及数量**

厕所卫生器具主要有大便器、小便器、洗手盆、污水池等。大便器分为坐式和蹲式两种，小便器分为小便器和小便槽两种，具体选用根据房间使用人数、使用习惯和使用档次来综合确定。使用人数较多的场所，如教学楼、办公楼、宿舍楼常采用蹲式大便器和小便槽，方便使用和清洗；住宅常用坐式大便器；公共场所，如商场、宾馆、电影院等常采用坐式和蹲式大便器结合的方式，方便残疾人士使用坐式大便器。

卫生器具种类确定后，需要根据使用人数确定卫生器具数量，参考表 2-7。

表 2-7　部分民用建筑卫生间设备数量参考指标

| 建筑类型 | 男小便器/（人/个） | 男大便器/（人/个） | 女大便器/（人/个） | 洗手盆或龙头/（人/个） | 男女比例 |
|---|---|---|---|---|---|
| 旅馆 | 20 | 20 | 12 | — | 在男女使用人数基本均衡时，男厕厕位（含大、小便器）与女厕厕位数量的比例宜为 1∶1~1∶1.5；在商场、体育场馆、学校、观演建筑、交通建筑、公园等场所，厕位数量比不宜小于 1∶1.5~1∶2 |
| 宿舍 | 20 | 20 | 15 | 15 | |
| 中小学 | 40 | 40 | 25 | 100 | |
| 火车站 | 80 | 80 | 50 | 150 | |
| 办公楼 | 50 | 50 | 30 | 50~80 | |
| 影剧院 | 35 | 75 | 50 | 140 | |
| 门诊部 | 50 | 100 | 50 | 150 | |
| 幼托 | — | 5~10 | 5~10 | 2~5 | |

注：一个小便器折合 0.6m 长小便槽。

厕所和浴室隔间的平面尺寸应根据使用特点合理确定，并不小于表 2-8 的规定。

交通客运站和大中型商店等建筑物的公共厕所，宜加设婴儿尿布台和儿童固定座椅。交通客运站厕位隔间应考虑行李放置空间，其进深尺寸宜加大 0.2m，便于放置行李。儿童使用的卫生器具应符合幼儿人体工程学的要求。无障碍专用浴室隔间的尺寸应符合现行国家标准《无障碍设计规范》GB 50763 的规定，卫生设备间距应符合《民用建筑设计统一标准》（GB 50352—2019）中第 6.6.5 条的规定。

表 2-8　厕所和浴室隔间的平面尺寸

| 类别 | 平面尺寸（宽度/m×深度/m） |
| --- | --- |
| 外开门的厕所隔间 | 0.9×1.2（蹲便器）、0.9×1.3（坐便器） |
| 内开门的厕所隔间 | 0.9×1.4（蹲便器）、0.9×1.5（坐便器） |
| 医院患者专用厕所隔间（外开门） | 1.1×1.5（门闩应能里外开启） |
| 无障碍厕所隔间（外开门） | 1.5×2.0（不应小于 1.0×1.8） |
| 外开门淋浴隔间 | 1.0×1.2（或 1.1×1.1） |
| 内设更衣凳的淋浴隔间 | 1.0×（1.0+0.6） |

### 2.3.2　厨房设计

厨房按照使用功能不同，分为专用厨房和公共厨房。住宅、公寓内每户使用的厨房称为专用厨房，餐厅、食堂、饭店等的厨房称为公共厨房。专用厨房常用设备有灶台、案台、水池、储藏设施及排烟装置等，布置有厨房和餐厅合用，厨房与餐厅分开两种。

厨房的设计也是根据厨房设备占用空间，人们使用设备活动空间，厨房的设计要求，设备布置形式来综合确定的。

厨房设计应满足以下要求：

1）应有良好的采光通风条件。

2）墙面、地面应考虑防水，便于清洁。

3）在建筑面积一定的情况下，尽量利用厨房的有效空间布置足够的储藏空间，如橱柜、吊柜等。

4）布置应符合操作流程，并保证必要的操作空间。

常见的厨房布置形式有单排、双排、L 形、U 形等，图 2-12 所示为专用厨房的常见布置形式，其中 L 形和 U 形布置形式较为方便操作。

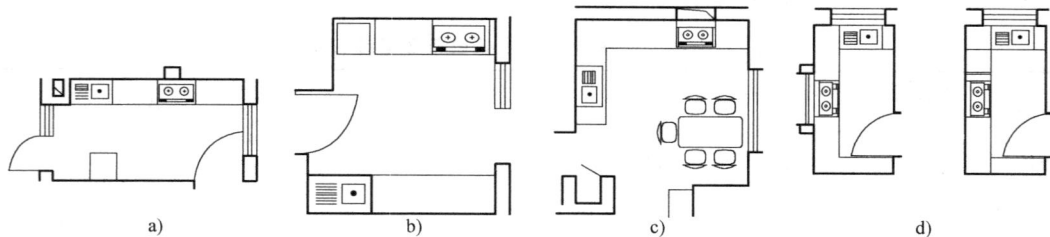

图 2-12　专用厨房的常见布置形式

a）单排布置　b）双排布置　c）L 形布置　d）U 形布置

## 2.4　交通联系空间的平面设计

交通联系部分包括水平交通空间，如走道；垂直交通空间，如楼梯、电梯、自动扶梯、坡道；交通枢纽空间，如门厅、过厅等。

交通联系部分的设计是否合理取决于房间相互空间位置处理是否恰当，这直接影响到一栋建筑物布置是否适用。交通联系部分的设计要求主要有：

1）有足够的通行宽度，交通路线简捷明确，通行联系方便。

2）人流通畅，紧急疏散时迅速安全。

3）满足一定的采光通风要求。

4）在满足使用需要的前提下，尽可能提高整个建筑平面的利用率，同时考虑空间造型问题。

## 2.4.1　走道设计

### 1. 走道的分类

走道又称为走廊或过道，联系同层内各个房间，有时还兼有其他使用功能，以提高建筑利用率。按走道的使用性质不同，可分为三种情况。

1）完全为交通疏散要求而设置的，如办公楼、宿舍楼中走道，主要供人流通行，一般不作其他用途。

2）在满足正常交通的前提下，兼作其他功能的走道，如教学楼中还可作为学生课余休息活动场所；医院中还可作为候诊之用，这类走道的宽度和面积应相应增加。

3）多种功能综合使用的走道，交通空间和使用空间相融合，如展览馆的走道还应满足边走边观赏的要求。

### 2. 走道的宽度设计

走道宽度的设计主要是依据人流通行、安全疏散、防火要求、使用性质、空间感受等因素来确定。为了满足人流的疏散要求，我国现行国家标准《建筑设计防火规范》GB 50016 规定学校、商店、办公楼、候车室、展览厅等民用建筑中的疏散走道、安全出口、疏散楼梯和房间疏散门每 100 人的净宽度不得低于表 2-9 的指标，一般民用建筑常用走道宽度见表 2-10。

表 2-9　疏散走道、安全出口、疏散楼梯和房间疏散门每 100 人的净宽度　　（单位：m）

| 楼层位置 | 耐火等级 | | |
|---|---|---|---|
| | 一级、二级 | 三级 | 四级 |
| 地上一、二层 | 0.65 | 0.75 | 1.00 |
| 地上三层 | 0.75 | 1.00 | — |
| 地上四层及四层以上各层 | 1.00 | 1.25 | — |
| 与地面出入口地面的高差不超过 10m 的地下建筑 | 0.75 | — | — |
| 与地面入口地面的高差超过 10m 的地下建筑 | 1.00 | — | — |

表 2-10　一般民用建筑常用走道宽度　　（单位：m）

| 建筑名称 | 内廊 | 外廊 |
|---|---|---|
| 教学楼 | 2.10~3.00 | 1.80~2.10 |
| 门诊部 | 2.40~3.00 | 3.00（兼候诊） |
| 办公楼 | 2.10~2.40 | 1.50~1.80 |
| 旅馆 | 1.50~2.10 | 1.50~1.80 |

注：作为局部联系或住宅内部走道宽度不应小于 0.90m。

### 3. 走道的长度设计

走道的长度应根据建筑性质、耐火等级及防火规范来确定，按照现行国家标准《建筑设计防火规范》GB 50016 的要求，最远房间出入口到楼梯间安全出入口的距离必须控制在一定的范围内，具体要求见表 2-11。

**表 2-11  房间门至外部出口封闭楼梯间的最大距离**　　　　　（单位：m）

| 名称 | 位于两个外部出口或楼梯之间的房间 | | | 位于袋形走道两侧或尽端的房间 | | |
|---|---|---|---|---|---|---|
| | 耐火等级 | | | 耐火等级 | | |
| | 一级、二级 | 三级 | 四级 | 一级、二级 | 三级 | 四级 |
| 托儿所、幼儿园 | 25 | 20 | — | 20 | 15 | — |
| 医院、疗养院 | 35 | 30 | — | 20 | 15 | — |
| 学校 | 35 | 30 | 25 | 22 | 20 | — |
| 其他民用建筑 | 40 | 35 | 25 | 22 | 20 | 15 |

### 4. 走道的采光和通风设计

走道的采光和通风主要依靠天然采光和自然通风，内走道一般是直接和间接采光，如通过走道两端开窗，利用楼梯间、门厅或走道两侧房间设高窗来解决，图 2-13 所示为内走道。

## 2.4.2　楼梯设计

楼梯是多层建筑中的垂直交通联系（图 2-14），是楼层人流疏散的必经通道。楼梯设计主要根据使用要求和人流多少选择适当的楼梯形式，根据建筑规模考虑楼梯数量，合理布置楼梯位置，依据规范要求计算梯段、平台、踏面、梯面等具体尺寸，同时考虑梯段梁等受力构件的合理受力和布置。

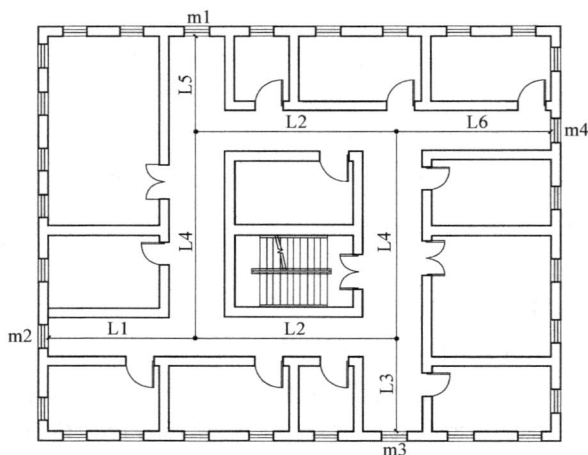

图 2-13　内走道

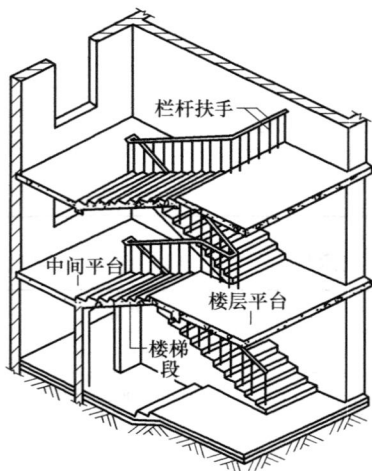

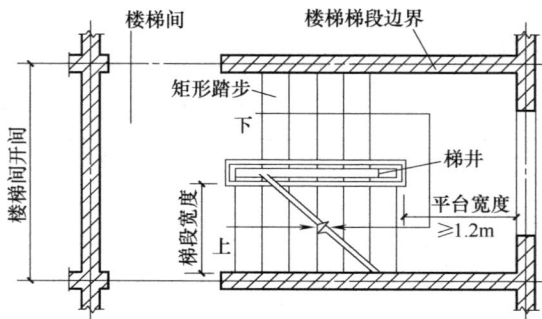

图 2-14　楼梯构造图

## 1. 楼梯的形式

楼梯的形式主要有单跑、双跑、三跑、弧形、螺旋等形式，不同楼梯形式和适用范围见表 2-12。

表 2-12　不同楼梯形式和适用范围

| 楼梯形式及适用范围 | 楼梯形式 | 楼梯形式及适用范围 | 楼梯形式 |
|---|---|---|---|
| 直跑楼梯:单跑、多跑<br>单跑:层高不大的建筑<br>多跑:层高较大的建筑 | 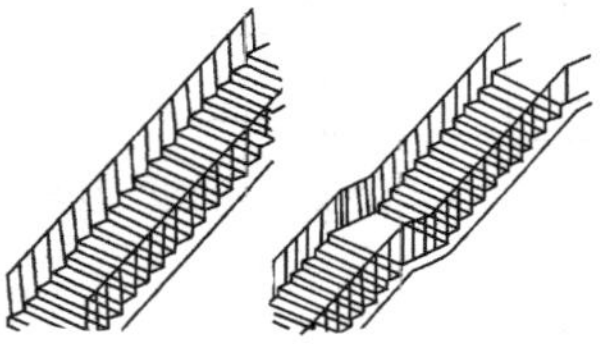 | 双跑楼梯:最常用楼梯形式 | 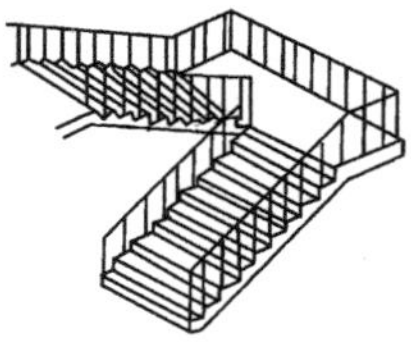 |
| 双跑楼梯之平行双分楼梯:办公楼主要楼梯 | 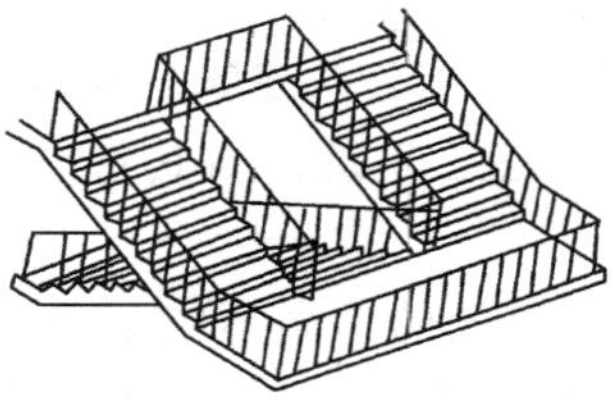 | 双跑楼梯之双分折角楼梯 |  |
| 双跑楼梯之剪刀楼梯:层高小的高层 | 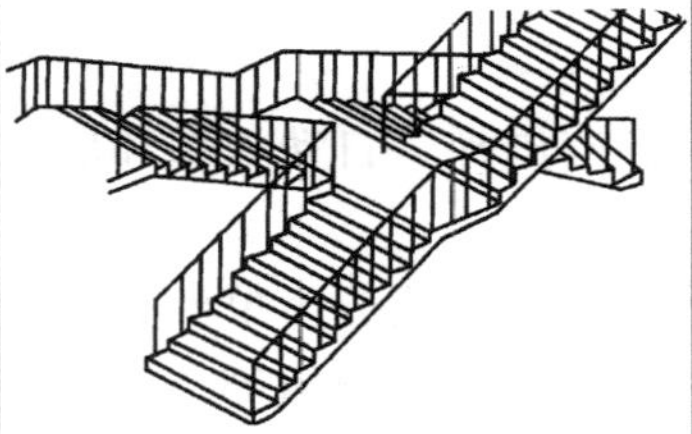 | 三跑楼梯:层高较大的公共类建筑 | 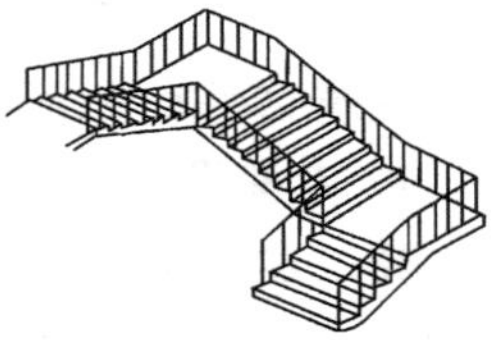 |
| 弧形楼梯:外形优美,有明显的导向性,结构和施工难度较大 | 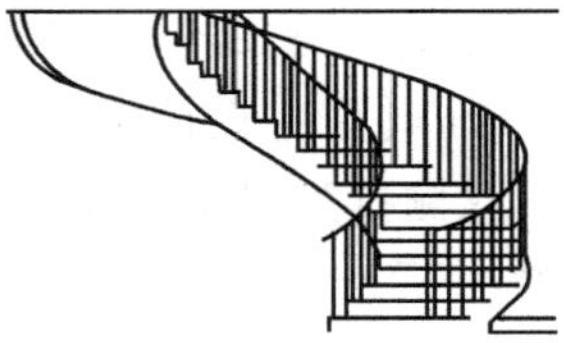 | 螺旋楼梯:围绕一根单柱布置,平面呈圆形,不可作为人流量大的楼梯和疏散楼梯 | 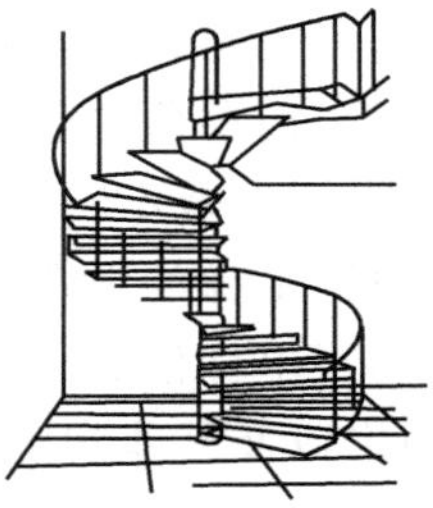 |

## 2. 梯段净宽和楼梯数量

（1）梯段净宽　梯段净宽除应符合现行国家标准《建筑设计防火规范》GB 50016 及国家现行相关专用建筑设计标准的规定外，还应根据建筑物使用特征，按每股人流宽度为 0.55m+（0~0.15）m 的人流股数来确定，并不应小于两股人流，如图 2-15 所示。当梯段改变方向时，扶手转向端处的平台最小宽度考虑到搬家具的方便，应不小于梯段净宽，并不得小于 1.2m。直跑楼梯的中间平台宽度不应小于 0.9m。每个梯段的踏步级数不应少于 3 级且不应超过 18 级。楼

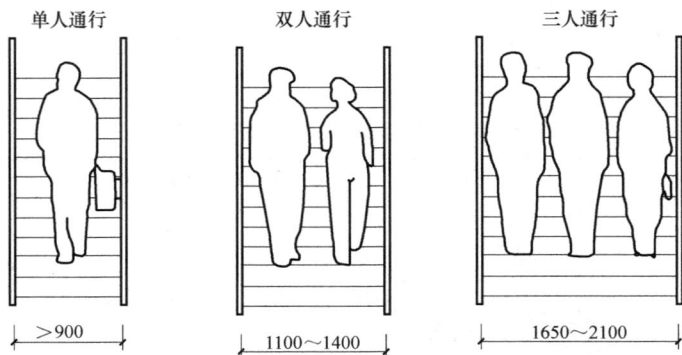

图 2-15　楼梯梯段宽度

梯踏步的宽度和高度应满足《民用建筑设计统一标准》（GB 50352—2019）的相关规定。

（2）楼梯数量　楼梯数量应根据使用人数和防火规范要求来确定，必须满足走道内房间门至楼梯间的最大距离的限制（表 2-11），通常每一栋公共建筑均应设置两个楼梯，对于使用人数少或除了幼儿园、托儿所、医院之外的二、三层建筑，当其符合表 10-4 所列的要求时，也可以设置一个疏散楼梯。

（3）楼梯其他规定　楼梯平台上部及下部过道处的净高不应小于 2.0m，梯段净高不应小于 2.2m；托儿所、幼儿园、中小学校及其他少年儿童专用活动场所，当楼梯井净宽大于 0.2m 时，必须采取防止少年儿童坠落的措施。

### 2.4.3　电梯、自动扶梯和坡道设计

建筑物垂直交通联系部分除了楼梯之外，还有电梯、自动扶梯和坡道。

#### 1. 电梯设计

高层建筑中的垂直交通多以电梯为主，按照布置方式分为单面式和对面式；按照使用性质分为乘客电梯、载货电梯、客货两用电梯、消防电梯、杂物梯等。

电梯设置时应注意以下几点：

1）电梯不应作为安全出口。

2）电梯台数和规格应经计算后确定并满足建筑的使用特点和要求。

3）高层公共建筑和高层宿舍建筑的电梯台数不宜少于 2 台，12 层及 12 层以上的住宅建筑的电梯台数不应少于 2 台，并应符合现行国家标准《住宅设计规范》GB 50096 的规定。

4）电梯的设置，单侧排列时不宜超过 4 台，双侧排列时不宜超过 2 排×4 台。

5）电梯候梯厅深度应符合《民用建筑设计统一标准》（GB 50352—2019）表 6.9.1 的相关规定以及其他相应规定。

#### 2. 自动扶梯设计

自动扶梯是一种在一定方向上能大量、连续输送流动客流的装置，除了提供方便的垂直交通运输方式，还具有引导性，可以引导乘客沿着既定路线进行游览、参观和购物。在人流量大的大型公共建筑中，如火车站、飞机场、购物中心、展览馆等，可将自动扶梯作为主要垂直交通工具。其布置方式有单向、转向、交叉三种布置方式。

自动扶梯出入口畅通区的宽度从扶手带端部算起不应小于 2.5m，人员密集的公共场所其畅通区宽度不宜小于 3.5m；自动扶梯的梯级、自动人行道的踏板或胶带上空，垂直净高不应小于 2.3m；自动扶梯的倾斜角不宜超过 30°，额定速度不宜大于 0.75m/s。其他相关规定参考

《民用建筑设计统一标准》（GB 50352—2019）的相应规定。

### 3. 坡道设计

坡道作为垂直交通运输的一种方式，其上下比较省力，坡度大小通常小于 10°，便于运输货物及有特殊要求的人群通行，常在人流量集中的建筑物门外设置，如医院、体育馆、百货大楼、宾馆等。坡道的最大缺点是所占面积较大，设计时通常将坡道和台阶配合使用。

## 2.4.4　门厅设计

门厅是公共建筑物的主要出入口，是起集散人流、转换方向、室内外空间过渡作用的交通枢纽，兼有服务、等候、展览等功能，如医院、旅馆等，还可经过不同的处理体现出不同建筑物的意境和形象。

### 1. 门厅的大小

门厅面积的大小主要是根据建筑物的使用性质、规模及质量标准来确定的，设计时可参考有关面积定额指标，见表 2-13。

表 2-13　部分建筑门厅面积设计参考指标

| 建筑类型 | 面积定额 | 备注 |
| --- | --- | --- |
| 中小学校 | $0.06 \sim 0.08 m^2 /$ 生 | — |
| 食堂 | $0.08 \sim 0.18 m^2 /$ 座 | 包括洗手间、小卖部 |
| 城市综合医院 | $11\ m^2 /$（日·百人次） | 包括衣帽间和询问台 |
| 旅馆 | $0.2 \sim 0.5 m^2 /$ 床 | — |
| 电影院 | $0.13 m^2 /$ 观众 | — |

### 2. 门厅的布局

门厅的布局依据自然地形、布局特点、使用特点、功能要求等因素分为对称式和非对称式两种。对称式强调轴线的方向感，显得庄严和严肃，非对称式布局没有明显的对称轴线，布局较灵活，室内空间富于变化，如图 2-16 所示。

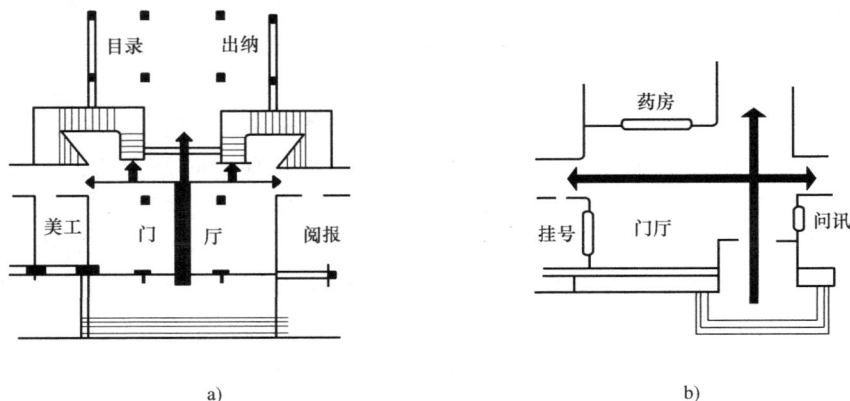

图 2-16　门厅
a）对称式门厅　b）非对称式门厅

门厅设计时应注意以下几点：

1）门厅应处于总平面中明显而突出的位置。

2）门厅内部设计要有明确的导向性，同时交通流线组织简明醒目，减少相互干扰。

3）重视门厅内空间组合和建筑造型要求。

4）门厅对外出口的宽度按防火规范的要求不得小于通向该门厅的走道、楼梯宽度的总和。

## 2.5　建筑平面的组合设计

建筑平面组合是在水平方向上确定建筑物的内外空间关系，进而构想建筑外部造型效果。影响建筑平面组合设计的因素较多，如基地环境、使用功能、建筑技术、建筑美观、经济条件等，在实际进行设计时，需综合考虑以上因素，抓住主要方面，处理各种因素，不断调整设计方案，最终得出最佳组合设计，将使用部分、交通联系部分有机联系起来。

### 2.5.1　建筑平面组合设计的影响因素

#### 1. 使用功能是核心因素

不同的建筑物有不同的使用功能，依据具体的使用功能，合理组合各使用房间，再将房间和交通联系部分有机组合。如办公楼，在满足各个个体（办公室、会议室、资料室、档案室）使用功能的基础上，还需考虑办公使用功能，将走道、门厅、楼梯和使用房间有机结合，使得整个办公楼布置合理，功能凸显；如医院，需合理布置挂号、诊询、划价、取药、门诊、手术室、住院等使用功能，符合医院就诊流程，合理布置走道、楼梯、电梯等交通部分，使得整个医院组合满足医生、病人使用舒服、顺畅的要求。

#### 2. 功能分区是首要工作

为保证建筑物的使用功能，需合理进行功能分区，使得建筑物各部分联系紧密，又主次分明，使其各得其所、各尽所责。首先需绘制出功能分析图来形象表示各建筑物功能关系和程序，如图 2-17 所示。

具体设计时，可根据建筑物不同的功能特征，从以下三方面入手：

（1）主次关系　组成建筑物的各房间，按其使用性质及重要性，存在主次之分。如图 2-17 所示的建筑功能分析图中，教学楼中的教室，住宅中的主卧、起居室，饭店中的用餐区，其主要房间都用了较大面积进行图示，这充分说明了其在各自建筑物中的重要性。那么，在组合设计中，分析房间主次后，就要将主要房间布置在朝向好，采光好，通风好的位置，其次是次要房间的布置，之后将主次房间用合理的走道、楼梯来进行组合和联系。

（2）内外关系　在各类服务型建筑物的房间组合中，有面向公众的，也有仅供内部使用的，这就需要区分房间与特定人群的内外关系。如图 2-17 所示饭店中的用餐区，紧临建筑入口，而且所占面积最大，和交通联系部分联系紧密，人流量大。饭店中的更衣室、储藏间、冷库、烹饪区等都属于对内关系，就需布置在远离建筑物入口，且位于建筑物的隐蔽区域。

（3）联系与分隔　在功能分区时，常根据房间的使用性质，如"动"与"静"，"清"与"污"等方面进行功能分析，如图 2-17 所示，教学楼中教室与实验室、音乐教室应分开，住宅楼中卧室与客厅、餐厅应分开，饭店中用餐区和垃圾处理区应分开。

#### 3. 流线组织是主线

流线因建筑的不同使用功能而不同，在设计平面组合时，尽量使流线清晰、简捷、顺畅，避免迂回和交叉。如医院中诊询、挂号、门诊、开药、划价、取药、住院的流线程序，饭店中入口、就餐、结账、出口的流线程序，以及火车站中的购票线、入站线、出站线。在平面组合

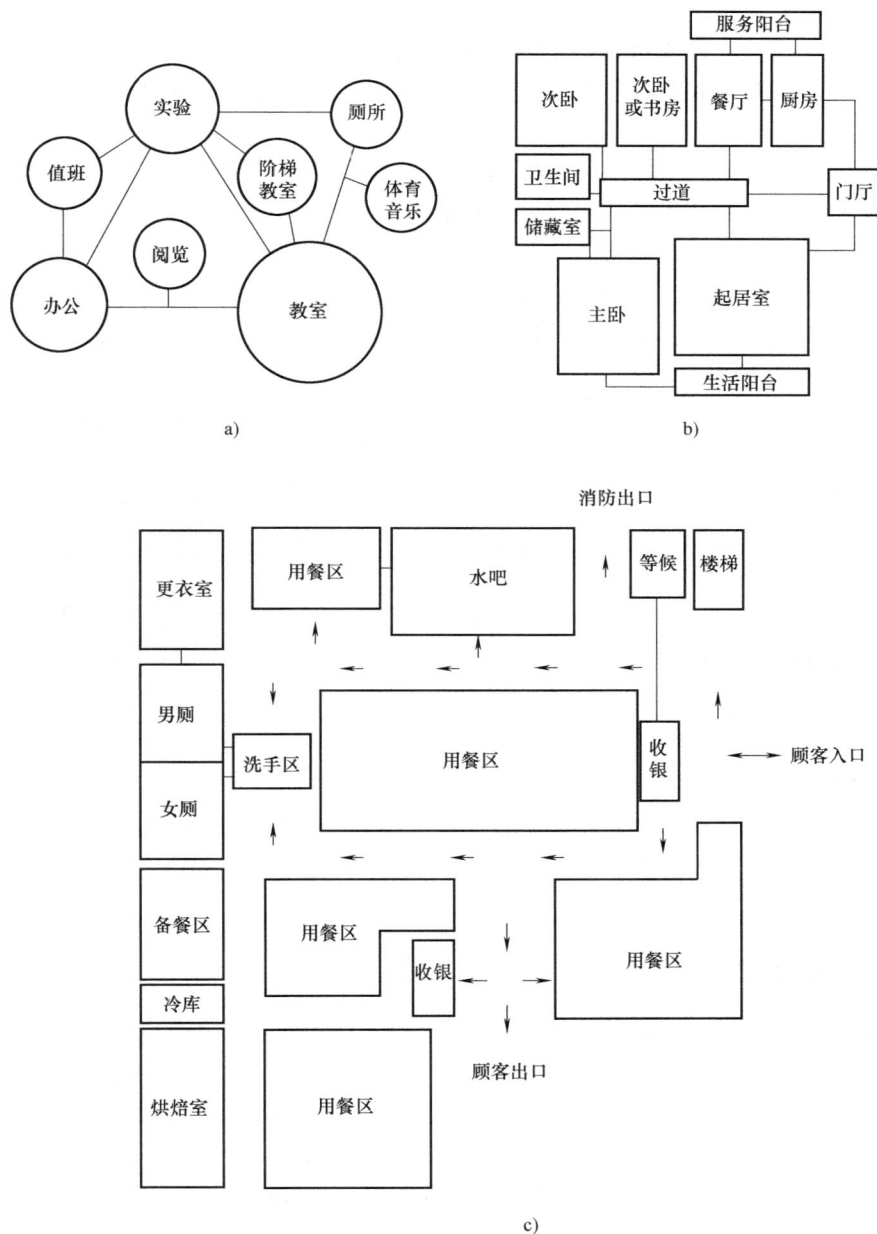

图 2-17　建筑功能分析图

a) 教学楼功能分析图　b) 住宅功能分析图　c) 饭店功能分析图

设计中，以流线组织为主线，将不同使用功能的房间按照主线程序流程，用交通联系部分将流线上的各个房间进行组合。

**4. 结构类型要可行**

在进行建筑平面组合设计中，不仅要考虑各种影响因素，还需结合结构对建筑组合的影响。具体表现在平面组合设计应注重结构的可行性、经济性、安全性和耐久性。目前，常用的结构类型有砖混结构、框架结构、框架-剪力墙结构、空间结构。

砖混结构以砖墙和钢筋混凝土梁板柱承重并组成房屋主体结构，其受钢筋混凝土板跨度限制，室内空间小，开窗大小也受限制，适用于房间开间、进深尺寸较小，层数不多的中小型民用建筑，如多层住宅、中小学校、宿舍楼。

框架结构由梁、柱刚性连接形成的骨架来承重，其强度高、整体性好、刚度大、抗震性好，平面布局灵活，开窗较自由。适用于开间、进深较大的房间，如教学楼、图书馆、办公楼、高层建筑等。

框架-剪力墙结构的主要结构是框架，由梁、柱构成，小部分是剪力墙。墙体全部采用填充墙体，由密柱高梁空间框架或空间剪力墙所组成，在水平荷载作用下起整体空间作用的抗侧力构件。适用于平面或竖向布置繁杂、水平荷载大的高层建筑。

空间结构是指结构构件三向受力的大跨度，且中间不设置柱子用特殊结构解决的结构。这类结构用材经济，受力合理，如薄壳、悬索、网架等，常用在体育馆、展览馆等大跨度建筑。

**5. 利于设备管线的布置**

建筑中的设备管线主要包括水、电、暖、空气调节等所需的管线，如住宅中的厨房、卫生间；宿舍中的卫生间、洗浴间、盥洗室，如图 2-18 所示为旅馆卫生间管道布置。在满足建筑使用功能的同时，尽量使设备管线集中布置，上下对齐，方便施工和使用，造价也经济。

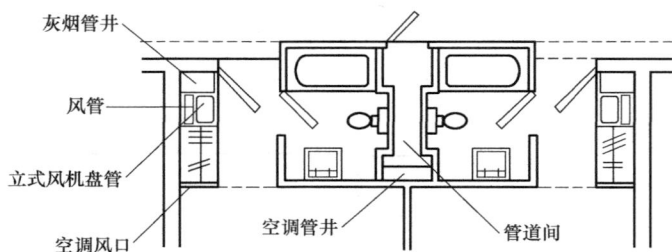

图 2-18　旅馆卫生间管道布置

**6. 兼顾建筑造型的要求**

建筑物作为一个完整的个体，其平面布置和立面造型是相互联系且相互制约的，建筑造型本身离不开功能要求，是内部空间的直接反映，在平面组合设计的同时，要兼顾建筑造型的设计，力求做到美观和大方。

## 2.5.2　平面组合形式

建筑平面组合是依据使用功能特点，将各个不同的房间，利用交通联系部分联系到一起的。建筑的使用功能不同，房间之间的组合形式也不同。一些建筑由大小相同、形状相同的房间重复组合，彼此之间无明显的使用顺序关系，如办公楼、宿舍楼、教学楼；一些建筑以主要房间为主，其他均作为次要房间环绕着主要房间，如电影院、体育馆；一些建筑有明显的流线程序，房间需按照一定顺序排列而成，如医院、餐厅、火车站。这样就形成了不同的平面组合形式，如走道（廊）式、套间式、大厅式、单元式和混合式。

**1. 走道（廊）式组合**

根据走道与房间的位置不同，走道（廊）式组合分为单外廊、单内廊、双外廊、双内廊等形式（图 2-19）。走道（廊）式组合是利用走道将使用房间连接起来，各房间沿走道一侧或两侧布置。房间的相互联系、内外联系主要靠走道分开，保持着房间使用上的独立性，却又由

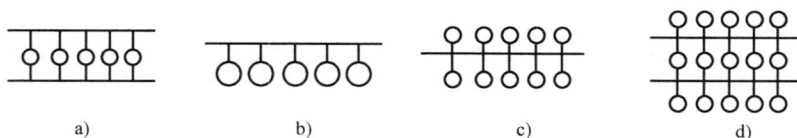

图 2-19　走道（廊）式组合

a）双外廊　b）单内（外）廊　c）单内廊（双侧房间）　d）双内廊

走道相互联系成一体，走道的长短随连接房间的多少而变，平面组合较灵活。这种组合方式多用于房间面积不大、同类房间多次重复的建筑中，如办公楼、宿舍楼、教学楼（图 2-20）等。

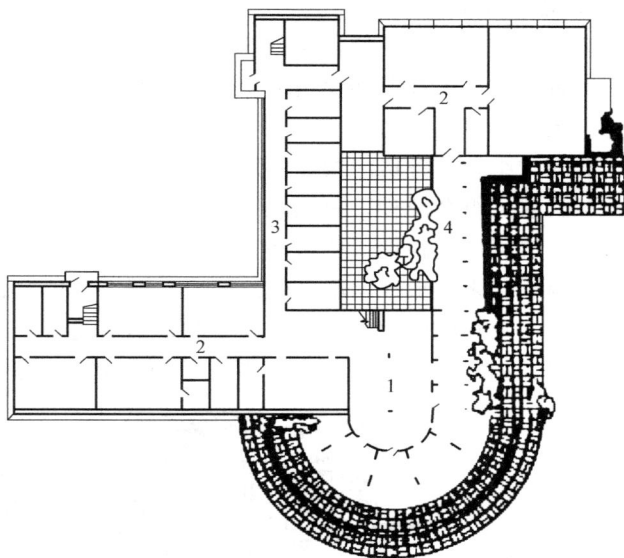

图 2-20　走道式组合实例

1—门厅　2—单内廊（双侧房间）　3—单内廊（单侧房间）　4—外廊

　　走廊两侧布置房间的形式称为内廊式，走廊所占面积较小，建筑进深较大，节省用地，建筑耗能少，但是有一侧房间朝向差，房间越多，走道越长，采光和通风越差，需设置高窗、过厅以改善采光和通风。在某些情况下，还可以采用双内廊式，在两走廊之间布置电梯、楼梯和其他辅助用房。

　　走廊一侧布置房间的形式称为外廊式（图 2-21），房间的朝向、采光和通风都较内廊式好，但建筑进深较小，辅助交通面积增大，故占地面积较大，相应造价增加。南方气候潮湿，一般采用开敞式外廊，便于通风；北方气候寒冷，一般采用封闭式外廊，便于保温。南向外廊，外廊和房间出入口使用条件好，但是房间采光、日照条件稍差；北向外廊，房间朝向及日照条件好。

a)　　　　　　　　　　　　　　　　　b)

c)　　　　　　　　　　　　　　　　　d)

图 2-21　外廊式建筑

a）墙体围护　b）柱和栏杆围护　c）柱和墙围护　d）墙和栏杆围护

## 2. 套间式组合

套间式组合是将各使用房间相互串联贯通,以保证建筑物中各使用部分连续性的组合方式。其特点是交通部分和使用部分结合起来设计,平面紧凑,面积利用率高,适用于展览馆、商场、火车站等建筑物。

套间式组合中各房间按照使用关系紧密串联,不需要单独分隔。按照空间序列分为串联式组合和放射式组合两种。串联式组合是按一定的顺序关系将房间连接起来,如图 2-22a 所示的展览厅,展览厅应根据展览顺序,即依据入口→主展→多个副展→活动展板→出口的顺序将各个房间串联起来,形成串联套间式组合;图 2-22b 所示的火车站,依据广场→入口→售票→候车→检票→乘车的顺序将各个房间串联,形成组合。放射式组合是将各房间围绕交通枢纽呈放射状布置,如图 2-23 所示的纪念馆,由几个展室并列展出,不分先后顺序,每个展室主题不

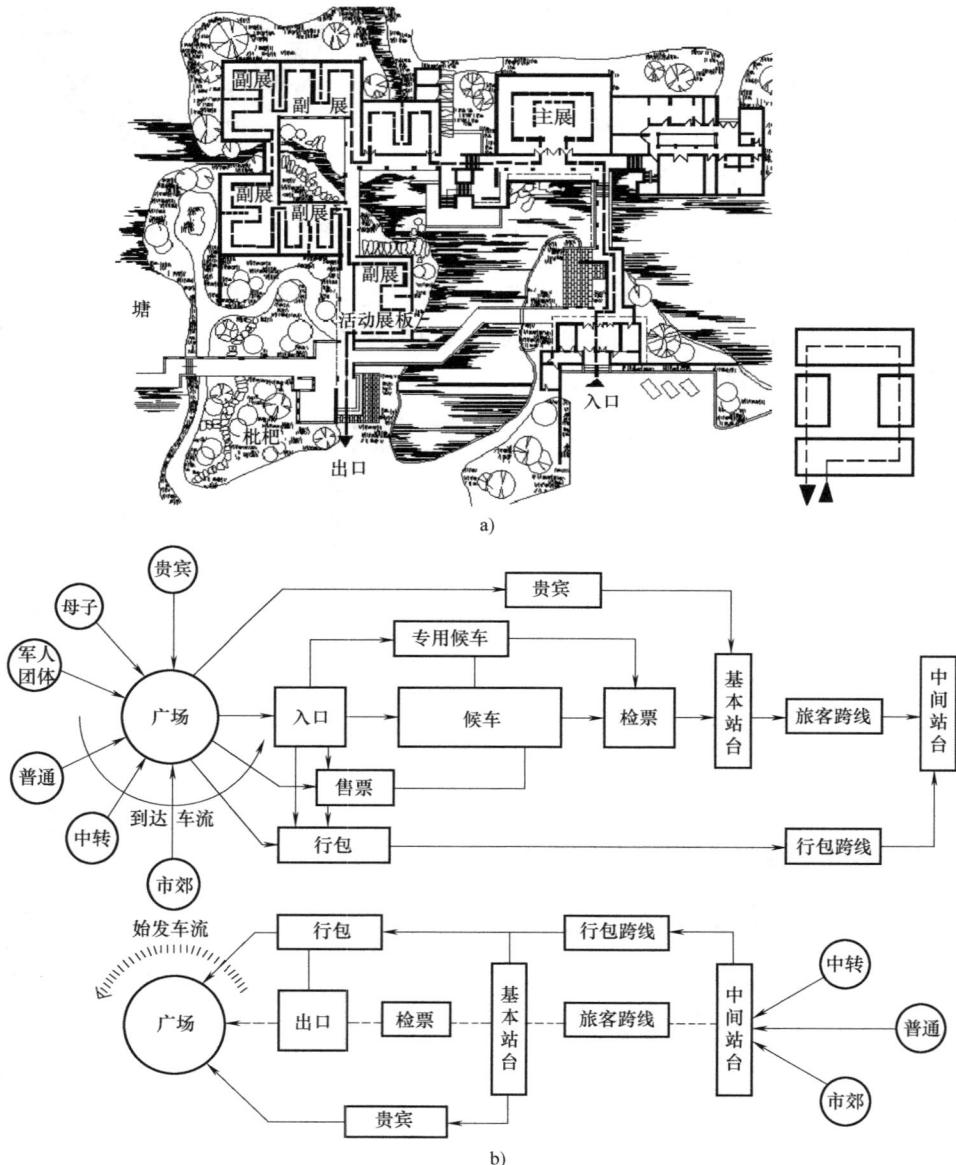

图 2-22　串联式组合(展览厅、火车站)
a)展览厅　b)火车站

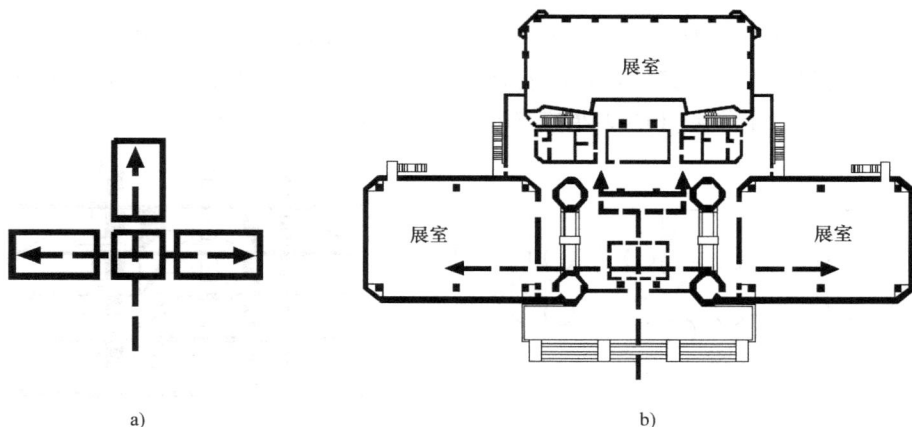

图 2-23 放射式组合（纪念馆）

a）放射式空间组合示意图 b）放射式空间组合实例

同，以入口广场为中心，呈放射状组合。

### 3. 大厅式组合

大厅式组合是在人流集中、大厅内具有一定活动特点并需要较大空间时形成的组合方式。这种组合方式常以一个面积较大、活动人数较多、有一定的视听等使用特点的大厅为主，辅以其他的辅助房间。如剧院、会场、体育馆等建筑物类型的平面组合，如图 2-24 所示。在大厅式组合中，交通路线组织问题比较突出，应使人流的通行通畅安全、导向明确。

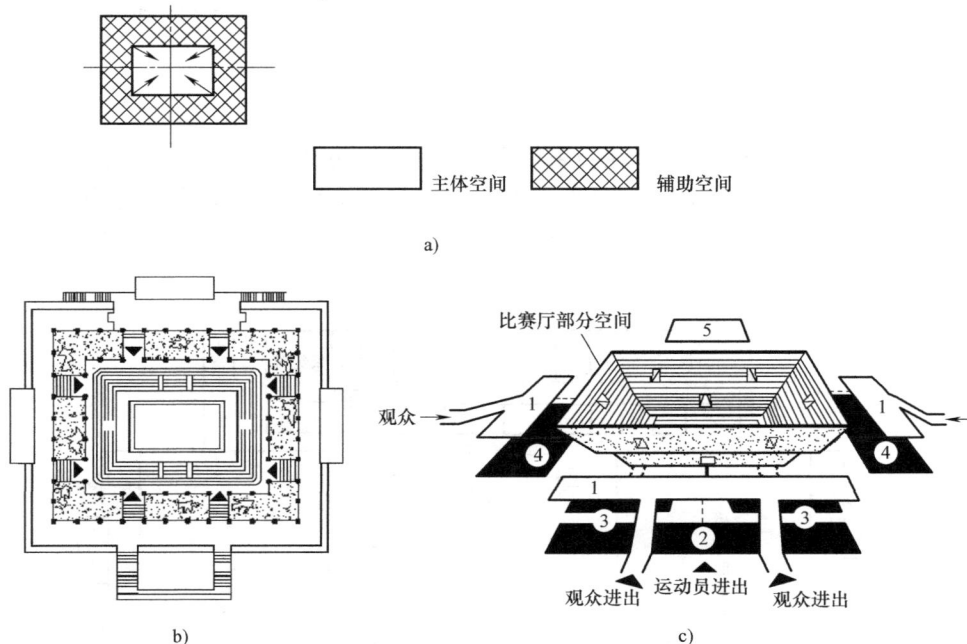

图 2-24 大厅式组合（体育馆）

a）大厅式组合示意图 b）某体育馆二层平面图 c）体育馆空间组合分析示意图

1—门厅、休息厅 2—运动员活动部分 3—淋浴区 4—辅助、管理用房 5—贵宾区

#### 4. 单元式组合

单元式组合（图 2-25）是以竖向交通空间（楼梯、电梯）连接各使用房间，使之成为一个相对独立整体的组合方式。其特点是功能分区明确，单元之间相对独立，组合布局灵活，适应不同的地形，广泛用于住宅（图 2-26）、幼儿园、学校等建筑组合中。

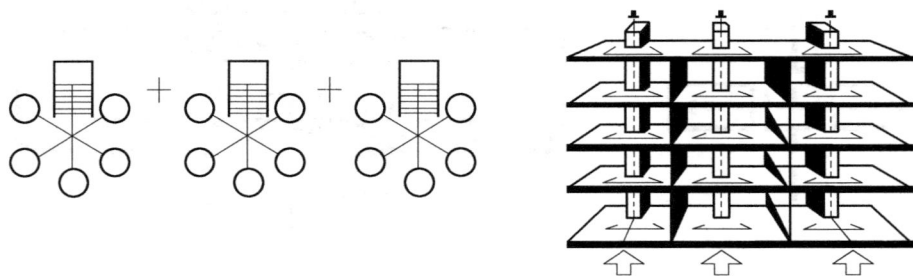

图 2-25　单元式组合及交通组织示意图

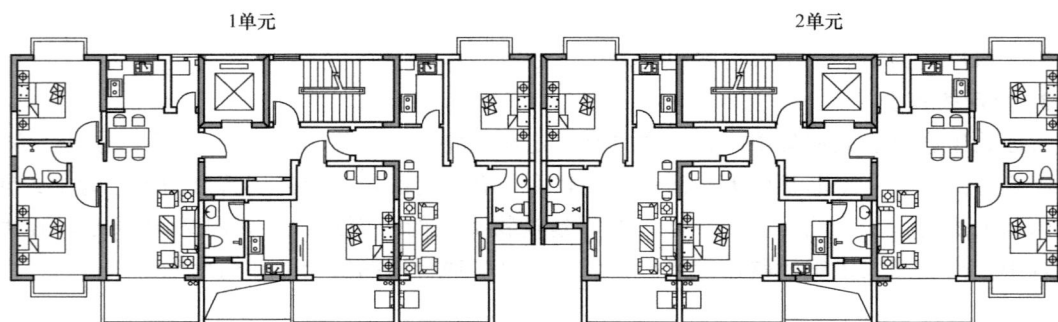

图 2-26　单元式组合（住宅）

#### 5. 混合式组合

在实际设计中，一幢建筑物往往会采用多种平面组合方式，即混合式组合方式，也可以以一种组合方式为主，辅以其他组合方式。混合组合方式适用于多种功能要求的建筑，如图书馆、宾馆、商贸中心等。图 2-27 和图 2-28 所示图书馆平面组合图，可以看出图书馆主要以大

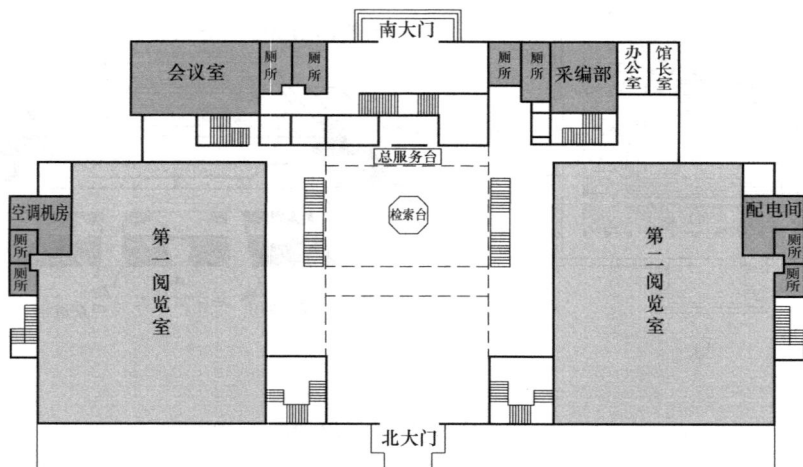

图 2-27　图书馆平面组合图（单元式混合大厅式）

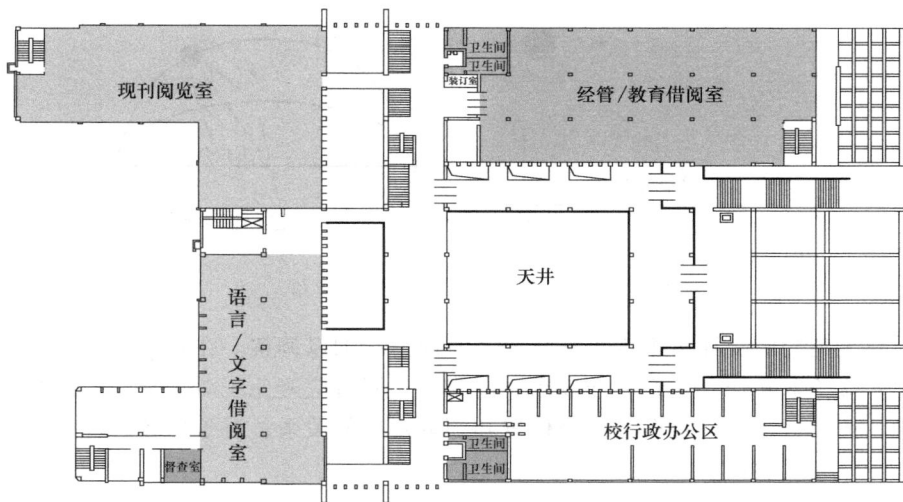

图 2-28　图书馆平面组合图（大厅式混合套间式）

厅式为主，但是局部还需依据借阅书籍程序进行串联式组合，也可进行单元式组合。

## 2.5.3　建筑平面组合与总平面的关系

任何一幢建筑物都不是孤立存在的，它必须与周围建筑物、道路、绿化等密切联系，共同形成一个整体。这就需要研究建筑物在总平面中的位置和关系，既要满足该建筑物的使用功能，又要符合总平面规划，还要与周围道路、绿化等融为一体。

建筑总平面设计简称总平面设计，又称场地设计，针对一个建筑项目根据其组成内容和使用功能的要求，在场地现有条件和城市规划或总体布局基础上，正确处理各建筑物、构筑物与道路交通、工程管线、绿化布置等设施相互之间的平面和空间关系，充分利用地形，有效节约用地，使场地内的各项工程设施有机地组成功能协调一致的统一整体。

总平面设计首先要分析场地的交通条件，保证场地对外联系的顺畅便捷，合理处理与周边环境的关系。总平面设计是以功能为主的设计，整个设计区内是房屋的排列和必要的交通条件，在民用建筑中还需考虑人们的居住条件和服务设施。而且随着人民生活水平的逐步提高，人们对生活质量的要求也越来越高，如今的设计除了考虑房屋排列需要满足地方规定的间距，保证房屋的日照、通风条件外，还要考虑对环境的要求及良好的服务功能，如漫步、休憩、晒太阳、遮阴、聊天等户外活动对场所的要求。

## 2.5.4　建筑朝向

一般情况下，建筑物坐北朝南，朝向即好，日照时间长。因此，建筑朝向主要是考虑太阳辐射强度、日照时间、主导风向、建筑使用要求及地形条件等因素的综合影响。

在日常生活中，我们会很明显地感受到不同季节里，不同时间段，随着太阳的位置、高度、强度都在发生变化，我们处在建筑物内感受到的光照也不一样。太阳在天空的位置可以用高度角和方位角来确定，如图 2-29 所示，太阳高度角是指太阳射到地球表面的光线与地平面的夹角 $H$，方位角是指太阳射到地球表面的光线与南北轴线所成的夹角。因为我国大部分地区处于夏热冬冷的气候区，为了改善室内条件，人们常将主要房间布置成朝南、南偏东或偏西少许角度。我国夏季南向太阳高度角大，射入室内光线很少，深度小；冬季太阳高度角小，射入室内光线多，深度大，这就有利于做到冬暖夏凉。

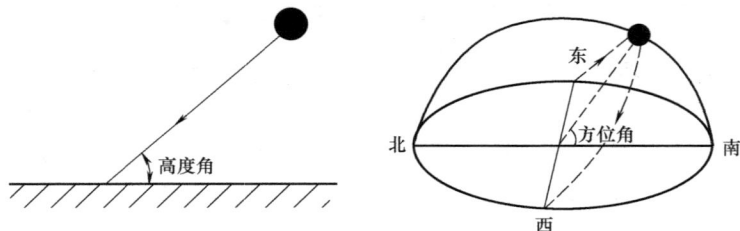

图 2-29　太阳的高度角和方位角

　　在确定建筑朝向时，还可根据主导风向的不同适当加以调整。在寒冷的北方，由于冬季时间长，因此，应争取日照，建筑朝向以东、南为宜，同时应避免正对主导风向；对于人流集中的公共建筑，还要考虑人流走向、道路位置和邻近建筑的关系；对于风景区建筑，应优先考虑能够提供优美景观的朝向。

## 2.5.5　建筑间距

　　建筑间距是指建筑物之间的距离，即为保证房间有一定的日照时数，建筑彼此互不遮挡所必须具备的距离。建筑间距应依据日照、通风等条件与建筑防火安全要求来确定。另外，还需考虑防止声音、视线干扰，绿化、道路及室外工程所需的间距，以及地形利用、建筑空间处理等问题。

　　建筑物的日照间距计算，以冬至日正午 12 时太阳光线能直接照到底层窗台为设计依据，如图 2-30 所示。

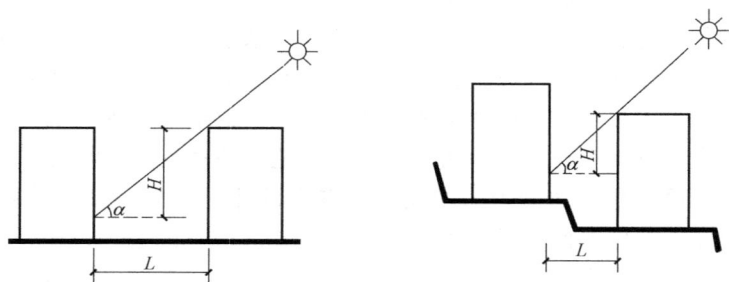

图 2-30　建筑物日照间距

　　建筑物日照间距计算公式为

$$L = H/\tan\alpha$$

式中　　$L$——房屋间距；

　　　　$H$——南向前排房屋檐口至后排房屋底层窗台的高度；

　　　　$\alpha$——冬至日正午的太阳高度角（房屋为正南向）。

　　我国大部分地区日照间距约为 $(1.0 \sim 1.7)H$。越往南日照间距越小，越往北则日照间距越大，这是因为太阳高度角在南方要大于北方。

　　对于大多数的民用建筑，日照是确定建筑间距的主要依据，因为在一般情况下，只要满足了日照间距，其他要求也就能满足。但有的建筑由于所处的周围环境不同，以及使用功能要求不同，建筑间距也不同，如教学楼为了保证教室的采光和防止声音、视线的干扰，间距要求应大于或等于 $2.5H$，而最小间距不小于 12m。又如医院建筑，考虑卫生要求，间距应大于

$2.0H$，对于 $1\sim2$ 层病房，间距不小于 25m；$3\sim4$ 层病房，间距不小于 30m；对于传染病房与非传染病房的间距，应不小于 40m。为节省用地，实际设计采用的建筑间距可能会略小于理论计算的日照间距。

# 思　考　题

1. 平面设计包含哪些基本内容？
2. 确定房间面积大小时应考虑哪些因素？
3. 如何确定主要使用房间尺寸、门窗数量和位置？
4. 辅助使用房间的设计应注意哪些问题？
5. 交通联系部分的设计包括哪些内容？如何确定楼梯形式、楼梯数量和宽度？
6. 平面组合形式有哪些？各自特点是什么？试以身边的建筑为例分析其组合的形式。
7. 如何确定建筑的朝向和间距？
8. 名词解释：开间、进深、套间式组合、总平面设计、日照间距。

# 第3章 建筑立面设计

建筑立面可以看成是由许多构配件（如门、窗、墙、柱、雨篷、檐口、台基、勒脚、阳台、线脚花饰等）组成的。运用不同的设计手法，在同一面可以产生不同的立面形象。这些不同的立面处理，主要是由于立面构配件（柱墩、墙、门、窗、阳台、檐口、遮阳板等）的形式和安排不同；立面上的材料质感和布置方式不同；立面上光影的安排和运用方式不同，以及立面上重点部位装饰和色彩的处理方式不同而引起的。如果这些内容设计处理得好，即符合使用功能、技术、经济条件和建筑艺术要求以及形式美的规律，就能取得良好的立面效果。

## 3.1　建筑体型和立面造型设计的基本要求

### 1. 反映建筑物功能要求和建筑个性特征

建筑是为供人们生产、生活、工作、娱乐等活动而建造的房屋，因此，建筑设计首先要从功能出发。不同的功能要求形成了不同的建筑空间，而不同的建筑空间所构成的建筑实体又形成建筑外形的变化，因而产生了不同类型的建筑外观。同时，建筑的外观形象又反映出建筑的性质、类型。形式服从功能是建筑设计遵循的原则，如图3-1所示。

图 3-1　不同建筑的外形特征
a) 公共建筑　b) 居住建筑

### 2. 体现结构、材料与施工技术特点

建筑是运用大量的建筑材料，通过一定的技术手段建造起来的。可以说，没有将建筑设想变成现实的物质基础和工程技术，就没有建筑艺术。因此，它必然在很大程度上受到物质和技术条件的制约。

不同的结构形式由于其受力特点不同，反映在体型和立面上也截然不同。如框架结构由于其外墙不承重，则可以开大窗或带形窗，外部形象就显得开敞、轻巧；空间结构不仅为大型活动提供了理想的使用空间，同时各种形式的空间结构又赋予建筑极富感染力的独特外部形象。图3-2所示是不同结构类型形成的建筑外部形象。

同样，建筑体型设计对结构设计最大的影响，就是建筑体型的规则性，这对有抗震设防要

图 3-2　不同结构类型形成的建筑外部形象

a）体育馆（空间结构）　b）大学生活动中心（框架结构）

求的建筑尤为重要。建筑平面力求简单、规则、对称，竖向体型尽量避免外挑，内收也不宜过多、过急，应力求刚度均匀变化，避免产生变形集中。此外，不同装修材料的运用，其艺术表现效果明显不同，在很大程度上影响到建筑作品的外观和效果（图 3-3）。

图 3-3　不同墙面材料的建筑

a）玻璃幕墙建筑　b）石墙建筑

### 3. 适应一定社会经济条件

房屋建筑在国家基本建设投资中占有很大的比例，因此设计者应严格执行国家规定的建筑标准和相应的经济指标，在设计时要区别对待大型公共建筑和大量民用建筑，既要防止滥用高级材料造成不必要的浪费，同时也要防止片面节约，或因盲目追求低标准而造成使用功能不合理及破坏建筑形象的情况出现。同时，设计者应提高自身设计修养、水平，在一定经济条件下，合理巧妙地运用物质技术手段和构图法则，努力创新，设计出适用、合理、经济、美观的建筑来。

### 4. 符合城市规划和基地环境的要求

单体建筑是规划群体的一个局部，群体建筑是更大的群体或城市规划的一部分，所以拟建房屋无论是单体或群体的体型、立面，还是建筑内外空间组合以及建筑风格等方面，都要认真考虑与规划建筑群体的配合，同时还要注意与周围道路、原有建筑呼应配合，考虑与地形、绿化等场地环境协调一致，使建筑与室外环境有机融合在一起，达到和谐统一的效果。

对于改建、扩建之类的项目，用地内原有建筑条件的重要性会进一步增强。这时对于整个场地而言，原有内容在使用上将继续发挥它们的作用，在形态上将仍然是场地的重要组成部分。新设计的建筑无论在功能组织上还是形态设计上都必须以现状条件为基础而展开，与原有内容之间保持充分关联，成为原设计"有机生长"的形式，如图 3-4 所示。

如果在山区或坡地上建房，就要顺应地势的起伏变化来设计建筑的布局和形式，往往会形成高低错落的变化，从而产生多变的体型，赖特的流水别墅（图 3-5），就是典型的成功利用地形的设计方案。

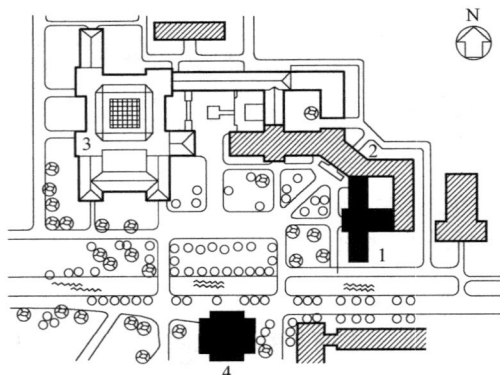

图 3-4　清华大学图书馆总平面图
1—20 世纪 20 年代设计　2—20 世纪 30 年代设计
3—20 世纪 80 年代设计　4—大礼堂

图 3-5　流水别墅

### 5. 顺应绿色建筑发展趋势

绿色建筑设计，节能减排、降低能耗，将能源系统和建筑美学有机结合，是 21 世纪建筑行业一大必然趋势。我国在《绿色建筑评价标准》（GB/T 50378—2019）中指出，绿色建筑设计不仅要与地形地貌紧密结合，还应与场地的气候条件和地理环境相适应，并应对场地的风环境、光环境、热环境、声环境等加以组织和利用。

不同气候地区的建筑应选择不同的建筑形式（图 3-6）。南方湿热，注重通风，因此尽量加大建筑的展开面；北方冬季寒冷，需要在冬季防风保温，因此外立面紧凑简洁，减少外墙的热量散失。

图 3-6　不同气候条件的建筑
a）南方居住建筑　b）北方居住建筑

对于特殊的风、光、热等环境，合理的建筑立面设计也能帮助建筑降低能源消耗和废弃物排放。扎哈·哈迪德建筑事务所（ZHA）设计的 Bee'ah 沙迦新总部（图 3-7），顺应盛行风向设计了两个相交的"沙丘",并用连接"沙丘"的中庭加强自然通风和非直射采光,以保证建筑内部优质的自然光照和视野。建筑屋顶选择了当地一种与沙漠环境相仿的防热材料来反射太阳光线、降低能耗。这种主动或被动的低能耗技术将节约 30% 的建筑能耗。整个设计符合 LEED 可持续发展铂金标准,低碳、低用水。

图 3-7　Bee'ah 沙迦新总部效果图

#### 6. 遵循建筑美学法则

建筑的外观形象应考虑人们对于建筑提出的精神和审美要求。在古代,建筑作为一种巨大的物质财富,总是掌握在当时的统治阶级手中。它不仅要满足其提出的物质功能要求,还必须反映一定有关社会地位的意识形态。例如,气势磅礴的明清故宫(图 3-8)和长城、古埃及建筑,以其特有的建筑空间和体型的艺术效果,象征性地表达着统治阶级的威严和意志。高耸入云的教堂,采用细高比例及竖向线条装饰的尖拱、尖塔,也无不表现了人们对宗教神权的无限向往和崇拜。教堂、寺庙、纪念碑等建筑,在精神方面的要求比物质功能要求更能左右其外部形式。而同一时代的建筑,也因不同国家、民族、地区的特点、审美观及设计流派而风格迥异。

图 3-8　明清故宫

## 3.2　建筑构图的基本法则

做总体规划和单体建筑设计时,在服从总体功能需求和尺度的前提下,要采用各种艺术处理手法以满足美观、舒适的要求。进行建筑构图设计时,可以从以下几个方面进行考虑。

### 3.2.1　完全形与不完全形

建筑体型是从属于功能布置的，即功能决定了空间形态，也决定了建筑体型关系。以往的美学家认为"完全形"，即简单、基本的几何形状可以引起人们的美感，因此特别推崇象征完整、一致性的圆、球等形状。如圣彼得大教堂、天坛、金字塔（图 3-9）等皆因采用简单的几何形状构图，使建筑体型达到了完整和统一。

图 3-9　金字塔（完全形建筑）

近代建筑突破了古典建筑形式的束缚，虽然出现了许多不规则的构图形式，但在条件适合的情况下，也不排斥运用圆形、正方形、正三角形等几何形状来构图，如图 3-10 和图 3-11所示。

图 3-10　萨米塔沃大厦（混乱的形的建筑）

图 3-11　魏斯曼艺术博物馆（不完全形建筑）

### 3.2.2　主从与重点

在由若干要素组合的整体中，每一要素在整体中所占的比重、地位，皆将影响到整体的统一性。若使所有的要素都竞相突出，或皆处于同等重要的地位，分不出主次，这都会削弱整体的完整统一性。在建筑设计的实践中，由平面组合到立面处理、内部空间到外部空间、细部装饰到群体组合，有很多主次关系：功能的主次、形体的主次、色彩的主次等。为了达到统一都应当处理好主从、轻重之间的关系。例如伊斯坦布尔圣索菲亚大教堂（图 3-12）的大穹顶与从属的高塔。一幢建筑物若失去重心、重点或中心，不仅使人感到平淡无奇，而且还会由于形态松散而失去整体的统一性。

## 3.2.3　对比与微差

对比是指要素之间显著的差异，微差指的是不显著的差异。对比和微差只限于同一性质的差异，如大与小、直与曲、虚与实，以及不同形状、不同色调、不同质地等。就形式美而言，这两者都不可缺少。对比可借由彼此间的烘托、陪衬来突显各自的特点以求变化；微差则可借由相互间的共通性求得和谐。没有对比会显得单调，而过分强调对比会失去相互间的协调一致性，造成视觉感官上的混乱。唯有将这两者巧妙结合，才能达到既有变化又和谐、既多样又统一的效果。在建筑设计领域，无论是整体还是局部，单体还是群体，内部空间还是外部形体，为实现统一和变化，都离不开对比与微差手法的运用。如巴黎圣母院（图 3-13）的门窗在形式上应用对比与微差相结合的手法，使得整个立面处理得和谐统一又富有变化。

图 3-12　伊斯坦布尔圣索菲亚大教堂

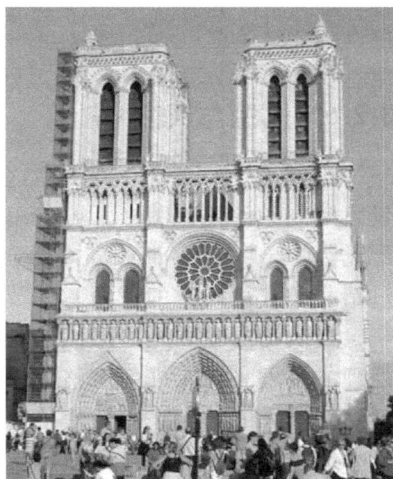

图 3-13　巴黎圣母院

## 3.2.4　均衡与稳定

所谓均衡是指建筑物各体量在建筑构图中的左右、前后相对轻重关系；稳定是指建筑物在建筑构图上的上下轻重关系。均衡可分为两大类：一类是对称形式的均衡；另一类是不对称形式的均衡。前者较严谨，能给人以庄严的感觉；后者较灵活，给人以轻巧和活泼的感觉。究竟采取哪一种形式的均衡，则要综合考虑建筑物的功能要求、性格特征以及地形、环境等条件。图 3-14 所示的泰姬陵，其采用对称式的均衡方式，下大上小，给人十分稳固安详的感觉。

## 3.2.5　韵律与节奏

自然界中许多的事物或现象，往往由于有规律的重复出现或有秩序的变化，也可以激发出美感。人们通过对各种事物或现象有意识地模仿及运用，创造出了各种具有条理性、重复性和连续性特征的形式——韵律美。不论是中国建筑或西方建筑，还是从前的建筑或现今的建筑，几乎处处都能给予人们美的韵律及节奏感。更有人将建筑比喻成"凝固的音乐"。图 3-15 所示的河南登封嵩岳寺塔，其逐渐收缩的层层出檐具有渐变的韵律感和均衡感。

图 3-14 泰姬陵

图 3-15 嵩岳寺塔

### 3.2.6 比例与尺度

比例探寻的是长、宽、高这三个度量之间的关系。圆形、正三角形、正方形等具有确定数量之间制约的几何图形，可以用来当作判别比例关系的标准和尺度。而长方形，最理想的长宽配比为 1：0.618，即"黄金分割"（图 3-16）。例如，帕提农神庙从柱式到门廊的设计都是经过精心研究而确定的，门廊呈黄金分割比例的划分使建筑显得典雅、舒适、和谐。

建筑物的整体是由局部组成的，整体的尺度感与建筑物的真实大小直接相关。但从建筑物处理的角度来看，局部对整体尺度的影响也很大，即局部越小，通过对比反衬出整体的高大；反之，过大的局部，则会使整体显得矮小。

通常，设计者总是力图让观赏者所获得的印象与人们概念中建筑物应有的尺度相吻合。但对于某些特殊类型的建筑，如纪念性建筑，设计者往往通过有意的处理，给人以超常规、宽大、高耸的感觉，从而获得夸张的尺度感。反之，对于如庭园建筑等类型建筑，则希望缩小山水的尺度，从而获得亲切的尺度感。这两种情况下，虽然感觉与真实之间不完全吻合，但为了达到某种艺术意图还是允许的。

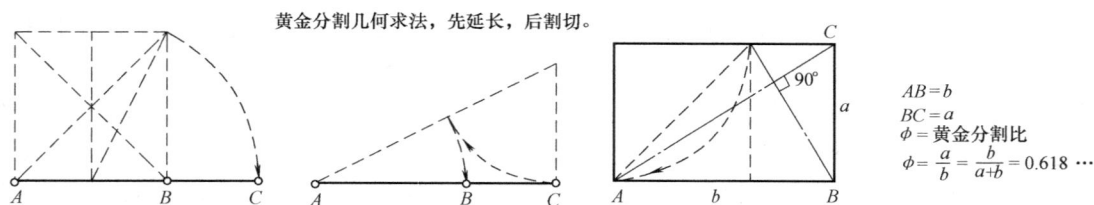

黄金分割几何求法，先延长，后割切。

$$AB = b$$
$$BC = a$$
$$\phi = 黄金分割比$$
$$\phi = \frac{a}{b} = \frac{b}{a+b} = 0.618\cdots$$

图 3-16 黄金分割

## 3.3 建筑体型的组合

### 3.3.1 建筑体型组合方法

#### 1. 单一基本几何体型及其组合体
单一基本几何体型及其组合体是常见的建筑体型。这类建筑体型的特点是：平面和外部体型较完整单一，十分简洁，秩序性很强，如正方形、矩形、三角形或多边形、简单的曲线体及其组合体等。

这种体型可以把复杂的功能、不同用途的大小空间加以简化，有效地组织成一个整体，以展现建筑的美感。这是造型设计中比较传统的处理方法，仍在不断发展，并被不断赋予各种创新形式。

淮安周恩来纪念馆（图 3-17）在建筑造型上，采用方形这一最简洁的体型，来体现中国传统思维"天圆地方"——象征着"正直""中和""方正""四面八方"等寓意。

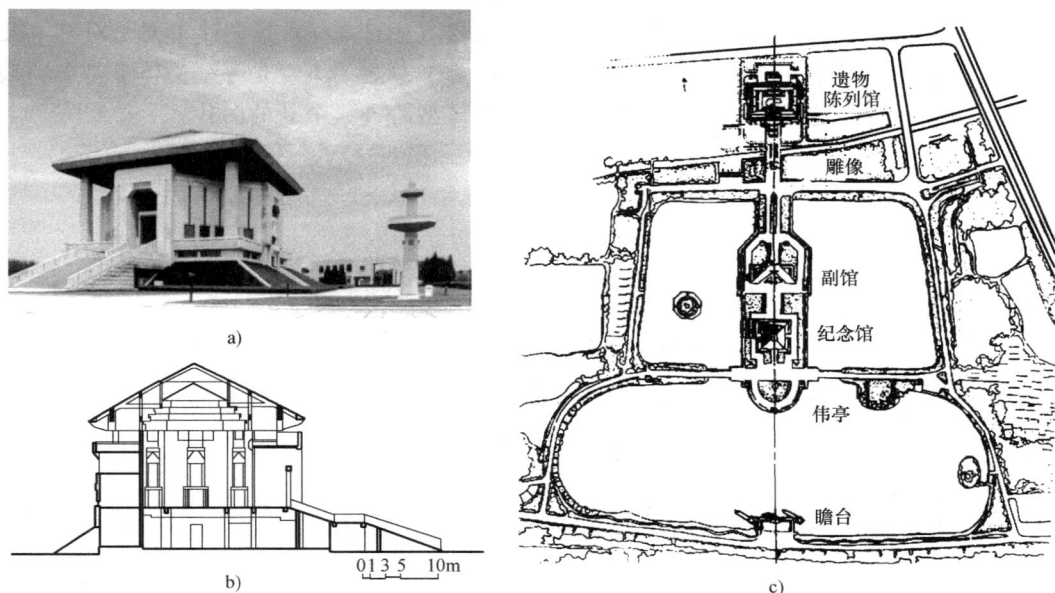

图 3-17　周恩来纪念馆
a）群体近景　b）剖面图　c）总平面图

### 2. 两个相同单一体型的组合

由两个相同单一体型组成的建筑和前述单一体型的不同点在于它的主体是成双的、大体等高且体型相同的组合，成双体没有主副体之分，但却是独立完整的建筑。

以色列特拉维夫犹太教堂和犹太遗产中心（图 3-18）位于特拉维夫大学校园内，形式和尺寸完全相同的两个建筑被赋予不同的功能，令人瞩目。基本方案巧妙地具备了犹太教堂和会

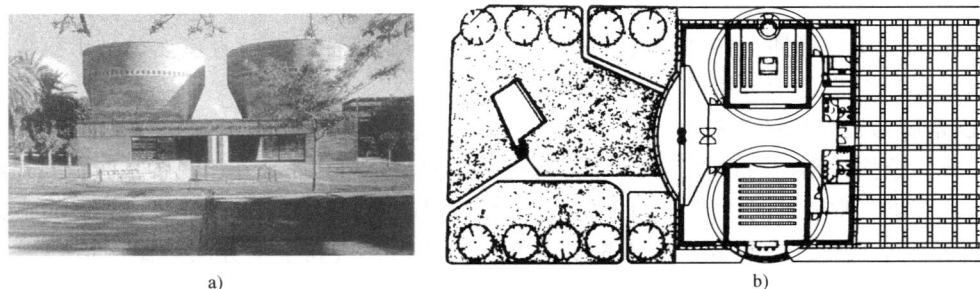

图 3-18　以色列特拉维夫犹太教堂和犹太遗产中心
a）外观　b）平面图

议大厅两种功能，并将其转换到一种形式意义相等的建筑形象之中，独立而统一。

### 3. 新的复杂或有机体型

20世纪后半叶，大量基本几何体及其组合体的建筑体型被认为存在冷漠、单一、枯燥的缺点，人们希望有更具挑战性的新的体型建筑出现。同时，数字时代软件技术的迅猛发展，以及结构技术与材料的进步，为建筑师研究与探索新的复杂或有机体型提供了技术支持。西班牙毕尔巴鄂的古根海姆博物馆（图3-19），其形体如火山一般凝聚在一起。这一建筑创立了建筑设计的新思路。这类建筑往往是由不同大小的形体部分所组成的较为复杂的形体，因此在不同体量之间就存在着彼此相互关系的问题，如果处理不当就会显得杂乱无章。

另一类如阿拉伯联合酋长国某酒店与豪华住宅大楼（图3-20），其设计主要是对基本几何形体的有机化，也为基本几何体造型的创新注入了活力。总之，不管是哪一类体型都要突破传统的束缚。可以预计，这类建筑会越来越多，使建筑体型跨进一个新的时代。

图 3-19 西班牙毕尔巴鄂古根海姆博物馆

图 3-20 阿拉伯联合酋长国某酒店与豪华住宅大楼

## 3.3.2 体量的联系与交接

由不同大小、高低、形状、方向的体量组合而成的复杂建筑体型，其各个体量之间的联系和交接，将直接影响到建筑体型的完整性及建筑功能和建筑结构的合理性。设计中常采用直接连接、咬接及以走廊为连接体的连接方式，如图3-21所示。

### 1. 直接连接

在体型组合体中，将不同体量的面直接相连的方法称为直接连接。这种方式具有体型分明、简洁、整体性强的优点，常用于功能要求各房间联系紧密的建筑。

### 2. 咬接

各体量之间相互穿插，体型较复杂，但组合紧凑，整体性强，较直接连接易于获得有机整体的效果，是组合设计中常用的一种方式。

### 3. 以走廊为连接体的连接

以走廊为连接体相连的方式，其特点是各体量之间相对独立而又互相联系，走廊的开敞或封闭、单层或多层，常随不同功能、地区特点及创作意图而定，建筑给人以轻快、舒展的感觉。

无论哪一种形式的体型组合都首先要遵循构图法则，做到主从分明、比例恰当、交接明确、布局均衡、整体稳定、群体组合、协调统一。在处理复杂体型中各体量的关系时，必须考虑的因素还有建筑物的结构构造、地区的气候条件、地震烈度以及基地环境等。见图3-5中的流水别墅。

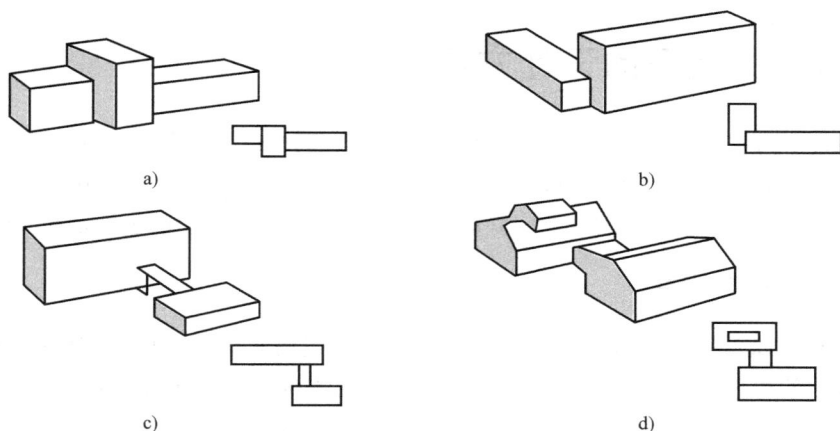

图 3-21　体量交接的集中方式示例

a) 不同体量直接连接　b) 不同体量相互咬接在一起
c) 不同体量之间靠走廊连接在一起　d) 采用较小的体量来作为较大体量之间的连接体

### 3.3.3　体型的转折与转角处理

　　体型的组合往往受到所处地形和位置的影响，如在十字、丁字或任意转角的路口或地带布置建筑物时，为了建造较好的建筑形象及环境景观，必须对建筑物进行转折或转角处理，实现与地形环境相协调。转折或转角处理中，应顺其自然地形，充分发挥地形环境优势，合理进行总体布局。如在路口转角处采用主附体相结合的处理，以附体陪衬主体，如图 3-22 所示；也可以局部升高的塔楼为重点，以塔楼确定整个建筑物及周围道路的设计，使道路交叉口和建筑的主要入口更加醒目。

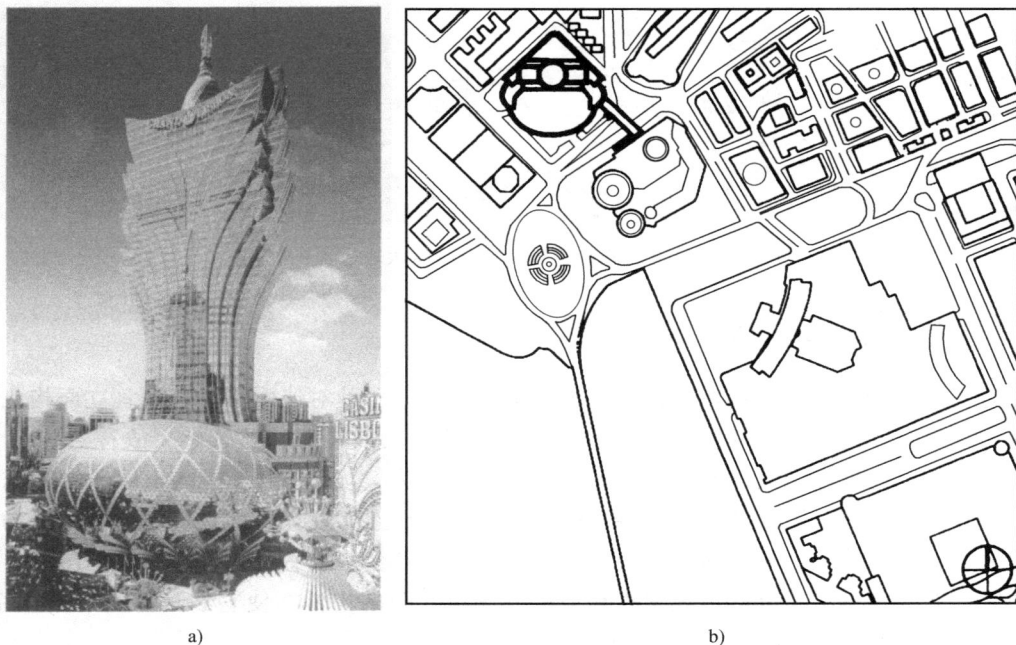

图 3-22　采用主附体相结合的处理方式
a) 设计外观　b) 总平面图

# 3.4　建筑立面造型的设计方法

　　建筑立面是由门、窗、墙、柱、阳台、雨篷、檐口、勒脚以及线角等部件组成，根据建筑功能要求，运用建筑构图法则，恰当地确定这些部件的比例、尺度、位置、使用材料与色彩，设计出完美的建筑立面，是立面设计的任务。立面处理时，要注意立面的比例与尺度、虚实与凹凸。

## 3.4.1　立面的比例与尺度

　　建筑物的整体以及立面的每一个构成要素都应根据建筑的功能、材料结构的性能以及构图法则而赋予合适的尺度，比例协调，尺度正确，是使立面完整统一的重要因素。建筑物各部分的比例关系以及细部的尺度对整体效果影响很大，如果处理不好，即使整体比例很好，也无济于事。这就要求设计者借助比例尺度的构图手法、前人的经验以及早已在人们心目中留下的某种确定的尺度概念，恰当地加以运用从而获得完美的建筑形象。如图3-23所示，不同的划分给人的感觉是不一样的。

图3-23　建筑划分对建筑尺度和视觉大小方面的作用

## 3.4.2　立面的虚实与凹凸

　　虚与实、凹与凸是设计者在进行立面设计中常采用的一种对比手法。在建筑立面构成要素中，窗、空廊、凹进部分以及实体中的透空部分，常给人以轻巧、通透感，故称之为"虚"；而墙、垛、柱、栏板等给人以厚重、封闭的感觉，称之为"实"。由于这些构件通常是结构支撑所不可缺少的构件，因而从视觉上讲也是力的象征。在立面设计中虚与实是缺一不可的，没有实的部分整个建筑就会显得脆弱无力；没有虚的部分则会使人感到呆板、笨重、沉闷。只有结合功能、结构及材料要求恰当地安排利用这些虚实凹凸的构件，使它们具有一定的联系性、规律性，才能取得生动的轻重明暗的对比和光影变化的效果。图3-24所示为河南艺术中心，其设计灵感来源于河南出土文物乐器陶埙、石排箫和贾湖骨笛的造型，艺术墙的设计源自黄河波涛翻卷的浪花造型。河南艺术中心的建筑设计体现出古代中原文化与现代建筑艺术的完美结合。

图 3-24　河南艺术中心

### 3.4.3　立面的线条处理

建筑立面上客观存在着各种各样的线条，如檐口、窗台、勒脚、窗、柱、窗间墙等，这些线条的不同组织可以获得不同的感受。如横向线条使人感到舒展、平静、亲切感；而竖向线条则给人挺拔、向上的感受；曲线则具有优雅、流动、飘逸之感。具体采用哪一种形式应视建筑的体型、性质及所处的环境而定，墙面线条的划分既要反映建筑的特征，又应使各部分比例处理得当，图 3-25 所示为建筑立面线条的处理。

a)　　　　　　　　　　　　　　b)　　　　　　　　　　　　　c)

图 3-25　建筑立面线条处理
a）现代高层酒店的水平线条　b）利用曲线的悉尼歌剧院　c）现代高层办公楼的竖直线条

### 3.4.4　立面的色彩与质感

色彩与质感是材料的固有特性，它直接受到建筑材料的影响和限制。一般来说，不同的色彩给人的感受是不同的，如暖色使人感到热烈、兴奋、扩张；冷色使人感到宁静、收缩；浅色显得明快；深色又使人感到沉稳。运用不同的色彩还可以表现出不同的建筑性格、环境特点及民族风格。

立面色彩处理时应注意以下问题：第一，色彩处理要注意统一与变化，并掌握好尺度。在立面处理中，通常以一种颜色为主色调，以取得和谐、统一的效果。同时局部运用其他色调以达到统一中求变化、画龙点睛的目的。第二，色彩运用要符合建筑特征。如医院建筑宜采用给人安定、洁净感的白色或浅色调；商业建筑则常采用暖色调，以增加其热烈气氛。第三，色彩运用要与环境有机结合，既要与周围建筑、环境气氛相协调，又要适应各地的气候条件与文化背景（图3-26）。

材料的质感处理包括两个方面：一方面可以利用材料本身的固有特性来获得装饰效果，如未经磨光的天然石材可获得粗糙的质感，玻璃、金属则可获得光亮与精致的质感；另一方面是通过人工的方法打造某种特殊质感。在立面设计中，历代建筑大师常通过材料质感来加强和丰富建筑的表现力，从而建造出光彩夺目的建筑形象。随着建材业的不断发展，利用材料质感来增强建筑表现力的手法应用会十分广阔。

贝聿铭将罗浮宫扩建工程的入口设计成玻璃金字塔。金字塔形体简单突出，全玻璃的墙体清明透彻，没有沉重的壅塞之感。这种处理手法，没有触动、损害罗浮宫这座宫殿原本的建筑特征，既充满了生气和吸引力，又尊重了历史，最好地保护了原有环境，使建筑融入环境（图3-27）。

图3-26　北京故宫御花园千秋亭

图3-27　玻璃金字塔鸟瞰图

## 3.4.5　重点与细部处理

立面设计中的重点处理，目的在于突出反映建筑物的功能使用性质和立面造型上的主要部分，具有画龙点睛的作用，有助于突出表现建筑物的性格。

建筑立面需要重点处理的部位有建筑物出入口、楼梯、转角、檐口等，重点部位不可过多，否则就达不到突出重点的效果。重点处理常采用对比手法，如采用高低、大小、横竖、虚实、凹凸等对比处理，以取得突出中心的效果，如图3-28所示。

图3-28　建筑入口重点处理示例（明尼苏达大学麦克纳马拉校友中心）

立面的细部主要指的是窗台、勒脚、阳台、檐口、栏杆、雨篷等线脚以及门廊、大门和必要的花饰，对这些部位做必要的加工处理和装饰是使立面达到简而不陋，从简洁中求丰富的好办法。细部处理时应注意比例协调、尺度宜人，在整体形式要求的前提下，实现统一中有变化，多样中求统一的效果，如图 3-29 所示。

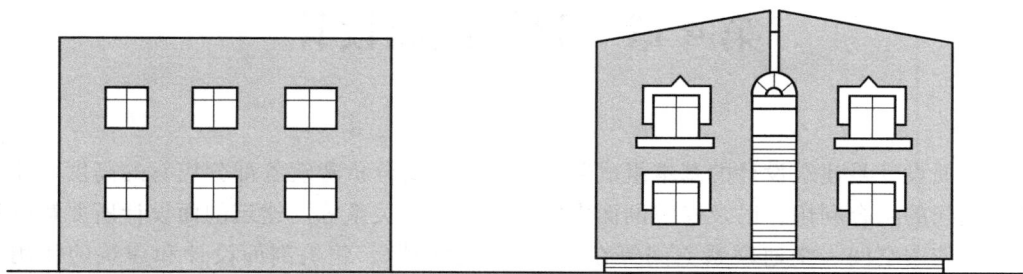

图 3-29　同一体型、同一基本构成要素的不同立面处理可获得不同的建筑形象

# 思　考　题

1. 建筑体型和立面造型设计的基本要求是什么？
2. 建筑构图的基本法则有哪些？
3. 什么是完全形建筑？什么是不完全形建筑？试举例说明。
4. 在建筑构图中，为何要处理好要素的主从与重点的关系？
5. 建筑构图中，对比与微差的含义是什么？
6. 何为建筑构图中的均衡与稳定原则？其运用后产生的效果如何？
7. 什么是建筑的韵律美？
8. 建筑构图中，局部的尺度与整体的尺度有何关系？
9. 建筑体型组合方法有哪些？各自特点是什么？
10. 体量的联系与交接的方式有哪些？各有什么特点？
11. 进行建筑立面造型设计的方法有哪些？

# 第4章 建筑剖面设计

建筑剖面设计是建筑设计的基本组成部分之一，主要分析建筑各部分应有的高度、建筑层数、建筑空间的组合利用，以及建筑剖面中的结构、构造关系等。建筑剖面设计所要解决的问题实质上是使用空间、交通联系空间等在竖向的组合问题。建筑剖面设计和建筑的使用、造价、节约用地等因素密切相关，因此对这些问题往往要平面、剖面结合在一起研究，才能具体确定下来，如平面组合设计时使用空间的分层安排、各层面积的大小应和建筑剖面中层数的确定一起通盘考虑才能决定。

## 4.1 房间的剖面形状

房间的剖面形状主要是根据功能要求和使用特点来确定。同时，建筑结构、建筑材料、建筑技术以及建筑造型等对剖面形状的确定也有很大的影响。此外，还需要考虑具体的材质、经济条件及特定的艺术构思的影响，既要满足使用要求，又要达到一定的艺术效果。

房间的剖面形状分为矩形和非矩形两类。矩形剖面简单、规整，有利于人的行动和家具、设备的布置，便于竖向空间的组合，容易获得简洁而完整的体型。同时，矩形剖面结构简单，有利于采用梁板式结构，节约空间，方便施工。非矩形剖面常用于有特殊要求的房间，或者因结构形式不同而形成的房间。

### 4.1.1 使用要求对剖面的影响

建筑的剖面形状主要是由使用功能决定。在民用建筑中，大多数建筑的房间在功能上对其剖面形状并无特殊要求，如卧室、起居室、教室、办公室等。利用矩形剖面就能满足其使用要求，并且还能提供给房间水平向的地面和顶棚。对于影剧院观众厅、体育馆比赛厅、阶梯教室和报告厅等房间，由于其对视听质量有特殊要求，因此，这些房间除了其平面形状、大小要满足视距和视角外，在剖面设计上也要考虑视线的遮挡和音质要求（图4-1）。

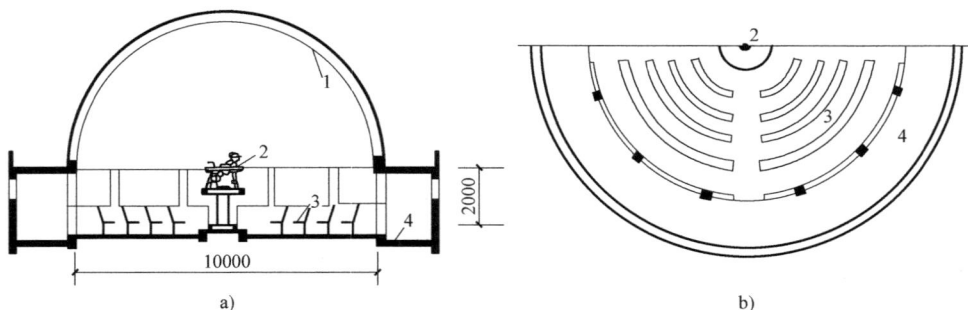

图 4-1 某天象放映厅剖面图与平面图

a）剖面图 b）平面图

1—D = 10m 或 8m 半球形铝制天幕 2—天象仪 3—100 座联椅 4—围廊

## 1. 视线要求

对于有特殊要求的房间，为满足视觉需要，地面应有一定坡度。坡度大小与设计视点的选择、视线升高值 $C$、座位排列方式、排距等因素有关。设计视点是指按设计要求所能看到的极限位置，代表了可见和不可见的界限，以此作为视线设计的依据。视点高度的选择要以人的视线不受遮挡为限。建筑功能不同，观看对象不同，设计视点的位置选择也不同。如电影院的视点高度选在银幕底边中心点（图 4-2），可以保证人的视线能够看到银幕的全画面；阶梯教室视点高度常选在讲台桌面，大约距地面 1100mm 处；剧院视点的高度一般定于大幕在舞台面上水平投影的中心点。一般视点选择越低，地面升起坡度越大；视点选择越高，地面升起坡度就越小。设计视点选择是否合理，是衡量视觉质量的重要标准，直接影响地面升起坡度的大小及建筑的经济性。

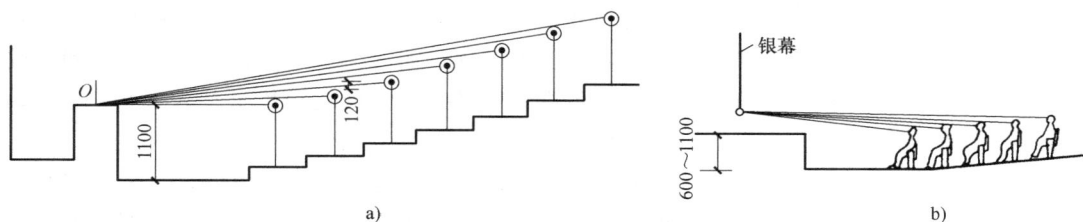

图 4-2　设计视点与地面起坡的关系
a）阶梯教室　b）电影院

设计视点确定后，就要进行地面起坡计算。首先要确定每排视线升高值 $C$。$C$ 值为后排观众的视线与前排观众眼睛之间的视高差，一般定为 120mm，当座位错位排列时，$C$ 值为 60mm，这样可以保证人的视线不被遮挡，如图 4-3 所示。错位排列布置要比对位排列布置的地面起坡缓一些。当进行无障碍视线设计时，$C$ 值应每排升起 120mm。

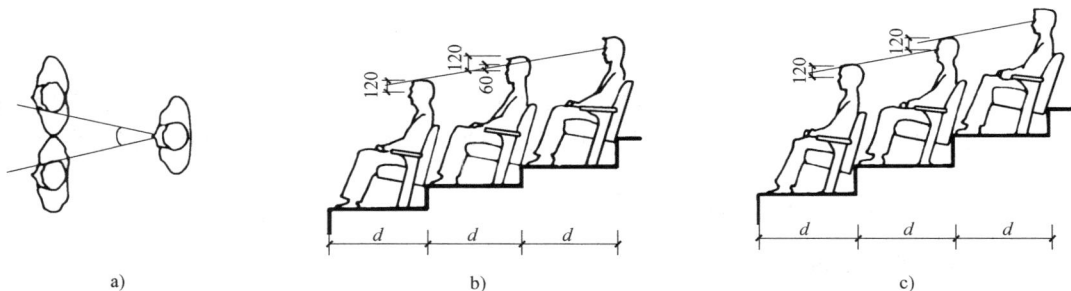

图 4-3　视觉标准与地面升起关系
a）错位　b）隔排升起 120mm　c）每排升起 120mm

## 2. 音质要求

在影剧院、会堂等建筑中，观演大厅对音质要求都很高，需要采用比较特殊的剖面形式，且剖面形式应与平面形式相适应。平面与剖面设计应同时进行，当平面形式有明显声学缺陷时，剖面设计应予以适当调整。为了保证室内声场分布均匀，避免出现声音空白区、回声及声音聚焦等现象，在剖面设计中要特别注意顶棚、墙面、地面的处理。通常，按照视线要求设计的地面能够满足声学的要求，而顶棚的高度和形状是保证室内声场均匀、良好的一个重要条件。所以，顶棚的形状应根据声音反射的基本原理来设计，以保证大厅各个座位都能获得均匀的反射声，并加强声压不足的部位。一般情况下，凸面可以使声音扩散，声场分布较均匀；凹曲面和拱顶都易产生声音聚焦，声场分布不均匀，设计时应尽量避免，如图 4-4 所示。

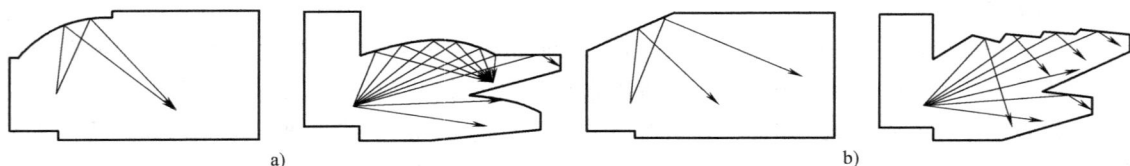

图 4-4　不同顶棚对声音反射的影响
a）声音反射不均匀，有聚焦　b）反射较均匀

## 4.1.2　建筑结构、建筑材料和施工技术对剖面的影响

　　房间的剖面形状除应满足使用要求外，还应考虑建筑的建筑结构、建筑材料和施工技术的影响。民用建筑屋顶的剖面形状一般有平屋顶、坡屋顶、曲面屋顶等。这些形状一般和构成它们的结构类型、建筑材料和建筑技术有很大关系。矩形的剖面形状规整而简洁，可采用简单的钢筋混凝土梁板结构，施工方便，适用于大量的民用建筑。但是，钢筋混凝土构件自重较大，对于跨度不大的情况比较适宜。如果是大跨度的建筑，如体育馆、展览馆等，常采用空间结构形式，如屋架、网架、拱、悬索、壳体等结构形式。受结构形式的影响，对应的剖面形状就不再是简单的矩形了。而非矩形剖面往往能为建筑创造独特的室内空间，如图 4-5 所示。

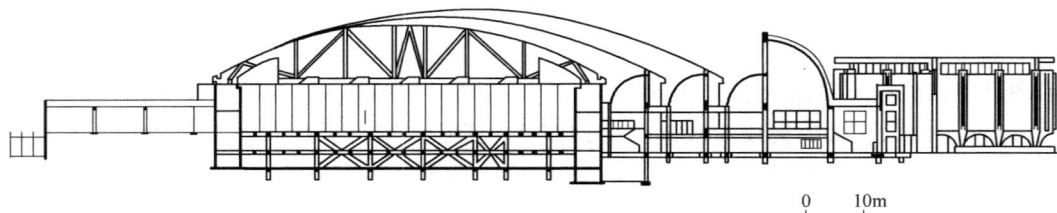

图 4-5　结构形式对剖面的影响

　　现代建筑的发展离不开建筑材料的发展和施工技术的改进。钢和钢筋混凝土、新的施工技术的出现，使建筑在跨度、空间和高度上实现了进一步的突破，建筑剖面也愈发富于变化。

## 4.1.3　采光、通风要求对剖面的影响

### 1. 采光对剖面的影响

　　室内光线的强弱和照度是否均匀，与平面中窗户的宽度及位置、剖面中窗户的高低有关。使用空间内光线的照射深度，主要靠侧窗的高度来确定。

　　对于一般进深不大的房间，侧窗即能满足室内采光和通风等卫生要求。进深越大，要求侧窗上沿的位置越高，即相应的净高也要高一些。房间较高，采光不足时，可增设高侧窗。单侧采光时，通常窗上沿离地高度应大于进深的一半；允许两侧开窗时，净高应不小于总深度的1/4。为了避免在使用空间顶部出现暗角，窗上沿到顶棚底面的距离，应在保证有设置窗过梁或圈梁的空间，和满足建筑结构、构造要求的基础上，应尽可能小一些。

　　当进深较大，侧窗无法满足室内照度要求时，就需要设置各种形式的天窗。有一些房间，虽进深不大，但功能上却有特殊要求，如展览类建筑中的展厅或陈列室，为使室内照度均匀，光线稳定而柔和，应避免光线直接照射到展品或陈列品上，并消除眩光，以留出足够的墙面布置展品或陈列品。此类建筑常利用形式多样的天窗采光，其屋顶天窗的形状各不相同，有矩形天窗、拱形天窗、屋面点状天窗等，它们都改变了建筑的屋面形状，如图 4-6 所示。

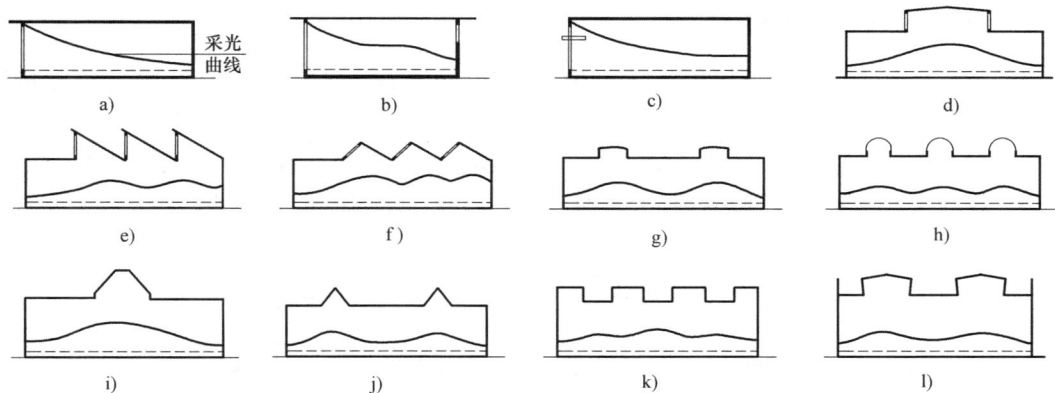

图 4-6　采光类型对剖面的影响

a）单侧窗　b）双侧窗　c）带光搁板单侧窗　d）矩形天窗　e）锯齿形天窗　f）斜锯齿形天窗

g）平天窗采光带　h）平天窗采光罩　i）锥形天窗　j）三角形天窗　k）横向天窗　l）下沉式天窗

**2. 通风对剖面的影响**

　　房间一般都需要通风，无论是自然通风还是机械通风都需要设置出气口和进气口。一般情况下，房间在墙的两侧设窗以进行空气对流，也可一侧设窗让空气上下对流。对于有特殊要求的房间或湿度较大、温度较高、烟尘较多的房间，除了在墙面两侧开窗外，还需在屋顶开设出气孔，以天窗的形式增加空气压差，这种处理同样改变了房间的剖面形状（图 4-7）。

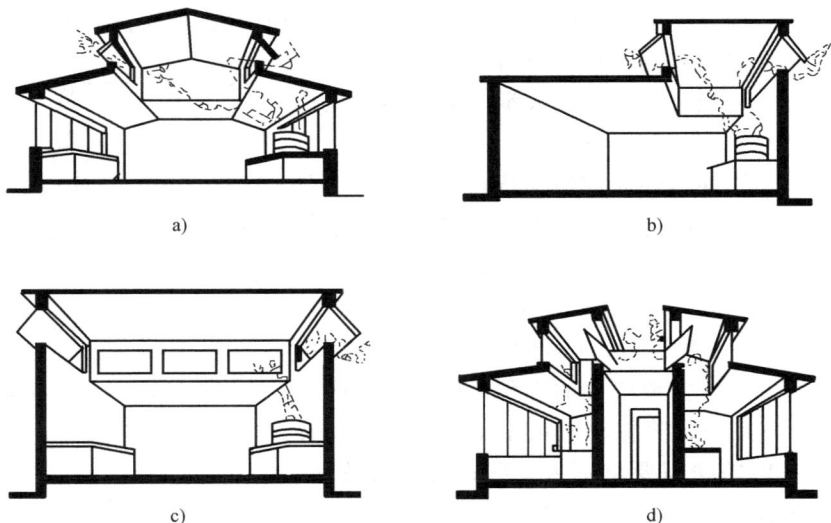

图 4-7　通风对剖面的影响

a）气楼式天窗　b）局部提高式天窗　c）直接排气式天窗　d）组合式天窗

## 4.2　房间各部分高度的确定

　　剖面设计研究的是建筑各部分在垂直方向上的相互关系，确定各部分的高度是剖面设计的重要内容之一，需要确定的有房间的层高和净高、窗台高度、室内外高差等。

## 4.2.1　房间的层高和净高

房间的层高是指建筑物上下相邻两层楼面或楼面与地面之间的垂直距离。而净高是指楼面或地面至上部楼板底面或顶棚底面之间的垂直距离。如图 4-8 所示，即层高等于净高加上楼板厚度（或包括梁高）。不过，对于房屋顶层，由于防水屋顶的厚度较大，屋面做法有一定的坡度，往往将顶层层高定为屋面结构板上表面到下一层楼面之间的垂直距离。

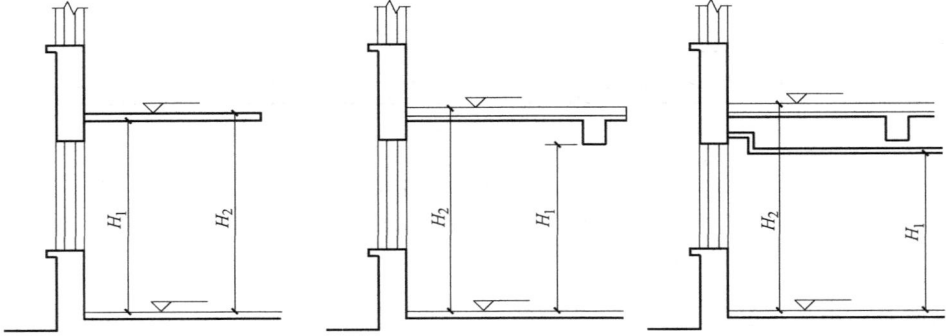

图 4-8　净高（$H_1$）和层高（$H_2$）

房间高度是否恰当，将直接影响到房间的使用、经济以及室内空间的艺术效果。在确定层高时，需要从以下几个方面出发，综合考虑。

### 1. 活动特点及家具设备的使用要求

确定房间高度，通常先确定净高，用净高和结构层高度计算楼层层高。房间的净高与人体的使用活动特点和家具设备的使用要求有关。为保证人们的正常活动，一般室内最小净高应以人举手触摸不到顶棚为宜，即不小于 2200mm，如图 4-9 所示。

不同类型的房间因使用性质和活动特点、使用人数及房间面积大小的不同，对净高要求也不同。对于住宅中的居室和旅馆中的客房等生活用房，因使用人数少，房间面积小，净高可以低一些，一般应不小于 2.4m，层高在 2.8m 左右；对于使用人数较多，房间面积较大的公用房间，如教室、办公室等，需要空气的容积量较多，室内净高常为 3.0~3.3m，其中，阶梯教室由于使用人数多，且地面需要起坡，室内的净高要求更大一些；商店营业厅、

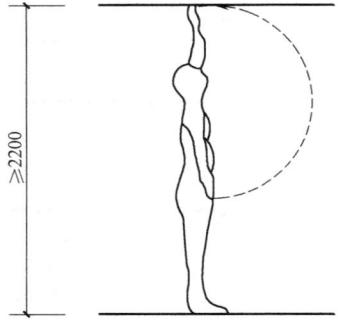

图 4-9　房间最小净高

影剧院观众厅、体育馆比赛大厅等公共建筑，因空间更大，使用人数更多，在确定其净高时考虑的因素应更多，以满足各方面的要求。

除此之外，房间里的家具设备及人们使用家具设备所必需的空间，也直接影响房间的净高和层高。如学生宿舍的层高主要受床的类型的影响，使用双层床铺的房间，层高要考虑上铺到顶板的距离，坐着叠被要求距离为 1.05m，跪着叠被要求距离为 1.3m，床高约 1.75m，因此室内净高一般应不低于 3.2m，如图 4-10 所示。

### 2. 采光、通风的要求

房间的高度应有利于天然采光和自然通风，以保证房间内必要的学习、生活和卫生条件。一般来讲，房间层高越大，窗口上沿越高，光线照射深度越远。所以，进深大的房间或要求光

线照射深度远的房间，在不开设
天窗时，必须增加房间的层高。

从通风要求来说，室内进出
风口在剖面上的高低位置，对房
间净高也有一定的要求。潮湿和
炎热地区的民用建筑，经常利用
空气的压力差形成室内穿堂风，
如在内墙上开高窗、门上设亮子
等。这样的设计就要求房间净高
相对高一些。为保证房间有必要
的卫生条件，除了组织好通风
外，还应在剖面设计中考虑房间
内必需的空气容量，具体取值与
房间用途有关。一般使用人数较多，空气容量标准要求高的房间，要求房间的净高也就更高。

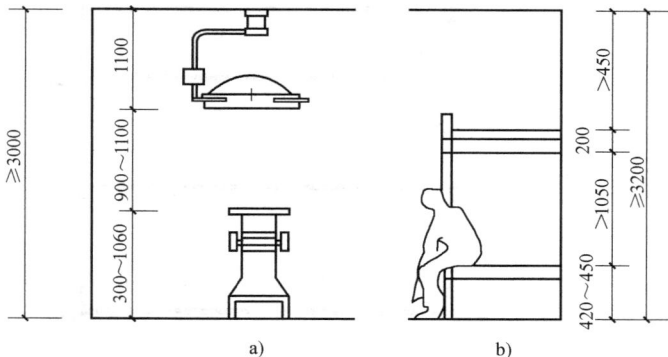

图 4-10  人体活动空间、家具及设备高度对空间高度的影响
a) 手术室  b) 宿舍

### 3. 结构高度及其布置要求

结构高度是指楼板、屋面板、梁及屋架所占的高度。在使用空间设计中，梁的高度、板的
厚度、墙与柱的稳定性以及空间的结构整体形状、高度对剖面设计都有一定影响。

在结构安全可靠的前提下，减少结构高度会增加房间的净高和降低建筑造价。因此，合理
选择、布置结构承重方案意义重大。一般开间、进深小的房间，可直接利用墙体承重，将楼板
搭在承重墙上，这样结构所占的高度最小；开间、进深较大的房间，一般要设置梁，楼板搭在
梁上，这就增加了结构层的厚度，应尽量避开这种承重方案。若只能选择这种承重方案，也要
尽可能使楼板的厚度包含在梁的高度内，做成梁板合一的整浇式或花篮梁形的装配式。大跨度
建筑、大空间建筑屋顶往往采用薄腹梁、屋架、空间网架等结构形式，其所占高度更大，截面
高度可达几米。因此，如何降低结构的高度是设计人员在剖面设计时必须要考虑的问题。

当房间采用吊顶构造时，要保证吊顶后的净高满足使用要求，可将层高适当增加，以满足
净高需要。对于坡屋顶建筑的顶层空间，不做吊顶时可以充分利用屋顶空间，房间的高度可以
比平屋顶建筑低一些。

### 4. 室内空间比例要求

室内空间长、宽、高的比例，对人的心理行为影响很大。宽而低的空间常使人感觉压抑、
沉闷，狭而高的空间使人感到拘谨、局促，在宽而高的空间内一人独居，又使人感觉空旷、冷
清、迷茫。同时，人们在视觉上对空间高低的感受，通常具有一定的相对性，即和空间本身的
面积大小、顶棚的处理方式以及窗户的比例等有关。住宅建筑的居室净高取 2.7m 左右时，使
人感到亲切、舒适，但若用于教室，就会显得过于低矮、压抑。不同的建筑，需要不同的空间
比例。在确定房间净高时，应根据使用功能要求，提供优良的空间环境，一般民用建筑的空间
尺度，高宽比在 1:1.5~1:3 之间较为适宜，如图 4-11 所示。

### 5. 建筑经济效益要求

层高对建筑造价和用地面积影响很大。降低层高可减轻建筑自重，减少围护分隔结构面
积，节约材料，也有利于结构受力，降低能耗。为了力求节约，在满足使用、采光通风、观感
和模数制要求的前提下，应尽可能地降低层高。实践证明，普通砖混结构的住宅，层高每减少
100mm，土建投资可节约 1% 左右。层高的降低还可降低建筑总高度，从而缩小建筑的间距，
节约建筑用地。

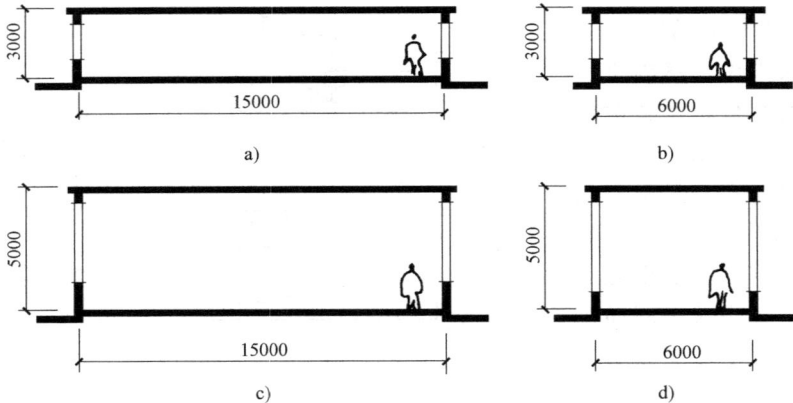

图 4-11　不同的空间尺度比例

a) 较压抑（1∶5）　b) 较合适（1∶2）　c) 较合适（1∶3）　d) 较空旷（1∶2）

### 6. 建筑工业化要求

层高是剖面设计的重要数据，是工程常用的控制尺寸。确定层高时，除考虑室内净高与结构、构造高度外，还需符合建筑模数，并力求节约。在建筑设计、制造、施工安装等活动中，遵循模数协调原则，全面实现尺寸配合，保证房屋建设过程中，在功能、质量、技术和经济等方面获得优化，促进房屋建设从粗放型生产转化为集约型社会化协作生产。通常，在大量性民用建筑中，当层高在 4.2m 以内时，可用 100mm 作为级差，否则应以 300mm 作为级差。

## 4.2.2　窗台高度

窗台高度主要根据使用要求、人体尺度和家具设备的高度来确定。一般窗台高度应满足人的活动行为要求，适应人的生理行为和心理行为。窗台高度在人的坐姿视点以下，保证人的坐姿工作、学习面的照度，同时应保证对窗外的可视性。

一般民用建筑中，生活、学习或工作用房的窗台高度常采用 900~1000mm，窗台距桌面的高度在 100~200mm，这既可以保证有充足的光线照射到桌面上，又能避免桌上的东西被风吹出窗外；幼儿园建筑结合儿童尺度，活动室的窗台高度常采用 700mm 左右；展览建筑的展室、陈列室，由于需要利用室内墙面布置展品，为避免眩光，在人的站立视点高度处一般不设窗，而在视点高度以上开设高侧窗或天窗，窗台到陈列品的距离要有 14° 的保护角，窗台高度一般为 2500mm 以上；浴室、厕所走廊两侧的窗台为遮挡人们的视线，往往设置在 1800mm（图 4-12）以上。

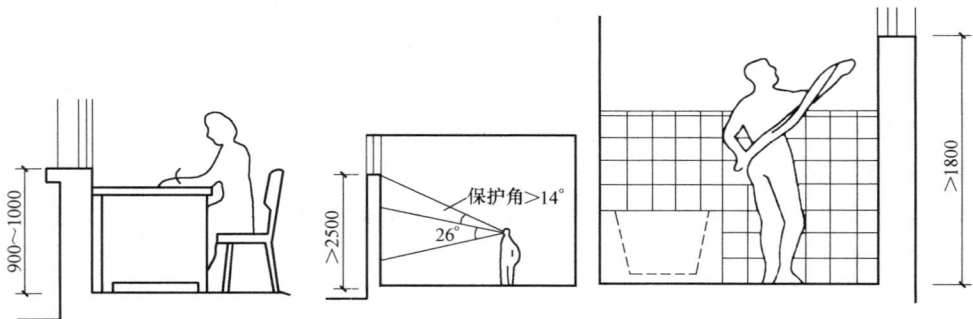

图 4-12　窗台高度示例

### 4.2.3　室内外高差

室内外高差是指建筑物室内地面到室外自然地面的垂直高度。为了防止室外雨水流入建筑物室内，使建筑底层地面过于潮湿，以及防止由于建筑物的沉降导致室内地面低于室外地面等，在设计时，往往把室内底层地面设计得高于室外自然地面。室内外高差的取值应适当，高差过小，难于保证基本要求；高差过大，既不利于室内外联系，又会增加建筑高度和工程造价。室内外高差取值通常为 300~600mm。

对一些有特殊要求的建筑，室内外高差应根据使用要求、建筑物性质来确定。如仓库、工业建筑一般要求室内外联系要方便，且因常有车辆出入，高差要小一些，入口处不设台阶只做坡道；一些重要性建筑和纪念性建筑，为强调其严肃性，增加庄严、雄伟的气氛，常借助增大室内外高差值的手法来增加建筑物基座的高度以获得效果。位于山地、坡地的建筑，应结合地形、地貌和室外道路的布置，确定其室内外高差。

## 4.3　建筑层数的确定

建筑层数是在方案阶段就需要初步确定的问题。层数不确定，建筑各层平面就无法布置，剖面、立面高度也无法确定。建筑层数的影响因素主要包括以下五个方面。

### 4.3.1　使用功能

不同的建筑用途、不同的使用对象对建筑层数有不同要求。如体育馆、影剧院、展览馆等大型公共建筑，其面积、空间较大，使用人数多、人流集中，地面荷载大，为满足室内外联系方便和能够安全快速疏散的要求，往往建成单层或低层。对于托儿所、幼儿园、敬老院等建筑，为使用安全以及便于儿童和老人经常性的户外活动，其建筑层数一般以一至三层为宜。对于一般的住宅、办公楼等建筑，其使用人数相对较少，房间层高低，使用较分散，常采用多层或高层的建筑形式。对于宾馆、贸易大厦等建筑，其人员活动相对独立且集中，区域活动性较强，多位于市区繁华地段，土地造价极高，在高度上既需要形成中心的导向性，又需要良好的可视性和观赏性，则只能向高处垂直延伸，所以常建为高层公共建筑。

### 4.3.2　城市规划

建筑是城市的细胞，对城市风貌影响很大，尤其是位于城市干道、广场和道路交叉口的建筑。因此，城市规划对建筑层数、建筑高度均有严格的规定。例如在某些风景区附近不得建造体量大、层数高的建筑，以实现建筑与环境相协调。在飞机场附近，因为考虑飞机起降空间的需要，其附近的建筑也有限高的规定。城市规划必须从宏观上控制每个局部区域的人口密度，而通过调整住宅层数可以调整居住区的容积率，因此，城市规划中的人口密度也影响着建筑层高的确定。此外，建筑物日照间距的要求也限制了建筑的高度。

### 4.3.3　建筑结构类型和建筑材料

建筑结构类型和建筑材料是影响建筑层数的主要因素。一般砖混结构常用于建造七层及七层以下的大量性民用建筑。钢筋混凝土框架结构、剪力墙结构、框架-剪力墙结构及筒体结构适用于多层和高层建筑。目前世界各国建造的高层宾馆、高层办公楼、高层住宅等都是采用上述结构类型，而建筑材料基本上都采用钢筋混凝土和钢材。

钢材及钢筋混凝土等材料作为高层建筑的建筑材料，突破了难以解决的大空间、大跨度的难题。悬索结构、空间网架壳体、折板结构等是大空间、大跨度屋盖的主要结构体系，适用于单层、低层大跨度建筑，如影剧院、体育馆等。

在地震区，建筑物允许建造的层数，根据结构形式和地震烈度的不同，在抗震规范的限制下酌情确定。

### 4.3.4　建筑防火

建筑的耐火等级不同，允许建造的层数也不同。《建筑设计防火规范（2018 年版）》（GB 50016—2014）规定，建筑层数应根据建筑性质和耐火等级来确定。当建筑耐火等级为一级、二级时，建筑层数原则上不受限制；三级时，最多建五层；四级时，仅允许建两层。

### 4.3.5　建筑造价

建筑层数直接影响建筑造价。大量性民用建筑，如住宅，在多层建筑范围内，增加建筑层数，可以降低造价。以砖混结构为例，在建筑平面不变的情况下，占地面积不变，随着层数的增加，建筑面积成倍增加，而土地、基础、屋盖等费用会相对减少，单方造价则明显降低。但到了一定层数以上，因荷载较大，结构受力发生很大变化，设备要求提高，建筑材料用量增多，层数的增加使建筑单方造价明显上升（图 4-13）。一般砖混结构建造三至六层较经济。

层数与建筑造价的关系还体现在群体组合中（图 4-14）。一般建筑的层数越多，用地越经济。据有关资料表明，每公顷用地若能建平房住宅面积达 4400m$^2$，改建五层住宅则可达 13000m$^2$，土地利用率可提高近三倍。

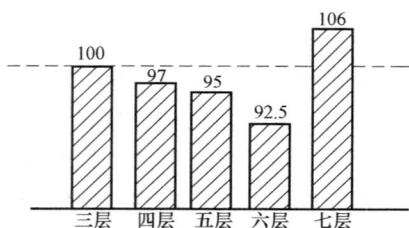

图 4-13　住宅造价与层数关系比例

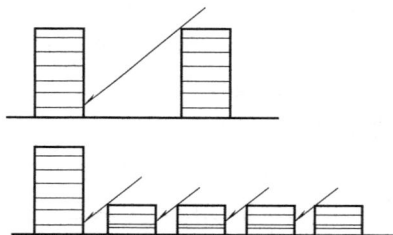

图 4-14　单层与多层建筑用地比较

综上所述，在确定建筑层数时，要综合考虑各方面的影响因素，满足建筑物的使用要求，确定经济、合理、安全、可靠的结构类型及层数。

# 4.4　建筑空间的组合与利用

建筑空间组合的主要任务是根据建筑在竖向上的使用要求与建筑造型的需要，在立意构图的指引下，重点考虑层高、层数及建筑在高度方向的安排方式，将低、多、高层建筑的使用空间在竖向组合起来，或将单层建筑的建筑整体高度确定下来。在建筑设计过程中，建筑的平面组合与竖向组合（剖面设计）应同时综合考虑。只有这样，才能保证构思的完整性。

### 4.4.1　建筑空间的组合原则

**1. 满足建筑的功能和使用要求**

1）对外联系密切、人员出入频繁、室内有较重设备的房间应位于建筑的底层或下部。

2）对外联系较少、人员出入不多、要求安静或有隔离要求、室内无大型设备的房间，可放在建筑的上部。

**2. 满足房间各部分空间的高度要求**

不同功能的房间有不同的高度要求，而建筑则是集多种用途的房间为一体的综合体。在建筑的剖面组合设计中，需要在功能分析的基础上，将不同高度要求的大小空间进行分类整合，使其符合建筑空间的剖面组合规律，使建筑的各个部分在垂直方向上保持协调、统一。

**3. 满足建筑结构和经济性的要求**

1）进深相同的房间尽量组合在一起，有利于上下层的空间组合和结构简化。

2）上下承重结构要对齐，尤其是承重墙体和外墙体，使结构受力更趋于合理。

3）上下层设备宜对齐布置，避免使设备管道迂回，有利于节省管线。

## 4.4.2　建筑空间的组合方式

**1. 高度相同或高度相近的房间组合**

由于人的活动行为相同或相近，一幢建筑中常常有许多高度相同、使用性质相近的房间，如教学楼中的普通教室和实验室、住宅楼中的卧室和起居室、办公楼中的各类办公室等。使用性质相同、联系紧密的房间，在满足室内功能要求的前提下，可以适当调整房间之间的高差，统一房间的高度，相近或相接组合在同一层。使用性质不同、联系不多的房间可以组合在上下层，用楼梯相互联系，构成水平和垂直相交的空间。这种组合有利于统一各层标高，结构布置也合理，因此被普遍采用。联系紧密、层高不同的房间，在满足使用要求的前提下，调整少数房间高度，使之层高相同。如图 4-15 所示的某教学楼平面方案中，教室、阅览室、厕所在统一房间高度后布局于同层，而行政办公部分从功能分区考虑，平面组合时和教学部分应有所分隔，这部分房间的高度也可以略低一些，和教学楼之间的高度差可以用踏步来解决。

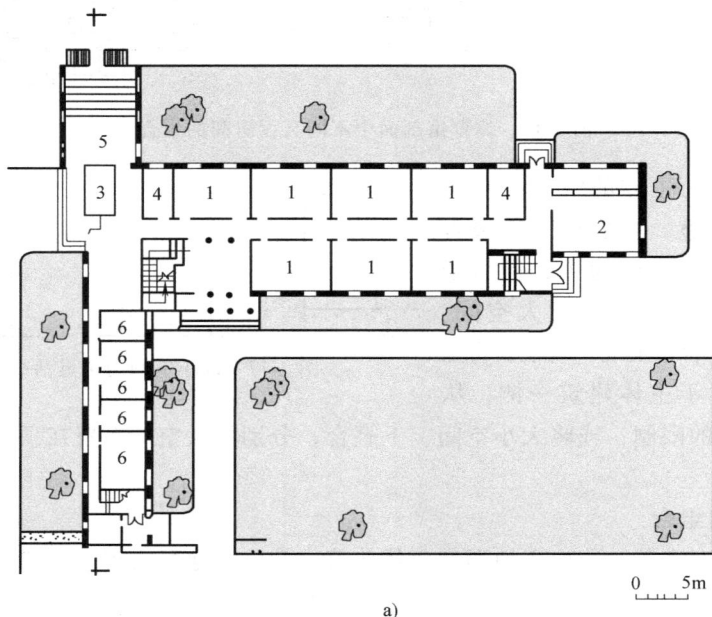

a)

图 4-15　某教学楼平面方案（空间组合关系）

a）平面图

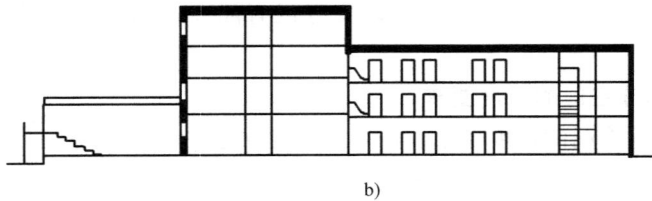

b)

图 4-15　某教学楼平面方案（空间组合关系）（续）

b）剖面图

1—教室　2—阅览室　3—储藏室　4—厕所　5—阶梯教室　6—办公室

#### 2. 高差相差较大的房间组合

高度相差较大的房间，如果是单层组合，则以联系方便、使用合理、互不干扰为原则，按各部分房间的使用要求确定层高，在剖面图上，屋面呈不同高度变化。对于多层或高层建筑，在空间组合时可以采用以下方案。

（1）以大空间为主体的空间组合　影剧院等建筑，虽然有多个空间，但主要空间的面积和高度远大于其他空间。在空间组合中应以大空间为中心，再在其周围布置小空间，或利用大空间的某一部分布置小空间。如体育场馆的设计中，通常会利用这些空间来布置小型的运动员训练场地，或是用于休息、办公等其他用房（图 4-16）。这种组合方式应处理好辅助空间的采光、通风、交通疏散等问题。

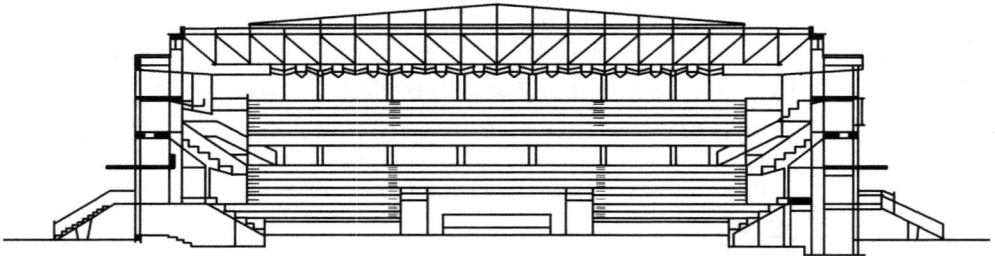

图 4-16　体育馆剖面中不同高度房间的组合

（2）以小空间为主体的空间组合 教学楼中的阶梯教室、办公楼中的报告厅等建筑，虽然以小空间为主，但出于功能需要，还应布置有少量的大空间。这类建筑的空间组合应以小空间形成主体，将大空间依附于主体建筑一侧，从

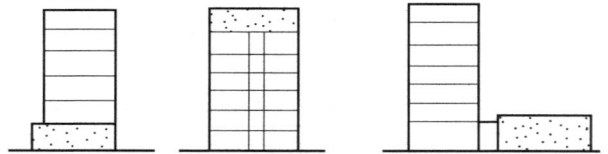

图 4-17　以小空间为主灵活布置大空间

而不受层高与结构的限制；或将大小空间上下叠合，分别将大空间布置在顶层或一、二层，如图 4-17 所示。

#### 3. 错层式空间组合

当建筑内部出现高差，或由于地形变化使建筑中部分楼地面出现高低错落的现象时，可采用错层的处理方式使空间变得和谐统一。采用错层的处理方式有：

（1）以踏步解决错层高差　在某些建筑中，虽然各种用房的高差并不大，但为了节约空间，降低造价，可将相同高度的房间集中起来，采用不同的层高，用踏步来解决两部分空间的高差。如学校的教室和办公室，由于容纳人数、使用性质的不同，教室的高度应比办公室大些，空间组合中就常采用这种方式，如图 4-15 所示。

（2）以楼梯解决错层高差　当建筑物的两部分空间高差较大，或由于地形起伏变化，造成房屋楼地面高低错落时，可以利用楼梯来解决错层高差。即通过调整楼梯梯段的踏步数量，使楼梯平台与错层楼地面标高一致。这种方法既能够较好地结合地形，又能够灵活地解决建筑中较大的错层高差。如图 4-18 所示的工业厂房中，生产车间需要较高的层高，而生产人员的更衣、办公等空间只需要满足人体尺度及基本活动所需的层高要求，在设计时就可把全部的生活空间都集中起来，利用一个车间的层高上下布置两个更衣室，或者令上下三个更衣室的层高之和等于两个车间叠加后的高度。

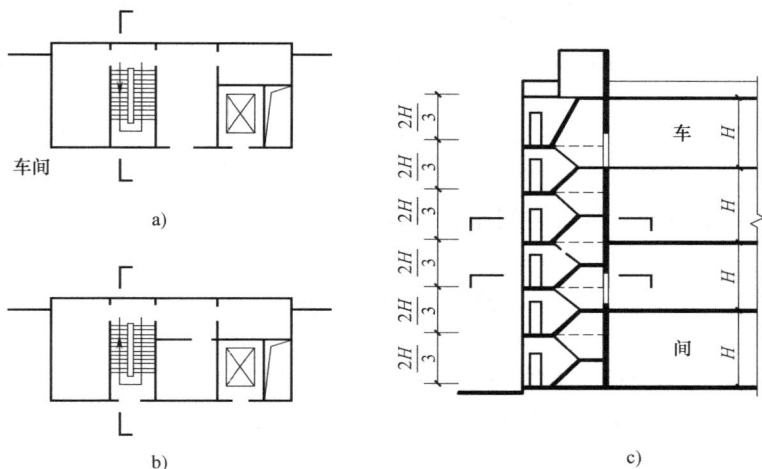

图 4-18　工业厂房的生产车间与生活间有机结合
a）四层生活间平面图　b）三层生活间平面图　c）剖面图

（3）以室外台阶解决错层高差　如图 4-19 所示，沿垂直等高线布置的住宅建筑，各单元垂直高差相错一层，均由室外台阶到达楼梯间。这种错层做法能够较好地适应地形变化，与室外空间联系紧密。

图 4-19　用室外台阶解决错层高差

**4. 退台式空间组合**

退台式空间组合（图 4-20）的特点是建筑由下至上逐渐内收，形成退台，从而为人们提供了进行室外活动及绿化布置的露天平台。这种形式可以减小建筑间距，节约用地，同时也丰富了建筑造型。

### 5. 门厅的高度处理

在多层建筑的空间组合中，门厅高度的处理要视平面设计中门厅位置、底层层高及门厅需要的空间观感来确定。当门厅设在建筑主体之外，单独成一体时，可按门厅需要的高度确定其层高，并用连接体作为门厅与主体间的过渡。当门厅设在建筑主体内部，其高度略大于主体同层

图4-20　退台式建筑

高度时，视具体情况，或提高主体底层层高，或降低门厅地坪标高，在门厅与主体走道衔接处设踏步。当门厅需要有高大、宏伟的效果时，常将门厅做到二至三层楼高，也可以用走马廊与门厅形成空间对比，但要注意妥善解决防火分区问题，否则一旦发生火灾，火势将顺势向上层漫延。

另外，充分利用建筑内部空间，可以在建筑占地面积和平面布置基本不变的情况下，获得扩大使用面积、充分发挥建设投资的经济效果。设置夹层，在坡屋顶下部、纯交通性走道上部、一般楼梯的底部和窗台下部等空间布置管线或家具等都是常见的设计方法。

# 思　考　题

1. 建筑剖面设计的研究内容有哪些？
2. 影响房间剖面形状的因素有哪些？
3. 如何确定房间的剖面形状？
4. 在建筑的剖面设计中，如何满足有特殊功能要求房间的使用要求？
5. 建筑结构、建筑材料和施工技术对建筑剖面设计有何影响？
6. 建筑室内采光对剖面设计有何影响？试举例说明。
7. 建筑室内通风对剖面设计有何影响？
8. 什么是层高、净高？请举例说明确定房间高度应考虑的因素。
9. 窗台高度如何确定？
10. 如何确定室内外高差？
11. 建筑层数的影响因素有哪些？
12. 建筑空间组合的方式有哪些？

# 第5章　民用建筑构造概论

民用建筑是指供人们居住和进行公共活动的建筑的总称，按其使用功能可分为居住建筑和公共建筑两大类。供人们居住使用的建筑称为居住建筑，居住建筑可分为住宅建筑和宿舍建筑。供人们进行各种公共活动的建筑称为公共建筑，如办公建筑、教学建筑等。

民用建筑设计除应执行国家有关法律、法规外，尚应符合可持续发展、保护生态及节约用地等方面的相关要求。

民用建筑按地上建筑高度或层数进行分类应符合下列规定：①建筑高度不大于27m的住宅建筑、建筑高度不大于24m的公共建筑及建筑高度不大于24m的单层公共建筑为低层或多层民用建筑；②建筑高度大于27m的住宅建筑和建筑高度大于24m的非单层公共建筑，且高度不大于100m的，为高层民用建筑；③建筑高度大于100m者为超高层建筑。

建筑构造是建筑设计的重要组成部分，为建筑设计提供可靠的技术保证。建筑构造主要研究建筑物各部分的构造原理和构造方法。研究目的是根据建筑物的基本功能、技术经济条件和艺术造型要求，提供合理适用的构造方案，作为建筑设计中解决技术问题及进行施工图设计、绘制大样图等的依据。在建筑方案设计和建筑初步设计的基础上，通过建筑构造设计，形成完整的建筑设计。在构造设计中要综合考虑结构选型、材料的选用、施工的方法、构配件的制造工艺，以及技术经济、艺术处理等问题。构造设计还应该考虑在长期的使用过程中，建筑是否能够适应环境和满足使用要求变更的需求，必须关注到建筑每一个细部的构造，充分考虑到各种因素长期、综合的影响。

建筑构造是对建筑工程实践活动和经验的高度总结和概括，具有实践性强和综合性强的特点，其内容综合多方面的技术知识，包括建筑材料、建筑物理、建筑力学、建筑结构、建筑施工以及建筑经济等。建筑构造的合理性，取决于是否抵抗自然侵袭，是否满足各种不同使用要求，是否符合力学原理，选用材料、构件是否合理，施工上是否方便，对建筑艺术上是否有提高。

## 5.1　建筑的构造组成及作用

尽管不同类型建筑物在使用功能上各有差异，但承载功能和围护功能是所有建筑物都应具备的基本功能。建筑物要承受作用在其上的各种荷载，包括建筑物的全部自重、人和家具设备等使用荷载、雪荷载、风荷载、地震作用等，这是建筑物的承载功能；为了提供一个舒适、方便、安全的空间环境，避免或减少各种自然气候条件和各种人为因素的不利影响，建筑物还应具有良好的保温、隔热、防水、防潮、隔声、防火等功能，这些就是建筑物的围护功能。

根据建筑物的基本功能，建筑物通常由建筑结构系统、建筑围护分隔系统、相关设备系统组成。建筑结构系统是由基础、结构墙体、柱、楼板结构层、屋顶结构层、楼梯结构构件等组成的一个空间整体结构，用以承受作用在建筑物上的全部荷载，满足承载功能。建筑围护分隔系统主要由外围护墙、内分隔墙、门窗等组成，通过各种非结构的构造做法、建筑物的内外装修以及门窗的设置等形成一个有机的整体，用以承受各种自然气候条件和各种人为因素的作用，满足围护功能。相关设备系统包括强弱电、给水排水、暖通空调等。

如图 5-1 所示，房屋由基础、墙或柱、楼地层、楼（电）梯、屋顶和门窗等部分组成，这些构件处在建筑物的不同部位，具有各自的功能及作用。

**1. 基础**

基础属于建筑物的地下结构部分，其部分或全部位于地表以下，作用是承受建筑物上部结构传下来的荷载，并把它们连同自重一起传给地基，地基是承受由基础传下来的荷载的土层。另外，基础还必须固定上部结构，使其能够抵抗风力作用引起的滑移、倾覆和上浮，能够承受地震作用引起的地面突然运动，以及能够抵抗周围土体和地下水施加在基础上的压力，如图 5-2 所示。基础必须坚固稳定，安全可靠。

**2. 墙或柱**

墙包括承重墙与非承重墙。作为承重构件，它承受着建筑物由屋顶、楼板

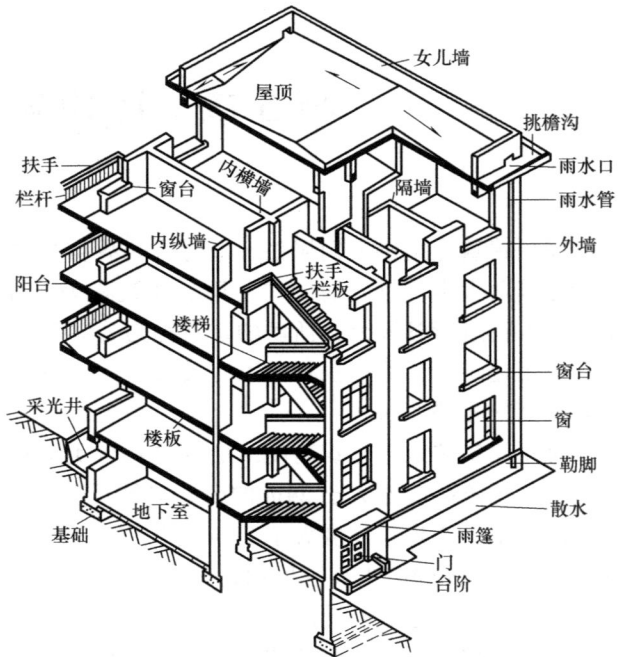

图 5-1　房屋的构造组成

层等传来的荷载，并将这些荷载再传给基础；作为围护构件，主要起围护、分隔空间的作用。外墙起着抵御自然界各种有害因素对室内侵袭的作用；内墙起着分隔空间、组成房间、隔声及保证室内环境舒适的作用。因此墙体要有足够的强度和稳定性，具有保温、隔热、隔声、防

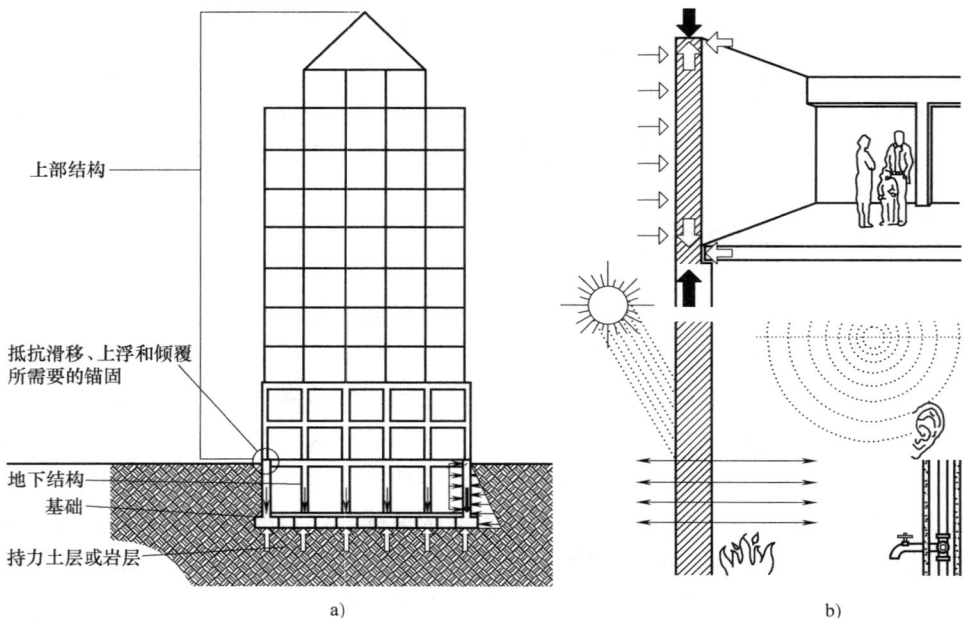

图 5-2　基础的受力和墙体的功能要求

a）基础受力示意图　b）墙体的功能要求

火、防水的能力，并符合经济性和耐久性的要求。综合考虑围护、承重、节能、美观等因素，设计合理的墙体方案，是建筑构造的重要任务。柱是框架或排架结构的主要承重构件，和承重墙一样，承受着由屋顶、楼板层等传来的荷载。柱必须具有足够的强度和刚度。

### 3. 楼地层

楼地层包括楼板层和地坪。楼板层是水平方向的承重构件，其承受着家具、设备和人体荷载及本身自重，并将这些荷载传给墙或柱。因此，作为楼板层，要求具有足够的强度、刚度和隔声能力；对有水侵蚀的房间，则要求楼板层具有防潮、防水的能力。

地坪是底层房间与土层相接触的构件，它承受底层房间的荷载，要求具有耐磨、抗压、防潮、防水和保温的能力。地坪和建筑物室外场地有密切的关系，要处理好地坪与平台、台阶及建筑物沿边场地的关系。

### 4. 楼（电）梯

在建筑物中，为了解决垂直方向的交通问题，一般使用的设施有楼梯、电梯、自动扶梯、爬梯以及坡道等。楼梯作为建筑空间竖向联系的主要部件，除了起到提示、引导人流的作用，还应充分考虑其造型美观，上下通行方便，结构坚固，防火安全的作用，同时还应满足施工和经济条件的要求。电梯多用于层数较多或有特殊需要的建筑物中，而且即使设有电梯或自动扶梯的建筑物，也必须同时设有楼梯，用作交通和防火疏散通道。楼梯和电梯的设置都需满足抗震和防火的安全要求。

### 5. 屋顶

屋顶具有承重和围护的双重功能，包括平屋顶、坡屋顶和其他形式。屋顶分为上人屋顶和不上人屋顶，有些屋顶还有绿化的要求。屋顶由屋面层和结构层组成。屋面层抵御自然界风、雨、雪及太阳热辐射与寒冷对顶层房间的侵袭；结构层承受房间顶部风、雪和施工期间施加的各种荷载。屋顶必须满足强度、刚度及防水、保温、隔热等要求。

### 6. 门窗

门主要供内外交通和分隔房间之用；窗户则主要起采光、通风及分隔、围护的作用。对某些有特殊要求的房间，则要求门窗具有保温、隔热、隔声、防射线等作用。

建筑构件除了以上六大部分外，还有其他附属部分，如阳台、雨篷、挑檐、台阶、坡道、散水、明沟、勒脚、女儿墙、采光井等。在露空部分如阳台、回廊、楼梯段临空处、上人屋顶周围等处应视具体情况对栏杆设计、扶手高度提出具体的要求。

## 5.2　建筑的结构体系

建筑结构是房屋的承重骨架，是由许多结构构件组成的一个系统。建筑结构能承荷传力，开辟空间，起骨架作用，保证使用期间房屋不坍塌。建筑师在建筑方案设计阶段，就应该考虑确定采用最适宜的建筑结构体系，并使之与建筑的空间、体型及建筑形象有机地融合起来。

民用建筑的结构体系依据使用性质和规模的不同可分为单层、多层、大跨度和高层建筑。常见的大跨度建筑有拱结构、网架结构以及薄壳、折板、悬索等空间结构体系。

民用建筑按其承重结构体系类型可以分为砌体结构、框架结构、剪力墙结构、框架-剪力墙结构和筒体结构等。砌体结构和剪力墙结构都属于墙体承重结构支承体系，前者主要用于低层和多层的建筑，而后者则适用于各种高度的建筑，特别是高层建筑。

### 1. 砌体结构

砌体结构一般是指由钢筋混凝土楼（屋）盖和砖或其他块体（如混凝土砌块）砌筑的承

重墙组成的结构体系，又称为砖混结构，如图 5-1 所示。砖墙和砌块墙体能够隔热和保温，所以既是较好的承重结构，也是较好的围护结构。砌体结构的建筑常有重复的建筑单元空间，往往需要固定的分隔墙体来划分空间，承重墙布置较为容易，而且施工方便，造价较为低廉。

砌体结构抗震性能较差，一般不超过七层，故适用于低层和多层的民用建筑，特别是多层住宅、办公楼、学校、小型庭院等，一般不适用于高层建筑及需要大空间的建筑。

### 2. 框架结构

框架结构是指由梁、柱组成的结构体系，如图 5-3 所示。框架结构的主要构件是梁和柱，而墙体不承重，仅起到围护和分隔作用，一般用预制的加气混凝土、空心砖或多孔砖等砌筑而成。框架结构平面布置灵活，可以获得较大的使用空间，能够满足生产工艺和使用功能的要求，广泛应用于多层工业厂房及多高层办公楼、医院、旅馆、教学楼、住宅等。框架结构的适用高度为 6~15 层，非地震区也可建到 15~20 层。

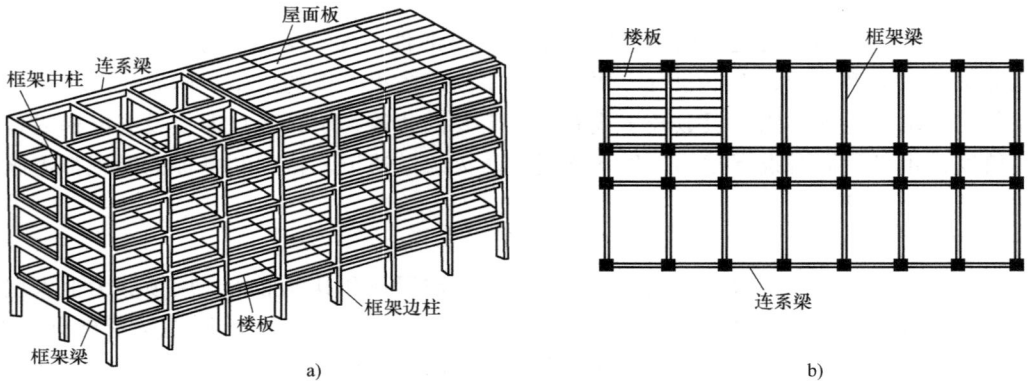

图 5-3　框架结构示意图及平面图

a）示意图　b）平面图

### 3. 剪力墙结构

剪力墙结构是指利用建筑物的纵向及横向的钢筋混凝土墙体作为主要承重构件，再配以梁板组成的承重结构体系，其墙体同时还起围护及分割房间的作用。剪力墙结构整体性好，刚度大，抗震性能好，适用于建造高层建筑（10~50 层）。因其空间分隔固定，建筑布置极不灵活，一般用于高层住宅、宾馆等建筑。如图 5-4 所示的广州白云宾馆，1976 年建成，剪力墙结

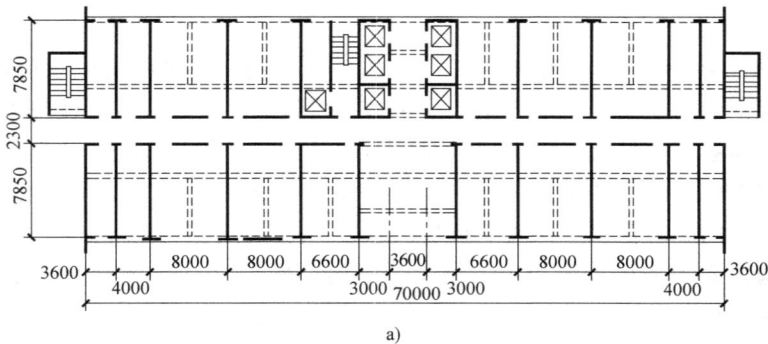

图 5-4　广州白云宾馆

a）平面图　b）建筑外观

构，地下 1 层，地上 33 层，建筑高度 112.45m，是我国第一座超过 100m 的高层建筑。

### 4. 框架-剪力墙结构

框架结构体系在建筑物空间刚度方面较为薄弱，用于高层建筑时往往需要增加抗侧向力的构件。在框架结构中设置部分剪力墙，使框架和剪力墙两者结合起来，共同抵抗水平荷载，就组成了框架-剪力墙结构体系；如果把剪力墙布置成筒体，称为框架-筒体结构体系，如图 5-5 所示。框架-剪力墙结构是框架和剪力墙的有机结合，既具有框架结构布置灵活、方便使用的特点，又有较大的刚度和较强的抗震能力，适用于公共建筑和旅馆建筑。

对于采用框架-剪力墙结构体系的建筑物，剪力墙的布置除了满足结构方面的要求外，还能够与建筑空间的布置相协调，发挥出框架结构原有的灵活性。

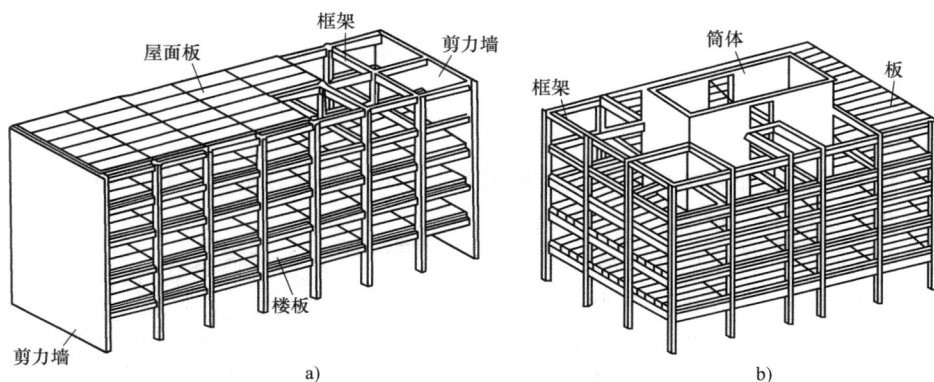

图 5-5　框架-剪力墙结构和框架-筒体结构
a）框架-剪力墙结构　b）框架-筒体结构

### 5. 筒体结构

筒体结构由框架-剪力墙结构与全剪力墙结构综合演变和发展而来。筒体结构是将剪力墙或密柱框架集中到房屋的内部和外围而形成的空间封闭式的筒体，如图 5-6 所示。其特点是剪

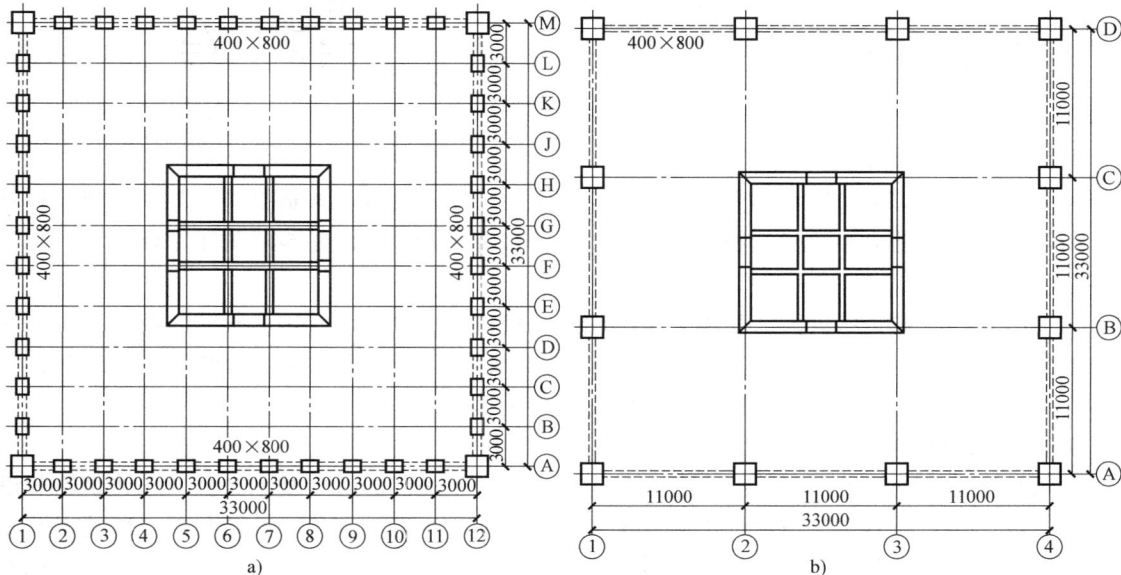

图 5-6　筒体结构
a）筒体结构典型平面图　b）框架-核心筒结构典型平面图

力墙集中，从而获得较大的自由分割空间，多用于写字楼建筑。简体的承重结构形式有框架-简体结构、简中简结构、成束简结构等。

# 5.3　影响建筑构造的因素和设计原则

## 5.3.1　影响建筑构造的因素

建筑物处于自然环境和人为环境之中，受到各种自然因素和人为因素的作用。为了提高建筑物对外界各种影响的抵御能力及延长建筑物的使用年限，在进行建筑构造设计时，必须充分考虑各种因素对它的影响，尽量利用其有利因素，避免或减轻不利因素的影响。根据各种因素的影响程度，采取相应的、合理的构造方案和措施。影响建筑构造的因素很多，归纳起来主要分为以下方面。

### 1. 荷载因素

作用在建筑物上的外力统称为荷载，如图 5-7 所示。荷载有永久荷载（如结构自重等）和可变荷载（如人、家具、设备、风、雪及地震作用等），垂直荷载和水平荷载（如风荷载、地震作用等）。荷载的大小是结构设计和结构选型的主要依据，决定着构件的尺度和用料，而构件的选材、尺寸、形状等又与建筑构造密切相关。因此，在确定建筑构造方案时，必须考虑外力的影响。

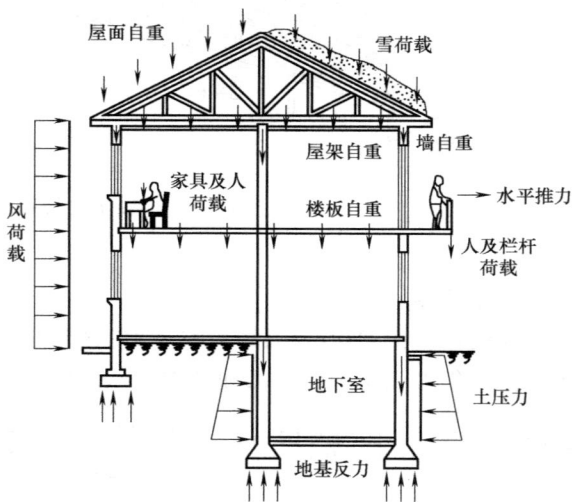

图 5-7　建筑结构上的荷载

### 2. 自然环境因素

自然环境因素的影响是指风吹、日晒、雨淋、积雪、冰冻、地下水、地震等因素给建筑物带来的影响。我国幅员辽阔，各地的自然条件有很大的差异，建筑构造设计必须与当地的气候特点相适应，针对所受影响的性质和程度，对建筑物各个部位采取相应的防潮、防水、保温、隔热、防温度变形、防震等构造措施。如果忽视了自然环境因素的影响，就会导致建筑物出现开裂、渗漏水等现象，影响建筑物的正常使用。

### 3. 人为因素

人为因素的影响是指火灾、噪声、化学腐蚀、机械摩擦与振动等因素对建筑物的影响。在进行建筑构造设计时，必须针对各种可能的因素，采取相应的防范措施，如隔振、防腐、防爆、防火、防水、隔声等，以保证建筑物的正常使用。

### 4. 建筑技术因素

建筑技术因素的影响是指建筑材料、建筑结构、建筑施工方法等技术条件对于建筑物的设计与建造的影响。随着建筑技术的不断发展和人们生活水平的提高，各种新材料、新技术、新设备都在不断改进和更新，建筑构造的做法也在改变。因此建筑构造设计在利用原有的、标准的、典型的建筑构造的同时，应不断发展或创造新的构造方案。建筑构造不能脱离一定的建筑技术条件而存在，它们之间的关系是互相促进、共同发展的。

**5. 建筑标准**

建筑标准包括设计标准、施工标准、造价标准、设备标准等方面。标准高的建筑，其耐久性等级高，装修质量好，设备齐全，档次较高，但是造价也相对较高，反之则低。因此建筑构造方案的选择与建筑标准密切相关。一般情况下，大量性民用建筑多属于一般标准的建筑，构造做法也多为常规做法。而大型公共建筑，标准要求较高，构造做法复杂，对美观方面的考虑比较多，因此造价也相对较高。

### 5.3.2　建筑构造的设计原则

设计者必须全面深入地了解和掌握影响建筑构造的各种因素，根据建筑构造设计的原则，分清主次和轻重，做出最优化的构造方案和设计。

**1. 满足建筑的使用功能要求**

建筑的使用功能和性质用途不同，所处的地理位置和环境条件不同，民族传统和历史文化的差异都会带来具体建筑构造做法上的不同。例如，北方地区建筑有保温要求，南方地区则强调建筑通风、隔热。

**2. 满足结构的安全要求**

构造做法不能影响结构安全，构件连接应坚固耐久，保证有足够的强度和刚度，并有足够的整体性，安全可靠，经久耐用。通过合理的构造设计，来满足建筑物室内外各部位的装修以及门窗、栏杆扶手等一些建筑配件的坚固安全的要求，以确保建筑物在使用过程中的可靠和安全。

**3. 适应建筑工业化和建筑施工的需要**

在确定构造做法时，应从材料、结构、施工等多方面引入先进技术，同时也需要注意因地制宜、就地取材，不能脱离实际，施工现场的条件及操作的可能性是建筑构造设计时必须予以充分重视的。为提高建设速度，改善劳动条件，在建筑构造设计中，应广泛采用标准设计、标准构配件及其制品，使构配件生产工厂化，为现场施工机械化提供有利条件。

**4. 注重经济、社会效益**

构造设计既要注意控制建筑造价、降低材料的能源消耗，又要有利于降低运行、维修和管理的费用。在保证工程质量的前提下，应注意节约建筑材料，尽可能降低造价。选用材料和技术方案等方面的问题还涉及建筑长期的社会效益，如安全性能和节能等方面的问题，在设计时应有充分的考虑。

**5. 注意美观**

建筑要做到美观大方，必须通过一定的技术手段和构造设计来实现。构造设计要考虑建筑物的整体以及各个细部的造型、尺度、质感、色彩等艺术和美观的问题。如栏杆的形式，室内外的细部装修，各种转角、收头、交接的做法等都应事先周密考虑。如果考虑不当，往往会影响建筑物的整体设计效果。

建筑构造设计是在建筑方案和建筑初步设计基础上的深入设计，其应和建筑设计一样，遵循坚固、适用、技术先进、经济合理、美观大方的原则。

## 5.4　建筑构造详图的表达方式

建筑构造设计用建筑构造详图表达，构造详图通常是在建筑的平面图、立面图、剖面图基础上，将局部构造用较大的比例详细画出，以满足施工需要，又称施工详图或节点大样图，根据具体情况可选用 1：20、1：10、1：5，甚至 1：1 的比例。需要画出详图的一般有外墙身、楼梯、厨房、厕所、阳台、门窗等。详图有明确的索引方法，用以表明建筑材料、作用、厚度、做法等。建筑构造详图的表达包括定位轴线及编号、建筑详图索引、建筑构造尺寸。构造详图中构造层次与标注文字的对应关系如图 5-8 所示。

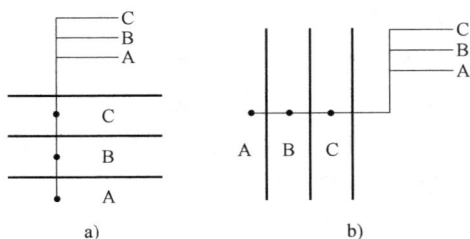

图 5-8　构造详图中构造层次与标注文字的对应关系

a) 水平构造层次的标注　b) 竖向构造层次的标注

### 5.4.1　定位轴线及编号

定位轴线是房屋建筑设计和施工中定位、放线的重要依据。凡承重的墙、柱、梁、屋架等构件，都要绘出定位轴线并对轴线进行编号，以确定其位置。对于非承重的隔墙、次要构件等，可用附加轴线（分轴线）表示其位置，也可注明它们与附近轴线的相关尺寸以确定其位置。

定位轴线用细单点长画线绘制，轴线末端画细实线圆圈，直径为 8~10mm。定位轴线圆的圆心应在定位轴线的延长线或延长线的折线上，且圆内应注写轴线编号。

除较复杂需采用分区编号或圆形、折线形外，平面图上定位轴线的编号，宜标注在图样的下方及左侧，或在图样的四面标注。横向编号应采用阿拉伯数字，按照从左至右的顺序编写；竖向编号应用大写英文字母，按照从下至上的顺序编写。

英文字母作为轴线编号时，应全部采用大写字母，不应用同一个字母的大小写来区分轴线编号。英文字母 I、O、Z 不得用作轴线编号。当字母数量不够使用时，可增用双字母或单字母加数字注脚。

### 5.4.2　建筑详图索引

为了便于查阅详图，在平面图、立面图、剖面图中某些需要绘制详图的位置应注明详图的编号和详图所在图纸的编号，这种符号称为索引符号。

索引符号的引出线以细实线绘制，宜采用水平方向线或与水平方向呈 30°、45°、60°、90°角的直线，再转成水平方向的直线，文字说明应在水平线的上方或端部，引出线应对准索引符号的圆心，如图 5-9 所示。

在详图中应注明详图的编号和被索引的详图所在图纸的编号，称为详图符号。将索引符号和详图符号联系起来，就可以顺利地查找详图，以便施工。

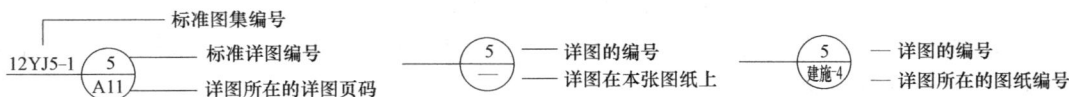

图 5-9　详图引出部位的索引符号

### 5.4.3　建筑构件的尺寸

在建筑模数的协调中把尺寸分为标志尺寸、构造尺寸和实际尺寸三种。

标志尺寸符合模数数列规定，用以标注建筑物定位线（轴线）之间的垂直距离，如开间、柱距、进深、跨度、层高等，以及建筑构配件、建筑制品及有关设备位置界线之间的尺寸，是应用最广泛的房屋构造的定位尺寸。

构造尺寸是建筑制品、建筑构配件、建筑组合件的设计尺寸。构造尺寸小于或大于标志尺寸。一般情况下，构造尺寸加上预留的缝隙尺寸或减去必要的支承尺寸等于标志尺寸。缝隙尺寸的大小应符合模数数列的规定。标志尺寸与构造尺寸之间的关系如图 5-10 所示。实际尺寸是建筑制品、建筑构配件的实有尺寸。

实际尺寸与构造尺寸的差值数为允许的建筑公差数值（公差是允许误差的变化范围）。

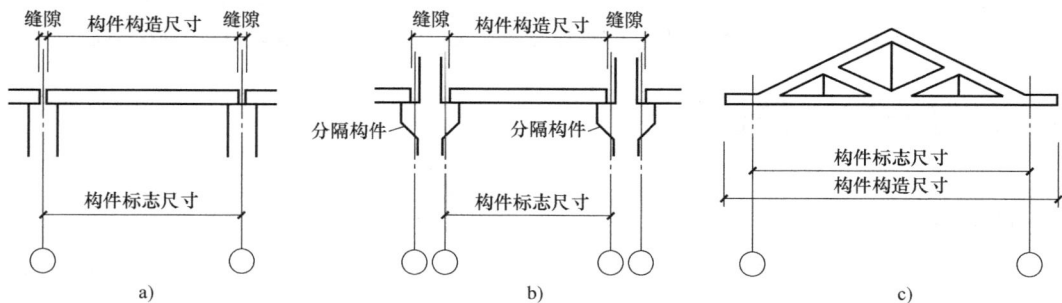

图 5-10　建筑构件的尺寸
a) 标志尺寸大于构造尺寸　b) 有分隔构件连接时举例　c) 构造尺寸大于标志尺寸

### 5.4.4　建筑标准图集

在工程建设中存在着大量设计、施工文件，当编制了标准设计图集后，设计人员将选择的图集编号和内容名称写在设计文件上，施工单位即可按图施工，从而大大降低了设计人员的重复劳动。标准设计图集是由技术水平较高的单位编制，经有关专家审查，并报政府部门批准实施，因此具有一定的权威性。

国家建筑标准设计的编号由批准年代号、专业代号、类别号、顺序号、分册号组成。如住宅建筑构造图集主要包含室外工程、地下室防水、砌体墙、墙体保温、轻质内隔墙、外墙面及室外装修配件、楼地面、内墙面及室内装修配件、屋面工程、楼梯栏杆、常用门窗、厨房、卫生间等。

地方标准图集编号为"省份简称+发行年份+标准编号+图序号"或"发行年份+省份简称的第一个大写拼音字母+标准编号+图序号"。例如河南省建筑标准图集表示为"××YJ1"，"××"代表发行年份，"Y"为河南省简称"豫"第一个大写拼音字母，"J"代表建筑专业，"1"为工程用料做法。

# 思　考　题

1. 建筑物的基本组成有哪些？主要作用是什么？
2. 建筑的结构体系有哪些？
3. 影响建筑构造的主要因素有哪些？
4. 建筑构造设计应遵循哪些原则？
5. 如何确定定位轴线的位置及命名？

# 第6章 基础与地下室

基础与地下室位于建筑物构造的地下部分，结合现行建筑规范及工程实际做法，本章前半部分介绍地基与基础的关系、基础埋置深度的影响因素、基础的材料及构造类型、各类基础的构造做法及适用条件。后半部分介绍地下室的分类、地下室防潮防水设计原则及构造。

## 6.1 地基与基础概述

### 6.1.1 地基与基础的关系

基础是建筑物的重要组成部分，是位于建筑物地面以下的承重构件，承受着建筑物的全部荷载，并将这些荷载连同自重传给地基。

地基是指建筑物下方支承基础的土体或岩体，它不是建筑物的组成部分。地基承受建筑物荷载而产生的应力和应变，随着土层深度的增加而减小，在达到一定深度以后可以忽略不计。地基、基础与荷载传递关系如图6-1所示。

尽管地基不属于建筑物的构造组成，但它与基础共同保证建筑物的坚固、耐久和安全。因此，在工程设计和施工中，基础应满足强度、刚度及耐久性方面的要求；地基应满足强度、变形及稳定性方面的要求。

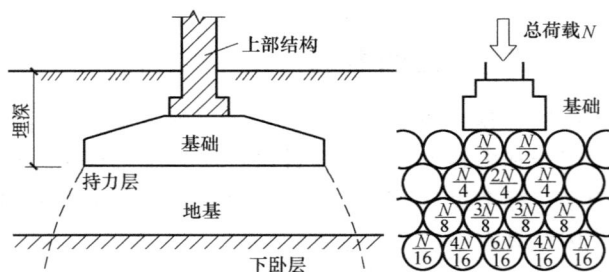

图 6-1 地基、基础与荷载传递关系

地基承受荷载的能力是有限度的，地基每平方米所承受的最大压力，称为地基的允许承载力（也称为地耐力）。允许承载力主要根据地基本身土（石）的特性确定。当基础对地基的压力超过允许承载力时，地基将出现较大的沉降变形，甚至地基土会因滑动挤出而破坏。设计时要求基础底面的平均压力不超过地基的允许承载力，即满足下式：

$$A \geqslant \frac{F_k}{f_a - rd} \tag{6-1}$$

式中　$A$——基础底面积；

　　　$F_k$——相应于作用的标准组合时，上部结构传至基础顶面的竖向力值；

　　　$f_a$——修正后的地基承载力特征值；

　　　$r$——基础底面以下土的重度；

　　　$d$——基础埋置深度。

### 6.1.2 地基与基础的设计要求

#### 1. 地基强度的要求

建筑物的建造地址尽可能选在地基土允许承载力较高且分布均匀的地段，如岩石、碎石类等，应优先考虑采用天然地基。

**2. 地基变形方面的要求**

地基应有均匀的压缩量，以保证其均匀下沉。若地基土质不均匀，会给基础设计增加困难。若地基处理不当将会使建筑物发生不均匀沉降，从而引起墙身开裂，甚至影响建筑物的使用。

**3. 地基稳定方面的要求**

地基应有防止产生滑坡、倾斜方面的能力。必要（如有较大的高差）时应加设挡土墙，以防止滑坡变形的出现。

**4. 基础强度与耐久性的要求**

基础是建筑物的重要承重构件，作用是保证整个建筑的安全。因此，基础所用的材料必须具有足够的强度，才能保证基础能够承担建筑物的荷载并传递给地基。另外，基础埋在地下，在土中常受潮或浸水，且建成后检查和加固都很困难，所以在选择基础的材料和构造形式时应与上部结构的耐久性共同考虑。

**5. 其他要求**（经济要求）

基础工程约占建筑总造价的 $10\% \sim 40\%$，降低基础工程的投资是降低工程总投资的重要一环。因此，在设计中应选择较好的土质地段，对需要特殊处理的地基和基础尽量选用当地材料，并采用恰当的形式及构造方法，从而节约工程投资。

## 6.1.3　地基概况

**1. 地基土的分类**

《建筑地基基础设计规范》（GB 50007—2011）中规定，作为建筑地基的土层分为岩石、碎石土、砂土、粉土、黏性土和人工填土。

1）岩石可分为硬质岩石（花岗岩、玄武岩等）和软质岩石（页岩、黏土岩等）；根据风化程度可分为微风化岩石、中等风化岩石和强风化岩石等，岩石承载力标准值 $f_k$ 为 $200 \sim 4000$kPa。

2）碎石土为粒径大于 2mm 的颗粒含量超过全重 50% 的土，根据颗粒形状和粒组含量又分为漂石或块石、卵石或碎石、圆砾或角砾，碎石土承载力标准值 $f_k$ 为 $200 \sim 1000$kPa。

3）砂土为粒径大于 2mm 的颗粒含量不超过全重 50%，且粒径大于 0.075mm 的颗粒含量超过全重 50% 的土，砂土承载力标准值 $f_k$ 为 $140 \sim 500$kPa。

4）粉土为塑性指数 $I_p \leqslant 10$ 且粒径大于 0.075mm 的颗粒含量不超过全重 50% 的土，其性质介于砂土与黏性土之间。粉土的承载力标准值 $f_k$ 为 $105 \sim 410$kPa。

5）黏性土为塑性指数 $I_p > 10$ 的土，按其塑性指数 $I_p$ 值的大小分为黏土（$I_p > 17$）和粉质黏土（$10 < I_p \leqslant 17$）两大类，黏性土承载力标准值 $f_k$ 为 $105 \sim 475$kPa；

6）人工填土，其承载力标准值 $f_k$ 为 $65 \sim 160$kPa。

**2. 地基的分类**

地基分为天然地基和人工地基。天然地基是指在自然状态下即可满足承担基础全部荷载要求，不需要人工加固的天然土层或岩土持力层。因可直接在其上建造基础，所以工程造价较为节约，不需要人工处理。岩石、碎石、砂石、黏性土等，一般均可作为天然地基。

人工地基是指天然土层的承载力较差，或土层质地较好，但由于层数或结构类型的因素不能满足荷载的要求，为使其具有足够的承载能力，通过人工处理改善其变形性质或渗透性质的地基。

天然地基和人工地基一般都需要人工挖掘一定深度，以便使基础传递荷载到持力层。

## 6.1.4　确定基础埋置深度的原则

基础埋置深度是指从室外设计地坪到基础底面的距离，如图 6-2 所示。

室外地坪分为自然地坪和设计地坪。自然地坪是指施工地段的现有地坪，而设计地坪是指按设计要求工程竣工后室外场地经整平的地坪。基础的埋置深度应从经济角度考虑，埋置深度越小，工程造价越低。但基础埋置深度过小时，基础底面的土层受到压力后会把基础四周的土挤出，使基础产生滑移而失去稳定；同时，接近地表的土层带有大量植物根茎等易腐物质及灰渣、垃圾等杂填物，又因地表面受雨雪、寒暑等外界因素影响较大，故基础的埋置深度一般不小于 0.5m。确定基础埋置深度时还应遵循以下原则：

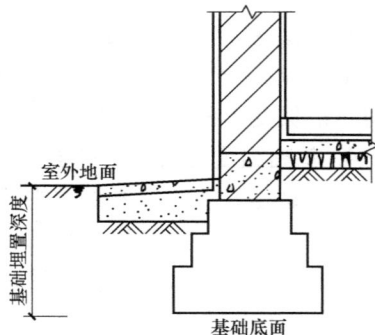

图 6-2　基础埋置深度

### 1. 建筑物的特点及使用性质的影响

应根据建筑物是多层建筑还是高层建筑、有无地下室、设备基础、建筑的结构类型等确定基础埋置深度。一般来说，高层建筑的基础埋置深度为地上建筑物总高度的 1/18~1/15，多层建筑则依据地下水位及冻土深度等确定埋置深度尺寸。

### 2. 工程地质条件的影响

当地基的土层较好、承载力高时，基础可以浅埋，但基础最小埋置深度不宜小于 0.5m。如果遇到土质差、承载力低的土层，则应该将基础深埋至合适的土层，或结合具体的情况进行加固处理。

### 3. 水文地质条件的影响

地基土含水量的大小对承载力的影响很大，所以地下水位的高低直接影响地基承载力。如黏性土遇水后，因含水量增加而体积膨胀，使土的承载力下降。而含有侵蚀性物质的地下水，对基础会产生腐蚀，故基础应尽量埋置在地下水位以上。

当地下水位较高，基础不能埋置在地下水位以上时，应将基础底面埋置在最低地下水位 200mm 以下，不应使基础底面处于地下水位变化的范围之内，以减小和避免地下水的浮力等的影响，如图 6-3 所示。埋在地下水位以下的基础，其所用材料应具有良好的耐水性能，如选用石材、混凝土等。当地下水含有侵蚀性物质时，基础应采取防腐蚀措施。

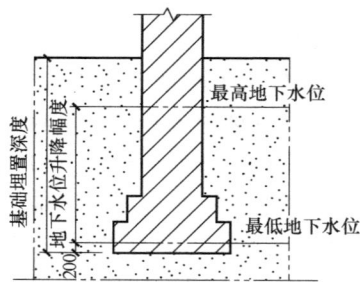

图 6-3　基础埋置深度和地下水位的关系

### 4. 土的冻结深度的影响

地面以下的非冻结土与冻结土的分界线称为冰冻线。土的冻结深度取决于当地气候条件。气候不同，低温持续时间不同，冻结深度也不相同。如北京地区的冻结深度为 0.8~1.0m，哈尔滨的冻结深度为 2.0m；而有的地区不冻结，如武汉地区；有的则冻结深度很小，如上海、南京一带的冻结深度仅为 0.12~0.2m。冬季，土的冻胀会把基础抬起；春季，气温回升土层解冻，基础会下沉，这样就会使建筑物周期性地处于不稳定状态。由于土中各处冻结和融化并不均匀，建筑物会产生变形，如墙身开裂、门窗变形等情况。

土壤冻胀现象及其严重程度与地基土的颗粒粗细、含水量、地下水位高低等因素有关。碎石、卵石、粗砂、砾砂等土壤颗粒较粗，颗粒间孔隙较大，水的毛细作用不明显，不发生冻胀或冻胀轻微，其埋置深度可不考虑冻胀的影响。而粉砂、轻亚黏土等土壤颗粒细，孔隙小，水的毛细作用显著，具有冻胀性，此类土壤称为冻胀土。冻胀土中含水量越大，冻胀就越严重；地下水位越高，冻胀就越强烈。因此，对于有冻胀性的地基土，基础应埋置在冰冻线以下200mm 处，如图 6-4 所示。

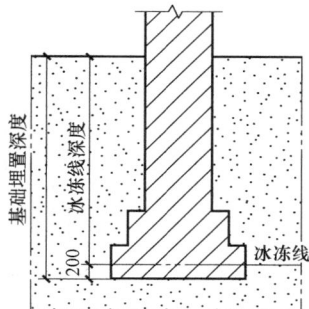

图 6-4　基础埋置深度和
冰冻线的关系

**5. 相邻建筑物基础的影响**

新建建筑物基础埋深不宜深于相邻的原有建筑物的基础；当必须深于原有建筑物基础时，两基础之间应保持一定的水平净距，其数值应根据原有建筑物荷载大小、基础形式和土质情况确定。一般情况下，相邻两建筑物基础水平净距至少是基底高差的 1 到 2 倍。当水平净距不能满足上述要求时，应采取临时加固支撑、打板桩、地下连续墙或加固原有建筑物基础等措施，以保证原有建筑物的安全和正常使用。

**6. 其他因素的影响**

基础的埋置深度除考虑土层构造、地下水位、冻结深度、相邻建筑物基础的影响外，还要考虑拟建建筑物是否有地下室、设备基础等因素的影响。

# 6.2　基础的类型与构造

基础的类型很多，分类方法也不尽相同。按基础材料分为砖基础、毛石基础、灰土与三合土基础、混凝土基础、毛石混凝土基础、钢筋混凝土基础等；按基础受力来划分，可分为无筋扩展基础（刚性基础）和扩展基础（柔性基础）；按基础的构造形式划分，可分为条形基础、独立基础、筏形基础、箱形基础和桩基础等。

## 6.2.1　按基础材料及受力特点分类

### 1. 无筋扩展基础

无筋扩展基础又称为刚性基础，是指用砖、灰土、混凝土、三合土、毛石等受压强度大、受拉强度小的刚性材料建成的基础。由于刚性材料的特点，这种基础只适合于受压而不适合于受弯、受拉和受剪，因此基础剖面尺寸必须满足刚性条件的要求。由于地基承载力的限制，上部结构通过基础将其荷载传给地基时，为使其单位面积所传递的力与地基承载力设计值相适应，以台阶的形式逐渐扩大其传力面积，这种逐渐扩大的台阶称为大放脚。根据试验得知，刚性材料建成的基础在传力时只能在材料允许的范围内控制，这个控制范围的夹角称为刚性角，以 $\alpha$ 表示，即控制基础挑出长度 $b$ 与 $H$ 之比（通常称宽高比），如图 6-5 所示。在刚性角控制范围内，基础底面不会产生拉应力，基础不会发生破坏。如果基础底面宽度超过刚性角控制范围，即 $B_0$ 增大为 $B$，这时，从基础受力方面分析，挑出的基础相当于一个悬臂梁，基础底面将受拉。当拉应力超过材料的抗拉强度时，基础底面将因受拉而开裂，并由于裂缝扩展使基础发生破坏。所以，刚性基础宽度的增大应受到刚性角的控制。不同材料的刚性角是不同的，参见表 6-1。如砖基础的宽高比为 1∶1.50，刚性角通常为 26°~33°，混凝土基础的宽高比为 1∶1，刚性角则小于 45°。

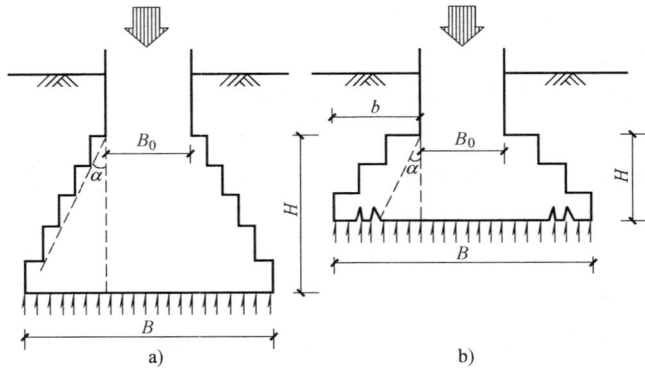

图 6-5　无筋扩展基础的受力、传力特点

a）基础在刚性角范围内　b）部分基础在刚性角范围外

表 6-1　无筋扩展基础台阶宽高比的允许值

| 基础材料 | 质量要求 | 台阶宽高比的允许值 | | |
|---|---|---|---|---|
| | | $P_k \leqslant 100kPa$ | $100kPa < P_k \leqslant 200kPa$ | $200kPa < P_k \leqslant 300kPa$ |
| 混凝土基础 | C15 混凝土 | 1∶1.00 | 1∶1.00 | 1∶1.25 |
| 毛石混凝土基础 | C15 混凝土 | 1∶1.00 | 1∶1.25 | 1∶1.50 |
| 砖基础 | 砖不低于 MU10，砂浆不低于 M5 | 1∶1.50 | 1∶1.50 | 1∶1.50 |
| 毛石基础 | 砂浆不低于 M5 | 1∶1.25 | 1∶1.50 | — |
| 灰土基础 | 体积比为 3∶7 或 2∶8 的灰土 | 1∶1.25 | 1∶1.50 | — |
| 三合土基础 | 体积比为 1∶2∶4 或 1∶3∶6（石灰∶砂∶骨料）每层约虚铺 220mm，夯至 150mm | 1∶1.50 | 1∶2.00 | — |

注：$P_k$ 为作用的标准组合时基础底面处的平均压力值。

　　无筋扩展基础常用于建筑物荷载较小、地基承载力较好、压缩性较小的地基上。

　　（1）砖基础　砌筑砖基础的烧结普通砖，其强度等级要求在 MU10 以上，砂浆强度等级一般不低于 M5。砖基础采用逐级放大的台阶式，为了符合刚性角的要求，其台阶的宽高比应小于 1∶1.50，一般采用每 2 皮砖挑出 1/4 砖或每 2 皮砖挑出 1/4 砖与每 1 皮砖挑出 1/4 砖相间的砌筑方法，如图 6-6 所示。砌筑前基槽底面应铺 20mm 厚砂垫层或灰土垫层。砖基础具有取材容易、价格低廉、施工方便等特点，但由于砖的强度及耐久性较差，故砖基础常用于地基土质好、地下水位较低、五层以下的砖混结构中。

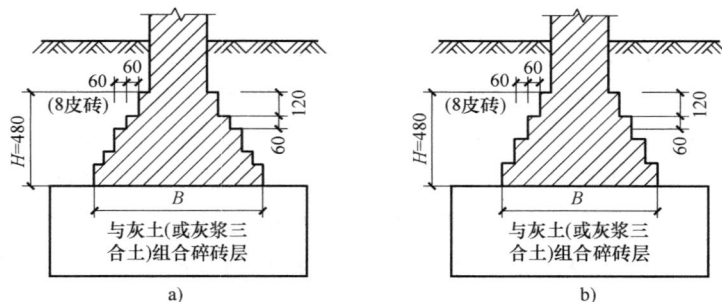

图 6-6　砖基础构造

a）每 2 皮砖与 1 皮砖间隔挑出 1/4 砖　b）每 2 皮砖挑出 1/4 砖

　　（2）毛石基础　毛石基础是由石材和强度等级不小于 M5 的砂浆砌筑而成。毛石是指未经

雕凿成型的石块，其形状不规则。由于石材抗压强度高、抗冻、抗水、抗腐蚀性能均较好，所以毛石基础可以用于地下水位较高、冻结深度较大的底层或多层民用建筑，但其整体性欠佳，有振动的房屋很少采用。毛石基础的剖面形式多为阶梯形，如图 6-7 所示。毛石基础顶面要比墙或柱每边宽出 100mm，基础的宽度、每个台阶挑出的高度均不宜小于 400mm，且每个台阶挑出的宽度不应大于 200mm。为符合刚性角的要求，其台阶的宽高比应小于 1：1.25～1：1.50，当基础底面宽度小于 700mm 时，毛石基础可做成矩形截面。

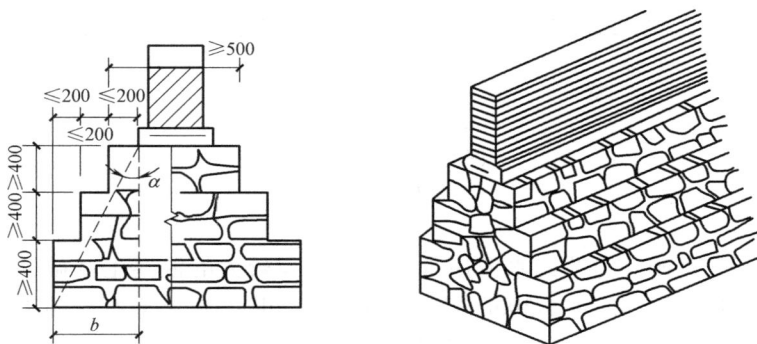

图 6-7　毛石基础构造

（3）灰土与三合土基础　灰土基础是由粉状的石灰与松散的粉土加适量水拌和而成的，用于灰土基础的石灰与粉土的体积比为 3：7 或 4：6，灰土每层均需铺 220mm 厚，夯实后厚度为 150mm。由于灰土的抗冻、耐水性差，灰土基础适用于地下水位较低的低层建筑。三合土是指石灰、砂、骨料（碎石、碎砖或矿渣），按体积比 1：3：6 或 1：2：4 加水拌和而成。三合土基础的总厚度 $H>300mm$，宽度 $B>600mm$。三合土基础广泛用于南方地区，适用于四层以下的建筑。与灰土基础一样，应埋在地下水位以上，顶面应在冰冻线以下，灰土与三合土基础，如图 6-8 所示。

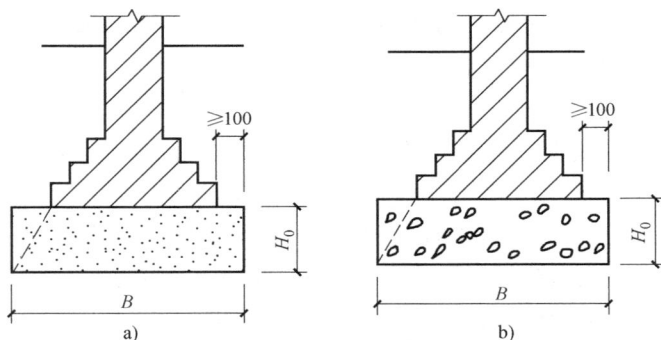

图 6-8　灰土与三合土基础
a）灰土基础　b）三合土基础

（4）混凝土基础　混凝土基础具有坚固、耐久、耐腐蚀、耐水等特点，与上述基础相比，其刚性角较大，可用于地下水位较高和有冰冻的地方。由于混凝土可塑性强，基础断面形式可做成矩形、阶梯形和锥形。为方便施工，当基础宽度小于 350mm 时，多做成矩形；大于 350mm 时，多做成阶梯形；当基础底面宽度大于 200mm 时，还可做成锥形。锥形断面能节约混凝土，从而减轻基础自重。混凝土基础的刚性角 $\alpha$ 为 45°，阶梯形断面宽高比应小于 1：1.0 或 1：1.5。混凝土强度等级为 C20～C40，混凝土基础如图 6-9 所示。

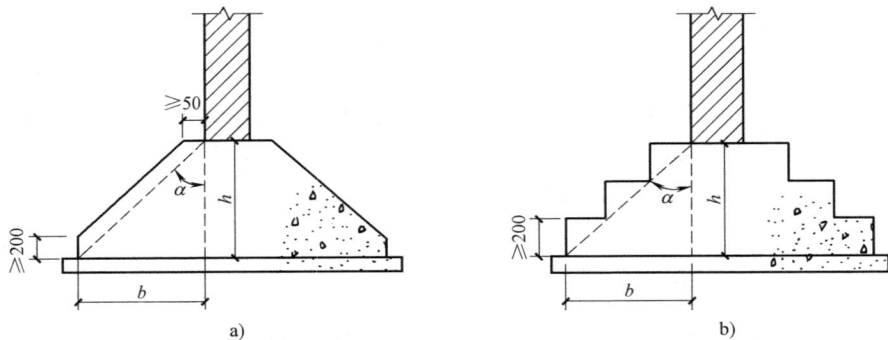

图 6-9　混凝土基础
a）锥形　b）阶梯形

（5）毛石混凝土基础　为节约水泥用量，对于体积较大的混凝土基础，可以在浇筑混凝土时加入 20%～30% 的粒径不超过 300mm 的毛石，这种基础称为毛石混凝土基础。所用毛石尺寸应小于基础宽度的 1/3，毛石在混凝土中应分布均匀。当基础埋置深度较大时，也可将毛石混凝土做成阶梯形，每阶宽度不应小于 400mm。如果地下水对普通水泥有侵蚀作用，应采用矿渣水泥或火山灰水泥拌制混凝土。

**2. 扩展基础**

扩展基础也称为柔性基础，一般是指钢筋混凝土基础，如图 6-10 所示。当建筑物的荷载较大，地基承载力较小时，基础底面 $B$ 必须加宽。如果仍采用砖、混凝土等刚性材料作基础，需加大基础的深度。这样既增加了土方工程量，又增加了材料的用量。特别是当基础遇到有软弱土层而不宜深埋时，应充分利用持力层的承载力。在混凝土基础的底部配以钢筋，利用钢筋来承受拉应力，使基础底部能够承受较大的弯矩，这样，基础宽度的加大不受刚性角的限制，故称钢筋混凝土基础为扩展基础。

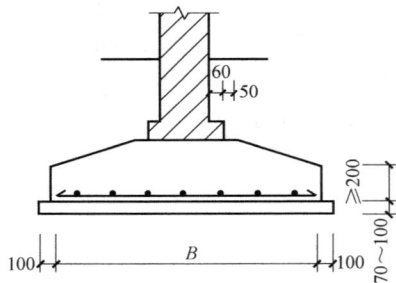

图 6-10　钢筋混凝土基础

钢筋混凝土基础尽量浅埋，最薄处的厚度应大于或等于 200mm，受力钢筋的数量应通过计算确定。钢筋直径不宜小于 10mm，混凝土强度等级不宜低于 C20。为使基础底面均匀传递对地基的压力，常在基础底面用 C15 的混凝土做垫层，厚度宜为 70～100mm。有垫层时，钢筋距基础底面的保护层厚度不应小于 40mm；不设垫层时，钢筋距基础底面不应小于 70mm，以保护钢筋免遭锈蚀。

## 6.2.2　按基础的构造形式分类

基础形式根据建筑物上部结构形式、荷载及地基承载力情况而定，常见有以下五种。

**1. 条形基础**

当建筑物为砖或石墙承重时，承重墙下一般采用通长的长条形基础，其具有较好的纵向整体性，可减缓局部不均匀下沉，这种基础称为条形基础，如图 6-11 所示。一般中、小型建筑常采用砖、混凝土、石或三合土等材料的无筋扩展条形基础。当建筑物为框架结构柱承重时，若柱间距较小或地基较弱，也可采用柱下条形基础。

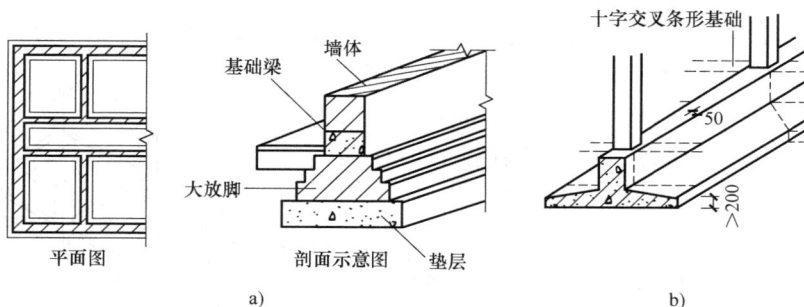

图 6-11　条形基础

a）墙下条形基础　b）柱下条形基础

## 2. 独立基础

当建筑物为框架结构或单层排架结构，且柱间距较大时，常采用方形或矩形的独立基础，称为独立基础，如图 6-12 所示。常用的断面形式有阶梯形、锥形、杯形等，其优点为可减少土方工程量，便于管道穿过，节约材料。但独立基础间无构件连接，整体性较差。因此，其只适用于土质均匀、荷载均匀的框架结构建筑。当柱采用预制构件时，则基础做成杯口形，柱插入并嵌固在杯口内，故又称为杯形基础，如图 6-13a 所示。有时考虑到建筑场地起伏、局部工程地质条件变化以及避开设备基础等原因，可降低个别柱基础底面，做成高杯口基础，如图 6-13b 所示。

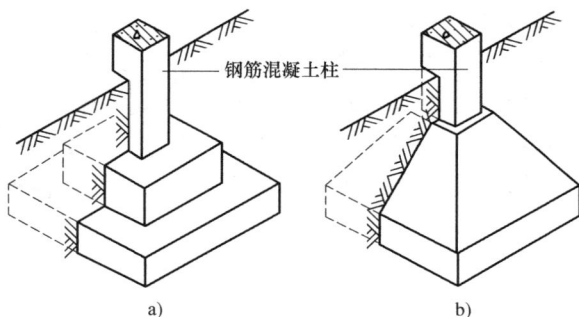

图 6-12　独立基础

a）阶梯形独立基础　b）锥形独立基础

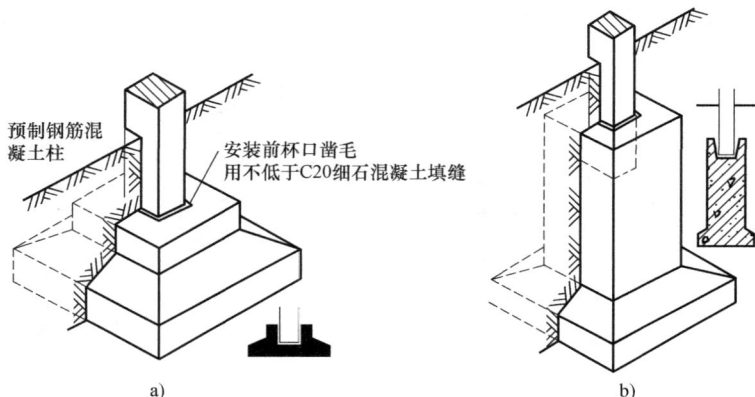

图 6-13　杯形基础

a）普通杯形基础　b）高杯口基础

### 3. 筏形基础

当地基条件较弱或建筑物的上部荷载较大，简单条形基础不能满足要求时，常将墙或柱下基础连成一片，使建筑物的荷载由一块整板承受，这就称为筏形基础。筏形基础有平板式和梁板式两种，前者板的厚度大，构造简单，后者板的厚度较小，但增加了双向梁，构造较复杂，图 6-14 所示为梁板式筏形基础。

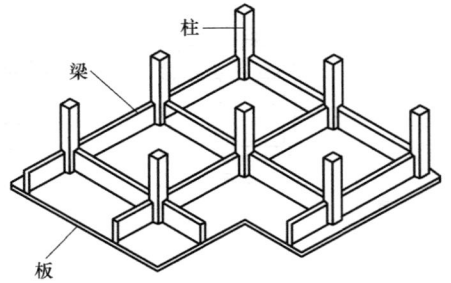

图 6-14　梁板式筏形基础

不埋板式基础是平板筏形基础的特殊形式，是在天然地表面上，用压路机将地表土碾压密实，在较好的持力层上浇筑钢筋混凝土而成。在构造上该基础如同一只盘子反扣在地面上，以此来承受上部荷载。这种基础大大减少了土方工程量，且适宜于较弱地基，特别适用于五、六层整体刚度较好的居住建筑，但在冻土深度较深的地区不宜采用，故多用于南方。

### 4. 箱形基础

当地基条件较差，建筑物的荷载很大或荷载分布不均匀且对沉降要求甚为严格时，可采用箱形基础。箱形基础是由底板、顶板、侧墙及一定数量的内墙构成的刚度较好的钢筋混凝土箱形结构，是高层建筑的一种较适用的基础类型，人防地下室的基础一般也为箱形基础。因其土方工程量较大，所以造价较高。箱形基础的内部空间可作为地下室的使用空间，如图 6-15 所示。在确定高层建筑的基础埋置深度时，应考虑建筑物的高度、体型、地基土质、抗震设防烈度等因素，并应满足抗倾覆和抗滑移的要求。抗震设防区天然土质地基上的箱形和筏形基础，其埋置深度不宜小于建筑物高度的 1/15。

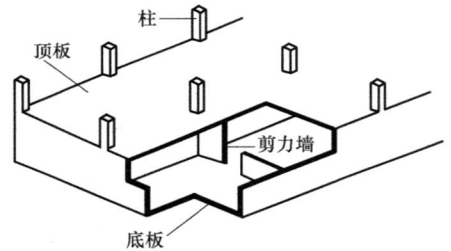

图 6-15　箱形基础

### 5. 桩基础

桩基础是一种常用的处理软弱地基的基础形式，是应用最为广泛的基础形式之一。当建筑物荷载大、层数多、高度大、地基承载力差，浅基础不能满足要求，而沉降量又过大或地基稳定性不能满足建筑物规定时，常采用桩基础。桩基础由基桩和连接于桩顶的桩承台共同组成，如图 6-16 所示。桩基础具有承载力高、沉降速率低、

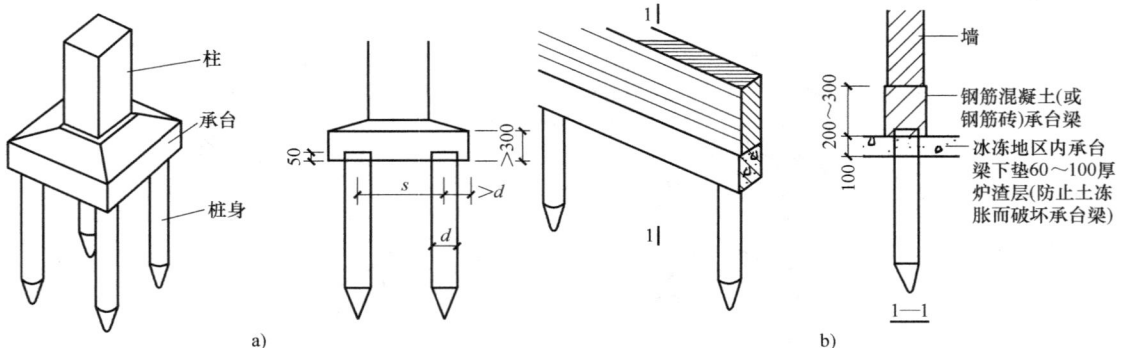

图 6-16　桩基础的构成

a) 柱下桩基　b) 墙下桩基

沉降量小且均匀等特点。

桩承台是在桩顶现浇的钢筋混凝土梁或板，如果上部是砖墙时为承台梁，上部是钢筋混凝土柱时为承台板，承台的厚度一般不小于 300mm，由结构计算确定，桩顶嵌入承台不小于 50mm。桩按材料分为木桩、钢桩、钢筋混凝土桩等，我国采用最多的为钢筋混凝土桩。钢筋混凝土桩按施工方法可分为预制桩、灌注桩、爆扩桩。预制桩是预制好后用打桩机打入土中，断面尺寸一般为 200~350mm，桩长不超过 12m。预制桩质量较好，不受地基等其他条件的影响，但存在造价高、用钢量大、施工有噪声等缺点。灌注桩是直接在地面上钻孔或打孔，然后放入钢筋笼，现场浇筑混凝土。它具有施工快、造价低等优点。但当地下水位较高时，容易出现颈缩现象。爆扩桩是用机械或人工钻孔后，用炸药爆炸扩大孔底，再浇注混凝土而成。爆扩桩的优点是承载能力较强（因有扩大端），施工速度快，劳动强度低及投资少等，缺点是爆炸产生的振动对周围房屋有影响，且容易出事故，城市内使用受限制。

# 6.3　地下室

地下室是建筑物处于地面以下的房间，或称为建筑物底层以下的房间。随着建筑向地面以下不断发展，从建筑结构安全方面考虑，建筑物埋入地下的深度也随之加大，地下室的深度和层数也进一步增加。地下室在满足结构要求的同时，也为建筑的某些功能提供了足够的空间，如地下车库、地下设备用房、地下商场、人防地下室等。地下室设计应做到布置合理、结构设计安全、合理选用材料、施工工艺先进。

## 6.3.1　地下室的分类和组成

（1）地下室的分类

1）按使用性质，地下室分为普通地下室和人防地下室。

2）按埋入地下深度分为全地下室（是指地下室地坪低于室外地坪的高度超过该房间净高的 1/2）和半地下室（是指地下室地坪低于室外地坪的高度超过该房间净高的 1/3 且不超过 1/2）。

3）按建造类型分为单建式和附建式。单建式是指地下室单独建造，地上部分仅留出入口或完全封闭的地下空间。附建式是指地下室利用主体建筑基础作为建筑的地下空间。

4）按结构材料分为砖墙地下室和混凝土地下室。

（2）地下室的组成　地下室一般由墙、底板、顶板、门窗、楼梯和采光井六部分组成（图 6-17）。

1）地下室墙。地下室墙不仅要承受上部的垂直荷载，还要承受土、地下水及土壤冻胀时产生的侧压力。因此，采用砖墙时，其厚度一般不小于 490mm，荷载较大或地下水位较高时最好采用混凝土墙或钢筋混凝土墙，其厚度不小于 200mm。

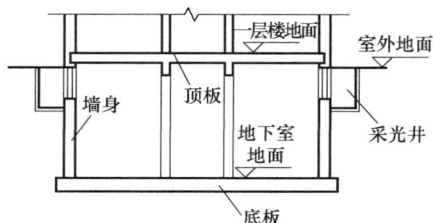
图 6-17　地下室的组成

2）地下室底板。当地下水位高于地下室地面时，地下室底板不仅要承受作用在它上面的垂直荷载，还承受地下水的浮力。因此，应采用具有足够强度、刚度和抗渗能力的钢筋混凝土底板；否则，即使外部采取防潮、防水措施，仍易产生渗漏。地下室底板厚度不小于 150mm。

3）地下室顶板。地下室顶板常采用现浇或预制钢筋混凝土楼板，并应具有足够的强度和刚度。

4）地下室门窗和采光井。地下室门窗材料一般与地上部分相同。当地下室窗台低于室外地面时，为达到采光和通风的目的，应设采光井。

5）地下室楼梯。地下室楼梯可与地面部分的楼梯结合设置。由于地下室层高较小，故多设单跑楼梯。一个地下室至少应有两部楼梯通向地面。防空地下室也应至少有两个出口通向地面，且其中一个必须是独立的安全出口。独立安全出口与建筑物的距离不得小于地面建筑物高度的一半，安全出口与地下室由能承受一定荷载的通道连接。

### 6.3.2 地下室的防潮防水

**1. 地下室防潮防水设计原则**

地下室的围护结构常年受到潮气及水的侵蚀，实际工程因地下室墙体处理不当而出现渗漏的情况很多，防潮、防水是地下室构造处理的主要问题。地下室属于隐蔽工程，如果在使用过程中出现漏水现象，后果将不堪设想。2021 年 7 月，河南省遭遇大范围极端强降雨天气，导致地下水位不断上升，很多地下车库和地下室出现漏水和雨水倒灌情况，造成较大损失，因而地下室的防水工程就显得尤为重要和突出。地下室的防水设计，应全面考虑各种自然因素及使用要求，定级准确、方案可靠、选材适当、施工简便、经济合理。

（1）合理确定防水等级 地下室因使用功能不同，重要性不同，其对防水的要求也不一样。地下工程的防水等级，应根据工程的重要性和防水要求确定，可按照表 6-2 选定。

表 6-2 地下工程防水等级标准

| 防水等级 | 适用范围 | 标准 | 设防做法 |
|---|---|---|---|
| 一级 | 人员长期停留的场所；因有少量的湿渍会使物质变质、失效的储物场所及严重影响设备正常运转和危及工程安全运营的部位；极重要的战备工程、地铁车站 | 不允许漏水，结构表面无湿渍 | 多道设防，其中应有一道钢筋混凝土构件自防水和一道柔性防水，其他各道可采取无防水措施 |
| 二级 | 人员经常活动的场所；在有少量湿渍的情况下不会使物品变质、失效的储物场所及基本不影响设备正常运转和工程安全运营的部位；极重要的战备工程 | 不允许漏水，结构表面可有少量湿渍<br>工业与民用建筑：总湿渍面积不应大于总防水面积的 1/1000；任意 $100\mathrm{m}^2$ 的防水面积上的湿渍不超过 2 处，单个湿渍面积不大于 $0.1\mathrm{m}^2$<br>其他地下工程：总湿渍面积不应大于总防水面积的 2/1000；任意 $100\mathrm{m}^2$ 的防水面积上的湿渍不得超过 3 处，单个湿渍面积不大于 $0.2\mathrm{m}^2$ | 两道设防，一道钢筋混凝土构件自防水和一道柔性防水 |
| 三级 | 人员临时活动场所；一般战备工程 | 有少量漏水点，不得有线流或漏泥沙<br>任意 $100\mathrm{m}^2$ 的防水面积上的漏水或湿渍点数不超过 7 处，单个漏水点的最大漏水量不得大于 2.5L/d，单个湿渍的最大面积不大于 $0.3\mathrm{m}^2$ | 可采用一道设防或两道设防；也可对结构做抗水处理，外加一到柔性防水层 |
| 四级 | 对漏水无严格要求的工程 | 有漏水点，不得有线流或漏泥沙<br>整个工程平均漏水量不大于 2L/（$\mathrm{m}^2\cdot$d），任意 $100\mathrm{m}^2$ 防水面积上的平均漏水量不得大于 4L/（$\mathrm{m}^2\cdot$d） | 一道设防，也可做一道外层防水 |

注：摘自《地下工程防水技术规范》GB 50108—2008。

（2）合理确定防潮、防水设计方案　地下室浸水的主要来源是地表滞水和地下水。地表滞水主要是降雨（雪）、生活用水和生产废水的滞留。它与土的性质有关，如砂类土的透水性好，不易滞水；黏性土的透水性差，有滞水的可能。地下水位以下土中的地下水具有一定压力，离地面越深，其静水压力也越大。地下水通过建筑围护结构渗入室内，不仅影响地下室的使用，且当地下水含有酸、碱等化学成分时，还会使结构遭到破坏。因此，地下室应采取有效的防潮、防水措施，以保证其正常使用。

地下室防水设计方案主要有隔水法、降排水法和综合法三种。

1）隔水法是指利用各种材料的不透水性隔绝地下室外围水及毛细管水的渗透，通常采用地下室外围作防水层或地下室外墙作整体式混凝土自防水结构（可多道防线），此方法应用广泛且效果可靠，如图 6-18 所示。

2）降排水法是用人工降低地下水位的办法来消除地下水对地下室的影响，降排水法又分为外排法和内排法两种。外排法是当地下水位较高时，设置永久性排水措施，使水位降低至底板以下，以减小或消除地下水影响。外排法适用于地下水位高于地下室底板，且不宜采用隔水法的建筑，同时在地形、地质、经济、功能上有条件时采用，如图 6-19a 所示。内排法是将渗入地下室的水通过永久性自流排水系统排至集水坑再排至室外管道，如图 6-19b 所示。内排法适用于水位高、水量大，难以采用外排法，或常年水位虽低于底板，但丰水期高于底板且水位小于 500mm 时。

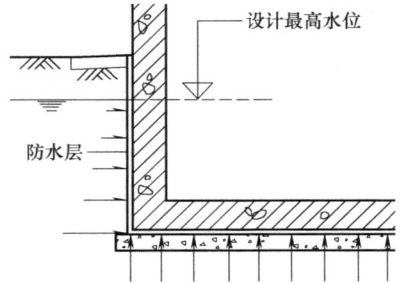

图 6-18　隔水法示意图

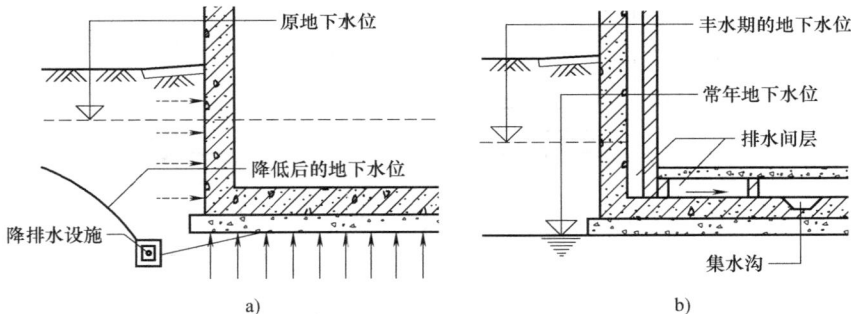

图 6-19　降排水法示意图
a）外排法　b）内排法

3）综合法是指同一工程中采用多种措施，以达到防水要求，提高防水可靠性的方法，如图 6-20 所示。采用综合法应分清主次，以降排为主，隔水为辅；或以隔水为主，降排为辅。通常当地下室的防水要求较高时，必须确保防水的可靠性，并在有效高度允许的情况下采用综合法。

（3）合理确定设防高度　地下室宜根据城市总体规划及排水体系进行合理布局，并确定工程标高。设计时应考虑各种类型水作用下最不利的情况，使地下室防水措施能够有足够的保证。除考虑潜水（在地面下第一个

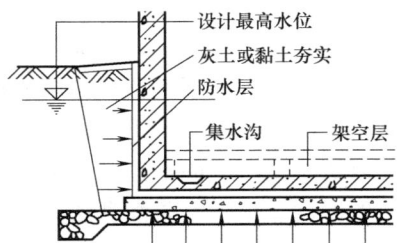

图 6-20　综合法示意图

有自由表面的地下水）及承压水等作用外，尚应考虑地表水、上层滞水和由于地下水而产生的毛细水的影响。

1）当潜水水位在地下室底板以上，地下室周围的土层属于强透水性，且渗透系数每昼夜大于 lm 及有裂隙的坚硬岩石层，并且无滞水存在时，则应将防水层设至潜水水位以上 1m，防水层以上做防潮层到地面，如图 6-21 所示。

2）当潜水水位在地下室底板以下，地下室周围的土层属于强透水性，且渗透系数每昼夜大于 1m 及有裂隙的坚硬岩石层，并且无滞水存在时，则可以考虑在毛细管带区以上设一般防潮层到地面。

3）当地下室周围的土层属于弱透水性，且渗透系数每昼夜小于 0.001m 的黏土及密实的块状坚硬岩石时，无论潜水水位在地下室底板以下还是以上，都有潜水或滞水存在的可能，则应将防水层设至地面，同时防水层应按有水压考虑。

4）当潜水水位在地下室底板以上，地下室周围的土层属于一般性地基，且其渗透系数为每昼夜 0.001~1m，如翻土、亚黏土及裂隙小的坚硬岩石时，并且有潜水或滞水存在的可能，则应设防水层至地面，同时防水层应按有水压考虑。

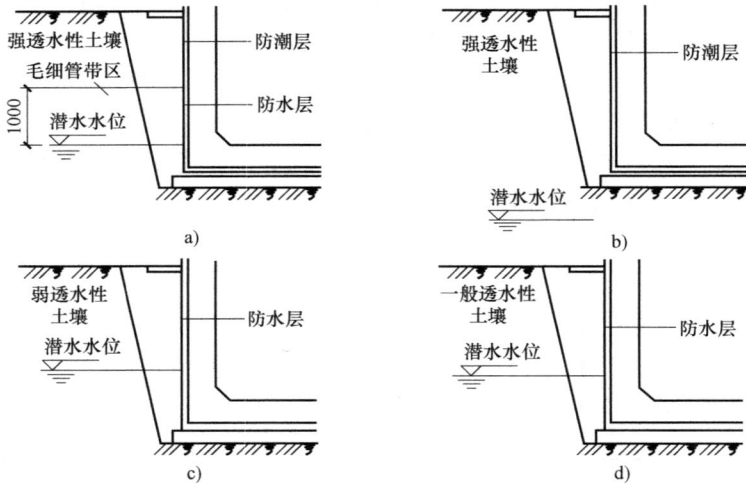

图 6-21　防潮、防水设防高度的确定示意图

a）、b）强透水性地基　c）弱透水性地基　d）一般透水性地基

此外，由于人为因素引起的附近水文地质的改变，往往在防水设计中被忽略而导致地下室渗漏，在确定工程标高时，应予以充分考虑。

**2. 地下室防潮构造**

当地下水的常年水位和最高水位都在地下室地坪标高以下时，砌体必须用水泥砂浆砌筑，墙外侧抹防水砂浆或涂防水涂料，对混凝土墙体可不必另做处理。然后回填低渗透性的土壤，如灰土等，并逐层夯实，该部分回填土的宽度一般为 500mm 左右。此外，垂直防潮层须做到室外散水以上。地下室所有的墙体都必须设两道水平防潮层，一道设在地下室地坪附近，一般设置在内墙、外墙与地下室地坪交接处；另一道设在距室外地面散水以上 150~200mm 的墙体中，以防止土层中的水分因毛细管作用沿基础和墙体上升，导致墙体潮湿和增大地下室及首层室内的湿度。地下室防潮做法如图 6-22 所示。

**3. 地下室防水构造**

当地下最高水位高于室内地坪时要考虑防水。地下室防水做法按选用材料的不同，主要有

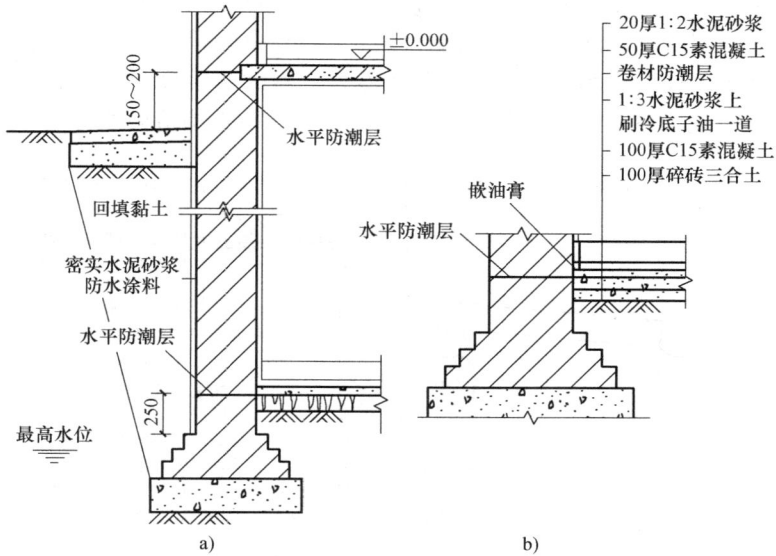

图 6-22　地下室防潮做法

a）墙身防潮　b）地下室地坪防潮

刚性防水、卷材防水、涂膜防水、金属板防水等。

（1）刚性防水　刚性防水采用较高强度和无延伸防水材料，如防水砂浆、防水混凝土所构成的防水层。防水混凝土是依靠材料自身的密实性起防水作用，其耐久性强，刚度和整体性好，有较高的抗渗性，能同时起承重、围护和防水作用。它比卷材防水层造价低，施工方便，但施工质量不易保证。防水混凝土质量的好坏，不仅取决于混凝土材质本身及其配合比，还取决于施工质量。在施工过程中的搅拌、运输、浇筑、振捣、养护、细部构造等工序对防水混凝土的防水效果有极大影响。这些环节应采取严密措施，保证质量，以免造成混凝土渗漏等后患。刚性防水构造做法如图 6-23 所示。

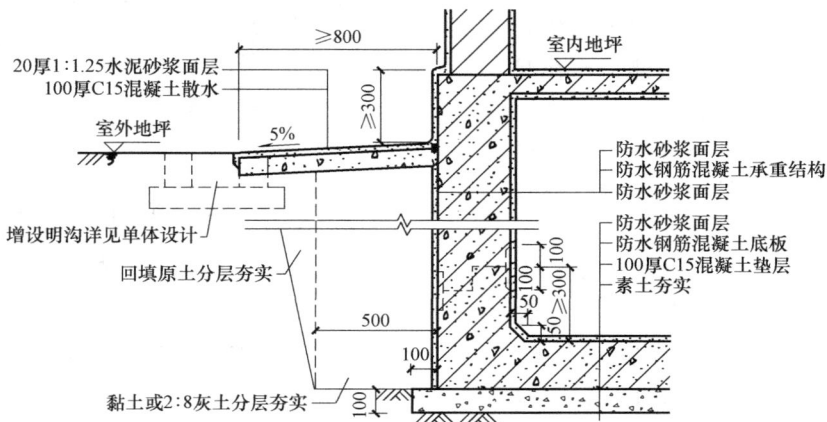

图 6-23　刚性防水构造做法示例

（2）卷材防水　卷材防水是以防水卷材和相应的黏结剂分层粘贴，铺设在地下室底板垫层至墙体顶端的基面上，以形成封闭防水层的做法。地下工程卷材防水适用于在混凝土结构或砌体结构迎水面铺贴，能适应结构微量变化和抗一般地下水化学侵蚀，效果比较可靠。一般采用外防外贴和外防内贴两种施工方法。由于外防外贴法的防水效果优于外防内贴法，所以在施工场地和条件不受限制时，一般均采用外防外贴法，只有在修缮工程中才做于内侧。卷材防水常用的材料有高聚物改性沥青和合成高分子防水卷材，卷材的层数应根据地下水的最大计算水头（最高地下水位至地下室地板下皮的高度）确定。卷材防水构造做法如图 6-24 所示。

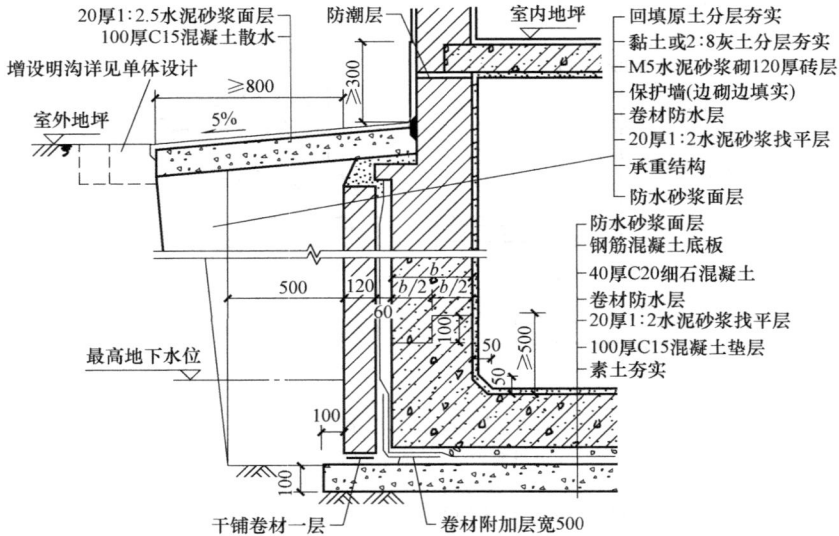

图 6-24　卷材防水构造做法示例

（3）涂膜防水　涂膜防水（图 6-25）泛指在施工现场（混凝土墙体或砖砌体的找平层表面）以刷涂、刮涂、滚涂等方法将液态涂料，在适宜温度下涂刷于地下室主体结构外侧或内侧的一种防水方法。涂料固化后形成一层无缝薄膜，能防止地下有压水及无压水的侵入。适用于新建砌体结构或钢筋混凝土结构的迎水面作专用防水层或新建防水钢筋混凝土结构的迎水面作附加防水层，可提高结构的防水、防腐能力；或用于已建防水或防潮建筑外围结构的内侧，作补漏措施。不适用或慎用于含有油脂、汽油或其他能溶解涂料的地下环境，且涂料和基层应有较强的黏结力，涂料层外侧应做砂浆或砖墙保护层。

防水涂料可分为无机防水涂料和有机防水涂料。有机防水涂料主要包括合成橡胶类、合成树脂类和橡胶沥青类。氯丁橡胶防水涂料、SBS 改性沥青防水

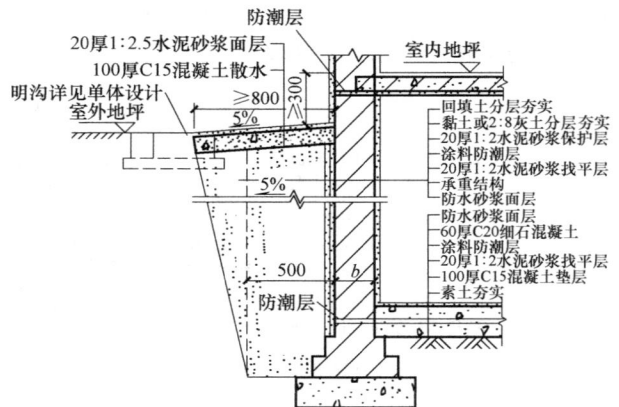

图 6-25　涂膜防水做法

涂料等聚合物乳液防水涂料属于挥发固化型；聚氨酯防水涂料属于反应固化型。无机防水涂料主要包括聚合物改性水泥基防水涂料和水泥基渗透型防水涂料。有机防水涂料固化成膜后最终形成卷材防水层，与防水混凝土主体组合为刚性和卷材两道防水。无机防水涂料是在水泥中掺入一定的聚合物，不同程度地改变水泥固化后的物理力学性能，但是与防水混凝土主体组合仍应认为是两道刚性防水设防，不适用于变形较大或受振动的部位。

防水涂料按其液态类型可分为水乳型、溶剂型及反应型。由于涂膜防水材料施工固化前是一种无定型的黏稠状液态物质，对于任何复杂形状的管道的纵横交叉部位都易于施工，特别在阴阳角、管道根部以及端部收头处都可以封闭严密，形成一个无缝整体防水层，而且施工工艺简单，对环境污染较小。防水层有一定的弹性和延伸能力，对基层伸缩或开裂等有一定的适应性。

涂膜防水层要求基层要平整，涂膜厚度要均匀，宜设在迎水面，如设在背水面必须做抗压层。涂膜防水层一般由底涂层、多层涂料防水层及保护层组成。底涂层是做一道与涂料相适应的基层涂料，使涂层与基层黏结良好。多层涂料防水层一般分 2~3 层进行涂敷，使防水涂料形成多层封闭的整体涂膜。为保证涂料防水层在工序进行中或涂膜完成后不受破坏，应采取相应的临时或永久性保护措施，如水泥砂浆保护层、120mm 厚砖墙保护层、聚苯板保护层等。

（4）金属板防水　金属板防水适用于对抗渗性能要求较高的地下室。金属板包括钢板、铜板、铝板和合金钢板等。金属板防水有内防水和外防水之分。当为内防水时，防水层是预先设置的，防水层应与结构内的钢筋焊牢，并在防水层底板上预留浇捣孔，以保证混凝土浇筑密实，待底板混凝土浇筑完后再补焊严密。当金属板防水层为外防水时，金属板应焊在混凝土的预埋件上。金属防水板之间的接缝为焊缝，焊缝必须密实。金属板防水一般适用于工业厂房地下烟道、热风道等高温高热的地下防水工程以及振动较大、防水要求严格的地下防水工程。

# 思　考　题

1. 什么是地基及基础？在工程设计和施工中，基础与地基需满足哪些基本要求？
2. 按不同分类方法，基础有哪些类型？
3. 如何区分无筋扩展基础与扩展基础？
4. 简述地下室防潮的构造要点。

# 第7章 墙　　体

## 7.1　概述

### 7.1.1　墙体的作用和类型

**1. 墙体的作用**

墙体是建筑中最主要的构件。其作用依照建筑的结构形式、位置和材料等的不同而有所不同，主要包括承重作用、围护作用、分隔作用。在建筑工程设计中，合理地选择墙体所用材料、结构方案以及构造做法十分重要。

**2. 墙体的类型**

（1）按墙体所处位置分类　根据墙体在平面上所处位置不同，可以分为外墙和内墙。位于房屋周边的墙体统称为外墙，它主要是抵御风、霜、雨、雪的侵袭和保温、隔热，起围护作用；位于房屋内部的墙体统称为内墙，它的主要作用是分隔房间。

墙体按其方向可以分为纵墙和横墙。沿建筑物长轴方向布置的墙体称为纵墙，有内纵墙和外纵墙；沿建筑物短轴方向布置的墙体称为横墙，分为内横墙和外横墙，后者称为山墙。在一面墙上，窗与窗或窗与门之间的墙体称为窗间墙，窗洞下部的墙称为窗下墙。外墙突出屋面的部分称为女儿墙。

（2）按墙体受力情况分类　墙体按结构受力情况分为承重墙和非承重墙。凡直接承受上部楼板、屋顶等传来荷载的墙称为承重墙；不承受上部荷载的墙称为非承重墙。非承重墙虽不承受外来荷载，但承受自身重量。下部有基础的墙称为自承重墙。仅起分隔房间的作用，自身重量由楼板或梁来承担的墙称为隔墙。框架结构中，填充在柱子之间的墙称为填充墙。悬挂在建筑物结构外部的轻质外墙称为幕墙，有金属幕墙、玻璃幕墙等。

（3）按墙体所用材料分类　墙体按所用材料的不同，分为砖墙、石墙、土墙及混凝土墙等。砖是我国传统的墙体材料，砌块墙是指利用各种砌块砌筑的墙体，砌块的原材料来源广，品种多，可就地取材，价格便宜，是墙体材料改革的方向。砌块按材料一般可分为混凝土、水泥砂浆、加气混凝土、粉煤灰硅酸盐、煤矸石、人工陶粒、矿渣废料等砌块。在产石地区利用石块砌墙，或利用黄土垒砌，还有一些地区采用木材或竹竿做成墙体，这些都是造价低廉的地方性材料做成的墙。混凝土墙可现浇、预制，在多层、高层建筑中应用较多。

（4）按墙体构造和施工方式分类　墙体按构造和施工方式分为叠砌式墙体、版筑式墙体和装配式墙体。叠砌式墙体，是采用块材层层砌筑而成，故又称为块材墙，如实砌砖墙、空斗砖墙和砌块墙、石墙等。版筑式墙体是直接在墙体部位上立模板，然后在模板内夯筑或浇筑材料振捣而成的，如土墙、混凝土墙等；装配式墙体是预制好墙体材料，然后在施工现场直接机械安装的墙体，包括板材墙、多种组合墙、幕墙等。

### 7.1.2 墙体的设计要求

#### 1. 具有足够的强度和稳定性

强度是指墙体承受荷载的能力。它与墙体所用材料、墙体尺寸、构造方式和施工方法有关。作为承重的墙体，必须具有足够的强度以保证结构的安全。

稳定性与墙体的高度、长度和厚度有关。高而薄的墙体比低而厚的墙体稳定性差；长而薄的墙体比短而厚的墙体稳定性差；两端有固定的墙体比两端无固定的墙体稳定性好。

#### 2. 具有必要的保温、隔热等方面的性能

建筑在使用过程中，作为围护结构的外墙应具有良好的热工性能，使室内温度在外界气温变化的情况下能够保持相对稳定。

#### 3. 应满足隔声要求

墙体作为建筑的围护和分隔构件，必须要有一定的隔声能力，应符合有关隔声标准的要求，避免室外或相邻房间的噪声影响。

#### 4. 应满足防火要求

墙体的材料和厚度必须符合国家防火规范中有关燃烧性能和耐火极限的规定。部分建筑还应按照防火规范要求设置防火墙，划分防火分区，防止火势蔓延。

#### 5. 应满足防潮、防水要求

对于有水的房间，或与水有接触的墙体以及外墙，应具有一定的防潮或防水的能力，避免水或潮气对墙体的影响。

#### 6. 满足经济要求

作为建筑组成中的重要构件，墙体尤其是非承重墙体应减轻自重，减小荷载，这样能较为有效地降低工程造价。

#### 7. 适应建筑工业化发展的要求

改变以小块材层层叠砌的传统施工方法，采用多种板材墙，能有效加快施工进度，促进施工机械化的发展，满足建筑工业化的需要。

## 7.2 砌体墙

砌体墙是用砂浆等胶结材料将砖石、砌块等块材按一定的技术要求组砌而成的墙体，如砖墙、石墙及混凝土砌块墙等。砌体墙的优点是生产制造及施工操作简单，不需要大型的施工设备；缺点是现场湿作业多、施工速度慢、劳动强度大。

### 7.2.1 砖墙

砖墙的主要优点是取材容易、制作简单，既能承重，又有较好的保温、隔热、隔声和防火性能，而且施工中不需要大型吊装设备；但砖墙也存在着强度较低、施工速度慢、自重大、取材时破坏良田等缺点，这些都有待进行改革。

#### 1. 砖墙材料

砖墙是用砂浆将砖按一定规律砌筑而成的墙体。砖和砂浆是砖墙的两种主要材料。

（1）砖 砖的种类很多，按所采用的原材料可分为页岩砖、粉煤灰砖、炉渣砖、灰砂砖、煤矸石砖等。按形状可分为实心砖、空心砖、多孔砖等。砖的规格与尺寸也有多种形式，烧结普通砖是全国统一规格的标准尺寸，即 240mm×115mm×53mm。

（2）砂浆　砂浆由胶结材料（水泥、石灰、黏土）和填充材料（砂、石屑、矿渣、粉煤灰）用水搅拌而成，当前常用的有水泥砂浆、混合砂浆和石灰砂浆，水泥砂浆的强度和防潮性能最好，混合砂浆次之，石灰砂浆最差，但石灰砂浆的和易性好，在墙体要求不高时可采用。

### 2. 砖墙的尺寸和组砌方式

（1）砖墙的厚度　实心砖墙的尺寸为砖宽加灰缝（115mm + 10mm = 125mm）的倍数。砖墙的厚度在工程上习惯以它们的标志尺寸来区分，如 12 墙、18 墙、24 墙等，砖墙的厚度尺寸见表 7-1。

表 7-1　砖墙的厚度尺寸　　　　　　　　　　（单位：mm）

| 墙厚名称 | 1/2 砖 | 3/4 砖 | 1 砖 | 1 砖半 | 2 砖 | 2 砖半 |
|---|---|---|---|---|---|---|
| 标志尺寸 | 120 | 180 | 240 | 370 | 490 | 620 |
| 构造尺寸 | 115 | 178 | 240 | 365 | 490 | 615 |
| 习惯称谓 | 12 墙 | 18 墙 | 24 墙 | 37 墙 | 49 墙 | 62 墙 |

（2）砖墙的砌筑方式　砖墙按砌筑方式不同，可分为实砌砖墙和空斗砖墙。

1）实砌砖墙。实砌砖墙多由烧结普通砖砌筑而成，墙体内部为实心，没有人为留下的空洞。在砌筑中，每竖向排列一层砖称为一皮，将砖的长边垂直于砌体长边砌筑时称为丁砖。将砖的长边平行于砌体长边砌筑时称为顺砖。上下皮砖之间的水平缝称为横缝，左右两砖之间的垂直缝称为竖缝，砖砌筑时切忌出现竖直通缝，否则会影响墙的强度和稳定性。

实砌砖墙常见的砖墙砌筑方式有以下四种：

① 全顺法。每皮砖都是顺砖，上下层错开半砖，如图 7-1a 所示，此种砌法适用于半砖墙。

② 一顺一丁法。一皮顺砖与一皮丁砖相间，上下皮错开 1/4 砖，如图 7-1b 所示，适用于一砖墙，此种方法砌筑速度慢，但整体性能好。

③ 梅花丁法。每皮中顺砖和丁砖相间，上皮丁砖在下皮顺砖的中间，如图 7-1c 所示，适用于一砖墙。此种砌筑方法又称为每皮丁顺相间法，或称为沙包式砌筑法。

④ 两平一侧法。每皮顺砖与一皮侧砖相间，如图 7-1d 所示，适用于 3/4 砖墙。

2）空斗砖墙。空斗砖墙是用黏土砖平砌和侧砌相结合的方法砌成的，墙体内部有人为留下的空洞。在砌筑中，平砌的砖称为眠砖，侧砌的砖称为斗砖，侧砌的斗砖又可分为面砖和顶砖，面砖和顶砖之间形成的空洞为空斗。

常见的空斗砖墙砌法有一眠一斗法、一眠二斗法、一眠三斗法和无眠空斗法，如图 7-2 所

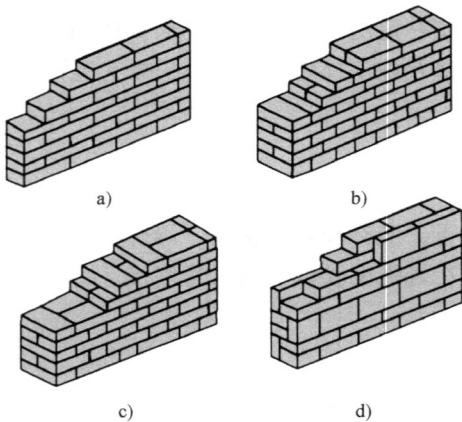

图 7-1　实砌砖墙砌筑方式
a）全顺法　b）一顺一丁法
c）梅花丁法　d）两平一侧法

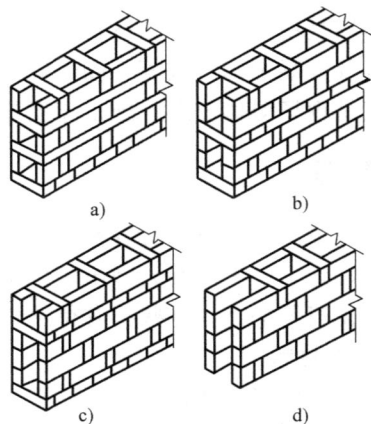

图 7-2　空斗砖墙砌筑方法
a）一眠一斗法　b）一眠二斗法
c）一眠三斗法　d）无眠空斗法

示。空斗砖墙一般适用于一砖墙。

（3）砖墙砌筑的要求　为保证墙体的坚固，砖墙在砌筑时应遵循"错缝搭接，避免通缝，横平竖直，灰浆饱满"的原则，且砖缝应厚薄均匀。

### 3. 墙体的细部构造

墙体作为建筑物的主要承重或围护构件，它不仅与其他构件密切相关，还受到自然界各种因素的影响，因此要处理好墙体各部位的做法，才能保证建筑坚固、耐久、适用。砖墙主要的细部构造包括：散水和明沟、勒脚、防潮层、门窗过梁、窗台、墙体加固等。

（1）散水和明沟　为防止雨水对墙基的侵袭，常将外墙四周的地面做成向外倾斜的坡面，以便将雨水排至远处，这一坡面称为散水或护坡。散水的做法有砖砌、块石、碎石、水泥砂浆、混凝土等，工程中使用较多的为混凝土散水。散水宽度一般为 600～1000mm，并设向外不小于 3% 的排水坡度。散水与外墙交接处应设分隔缝，并以弹性材料嵌缝，以

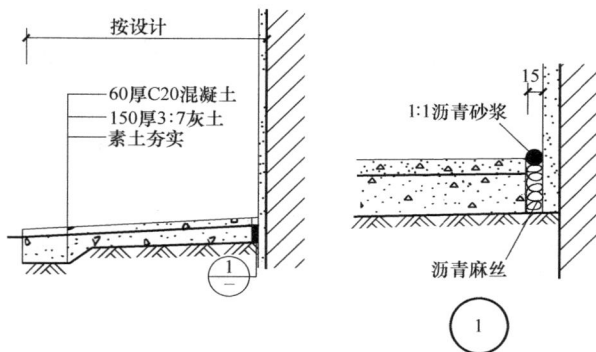

图 7-3　混凝土散水构造做法

防因墙体下沉使散水与墙体裂开，起不到防潮、防水的作用。混凝土散水构造做法如图 7-3 所示。当屋面为自由落水挑檐时，一般要求散水的宽度应比屋檐挑出 200mm 以上。

明沟是在建筑物四周靠外墙的排水沟，用于排除屋面落下的雨水。明沟有砖砌、石砌和混凝土浇筑，明沟构造如图 7-4 所示。一般情况下，房屋四周散水和明沟任做一种，一般雨水较多的情况下做明沟，干燥地区多做散水。

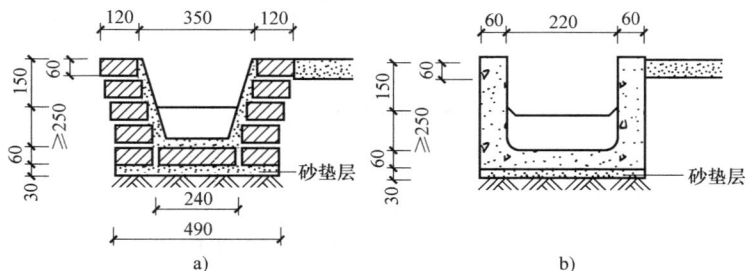

图 7-4　明沟构造

（2）勒脚　勒脚是外墙接近室外地面的部分，如图 7-5 所示。其高度一般指室内地坪与室外地面的高差，常取 500mm，也有的建筑为了突出立面效果，将勒脚一直加高至首层窗台处。

勒脚的作用主要包括：保护近地墙身不因外界雨、雪的侵袭而受潮、受冻以至破坏；加固墙身，以防因外界机械性破坏而使墙身受损；提升建筑物立面美观度。

常见的勒脚有：

1）石砌勒脚。石砌勒脚是指用坚硬而防水的材料（如条石、乱石、混凝土块等）进行砌筑，或用石板镶嵌在勒脚外侧。

2）抹灰勒脚。抹灰勒脚是在勒脚处的外墙外表面用 15mm 厚 1：3 水泥砂浆打底，以及 10mm 厚 1：2.5 水泥砂浆抹面所形成的勒脚。

3）贴面类勒脚。贴面类勒脚是指用人工石材或天然石材贴面（如大理石、花岗石、陶瓷

面砖等）所形成的勒脚。贴面勒脚耐久性强，装饰效果好，多用于标准较高的建筑。勒脚应选用耐久性强，防水性能好的材料，并在构造上采取防护措施。勒脚的构造如图 7-5 所示。

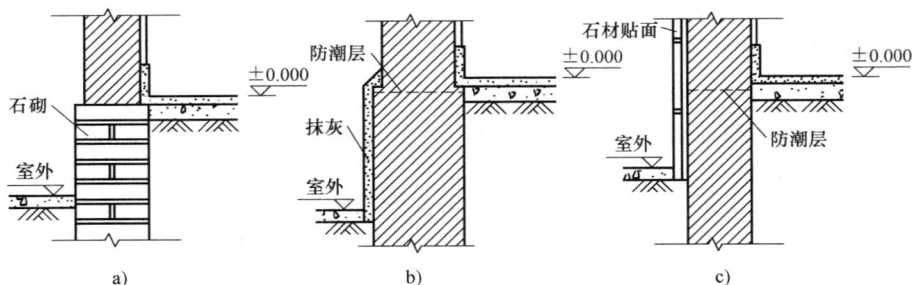

图 7-5  勒脚的构造
a）石砌勒脚  b）抹灰勒脚  c）贴面类勒脚

（3）防潮层  墙体底部接近土壤部分易受土壤中水分的影响而受潮，从而影响墙身。为隔绝土中水分对墙身的影响，在靠近室内地面处设防潮层。防潮层分为水平防潮层和垂直防潮层两种。

1）水平防潮层。水平防潮层是指在建筑物内外墙沿勒脚处设置的水平方向的防潮层，用以隔绝地下潮气。根据材料的不同，水平防潮层分为油毡防潮层、防水砂浆防潮层和细石混凝土防潮层三种，如图 7-6 所示。

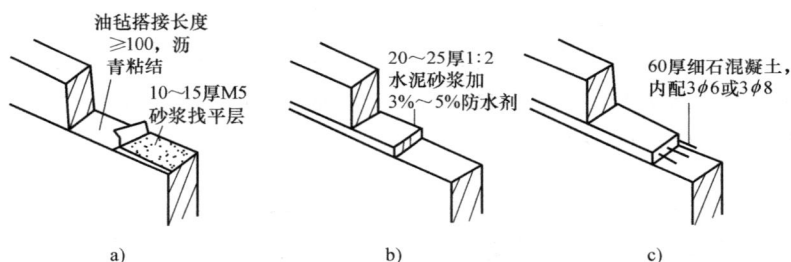

图 7-6  水平防潮层做法
a）油毡防潮层  b）防水砂浆防潮层  c）细石钢筋混凝土防潮层

① 油毡防潮层。油毡防潮层是沿勒脚一定位置处铺一层 10～15mm 厚 1∶3 水泥砂浆找平层，再铺一毡一油或平铺油毡一层（搭接长度 ≥70mm）。油毡防潮层具有一定的韧性、延伸性和良好的防潮性能，但整体性差，对抗震不利，不宜用于有抗震要求的建筑中。

② 防水砂浆防潮层。防水砂浆防潮层是在需要设置防潮层的位置铺设防水砂浆层或用防水砂浆砌筑 1～2 皮砖。防水砂浆是在水泥砂浆中，加入水泥重量 3%～5% 的防水剂配制而成，防潮层厚度为 20～25mm。

防水砂浆防潮层省工、省料，由于它能和砖块胶合紧密，能避免油毡防潮层的缺点，故较适用于抗震地区和一般的砖砌体中，但砂浆性脆，易断裂，不适合用于地基有不均匀沉降的建筑中。

③ 细石钢筋混凝土防潮层。细石钢筋混凝土防潮层是在 60mm 厚的细石混凝土中配 $3\phi6$ 或 $3\phi8$ 钢筋形成防潮带，或结合地圈梁的设置形成防潮层，这种防潮层抗裂性能好，且能与砌体结合为一体，但其成本较高，故适用于整体刚度要求较高的建筑中。

水平防潮层应设置在距室外地面 150mm 以上的勒脚砌体中，以减少地表水反渗的影响。在设计中，水平防潮层的设置位置常以标高 "-0.060" 表示，如图 7-7 所示。

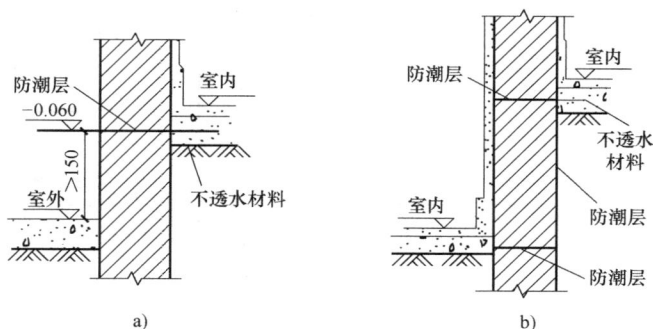

图 7-7 墙身防潮层位置

2）垂直防潮层。当室内地坪出现高差或室内地坪低于室外地面时，不仅要按地坪高差的不同在墙身设两道水平防潮层，而且为避免室内地坪较高一侧土壤或室外地面回填土中的水分侵入墙身，对有高差部分的垂直墙面在填土一侧沿墙还需设置垂直防潮层。

在高地坪房间（或室外地面）填土前，于两道水平防潮层之间的垂直墙面上，先用水泥砂浆抹灰，再涂一道冷底子油，刷两道热沥青或采用防水砂浆抹灰防潮处理，而在低地坪一边的墙面上，则采用水泥砂浆打底的墙面抹灰。垂直防潮层构造如图 7-8 所示。

（4）门窗过梁　当墙体上需开设门窗洞口时，为了承担洞口上部砌体传来的荷载，并把这些荷载传给洞口两侧的墙体，常在门窗洞口上设置横梁，此横梁称为门窗过梁。门窗过梁的形式很多，常见的有砖拱过梁、钢筋砖过梁和钢筋混凝土过梁三种。

1）砖拱过梁。砖拱过梁是用立砖立砌或侧砌成对称于中心而倾向两边的拱。砖拱过梁如图 7-9 所示。砖拱过梁节约钢材和水泥，但施工麻烦，整体性差，不利于抗震，不宜用于地震区，以及过梁上有集中荷载或振动荷载，或地基不均匀沉降处的建筑。

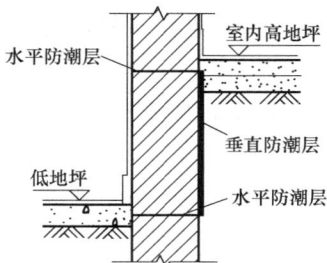

图 7-8 垂直防潮层构造

图 7-9 砖拱过梁

2）钢筋砖过梁。钢筋砖过梁是在洞口上第一皮砖和第二皮砖之间，或是在第一皮砖下的砂浆层内，按每一砖厚（指墙厚）配 2 根或 3 根钢筋，钢筋两端深入墙身各 240mm，再向上弯 60mm，如图 7-10 所示。为使洞口上的部分砌体和钢筋构成过梁，常在相当于 1/4 跨度的高度范围内（不少于五皮砖），用不低于 M5 级砂浆砌筑。钢筋砖过梁施工方便，适用于跨度不大于 1.5m，且上部无集中荷载或墙身为清水墙时的洞口上。由于钢筋砖过梁整体性较差，对于抗震设防地区和有较大振动的建筑不适用。

3）钢筋混凝土过梁。钢筋混凝土过梁坚固耐用，施工简便，适用于门窗洞口较大或洞口上部有集中荷载的情况。钢筋混凝土过梁可分为现浇过梁和预制过梁两种，梁宽与墙厚相同，梁高及配筋由计算确定。为了施工方便，梁高应与砖皮数相适应，常见梁高为 60mm、120mm、180mm、240mm。梁两端支承在墙上的长度每边不少于 240mm。过梁断面形式有矩形

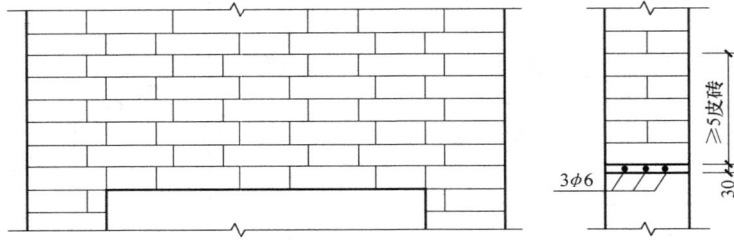

图 7-10　钢筋砖过梁

和 L 形, 如图 7-11 所示。

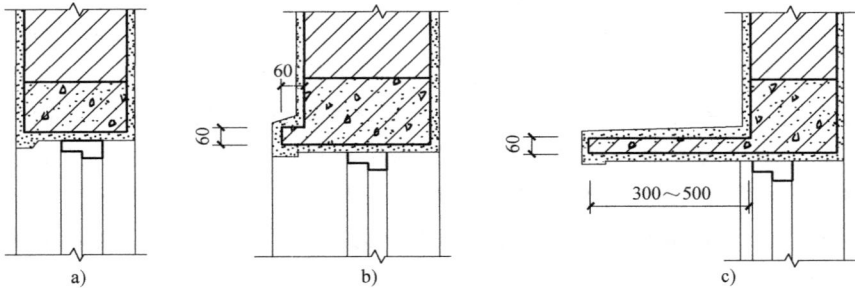

图 7-11　钢筋混凝土过梁

a) 平墙过梁　b) 带窗套过梁　c) 带窗楣板过梁

（5）窗台　当室外雨水沿窗扇向下流淌时, 为避免雨水聚积窗下侵入墙身和沿窗下槛向室内渗透污染室内, 常在窗下靠室外一侧设置一泄水构件, 即窗台。窗台须向外形成一定的坡度, 一般为 10% 左右, 以利排水。窗台有悬挑窗台和不悬挑窗台两种。其常见做法有以下四种。

1）不悬挑窗台。不悬挑窗台是用砖平砌, 然后在窗台上用水泥砂浆抹出一定的坡度, 以利排水, 如图 7-12a 所示。

2）平砌砖悬挑窗台。平砌砖悬挑窗台是用砖顶砌一皮, 悬挑出 60mm, 外部用水泥砂浆抹灰, 并在外沿粉出滴水, 如图 7-12b 所示。滴水的目的是引导上部雨水沿着所设置的槽口聚集和下落, 以防雨水影响墙身。

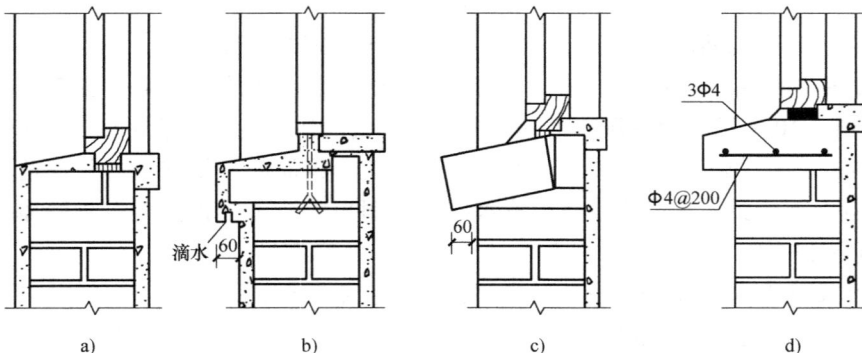

图 7-12　窗台形式

a) 不悬挑窗台　b) 平砌砖悬挑窗台　c) 侧砌砖窗台　d) 预制钢筋混凝土窗台

3）侧砌砖窗台。侧砌砖窗台是用一皮砖侧砌，悬挑出 60mm 左右，一般不做任何抹灰，用于清水墙面，如图 7-12c 所示。

4）预制钢筋混凝土窗台。预制钢筋混凝土窗台是采用钢筋混凝土预制板作为窗台，其悬挂尺寸较大，能更好地保护外墙面，如图 7-12d 所示。

窗台在立面处理上也常起到一定的作用，当立面上窗间墙较小时，可将几扇窗的窗台联系在一起，或将所有的窗台线连通形成腰线；也可将窗台沿窗扇四周挑出，形成窗套，以丰富墙面的立面效果。

（6）墙体加固 在多层砖砌体房屋中，当墙身由于承受集中荷载、开洞和地震的影响，使墙体的稳定性有所降低时，应采取一定的加固措施，以提高墙身的稳定性。墙体的加固措施有壁柱设置圈梁、构造柱、门垛和壁柱、墙墩和扶壁等。

1）圈梁。圈梁是沿外墙四周及部分内墙设置的连续闭合的梁。其作用是配合楼板提高建筑物的空间刚度及整体性，增强墙体的稳定性，减少由于地基不均匀沉降而引起的墙身开裂。对抗震设防区，设置圈梁与构造柱以形成骨架，从而提高墙身抗震能力。

圈梁有钢筋砖圈梁和钢筋混凝土圈梁两种。钢筋砖圈梁是在前述的钢筋砖过梁基础上沿外墙和部分内墙连通砌筑而成，目前使用较少。钢筋混凝土圈梁的高度应与砖的皮数相配合，以方便墙体的连续砌筑，一般不小于 120mm，常见的高度为 180mm、240mm，构造上宽度宜与墙同厚，当墙厚为 240mm 以上时，其宽度可为墙厚的 2/3。对于钢筋混凝土圈梁在墙身的位置，作为外墙圈梁时一般与楼板相平，作为内墙圈梁时一般在板下。

① 圈梁的设置要求。多层砖砌体房屋的现浇钢筋混凝土圈梁设置应符合下列要求：

装配式钢筋混凝土楼、屋盖或木楼、屋盖的砖房，横墙承重时圈梁设置要求见表 7-2，纵墙承重时每层均应设置圈梁，且抗震横墙上的圈梁间距应在表 7-2 数据的基础上适当加密。

现浇或装配整体式钢筋混凝土楼、屋盖与墙体可靠连接的房屋，应允许不设圈梁，但楼板沿墙体周边应加强配筋，并应与相应构造柱钢筋可靠连接。

表 7-2　多层砖砌体房屋现浇钢筋混凝土圈梁设置要求

| 墙类 | 抗震设防烈度 | | |
|---|---|---|---|
| | 6 度、7 度 | 8 度 | 9 度 |
| 外墙和内纵墙 | 屋盖处及每层楼盖处 | 屋盖处及每层楼盖处 | 屋盖处及每层楼盖处 |
| 内横墙 | 屋盖处及每层楼盖处<br>屋盖处间距不应大于 4.5m<br>楼盖处间距不应大于 7.2m<br>构造柱对应部位 | 屋盖处及每层楼盖处<br>各层所有横墙，且间距不应<br>大于 4.5m<br>构造柱对应部位 | 屋盖处及每层楼盖处<br>各层所有横墙 |

② 圈梁的构造要求。多层砖砌体房屋的现浇钢筋混凝土圈梁构造应符合下列要求：

当圈梁遇到门窗洞口而不能闭合时，应在洞口上部或下部设置一道不小于圈梁截面的附加圈梁。附加圈梁与圈梁的搭接长度应不小于两梁高差的 2 倍，且不小于 1.0m，如图 7-13 所

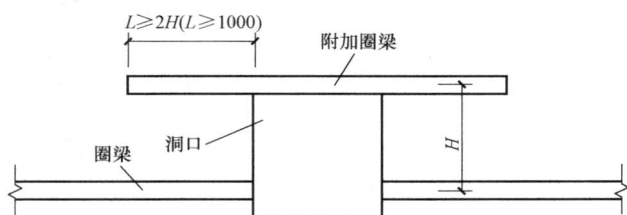

$L \geqslant 2H(L \geqslant 1000)$

附加圈梁

洞口

圈梁

$H$

图 7-13　附加圈梁

示。圈梁宜与楼板设在同一标高处或紧靠板底，如在其设置的间距范围内无横墙时，应利用梁或板缝中钢筋替代圈梁。圈梁的截面高度不应小于 120mm，配筋应符合表 7-3 的要求。

表 7-3　多层砖砌体房屋圈梁配筋要求

| 墙类 | 抗震设防烈度 | | |
|---|---|---|---|
| | 6 度、7 度 | 8 度 | 9 度 |
| 最小纵筋 | 4φ10 | 4φ12 | 4φ14 |
| 最大箍筋间距/mm | 250 | 200 | 150 |

2）构造柱。为增强建筑物的整体性和稳定性，多层砖混结构建筑的墙体中还应设置钢筋混凝土构造柱，并与各层圈梁相连接，形成能够抗弯抗剪的空间框架，它是防止房屋倒塌的一种有效措施。构造柱一般设在外墙四角、错层部位横墙与外纵墙交接处以及较大洞口两侧，及大房间内外墙交接处等。构造柱必须与圈梁及墙紧密连接。

① 构造柱的设置要求。一般情况下，多层砖砌体房屋的构造柱应符合表 7-4 的要求。

表 7-4　多层砖砌体房屋构造柱设置要求

| 抗震设防烈度 | | | | 设置部位 | |
|---|---|---|---|---|---|
| 6 度 | 7 度 | 8 度 | 9 度 | | |
| 四、五 | 三、四 | 二、三 | | 楼电梯间四角，楼梯斜梯段上下端对应的墙体处<br>外墙四角和对应转角<br>错层部位横墙与外纵墙交接处<br>大房间内外墙交接处<br>较大洞口两侧 | 隔 12m 或单元横墙与外纵墙交接处<br>楼梯间对应的另一侧内横墙与外纵墙交接处 |
| 六 | 五 | 四 | 二 | | 隔开间横墙（轴线）与外墙交接处<br>山墙与内纵墙交接处 |
| 七 | ≥六 | ≥五 | ≥三 | | 内墙（轴线）与外墙交接处<br>内墙的局部较小墙垛处<br>内纵墙与横墙（轴线）交接处 |

（房屋层数/层 — 第一列左侧合并标注）

注：较大洞口指内墙尺寸不小于 2.1m 的洞口，外墙在内外墙交接处已设置构造柱时应允许适当放宽，但洞侧墙体应加强。

② 构造柱的构造要求。多层砖砌体房屋构造柱应符合下列要求：

房屋的层数不同、地震烈度不同，构造柱的设置要求也不同。构造柱的最小截面尺寸为 240mm×180mm，主筋宜用 4φ12，箍筋间距不大于 250mm。构造柱做法如图 7-14 所示。

构造柱在施工时应先砌砖墙以形成"马牙槎"，如图 7-15 所示。随着墙体的上升，逐段现浇钢筋混凝土构造柱，沿墙高每隔 500mm 设置拉结筋，每边伸入墙内不少于 1m，如图 7-16 所示。构造柱与圈梁连接处，构造柱的纵筋应在圈梁纵筋内侧穿过，以保证构造柱纵筋上下贯通。构造柱可不单独设置基础，但应伸入室外地面以下 500mm，或与埋置深度小于 500mm 的基础圈梁相连，如图 7-17 所示。

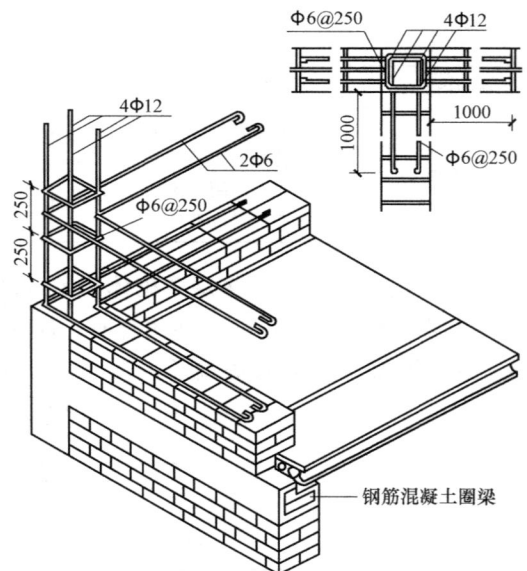

图 7-14　构造柱做法

图 7-15　马牙槎示意图

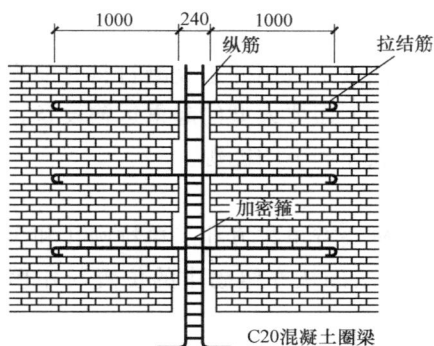

图 7-16　构造柱与墙体的拉结

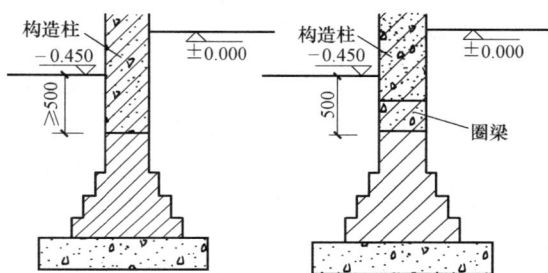

图 7-17　构造柱底部钢筋嵌固

3）门垛和壁柱。在墙身上开设门洞时一般应设门垛。当墙体受到集中荷载作用，或当墙身的长度和高度大于规范规定，导致墙身稳定性较差时，需要对其进行加固，此时可考虑增设壁柱，使之和墙体共同承担荷载并稳定墙身。门垛和壁柱如图 7-18 所示。

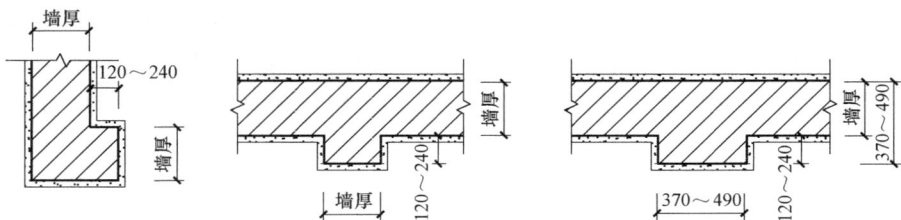

图 7-18　门垛和壁柱

4）墙墩和扶壁。墙墩是墙中柱状的凸出部分，通常直通到顶，以承受上部梁及屋架的荷载，并提升墙身强度及稳定性。墙墩所用砂浆的强度等级较墙体的高。扶壁形似墙墩，主要的不同之处在于，其主要作用是提高墙的稳定性，其上不考虑荷载。

**4. 防火墙**

由不燃烧体构成，耐火极限不低于 3h，为减小或避免建筑、结构、设备遭受热辐射危害和防止火灾蔓延，设置的竖向分隔体或直接设置在建筑物基础上或钢筋混凝土框架上具有耐火性的墙，称为防火墙。

建筑设计时除考虑防火分区分隔，选用难燃烧或不燃烧材料制作构件、增加消防设施等措施外，在墙体构造上，尚需注意防火墙的设置问题。根据防火规范要求，防火墙的耐火极限不应小于 4h。防火墙上不应开设门窗，洞口必须开设时应采用甲级防火门、窗，并能自动关闭。

防火墙的最大间距应根据建筑物的耐火等级而定，当耐火等级为一级、二级时，其间距为 150m；耐火等级为三级时，其间距为 100m；耐火等级为四级时，其间距为 75m。

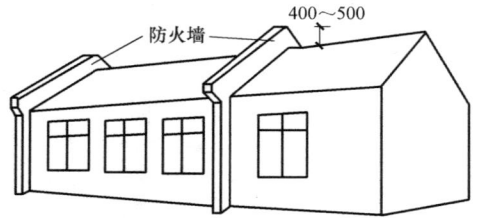

图 7-19　防火墙

防火墙应截断燃烧体或难燃烧体的屋顶，并高出非燃烧体屋顶 400mm，高出燃烧体或难燃烧体屋面 500mm，如图 7-19 所示。当屋顶承重构件为耐火极限不低于 0.5h 的非燃烧体时，防火墙（包括纵向防火墙）可砌至屋面基层的底部，不必高出屋面。

## 7.2.2　砌块墙

砌块墙是指利用预制厂生产的块材所砌筑的墙体，其优点是采用的是胶凝材料并能充分利用工业废料和地方材料加工制作，且制作方便，施工简单，不需要大型的起重运输设备，且具有较大的灵活性。其既容易组织生产，又能减少对耕地的破坏和节约能源。

### 1. 砌块的类型、规格与尺寸

砌块按其构造方式可分为实心砌块和空心砌块，空心砌块有单排方孔、单排圆孔和多排扁孔三种形式，多排扁孔砌块有利于保温，如图 7-20 所示。按砌块在组砌中的位置与作用可以分为主砌块和辅助砌块。

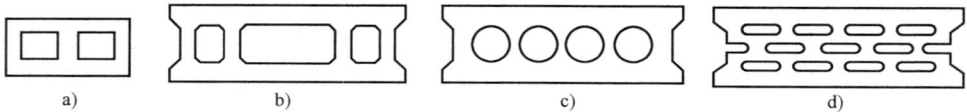

图 7-20　空心砌块的形式

a)、b) 单排方孔　c) 单排圆孔　d) 多排扁孔

砌块按其重量和尺寸大小分为大、中、小三种规格。重量在 20kg 以下，系列中主规格高度在 115~380mm 之间的称作小型砌块；重量在 20~350kg 之间，高度在 380~980mm 之间的称作中型砌块；重量大于 350kg，高度大于 980mm 的称作大型砌块。砌块的厚度多为 190mm 或 200mm。

### 2. 砌块墙的组砌

在砌筑砌块墙前，必须进行砌块排列设计，即按照建筑物的平面尺寸、层高，对墙体进行合理的分块和搭接，以便选择合适的砌块规格和尺寸。设计时，必须使砌块整齐划一，并且排列规律，不仅要考虑大面积的错缝、搭接，避免通缝，还要考虑内外墙的搭接。砌块墙的搭接如图 7-21 所示。

在设计砌块墙时应注意：

1）力求排列整齐、有规律性，既要考虑建筑物的立面要求，又要考虑建筑施工的要求。

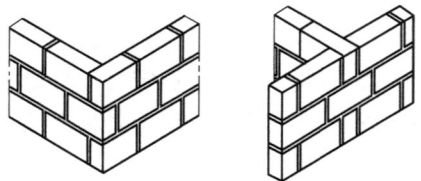

图 7-21　砌块墙的搭接

2）上下皮错缝搭接，避免通缝；纵横墙交接处和转角处砌块也应彼此搭接，有时还应加筋，以提高墙体的整体性，保证墙体的强度和刚度。

3）当采用混凝土空心砌块时，上下皮砌块应孔对孔、肋对肋，使其之间有足够的接触面，扩大受压面积。

4）尽可能减少镶砖，必须镶砖时，应分散、对称布置，以保证砌体受力均匀。

5）为了充分利用吊装设备，优先采用大规格的砌块，尽量减少使用多种规格的砌块，并使每块重量尽量接近，以便减少吊次，加快施工进度。

砌筑砌块墙时必须竖缝填灌密实，水平缝砌筑饱满，保证连接。砌块墙一般采用强度等级为 M5 的砂浆砌筑，其灰缝宽度一般为 10~15mm，当垂直灰缝大于 30mm 时，需用 C20 细石混凝土灌实，有时可以采用普通黏土砖镶嵌。砌块应错缝搭接，搭接长度不得小于 150mm，当搭接长度不足时，应在水平灰缝内增设 $\phi4$ 的钢筋网片。砌块墙的搭接和错缝配筋，如图 7-22 所示。

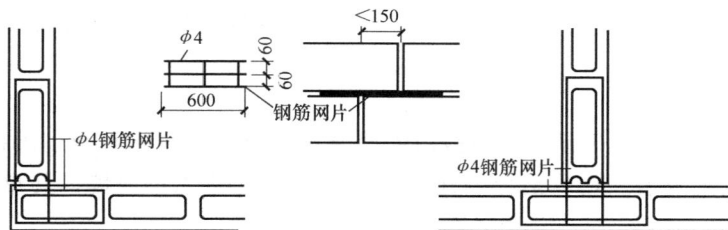

图 7-22　砌块墙的搭接和错缝配筋

**3. 砌块墙的细部构造**

1）圈梁。为了加强砌块墙的整体性，多层砌块建筑应设置圈梁。当圈梁和过梁位置接近时，往往将圈梁和过梁一并考虑。圈梁有预制和现浇两种，现浇圈梁整体性强。在抗震设防区，圈梁设置在楼板同一标高处，将楼板与之连牢箍紧，形成闭合的平面框架，这对抗震有很大的作用，图 7-23 所示为小型砌块排列及圈梁位置示例。

2）构造柱。为了加强砌块建筑的整体刚度和变形能力，常在外墙转角处、纵横墙交接处、楼梯间四角设置构造柱。多利用空心砌块上、下孔对齐，在孔内配置不少于 $1\phi12$ 的钢筋，然后用细石混凝土分层灌实，形成构造柱，使砌块在垂直方向连成一体，如图 7-24 所示。构造柱与圈梁、基础须有可靠的连接，这对提高砌块墙体的抗震能力十分有利。

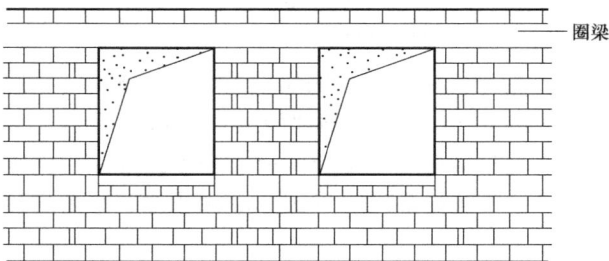

图 7-23　小型砌块排列及圈梁位置示例

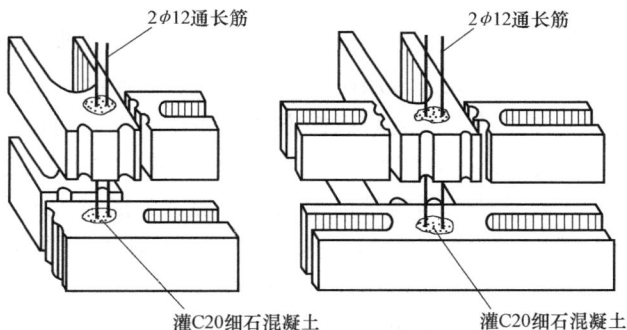

图 7-24　空心砌块墙芯柱构造

# 7.3 隔墙与隔断

隔墙和隔断都是分隔室内空间的非承重构件，起到对空间分隔、引导和过渡的作用。现代建筑中为了提高平面布局的灵活性，通常采用隔墙和隔断分隔空间，以适应建筑功能的变化。

隔墙和隔断的区别在于：

1）分隔空间的程度和特点不同。隔墙通常做到楼板底，将空间完全分为两个部分，相互隔开，没有联系，必要时隔墙上设有门；隔断可到顶也可不到顶，空间似分非分，相互可以渗透，视线可不被遮挡，有时设门，有时设门洞，比较灵活。

2）拆装的灵活性不同。隔墙设置一般固定不变，隔断可以移动或拆装。

## 7.3.1 隔墙

在钢筋混凝土承重结构体系中，荷载由钢筋混凝土承受，墙体只起到围护和分隔的作用，这种结构中的墙就是隔墙。隔墙是分隔建筑物内部空间的非承重内墙，其重量由楼板或墙梁承担。

隔墙构造设计应满足的基本要求有：①自重轻，以减轻楼板的荷载。②厚度薄，以增加建筑的有效空间。③便于拆装，能随使用要求的变化而变化。④可减轻工人的劳动强度，提高效率。⑤有一定的隔声能力，使各使用房间互不干扰，具有较好的独立性或私密性。⑥满足不同使用部位的要求，卫生间隔墙要防水防潮，厨房隔墙要防潮防火等。

隔墙根据其材料和施工方式不同，可分为砌筑隔墙、立筋隔墙、板材隔墙三大类。

### 1. 砌筑隔墙

砌筑隔墙是指利用普通砖、多孔砖、空心砌块以及各种轻质砌块等砌筑形成的隔墙，常用的有砖砌隔墙和砌块隔墙。

（1）砖砌隔墙　砖砌隔墙通常为半砖隔墙，用普通砖顺砌，在构造上用于主体墙或柱拉结，一般沿 0.5m 的高度预埋两根直径 6mm 的拉结钢筋，砌筑砂浆强度等级不小于 M5。为使隔墙的上端和楼板之间结合紧密，隔墙顶部采用斜砌立砖一皮或每隔 1.0m 用木楔打紧，用砂浆填缝。由于砖砌隔墙自重大、湿作业多，施工麻烦，目前已很少采用。半砖隔墙的构造如图 7-25 所示。

（2）砌块隔墙　砌块隔墙重量轻、块体大。目前常用加气混凝土砌块、粉煤灰硅酸盐砌块、水泥炉渣空心砖等砌筑隔墙。砌块大多质轻、空隙率大、隔热性能好，但吸水性较强，因此应在砌块下方先砌 3~5 皮普通砖。砌块隔墙采取的加固措施同砖砌隔墙，如图 7-26 所示。

### 2. 立筋隔墙

立筋隔墙由骨架和面板两部分组成，一般采用木材、铝合金或薄壁型钢等做成骨架，然后将面板通过钉结或粘贴在骨架上形成。常用的面板有板条、钢丝网、纸面石膏板、纤维板、吸声板等。这种隔墙自重轻、厚度薄、安装与拆卸方便，在建筑中应用较广泛。

（1）板条抹灰隔墙　板条抹灰隔墙的特点是耗费木材多，防火性能差，不适用于潮湿环境中，如厨房、卫生间等。板条抹灰隔墙是由上槛、下槛、立筋（龙骨和墙筋）、斜撑等构件组成木骨架，在立筋上沿横向钉上板条，然后抹灰而成，如图 7-27 所示。其具体做法为：先立边框立筋，撑稳上槛、下槛并分别固定在顶棚和楼板（或砖垄）上，每隔 500~700mm 将立筋固定在上下槛上，然后沿立筋每隔 1.5m 左右设一道斜撑以加固立筋。立筋一般采用 50mm×70mm 或 50mm×100mm 的方木。灰板条钉在立筋上，板条之间在垂直方向应留出 6~10mm

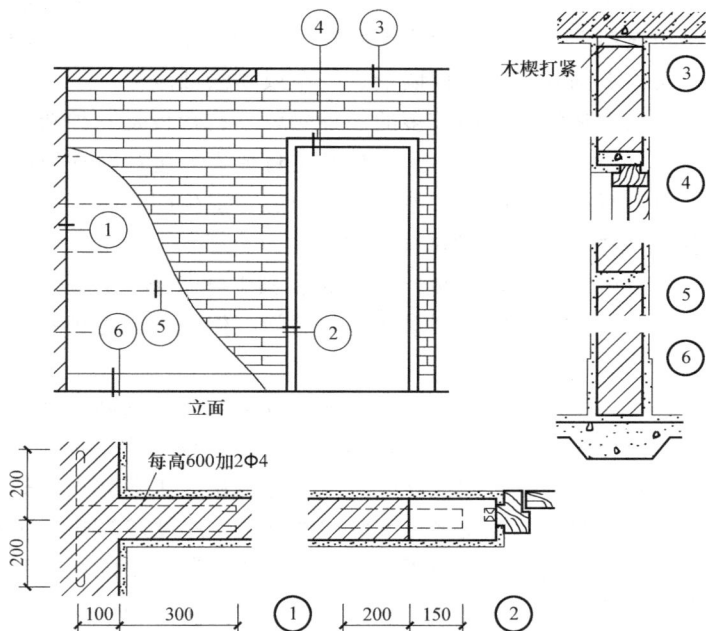

图 7-25　半砖隔墙

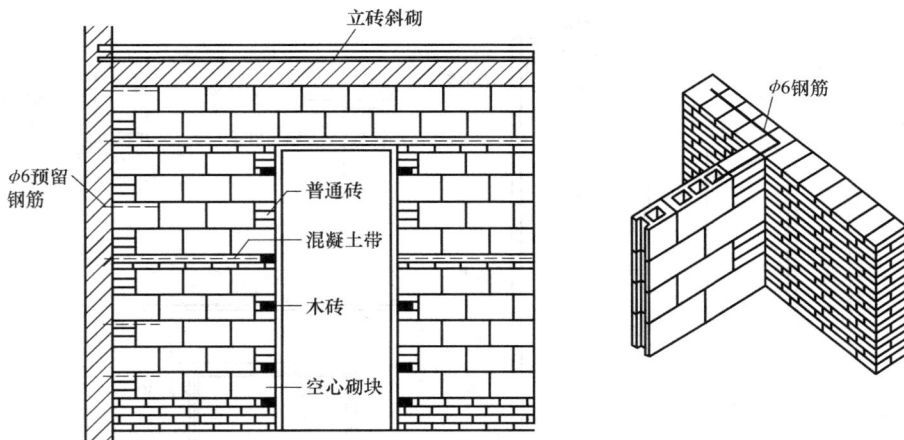

图 7-26　砌块隔墙

的缝隙，以便抹灰时灰浆能够挤入缝隙中，与灰板条黏结。灰板条的接头应在立筋上，且接头处应留出 3～5mm 的缝隙，以利于伸缩。

（2）立筋面板隔墙　立筋面板隔墙的面板常用胶合板、纤维板、石膏板或其他轻质薄板。胶合板、纤维板是以木材为原料，多采用木骨架；石膏板多采用石膏或轻金属骨架。木骨架的做法同板条抹灰隔墙，金属骨架通常由薄钢板、铝合金薄板或拉伸钢板网

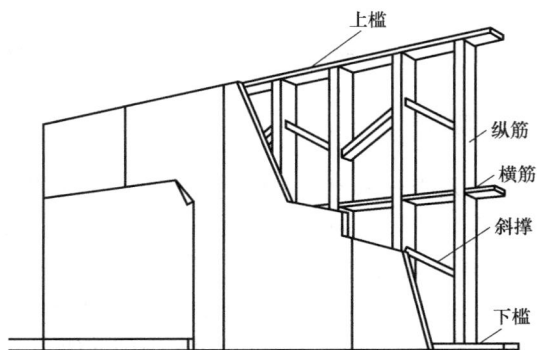

图 7-27　板条抹灰隔墙

加工而成。面板可用自攻螺钉（木骨架）或膨胀铆钉（金属骨架）等固定在骨架上，并保证板与板的接缝在立筋和横档上，缝隙间距为 5mm 左右以供板的伸缩，采用木条或铝压条盖缝。面板固定好后，可在面板上刮腻子后裱糊墙纸、墙布或喷涂油漆等。

石膏面板隔墙是目前在建筑中使用较多的一种隔墙。石膏板是一种新型建筑材料，其自重轻，防火性能好，加工方便，价格便宜，为增加其抗弯能力，生产时在板的两面贴上面纸，所以又称纸面石膏板。但石膏板极易吸湿，不宜用于厨房、卫生间等处。

钢丝（板）网抹灰隔墙和板条钢丝网抹灰隔墙也是立筋隔墙。前者是用薄壁型钢作骨架，后者是用木方作骨架，然后固定钢丝（板）网，再在其上抹灰形成隔墙。这两种隔墙强度高、自重轻、变形小，多用于对防火、防水要求较高的房间，但隔声能力稍差。

### 3. 板材隔墙

板材隔墙是采用轻质大型板材直接在现场装配而成的。板材的高度相当于房间的净高，不需要依赖骨架。常用的板材有石膏空心条板、加气混凝土条板、碳化石灰板、水泥玻璃纤维空心条板等。这种隔墙具有自重轻、装配性能好、施工速度快、工业化程度高、防火性能好等特点。条板的长度略小于房间净高，宽度多为 600～1000mm，厚度多为 60～100mm。

安装条板时，在楼板上采用木楔将条板楔紧，然后用砂浆将空隙堵严，条板之间的缝隙用胶粘剂或黏结砂浆进行黏结，常用的有水玻璃胶粘剂（水玻璃:细矿渣:细砂:泡沫剂＝1:1:1.5:0.01）或加入 108 胶的聚合物水泥砂浆，安装完毕后可根据需要进行表面装饰。板材隔墙构造如图 7-28 所示。

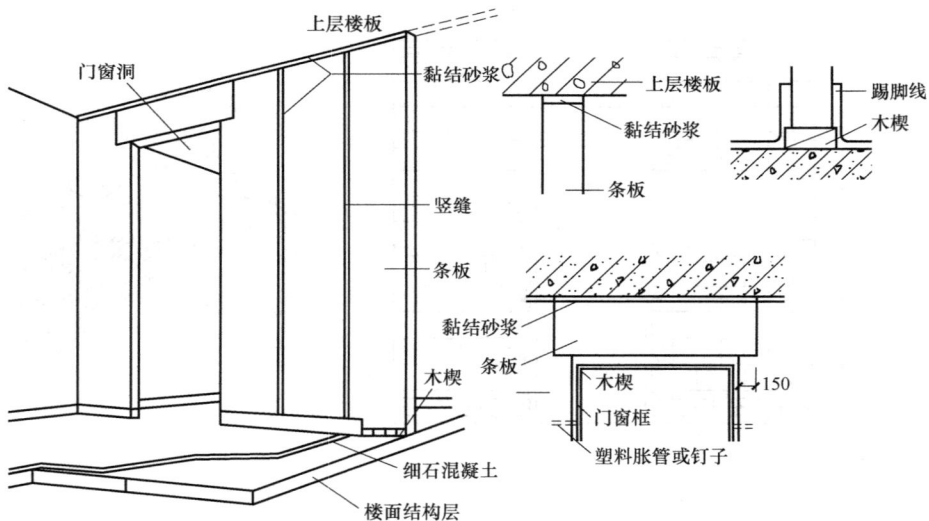

图 7-28　板材隔墙构造

## 7.3.2　隔断

隔断是指分隔室内空间的装修构件，其作用在于变化空间或遮挡视线。隔断的形式很多，常见的有屏风式隔断、镂空式隔断、玻璃墙式隔断、移动式隔断以及家具式隔断等。

### 1. 屏风式隔断

屏风式隔断通常不隔到顶，使空间通透性强。隔断与顶棚保持一段距离，起到分隔空间和遮挡视线的作用，以形成大空间中的小空间。常用于办公室、餐厅、展览馆以及门诊部等公共建筑中。厕所、浴室等也多采用这种形式。隔断高度一般为 1050～1800mm。从构造上分类，屏风式隔断分为固定式和活动式两种。

### 2. 镂空式隔断

镂空式隔断是公共建筑门厅、客厅等处分隔空间常用的一种形式。有竹制、木制的，也有混凝土预制构件的，形式多样。隔断与地面、顶棚的固定方式根据其材料不同而不同，可以采用钉、焊等方式连接。

### 3. 玻璃墙式隔断

玻璃墙式隔断有玻璃砖隔断和透空式隔断两种。玻璃砖隔断是采用玻璃砖砌筑而成，起分隔空间的作用，常用于公共建筑的接待室、会议室等处。透空式隔断是采用普通平板玻璃、磨砂玻璃、刻花玻璃、彩色玻璃以及各种颜色的玻璃等嵌入木框或金属框的骨架中，具有透光性。当采用普通玻璃时，还具有可视性。

### 4. 其他隔断

还有其他多种隔断，如移动式隔断和家具式隔断。移动式隔断可以随意闭合、开启，是使相邻的空间随之变化成独立的或合一的空间的一种隔断形式，具有使用灵活多变的特点。它可分为拼装式、滑动式、折叠式、悬吊式、卷帘式和起落式等多种形式。

家具式隔断是利用现有的家具来分隔空间，巧妙地把空间分隔与功能使用以及家具配套结合起来，多用于住宅的室内设计以及办公室的分隔等处。

# 7.4　幕墙

幕墙是现代公共建筑外墙的一种常见形式。幕墙的特点是装饰效果好、质量轻、安装速度快，是外墙轻型化、装配化比较理想的形式，被广泛采用。但玻璃幕墙产生光反射，在建筑密集区易造成光污染，会带来诸多不便，在设计时应考虑环境条件。幕墙悬挂于骨架结构上，承受着风荷载，并通过连接固定体系将其自重和风荷载传递给骨架结构；同时，幕墙还控制着光线、空气、能量等的内外交流。

幕墙按材料可以分为玻璃幕墙、金属幕墙和石材幕墙等类型。

## 7.4.1　玻璃幕墙

玻璃幕墙是当代的一种新型墙体，以其构造方式分为有框和无框两类，如图 7-29 所示。有框玻璃幕墙又有明框和隐框两种。明框玻璃幕墙的金属框暴露在外，形成可见的金属格构；隐框玻璃幕墙的金属框隐藏在玻璃的背面，室外看不见金属框。隐框玻璃幕墙又可分为全隐框玻璃幕墙和半隐框玻璃幕墙两种，半隐框玻璃幕墙可以是横明竖隐，也可以是竖明横隐。无框玻璃幕墙则不设边框，以高强黏结胶将玻璃连成整片墙或点式安装的玻璃幕墙。玻璃幕墙按施工方法分为现场组装（元件式幕墙）和预制装配（单元式幕墙）两种。有框幕墙可以现场组装，也可以预制装配；无框幕墙只能现场组装。

### 1. 明框式玻璃幕墙构造

（1）元件式玻璃幕墙　元件式玻璃幕墙是在现场将金属边框、玻璃、填充层和内衬墙

图 7-29　玻璃幕墙

以一定顺序进行安装组合而成的幕墙。金属边框可用铝合金、铜合金、不锈钢等型材做成，竖向边框称为竖梃，横向边框称为横档。玻璃幕墙的竖梃通常依照一个层间高度来划分，相邻层间的竖梃通过套筒来连接，其间应留有 15 ~ 20mm 的空隙，以保证金属的热胀问题，并需用密封胶嵌缝，以解决防水问题。考虑到竖梃需在上下、左右、前后多个方向调节移动，故连接件上所有螺栓孔都设计成椭圆形的长孔。其构造做法如图 7-30 所示。

（2）单元组装式玻璃幕墙　单元组装式玻璃幕墙是把整体幕墙分成许多标准单元，在工厂预先把骨架和玻璃组装成标准单元，再运到现场进行安装的幕墙。单元组装式幕墙与主体结构的连接一般在室内进行操作，两个相邻组件在主体结构安装时通过对插完成接缝，因此对连接件位置和尺寸的精度要求很高。

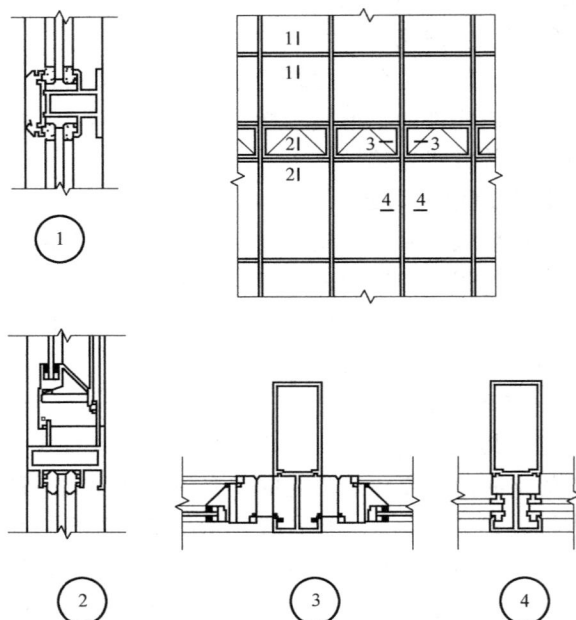

图 7-30　明框式玻璃幕墙立面和节点构造

### 2. 隐框式和半隐框式玻璃幕墙构造

隐框式玻璃幕墙是把幕墙的金属骨架全部隐藏于幕墙玻璃的背面，玻璃的安装固定主要依靠硅酮密封胶与背面的幕墙金属骨架直接黏结，使建筑表面看不到金属骨架的幕墙形式。幕墙玻璃间的缝隙有一定的宽度，其宽度一般为 12 ~ 20mm，且与玻璃平面尺寸有关，以适应幕墙平面内变位造成的密封胶变形，使玻璃有足够的余地进行移位而不致发生挤碰，如图 7-31 所示。

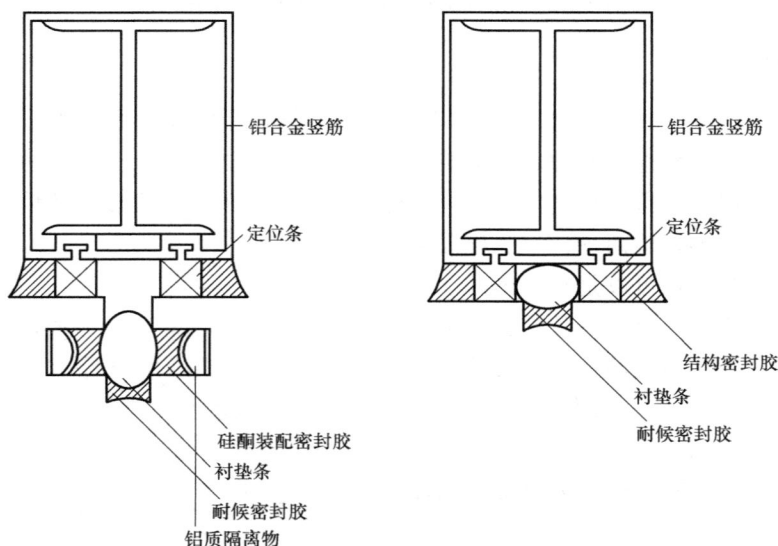

图 7-31　隐框式玻璃幕墙节点构造

半隐框式玻璃幕墙是将骨架中的水平或垂直方向使用隐框结构，另一个方向仍为外露形式。其构造如图 7-32 所示。

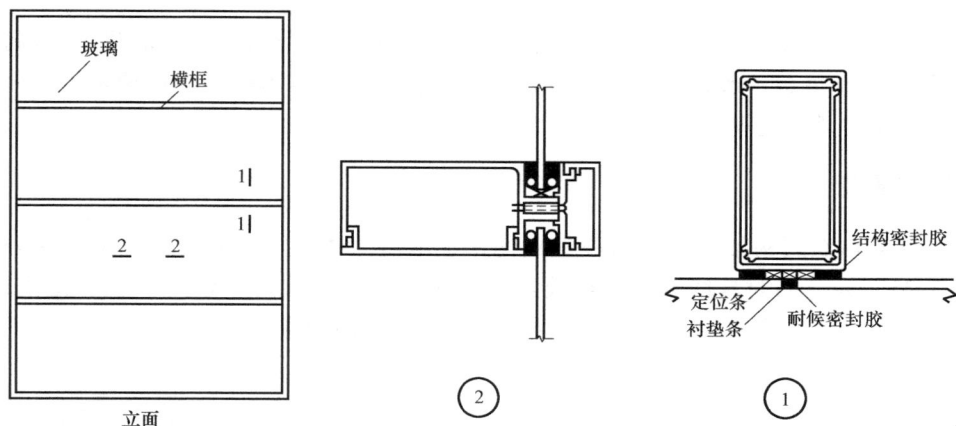

图 7-32　半隐框式玻璃幕墙构造

### 3. 无框式玻璃幕墙（全玻式玻璃幕墙）构造

无框式玻璃幕墙是每隔一定距离，在面玻璃背面用条形玻璃支撑以起到增强玻璃刚度的作用。面玻璃与肋玻璃相交部位应留出一定的间隙，用以注满硅酮密封胶，此类玻璃幕墙所用的玻璃多为钢化玻璃和夹层钢化玻璃，以增大玻璃的刚度和安全性能。无框式玻璃幕墙在构造上可分为上部悬挂式和下部支撑式，如图 7-33 所示。

（1）上部悬挂式　当玻璃高度大于 4m 时，用悬吊的吊夹将肋玻璃及面玻璃悬挂固定。其作用力由上部支撑钢结构和吊夹承受，以消除玻璃因自重而引起的挠度，保证其安全性。这种形式的玻璃吊挂高度可达 12m，且肋玻璃与面玻璃均为整块的，因此，运输、吊装需格外小心。

（2）下部支撑式　下部支撑式又称坐地式，这类幕墙高度不超过 4.5m，其重量支撑点在下部，这种无框式玻璃幕墙的构造关键是玻璃落地处、两侧端部及顶部需设置不锈钢压型凹槽，槽内设氯丁橡胶垫块定位，缝隙用泡沫橡胶嵌实后再用硅酮密封胶封口。

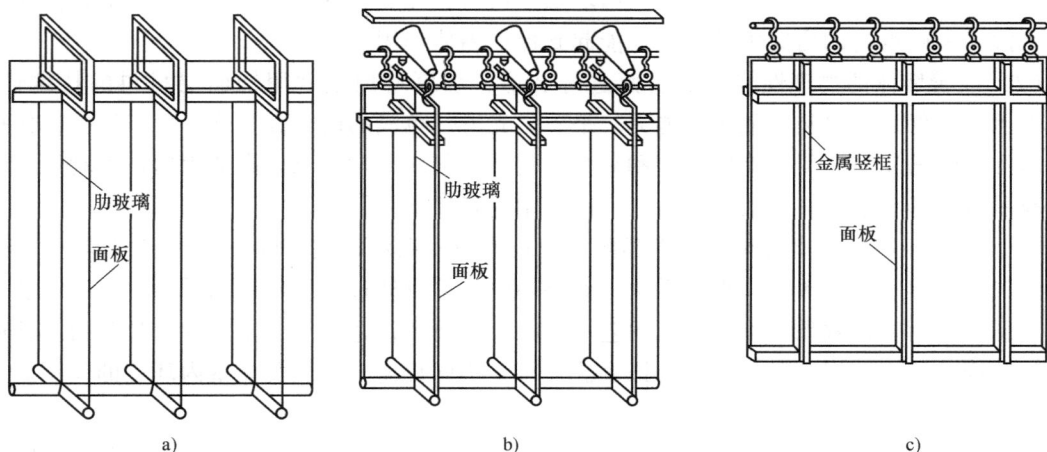

图 7-33　无框式玻璃幕墙形式
a）坐地式　b）吊挂式（肋玻璃）　c）吊挂式（金属肋）

### 7.4.2　金属幕墙

　　金属幕墙是由金属构架与金属板组成的，不承担主体结构荷载与作用的建筑外围护结构，如图 7-34 所示。金属板一般包括单层铝板、铝塑复合板、蜂窝铝板、不锈钢板等。金属幕墙构造与隐框玻璃幕墙构造基本一致。

### 7.4.3　石材幕墙

　　石材幕墙是由金属构架与建筑石板组成的，不承担主体结构荷载与作用的建筑外围护结构，如图 7-35 所示。石材幕墙由于石板较重，金属构架的立柱常用镀锌方钢、槽钢或角钢，横梁常采用角钢。立柱和横梁与主体的连接固定与玻璃幕墙的连接方法基本一致。

图 7-34　金属幕墙

图 7-35　石材幕墙

## 7.5　墙面装饰

### 7.5.1　墙面装饰的作用和分类

#### 1. 墙面装饰的作用

　　（1）保护墙体　外墙是建筑物的围护结构，对其进行饰面可避免墙体直接受到风吹、日晒、雨淋、霜雪和冰雹的袭击，可抵御空气中腐蚀性气体和微生物的破坏作用，增强墙体的坚固性、耐久性，延长墙体的使用年限。内墙虽然没有直接受到外界环境的不利影响，但在某些相对潮湿或酸碱度高的房间中，饰面也能起到保护墙体作用。

　　（2）改善墙体的物理性能　对墙面进行装饰，墙厚增加或利用饰面层材料的特殊性能，可改善墙体的保温、隔热、隔声等能力。平整、光滑、色浅的内墙面装饰，便于清扫，保持卫生，增加光线的反射，提高室内照度和采光均匀度。某些声学要求较高的用房，可利用不同饰面材料所具有的反射声波及吸声的性能，改善室内音质效果。

　　（3）美化环境，丰富建筑的艺术形象　建筑物的外观效果主要取决于建筑的体量、形式、比例、尺度、虚实对比等立面设计手法。而外墙的装饰可通过饰面材料的质感、色彩、线形等产生不同的立面装饰效果，丰富建筑的艺术形象。内墙装饰适当结合室内的家具陈设及地面和顶棚的装饰，恰当选用装饰材料和装饰手法，可在不同程度上起到美化室内环境的作用。

#### 2. 墙面装饰的分类

　　1）墙面装饰按其所处的部位不同，可分为外墙面装饰和内墙面装饰。外墙面装饰应选择耐光照、耐风化、耐大气污染、耐水、抗冻性强、抗腐蚀、抗老化的建筑材料，以起到保护墙体作用，并保持外观清新。内墙面装饰应根据房间的不同功能要求及装饰标准来选择饰面，一般选择易清洁、触感好、光线反射能力强的饰面。

2）墙面装饰按材料及施工方式的不同，通常分为抹灰类、贴面类、涂刷类、裱糊类、铺钉类和其他类。墙面装饰分类见表 7-5。

表 7-5 墙面装饰分类

| 类别 | 室外装饰 | 室内装饰 |
|---|---|---|
| 抹灰类 | 水泥砂浆、混合砂浆、聚合物水泥砂浆、拉毛、水刷石、干粘石、斩假石、拉假石、假面砖、喷涂、滚涂等 | 纸筋灰、麻刀灰粉面、石膏粉面、膨胀珍珠岩灰浆、混合砂浆、拉毛、拉条等 |
| 贴面类 | 外墙面砖、马赛克、玻璃马赛克、人造水磨石板、天然石板等 | 釉面砖、人造石板、天然石板等 |
| 涂刷类 | 石灰浆、水泥浆、溶剂型涂料、乳液涂料、彩色胶砂涂料、彩色弹涂等 | 大白浆、石灰浆、油漆、乳胶漆、水溶性涂料、弹涂等 |
| 裱糊类 | — | 塑料墙纸、金属面墙纸、木纹墙纸、花纹玻璃纤维、纺织面墙纸及锦缎等 |
| 铺钉类 | 各种金属装饰板、石棉水泥板、玻璃 | 各种竹、木制品和塑料板、石膏板、皮革等各种装饰面板 |
| 其他类 | 清水墙饰面 | 清水墙饰面 |

## 7.5.2 墙面装饰的构造

### 1. 抹灰类墙面装饰

抹灰类墙面装饰是我国传统的饰面做法，是用各种加色的、不加色的水泥砂浆或石灰砂浆、混合砂浆、石膏砂浆，以及水泥石渣浆等做成的各种装饰抹灰层。其材料来源丰富、造价较低、施工操作简便，通过施工工艺可获得不同的装饰效果，还具有保护墙体，改善墙体物理性能等功能。这类装饰在墙面装饰中应用广泛。

抹灰用的各种砂浆，往往在硬化过程中随着水分的蒸发，其体积会发生收缩。当抹灰层厚度过厚时，会因体积收缩而产生裂缝。为保证抹灰牢固、平整、颜色均匀，避免出现龟裂、脱落等现象，抹灰要分层操作。抹灰的构造层次通常由底层、中间层、饰面层三部分组成。底层厚 5～15mm，主要起与墙体基层黏结和初步找平的作用；中层厚 5～12mm，主要起进一步找平和弥补底层砂浆的干缩裂缝的作用；面层抹灰厚 3～8mm，表面应平整、均匀、光洁，以取得良好的装饰效果。抹灰层的总厚度依位置不同而异，外墙抹灰为 20～25mm，内墙抹灰为 15～20mm。墙面抹灰构造如图 7-36 所示。

按建筑标准及不同墙体类型，抹灰可分为以下三种：

1）普通抹灰：一层底灰，一层面灰或不分层一次成活。

2）中级抹灰：一层底灰，一层中灰，一层面灰。

3）高级抹灰：一层底灰，一层或数层中灰，一层面灰。

常用的抹灰做法见表 7-6。

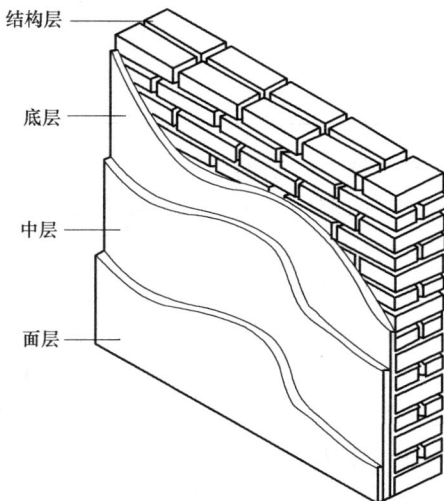

图 7-36 墙面抹灰构造

表 7-6　常用抹灰做法

| 抹灰名称 | 材料配合比及构造 | 适用范围 |
|---|---|---|
| 水泥砂浆 | 15mm 厚 1∶3 水泥砂浆打底<br>10mm 厚 1∶2.5 水泥砂浆饰面 | 室外饰面及室内需防潮的房间及浴厕墙裙、建筑物阳角 |
| 混合砂浆 | 12～15mm 厚 1∶1∶6 水泥、石灰膏、砂的混合砂浆打底<br>5～10mm 厚 1∶1∶6 水泥、灰膏、砂的混合砂浆饰面 | 一般砖、石砌筑的外墙、内墙均可 |
| 纸筋(麻刀)灰 | 12～17mm 厚 1∶3 石灰砂浆(加草筋)打底<br>2～3mm 厚纸筋(麻刀)灰、玻璃丝罩面 | 一般砖、石砌筑的内墙抹灰 |
| 石膏灰 | 13mm 厚 1∶(2～3)麻刀灰浆打底<br>2～3mm 厚石膏灰罩面 | 高级装饰的内墙面抹灰的罩面 |
| 水刷石 | 15mm 厚 1∶3 水泥砂浆打底<br>10mm 厚 1∶(1.2～1.4)水泥石渣浆抹面后水刷饰面 | 用于外墙 |
| 水磨石 | 15mm 厚 1∶3 水泥砂浆打底<br>10mm 厚 1∶1.5 水泥石碴饰面,并磨光、打蜡 | 室内潮湿部位 |
| 膨胀珍珠岩 | 13mm 厚 1∶(2～3)麻刀灰砂浆打底<br>9mm 厚水泥∶石灰膏∶膨胀珍珠岩 = 100∶(10～20)∶(3～5)(质量比)分 2～3 次饰面 | 室内有保温、隔热或吸声要求的房间内墙抹灰 |
| 干粘石 | 10～12mm 厚 1∶3 水泥砂浆打底<br>7～8mm 厚 1∶0.5∶2 外加 5%108 胶的混合砂浆黏结层<br>3～5mm 厚彩色石渣面层(用喷或甩的方式进行) | 用于外墙 |
| 斩假石 | 15mm 厚 1∶3 水泥砂浆打底后刷素水泥浆一道<br>8～10mm 厚水泥石碴饰面<br>用剁斧斩去表面层水泥浆或石尖部分使其显出凿纹 | 用于外墙或局部内墙 |

　　室内抹灰砂浆的强度较差,阳角位置容易碰撞损坏,因此通常在抹灰前先在内墙阳角、柱子四角、门洞转角等处,用强度较高的 1∶2 水泥砂浆抹出护角,或预埋角钢做成护角。护角高度从地面起约 1.5～2.0m,如图 7-37 所示。

　　在室内抹灰中,卫生间、厨房、洗衣房等常受到磨损、潮湿的影响,人群活动频繁的楼梯间、走廊、过厅等处常受到碰撞、摩擦的损坏,为保护这些部位,通常做墙裙处理,如用水泥砂浆、水磨石、瓷砖、大理石等进行饰面,高度一般为 1.2～1.8m,部分位置将高度提至顶棚底。

　　室外墙面抹灰一般面积较大,为施工操作方便和立面处理的需要,保证装饰层平整、不开裂、色彩均匀,常采用引条线将外墙粉刷做分格处理,以减少温度对其产生的影响,如图 7-38 所示。为防止雨水通过引条线渗透至室内,必须做好防水处理,通常利用防水砂浆勾缝或用油膏嵌缝,引条线构造如图 7-39 所示。

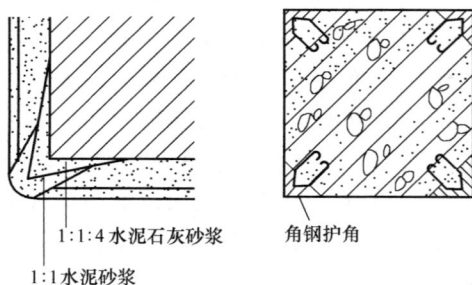

1∶1∶4 水泥石灰砂浆
1∶1 水泥砂浆
角钢护角

图 7-37　墙和柱的护角

图 7-38　引条线实例

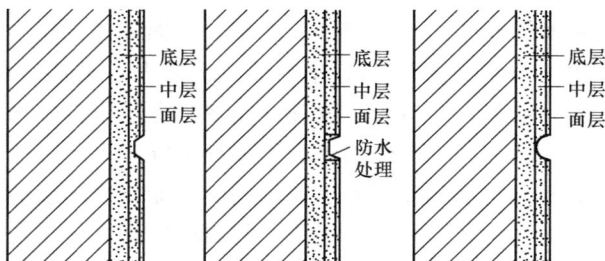

图 7-39　引条线构造

#### 2. 贴面类墙面装饰

贴面类墙面装饰是指利用各种天然的或人造的板、块，对墙面进行装饰。它具有坚固耐用、装饰性强、易清洗等优点，多用于外墙和潮湿度大、有特殊要求的内墙。常用的贴面材料包括陶瓷面砖和陶瓷锦砖、天然石板、人造石板等。

（1）陶瓷面砖和陶瓷锦砖　陶瓷面砖和陶瓷锦砖是以陶土或瓷土为原料，经加工成型、煅烧而成的产品。根据是否上釉可分为陶土釉面砖、陶土无釉面砖、瓷土釉面砖、瓷土无釉面砖等。

作为外墙面贴面时，其构造多采用 10～15mm 厚的 1∶3 水泥砂浆打底，5mm 厚的 1∶1 水泥砂浆或纯水泥浆粘贴层，然后贴各类面砖。在外墙面砖之间粘贴时应留出约 10mm 的缝隙，以增加材料的透气性。面砖间的缝隙一般应采用 1∶1 的砂浆勾缝。

作为内墙贴面时，其构造多采用 10～15mm 厚的 1∶3 水泥砂浆或 1∶3∶9 的混合砂浆打底，8～10mm 厚的 1∶0.3∶3 混合砂浆粘贴层，然后贴瓷砖。

陶瓷锦砖俗称马赛克（玻璃马赛克）是瓷土无釉砖，由各种颜色的方形或多种几何形状的小瓷片拼制而成。生产时，小瓷片拼贴在尺寸为 300mm×300mm 或 400mm×400mm 的牛皮纸上；施工时，纸面向外，瓷片向内贴于粘贴层上，待砂浆半凝固，用水将牛皮纸湿润、揭去，然后校正瓷片形成饰面。它质地坚固、耐磨、耐酸碱、防冻、不打滑，价格也相对便宜，但容易脱落。

（2）天然石板、人造石板　天然石板的种类主要有大理石板和花岗石板，属于高级装饰面。人造石板常见的种类有水磨石板、大理石板、水刷石板、斩假石板等，属于复合装饰材料，其色泽纹理不及天然石板，但可人为控制，造价低。

大理石板、花岗石板的常见尺寸有：600mm×600mm、600mm×800mm、800mm×800mm、800mm×1000mm 等，厚度为 20～50mm。其安装方法一般分为湿挂法和干挂法。目前常采用的施工方法是干挂法，即在饰面石材上直接打孔或开槽，用各种形式的连接件（干挂构件）与结构基体上的膨胀螺栓或钢架相连接而不需要灌注水泥砂浆，使饰面石材与墙体间形成 80～150mm 宽的空气层的施工方法。其施工工艺是：脚手架搭设→测量、放线→型钢骨架（角钢）制作安装→干挂件安装→石材安装→清缝打胶→清洁收尾→验收。

#### 3. 涂刷类墙面装饰

涂刷类墙面装饰是指将建筑涂料涂刷于墙基表面并与之黏结牢固，形成完整的膜层，以对墙体起到保护与装饰的作用。这种装饰具有工效高、工期短、自重轻、造价低等优点，虽然耐久性差些，但操作简单、维修方便、更新快，且涂料几乎可以配成任何需要的颜色，因而在建筑上应用广泛。

#### 4. 裱糊类墙面装饰

裱糊类墙面装饰是将墙纸、墙布、织锦等各种装饰性的卷材材料裱糊在墙面上形成装饰面层。常用的饰面卷材有 PVC 塑料墙纸、墙布、玻璃纤维墙布、复合墙纸、皮革、锦缎、微薄木等，品种众多，在色彩、纹理、图案等方面丰富多样，选择性很大，可形成绚丽多彩、质感温暖、古雅精致、色泽自然逼真等多种装饰效果，且造价较经济、施工简捷高效、材料更新方便、在曲面与空面转折等处可连续粘贴，能获得连续的饰面效果。因此，经常被用于餐厅、会议室、高级宾馆客房和居住建筑中的内墙装饰。

#### 5. 铺钉类墙面装饰

铺钉类墙面装饰是指将各种装饰面板通过镶、钉、拼贴等构造手法固定于骨架上的墙面装饰。其特点是无湿作业、饰面耐久性好。采用不同的饰面板具有不同的装饰效果，在墙面装饰中应用广泛。常用的面板有木条、竹条、实木板、胶合板、纤维板、石膏板、石棉水泥板、皮革、人造革、玻璃和金属薄板等。骨架有木骨架和金属骨架。

#### 6. 清水墙面装饰

清水墙面装饰是指墙面不加其他覆盖性装饰面层，只是在原结构砖墙或混凝土墙的表面进行勾缝或模纹处理，利用墙体材料的质感和颜色以取得装饰效果的一种墙体装饰方法。这种装饰具有耐久性、耐候性好，不易变色，其利用墙面特有的线条质感，起到或淡雅或凝重或朴实的装饰效果。

清水墙饰面主要有清水砖、石墙和混凝土墙面，在建筑中清水砖、石墙使用相对广泛。石料有料石和毛石两种，质地坚实、防水性好，在产石地区用得较多。清水砖墙的砌筑工艺讲究，灰缝要一致，阴阳角要锯砖磨边，接槎要严密，有美感。

# 思 考 题

1. 墙体的作用有哪些？
2. 墙体在设计上有哪些要求？
3. 简述墙体中防潮层的作用、常用做法和设置的位置。
4. 简述常见的散水和明沟的作用及常用做法。
5. 常见的过梁有哪几种？它们的适用范围和构造特点各是什么？
6. 圈梁的作用是什么？一般设置在什么位置？
7. 构造柱的作用是什么？对其有哪些构造要求？
8. 常见隔墙有哪些？简述各种隔墙的构造做法。
9. 砌块墙的组砌要求有哪些？
10. 试述墙面装修的作用和基本类型。
11. 简述玻璃幕墙的分类和构造做法。

# 第8章 楼地层及阳台与雨篷

楼地层及阳台、雨篷属于建筑物中的水平传力构（部）件，通过竖向受力构件（如墙、柱等）把荷载传递到基础，很多垂直构件的布置是由这些水平构件的支承情况所决定的。同时，这些水平构件大多兼有分割空间和围护的作用。因此，在进行建筑平面设计时，不但需要考虑建筑空间的构成及组合，还要兼顾建筑平面对结构空间功能和使用情况的影响。

建筑地面为建筑物底层地面和楼层地面的总称，楼地层包括楼板层和地坪层，是分割建筑空间的水平承重构件。楼板层分割上下楼层空间，地坪层分割底层空间，并与土壤层相连接。楼地层除因承受并传递垂直荷载和水平荷载，应具有足够的强度和刚度外，还应具有一定的防火、隔声和防水等方面的能力。建筑物中有些固定的水平设备管线，也可能会在楼层内安装。

## 8.1 概述

### 8.1.1 楼板层的基本组成

楼板层的基本组成为顶棚层、结构层（楼板）和面层。当楼面的基本构造不能满足使用或构造要求时，可增设结合层、隔离层、填充层、找平层和保温层等其他构造层，如图 8-1 所示。

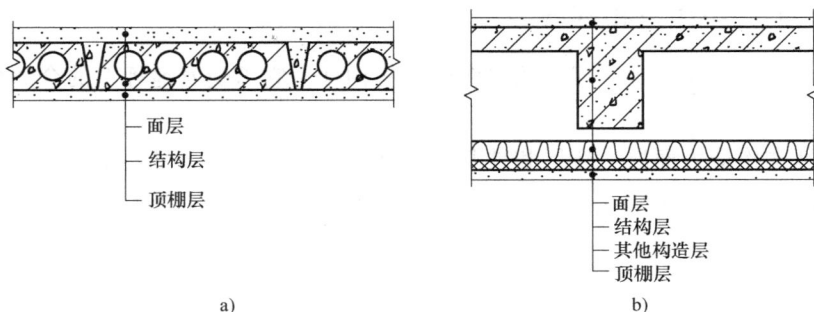

a)

b)

图 8-1 楼板层的基本组成
a）预制钢筋混凝土楼板层 b）现浇钢筋混凝土楼板层

**1. 顶棚层**

顶棚层又称天花板，是楼板层最下部的构造层，同时也是室内空间上部的装修层。其作用为保护结构层、美化室内等。

**2. 楼板（结构层）**

结构层为其主要受力体系，可现浇或预制。根据楼板所用材料不同，楼板分为木楼板、钢筋混凝土楼板和压型钢板组合楼板等形式。木楼板由木梁和楼板组成。这种楼板的构造虽然简单，自重也较轻，但防火性能不好，不耐腐蚀，又由于木材昂贵，故一般工程中应用较少。当前它只应用于装修等级较高的建筑中或仅在木材产地采用。钢筋混凝土楼板具有强度高、刚度大、耐久性和耐火性好、可筑性强，便于工业化生产和机械化施工等特点，是我国工业与民用建筑领域广泛采用的楼板形式。压型钢板组合楼板是用表面凹凸的压型钢板和现浇钢筋混凝土组合形成的组合楼板，压型钢板在下部起到现浇混凝土的模板作用，同时由于在压型钢板上加肋或压出凹槽，能与混凝土共同工作，又起到配筋作用。现已在大空间建筑和高层建筑中使用，可提高施工速度，具有现浇式钢筋混凝土楼板刚度大、整体性好的优点，还可利用压型钢板肋间空间敷设电力或通信管线。

楼板的作用如下：

1）楼板主要承受水平方向的竖直荷载。

2）楼板能在高度方向将建筑物分隔为若干层。

3）楼板是墙、柱水平方向的支承及联系杆件，保持墙、柱的稳定性，并能承受水平方向传来的荷载（如风荷载、地震荷载等），并把这些荷载传给墙、柱，再由墙、柱传给基础。

4）楼板有时还起到保温、隔热作用，即围护功能。

5）楼板能起到隔声作用，以保持上、下层互不干扰。

6）楼板可以起到防火、防水、防潮等作用。

需要注意的是，楼板在使用过程中若承担重物，重物不可只在一点上以避免造成楼板断裂。

### 3. 面层

面层又称楼面或地面，对结构层起保护作用，同时有装饰室内空间的作用。常见做法有木地面、竹地面、瓷砖地面及大理石地面等。

### 4. 其他构造层

对于一些有特殊要求的房间，常在结构层上下设置其他构造层，如填充层、隔离层、找平层和结合层等。

## 8.1.2　地坪层的基本组成和构造

地坪层是建筑物地层与土壤层直接接触的结构构件，它承受着地坪上的全部荷载，并均匀传给地基。

地坪层的基本构造为面层、垫层和地基。当其基本构造不能满足使用或构造要求时，可增设结合层、隔离层、填充层、找平层和保温层等其他构造层，如图8-2所示。

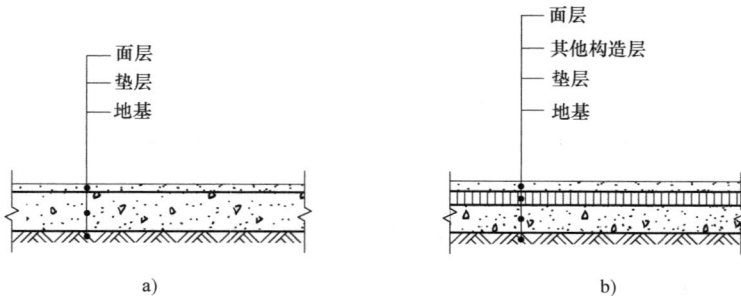

图8-2　地坪层的组成

a）一般组成　b）增设构造层的组成

### 1. 地坪层的组成

（1）地基　地基是直接支承垫层的土壤层，当土质条件较好或地坪层上荷载不太大时可采用原土夯实或填土分层夯实。反之，可采用 150mm 厚或 300mm 厚三七灰土或二八灰土等，以提高地基土的承载力。

（2）垫层　垫层位于面层之下，用于承受并传递地面荷载。底层地面垫层材料的厚度和要求，应根据地基土质特性、地下水特征、使用要求、面层类型、施工条件以及技术经济等综合因素确定。

底层地面的混凝土垫层应设置纵向缩缝和横向缩缝。纵向缩缝应采用平头缝或企口缝（图 8-3a、b），其间距宜为 3~6m；横向缩缝宜采用假缝（图 8-3c），其间距宜为 6~12m，高温季节施工的地面假缝间距宜为 6m。缝宽为 5~12mm，高度宜为垫层厚度的 1/3，缝内应填水泥砂浆或膨胀型砂浆。在不同混凝土垫层厚度的交界处，当相邻垫层的厚度比大于 1，且小于或等于 1.4 时，可采用连续式变截面做法（图 8-3d）；当厚度比大于 1.4 时，可设置间断式变截面（图 8-3e）。

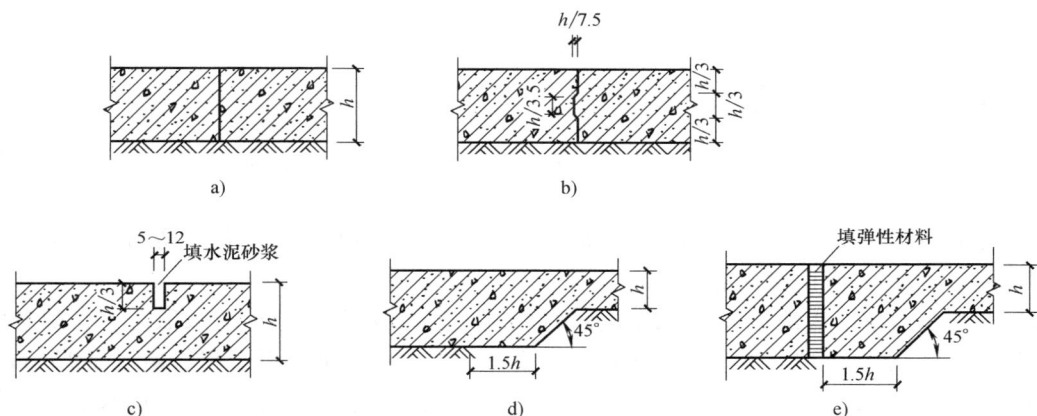

图 8-3　混凝土垫层缩缝
a）平头缝　b）企口缝　c）假缝　d）连续式变截面　e）间断式变截面
注：$h$——混凝土垫层厚度。

（3）面层　面层是人们日常生活直接接触的表面，在构造和要求上同楼面一致。建筑面层类型的选择应根据建筑功能、工程特征和技术经济条件，经综合技术经济指标比较确定。建筑面层采用的大理石、花岗石等应符合现行相关国家标准规定。建筑物的底层地面面层标高，宜高出室外地面 150mm。当有生产、使用的特殊要求或建筑物预期有较大沉降量等其他情况时，应增大室内外高差。

（4）其他构造层　其他构造层是指为满足房间特殊需要而设置的构造层次，如填充层（建筑地面中设置起隔声、保温、找坡或暗敷管线等作用的构造层）、结合层（面层与下面构造层之间的连接层）、隔离层（防止建筑地面上各种液体或水、潮气透过地面的构造层）和找平层（在垫层、楼板或填充层上起找平作用的构造层）等。

**2. 地坪层的构造**

地坪层构造分为实铺地面和架空地面两种。

实铺地面（图 8-4）是指将开挖基础时挖去的土回填到指定标高，并分层夯实后，在上面铺灰土、碎石或三合土，然后满铺素混凝土结构层和面层。室内地面一般不用配筋，有重型设备或有机动车通行时除外。

架空地面（图 8-5）是指用预制板或现浇板将一层室内地面架空，使地坪层以下的回填土同地坪层结构之间保留一定的距离，相互不接触；同时利用建筑的室内外高差，在高出室外地面的墙上留设通风设施，使得土中潮气通过通风孔洞排出。建筑物底层下部有管道通过的区域，不得做架空板，而必须做实铺地面。

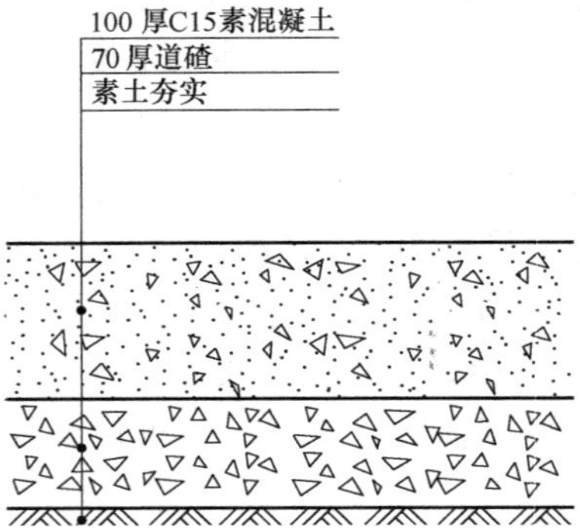

100 厚C15素混凝土
70 厚道碴
素土夯实

图 8-4　实铺地面做法

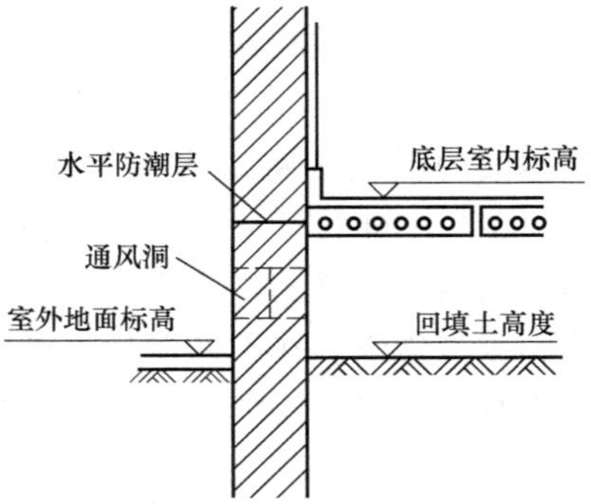

水平防潮层
底层室内标高
通风洞
室外地面标高
回填土高度

图 8-5　架空地面做法

### 8.1.3　楼地面的一般规定

根据《民用建筑设计统一标准》（GB 50352—2019）和《建筑地面设计规范》（GB 50037—2013），楼地面应符合下列规定：

1）除有特殊使用要求外，楼地面应满足平整、耐磨、不起尘、环保、防污染、隔声、易清洁等要求，且应具有防滑性能。

2）厕所、浴室、盥洗室等受水或非侵蚀性液体经常浸湿的楼地面应采取防水、防滑的构造措施，并设排水坡，坡向地漏（图 8-6）。有防水要求的楼地面应低于相邻楼地面 15mm。经常有水流淌的楼地面应设置防水层，宜设门槛等挡水设施（图 8-7），且应有排水措施，其楼地面应采用不吸水、易冲洗、防滑的面层材料，并应设置防水隔离层。

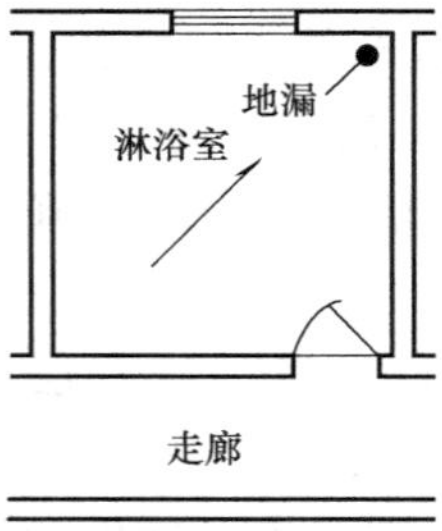

淋浴室
地漏
走廊

图 8-6　防水楼地面平面图

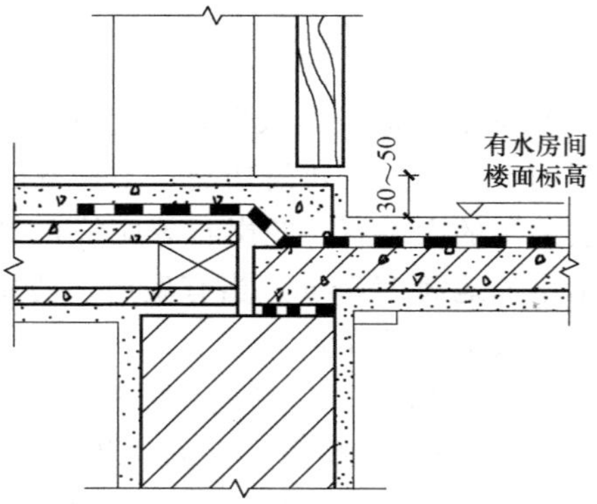

30～50
有水房间
楼面标高

图 8-7　防水楼地面剖面图

3）建筑地面应根据需要采取防潮、防基土冻胀或膨胀、防不均匀沉降等措施。

4）存放食品、食料、种子或药物等的房间，其楼地面应采取符合国家现行相关卫生环保标准的面层材料。

5）受较大荷载或有冲击力作用的楼地面，应根据使用性质及场所选用由板、块材料、混凝土等组成的易于修复的刚性构造，或由粒料、灰土等组成的柔性构造。

6）木板楼地面应根据使用要求及材质特性，采取防火、防腐、防潮、防蛀、通风等相应措施。

7）有采暖要求的房间的地面，可选用低温热水作为热源进行供暖，面层宜采用地砖、水泥砂浆、木板、强化复合木地板等。

8）建筑物四周应设置散水或排水明沟。散水的设置应符合下列要求：散水的宽度宜为600~1000mm；当采用无组织排水时，散水的宽度可按檐口线放出200~300mm。

## 8.2　钢筋混凝土楼板

钢筋混凝土楼板整体性、耐久性、抗震性好，刚度大，能适应各种形状的建筑平面，设备留洞或设置预埋件都较方便，但模板消耗量大，施工周期长。按其施工方法不同，分为现浇钢筋混凝土楼板、预制装配式钢筋混凝土楼板和装配整体式钢筋混凝土楼板。

### 8.2.1　现浇钢筋混凝土楼板

现浇整体式施工工艺是指在施工现场进行支模板、绑扎钢筋、浇筑混凝土等程序，将整个楼盖浇筑完成的施工工艺。其结构整体性好，刚度大，适合对整体性要求较高的建筑物、有管道穿过楼板的房间（如厨房、卫生间等），以及形状不规则或尺度不符合模数要求的房间。但由于其主要工作均在施工现场进行，具有湿作业工作面大、工序多，以及混凝土需要养护及施工工期较长等缺点。

按力的传递方式不同，钢筋混凝土楼板分为板式楼板、梁板式楼板、井式楼板和无梁楼板四种形式。

**1. 板式楼板**

房间尺度较小，楼板可直接铺设在支承构件上，这种情况下的楼板称为板式楼板。它是最简单的一种楼板形式，其下部结构平整，可获得较大的使用空间。适用于有许多小开间房间的建筑物，特别是墙承重体系的建筑物，如住宅、旅馆、宿舍等，或其他建筑的走道、厨房、卫生间等。当承重墙的间距不大时，如住宅的厨房间、卫生间，钢筋混凝土楼板可直接搁置在墙上，不设梁和柱，板的跨度一般为2~3m，板厚度约为70~80mm。

对现浇整体式的楼层结构，其楼板尺寸参照表8-1执行。

表 8-1　现浇钢筋混凝土板的最小厚度　　　　　　　　　（单位：mm）

| 板的类别 | | 最小厚度 |
| --- | --- | --- |
| 单向板 | 屋面板 | 60 |
| | 民用建筑楼板 | 60 |
| | 工业建筑楼板 | 70 |
| | 行车道下的楼板 | 80 |
| 双向板 | | 80 |
| 密肋楼板 | 面板 | 50 |
| | 肋高 | 250 |
| 悬臂板 | 悬臂长度不大于500mm | 60 |
| | 悬臂长度1200mm | 100 |
| 无梁楼板 | | 150 |
| 现浇空心楼板 | | 200 |

楼板按周边支承情况及板平面长短边边长的比值不同分为单向板和双向板，如图8-8所示。

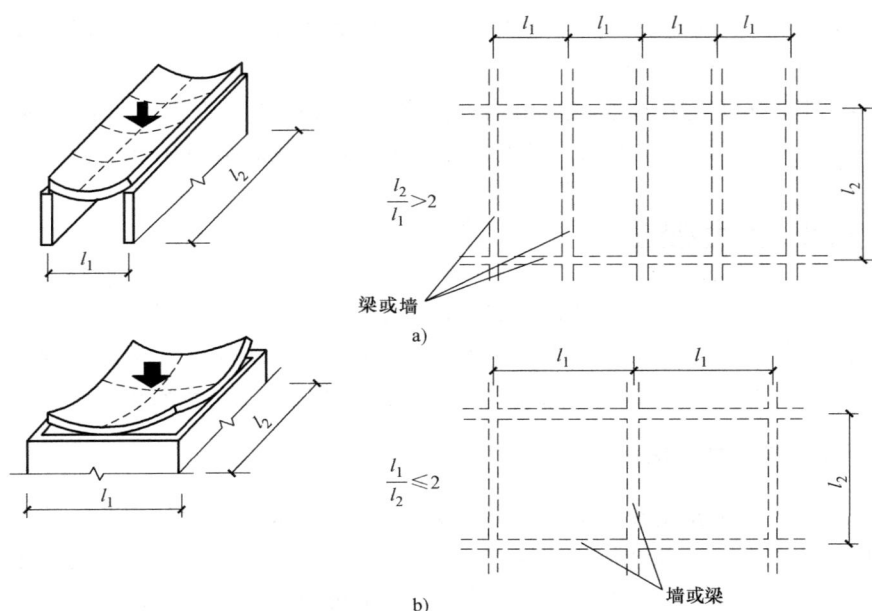

图 8-8    单向板和双向板示意图

a）单向板    b）双向板

根据《混凝土结构设计规范（2015 年版）》（GB 50010—2010）规定，混凝土板按下列原则进行计算：

1）两对边支承的板应按单向板计算。

2）四边支承的板应按下列规定计算：

① 当长边与短边长度之比不大于 2.0 时，应按双向板计算。

② 当长边与短边长度之比大于 2.0，但小于 3.0 时，宜按双向板计算。

③ 当长边与短边长度之比不小于 3.0 时，宜按沿短边方向受力的单向板计算，并应沿长边方向布置构造钢筋。

**2. 梁板式楼板**

梁板式楼板又称为钢筋混凝土肋梁楼板，是现浇式楼板中最常见的一种形式。它由板、次梁和主梁组成。主梁可以由柱或墙来支承。所有的板、次梁、主梁和柱都是在支模以后，整体现浇而成。板跨度一般为 1.7~2.5m，厚度为 60~80mm。梁的截面高度可取跨度的 1/12~1/10（单跨简支梁）、1/18~1/14（多跨连续次梁）及 1/14~1/12（多跨连续主梁）。梁宽度一般为高度的 1/3~1/2，常用截面宽度为 250mm 和 300mm。

当房间平面尺度较大，采用板式楼板可能会造成楼板跨度或厚度较大时，可考虑在楼板下设梁，将大空间划分成若干个小空间，从而减小板的跨度和厚度，这种楼盖体系称为梁板式楼盖。通常由若干梁平行或交叉排列形成梁格体系，根据主梁和次梁的排列情况，梁格分为以下三种类型：

1）单向梁格（图 8-9a）：只有主梁，适用于楼板或平台结构的横向尺寸较小或楼屋面板跨度较大的情况。

2）双向梁格（图 8-9b）：由主梁和一个方向的次梁组成。次梁由主梁支承，主梁支承在墙或柱上，是最为常用的梁格类型。钢筋混凝土双向梁格体系又称为肋梁楼板（图 8-10）。

3）复式梁格（图 8-9c）：由主梁、纵向次梁和横向次梁组成。荷载传递层次多，构造复杂，适用于荷载重和主梁间距很大的情况。该梁格类型较少采用。

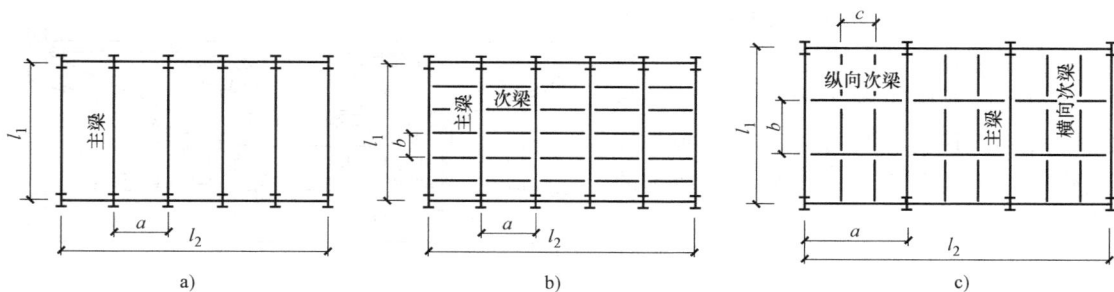

图 8-9　梁格体系

a）单向梁格　b）双向梁格　c）复式梁格

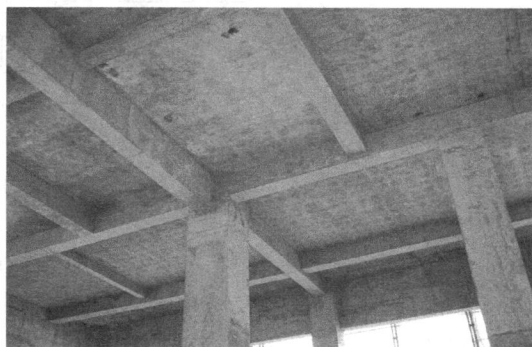

图 8-10　双向梁格实例

### 3. 井式楼板

当建筑中的需要大空间或柱间距较大时，经常将楼板划分为若干个正方形小区格，且两个方向的梁截面相同，无主、次之分，梁格布置呈"井"字形，称为井式楼板，如图 8-11 所示。

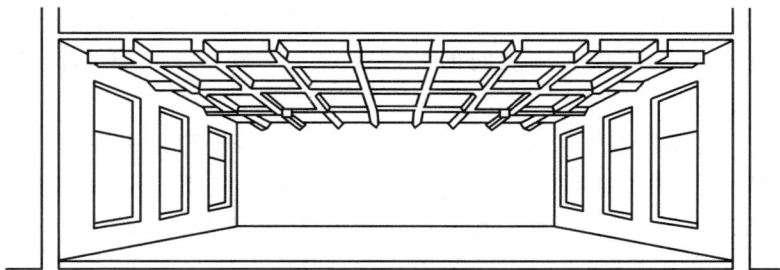

图 8-11　井式楼板

### 4. 无梁楼板

无梁楼板（图 8-12）是指采用等厚的平板直接支撑在带有柱帽的柱上，且不设主梁和次梁的楼板形式。无梁楼板是以结构柱与楼板组合，取消了柱间及板底的梁。楼板可以通过柱帽或无柱帽支承在柱子上。无梁楼板结构较为单一。

无梁楼板的构造有利于采光和通风，便于安装管道和布置电线。在同样的净空条件下，可减小建筑物的高度。其缺点是刚度小，不利于承受大的集中荷载。

## 8.2.2　预制装配式钢筋混凝土楼板

预制装配式是指将楼层构件在工厂或施工现场预先预制成型并达到一定强度后，运送到指定位置按施工顺序进行安装的施工工艺。采用此类楼板是将板件分为梁、板若干构件，在预制厂或施工现场预先制作好，然后进行安装。其优点是可以节省模板，改善制作时的劳动条件，大大减少了现场的湿作业，加快了施工进度，节约材料和劳动力。缺点是整体性较差，并需要一定的起重安装设备。随着建筑工业化水平的提高，特别是随着预应力混凝土工艺的不断进步，其应用将越来越广泛。

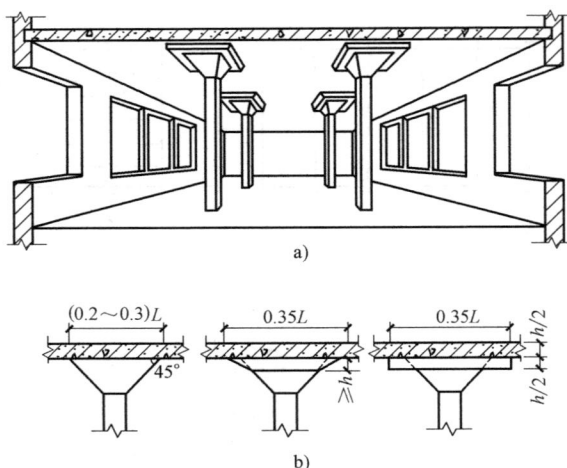

图 8-12 无梁楼板
a）透视图 b）柱帽形式

**1. 预制装配式钢筋混凝土楼板的类型**

预制装配式钢筋混凝土楼板有实心板、空心板、槽形板等类型。

（1）实心板 实心板是最简单的一种楼面铺板，其优点是制作简单、上下表面平整、施工方便；缺点是用料多、自重大、隔声效果较差。实心板两端支承在墙上或梁上，跨度一般较小，常在 1.2~2.4m 之间。适用于荷载及跨度较小的走道板、楼梯平台板等。常用板厚为 50~80mm，板宽为 500~1000mm。

（2）空心板 空心板截面一般较高，中部有较大的孔洞，按其孔的形状有方孔、椭圆孔和圆孔等。空心板上下表面平整，具有刚度大、自重轻、受力性能好、施工简便、隔声效果好等优点，因此大量应用于民用建筑的楼盖和屋盖中。

空心板分为普通钢筋混凝土空心板和预应力空心板。普通钢筋混凝土空心板的截面高度取跨度的 1/20~1/25，预应力空心板的截面高度取跨度的 1/30~1/35，且取值宜符合砖的模数，常用模数为 120mm、180mm 等。板宽根据当地制作、运输及安装设备等条件而定，一般有 500mm、600mm 等。板长按房间的开间而定，一般有 3m、3.3m、3.6m 等，按 3M 进级。

空心板按板的跨度不同有中型板和大型板之分。中型板板跨在 4.2m 及以下，板宽 500~1200mm，板厚 120mm，圆孔直径为 50~75mm，上表面板厚为 20~30mm，下表面板厚为 15~20mm，常用于小开间的民用建筑中；大型板板跨为 4.5~7.2m，板宽 1200~1500mm，板厚 180~240mm，可用于公共建筑和轻型工业建筑中。

为避免板端孔壁被压坏并避免灌注端缝时漏浆，空心板端部深入墙内部分应用混凝土块或砖块填实。另外应注意空心板板面不能随意开洞，以免开洞时破坏板的强度。空心板在墙（或梁）上的支承如图 8-13 所示。

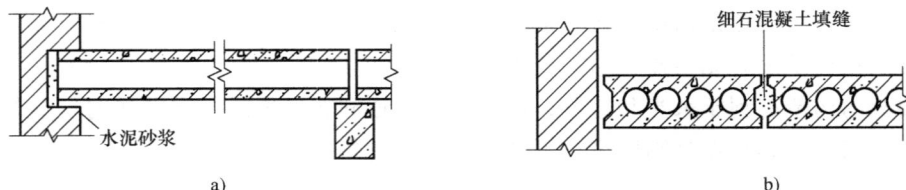

图 8-13 空心板的支承
a）纵剖面图 b）横剖面图

在使用空心板时，为减小结构的高度，可把常用的矩形梁做成花篮梁或十字梁，如图 8-14 所示，梁宽度和有效高度不变，但可增加建筑的室内净高。

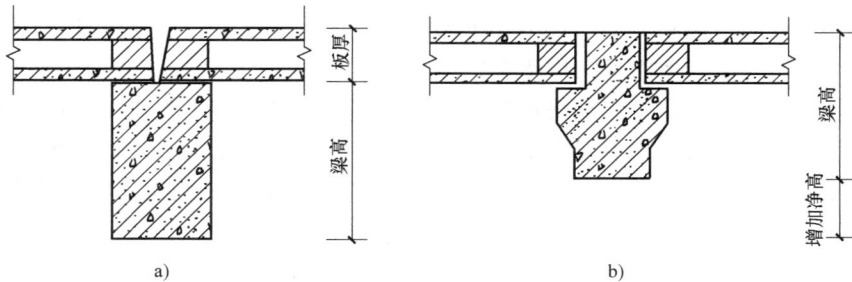

图 8-14　空心板在不同梁上的支承比较示意图

a）空心板支承在矩形梁上　b）空心板支承在花篮梁上

根据《砌体结构设计规范》（GB 50003—2011），预制钢筋混凝土板应满足下列构造要求：预制钢筋混凝土板在混凝土圈梁上的支承长度不应小于 80mm，板端伸出的钢筋应与圈梁可靠连接，且同时浇筑；预制钢筋混凝土板在墙上的支承长度不应小于 100mm。

（3）槽形板　槽形板（图 8-15）是由板和肋两部分组成，是一种梁板结合的构件。实心板的两侧设有纵肋，相当于小梁，用来承受板的荷载。为便于搁置和提高板的刚度，在板的两端常设端肋封闭。槽形板板跨为 3～7.2m，板宽为 600～1500mm，板厚为 30～35mm，肋高为 150～300mm。当板跨达 6m 时，应在板中部每隔 500～700mm 增设横肋。

槽形板承载能力较好，适应跨度大，常用于工业建筑。

槽形板的搁置方式有两种，即正置（肋向下）和倒置（肋向上）。前者受力合理，板面水平，但板底不平；后者受力不太合理，板底水平，但板面不平整。

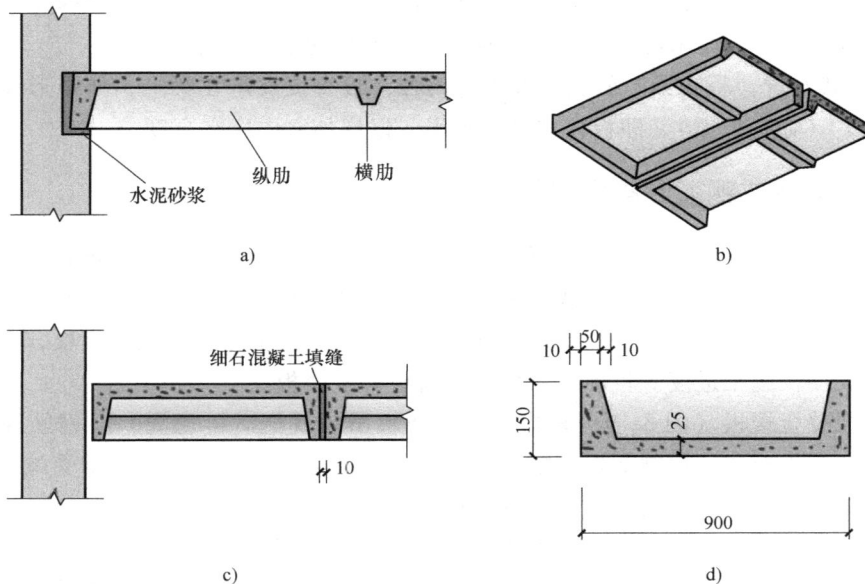

图 8-15　槽形板

a）纵剖面　b）底面　c）横剖面　d）倒置槽形板横剖面

**2. 预制装配式钢筋混凝土楼板的布置**

在进行楼板结构布置时，应根据房间的开间及进深尺寸合理确定构件的支承方式，选择板的规格（跨度、厚度和宽度）并进行布置。楼板布置时应遵循下列原则：

1）尽量减少板的规格和类型。规格和类型越多，施工越麻烦，工期越长。

2）为减少板缝的混凝土用量，应优选宽板。

3）遇有管线、暖气管道等穿越楼板时，应尽量采用钢筋混凝土现浇楼板或局部现浇板。

4）应避免出现板三边支承情况，即板长边不得搁置在墙上或梁上，以防止板出现开裂。

板的支承方式有两种：墙承式布置即板支承在墙上，形成板式结构；梁承式布置即板由梁支承，形成梁板式结构，如图 8-16 所示。

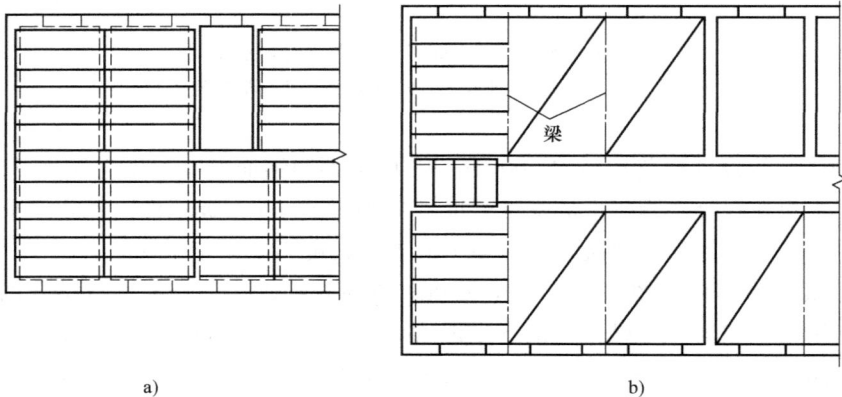

a)                                   b)

图 8-16 板的两种支承方式

a）板式布置 b）梁板式布置

1）墙承式布置。为保证楼板与墙体的可靠连接，板端必须保证有足够的支承长度。搁置前应在墙上铺设 20mm 厚水泥砂浆进行坐浆，以保证板的平稳及受力均匀。

2）梁承式布置。板在梁上的支承方式有两种：板直接支承在梁上，如矩形梁；板支承在梁的上翼缘上（如花篮梁），即板顶与梁顶齐平，以增加室内净空高度。

## 8.2.3 装配整体式钢筋混凝土楼板

装配整体式钢筋混凝土楼板是指将楼板中的部分构件预制安装后，再进行整体浇筑，使整个楼层形成整体的施工模式。该形式兼具现浇与预制的优点，整体性较好，其预制部分构件安装后方便施工，特别是叠合楼板的下层可同时充当上层现浇部分的永久性模板，完成后又不必拆模，可大大加快施工进度。目前常采用预制薄板叠合楼板。

预制薄板叠合楼板（图 8-17）是指将预制薄板吊装就位后再现浇一层钢筋混凝土，将其连接成整体的楼板形式。预制薄板内配有受力钢筋，既可作为永久性模板承受施工荷载，又可作为整个楼板的受力层，现浇层内仅配置少量的支座负弯矩筋和构造筋。

预应力薄板板宽 1.1~1.8m，板厚 50~70mm，板面上常刻凹槽或外露三角形的结合钢筋。现浇叠合层采用 C20 混凝土，厚度为 70~120mm。叠合楼板的经济跨度一般为 4~6m，最大跨度为 9m，5.4m 以内比较经济。叠合楼板的总厚度取决于板的跨度，一般为 150~250mm，楼板厚度以大于或等于薄板厚度的两倍为宜。

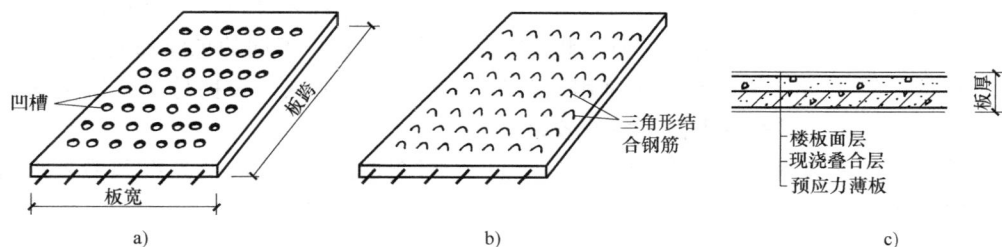

图 8-17　预制薄板叠合楼板

a）板面刻槽　b）板面外露三角形结合钢筋　c）叠合组合楼板

# 8.3　楼地面装饰构造

楼面、地面分别为楼层和地层的面层，是人们日常工作、生活中经常接触的部分，建筑地面是底层地面和楼层地面的总称。

选用建筑面层材料时，应考虑构件的不同部位以及使用要求合理及安全性能，特别是有毒物质和放射性物质的含量以及燃烧性能等，都必须控制在相关规范所规定的范围内。

建筑行业中把装饰材料的燃烧性能等级定义为：A 级，不燃性；$B_1$ 级，难燃性；$B_2$ 级，可燃性；$B_3$ 级，易燃性。

对不同需求的地面应采用不同燃烧性能等级的地面材料。

按照施工工艺，建筑地面装饰分为粉刷类、粘贴类、钉挂类三类。

## 8.3.1　粉刷类面层

粉刷类面层（图 8-18）是以水泥加上骨料在现场对基层的砖石砌体和水泥制品、混凝土构件等通过反复大面积的湿作业涂抹修整，得到大致平整的表面，然后再进行表层加工和处理的工艺。

### 1. 材料

常用材料包括各类砂浆、添加用细骨料、腻子和各种表面涂料。

（1）粉刷用砂浆　水泥最好采用硅酸盐水泥和普通硅酸盐水泥，强度等级不低于 32.5；黄砂宜使用中砂或粗砂，其中含泥量≤3%；石灰膏的熟化天数在常温下≥15d，用作罩面材料时≥30d。常用的砂浆配合比为：水泥砂浆为（水泥：黄砂）1：2、1：3；混合砂浆为（水泥：石灰：黄砂）1：1：4、1：1：6；水泥石屑（水泥：石屑）1：3 以及灰砂为（石灰膏：黄砂）1：3 等。

（2）其他材料　其他材料包括麻刀灰（加麻筋的石灰膏）、纸筋灰（加纸筋的石

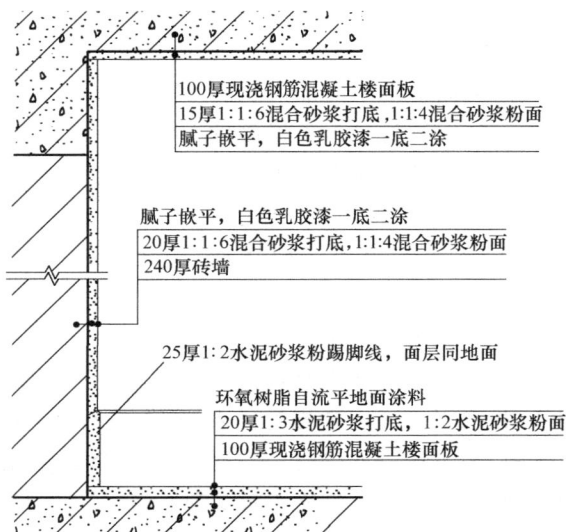

100厚现浇钢筋混凝土楼面板
15厚1：1：6混合砂浆打底，1：1：4混合砂浆粉面
腻子嵌平，白色乳胶漆一底二涂

腻子嵌平，白色乳胶漆一底二涂
20厚1：1：6混合砂浆打底，1：1：4混合砂浆粉面
240厚砖墙

25厚1：2水泥砂浆粉踢脚线，面层同地面

环氧树脂自流平地面涂料
20厚1：3水泥砂浆打底，1：2水泥砂浆粉面
100厚现浇钢筋混凝土楼面板

图 8-18　粉刷类面层做法实例

灰膏）以及添加高分子聚合物的聚合物砂浆和添加减水剂、密实剂等的防水砂浆等。

（3）添加用细骨料　包括各种粒径较小的石质颗粒物或小块的碎石等材料，用来添加到砂浆中或者用来代替砂浆中的黄砂，使被装饰部位的表层呈现出不同的色泽和质感。

（4）腻子　腻子是各种粉剂和建筑用胶的混合物，质地细腻，较稠易干，用来抹在砂浆表面以填补细小空隙，以取得表面平整的效果。

（5）涂料　涂料按其性状可分为溶剂型涂料、水溶性涂料、乳液型涂料和粉末涂料，成膜后起保护和装饰作用。

**2. 施工工艺**

粉刷类面层常用的施工工艺分为抹灰（又称找平、刮糙）、粉面（又称罩面）和表层处理三个步骤。

（1）抹灰　抹灰具有使装饰层与基层墙体粘牢和初步找平的作用，故又称找平层。为了与其他层次牢固结合，其表面需用工具搓毛，故在工程中又称之为刮糙。

（2）粉面　对整个面层作最后修整，达到表面平整、无裂痕的要求。

由于砂浆在结硬的过程中易因干缩而导致开裂，因此找平层必须分层施工，每层厚度应按以下厚度控制：水泥砂浆厚 5 ~ 7mm；混合砂浆厚 7 ~ 9mm；麻刀灰厚 ≤ 3mm；纸筋灰厚≤2mm。

为控制整个粉刷面层（包括打底和粉面）的总厚度，行业习惯常用墙面中级抹灰 20mm，高级抹灰 25mm，室内踢脚线处和墙脚勒脚处 25mm，楼板底 15mm 等。

（3）表层处理　纸筋灰抹面或根据设计要求做涂料。

## 8.3.2　粘贴类面层

粘贴类面层（图 8-19）是对基层进行平整处理后，在其表面再粘贴表层块材或卷材的工艺。

按面层材料和施工方式不同，地面做法分为：整体面层，板块面层、木、竹面层及其他面层等。

**1. 材料**

粘贴类面层常用的面层材料有各种面砖、石材、人工橡胶的块材和卷材以及其他人造块材。

（1）面砖　以陶土或瓷土为原料，经加工成型、煅烧而成。其可分为有釉和无釉两种，表现为表面有光或亚光。

a)　　　　　　　　　　b)

图 8-19　粘贴类面层实例

a）面砖面层　b）水磨石面层

（2）石材　天然石材按照其成因可分为火成岩（以花岗石为代表）、变质岩（以大理石为代表）和沉积岩（以砂岩为代表）；人造石材是将碎大理石与不饱和聚酯树脂混合制成。

（3）人工橡胶的块材和卷材　可以添加金刚砂等材料增加表面摩擦力，防滑效果较好；还可以加工成多种色彩及表面纹理。

（4）复合制品　复合制品包括小片的竹、木制品，成张的软木制品以及它们与其他材料的复合制品等。

**2. 施工工艺**

粘贴类面层常用的施工工艺分为抹灰、铺设黏结层以及铺贴表面材料三个步骤。

（1）抹灰　施工方法及要求同粉刷类面层中的抹灰工艺。

（2）铺设黏结层及铺贴表面材料　面砖可以用添加建筑用胶的水泥浆或 1∶0.5～1∶1 的水泥砂浆粘贴，也可以用成品的胶粘剂粘贴。墙面小块或较薄的石材也可以用添加建筑用胶的水泥砂浆粘贴，但用于地面的厚重石材，一般用 30mm 厚 1∶3 的干硬性水泥砂浆垫底，直接在上面铺设。

### 8.3.3　钉挂类面层

钉挂类面层是以附加的金属或者木骨架固定或吊挂表层板材的工艺。

**1. 材料**

钉挂类面层常用的材料有骨架（用于木地板的称为搁栅）用材、面板用材和必需的连接件。

骨架用材包括铝合金、木材和型钢。有时也可以用单个的金属连接件代替条状的骨架。

面板用材有各种天然和复合木板、纸面石膏板、硅钙板、吸声矿棉板、金属板（如铜合金、不锈钢、塑铝板等）以及玻璃。如果表层采用软包装，还可包括各类天然和人造的皮革及各类纺织品。

**2. 施工工艺**

钉挂类面层常用的施工工艺分为安装内骨架、铺钉表层面材及表面处理三个步骤。

架空木地板的施工工艺如下：

1）固定搁栅：在地面弹线定位（中距≤400mm）并钻孔打入木楔或塑料楔后，以每个连接点一钉一螺固定。搁栅应离墙 30mm。

2）铺钉企口木地板：地板钉从企口处的侧边钉入，以防止钉头外露，木地板应离墙 8～10mm。

3）表面处理：打磨平整后，表面涂漆或封腊。

单层架空木地板构造如图 8-20 所示。

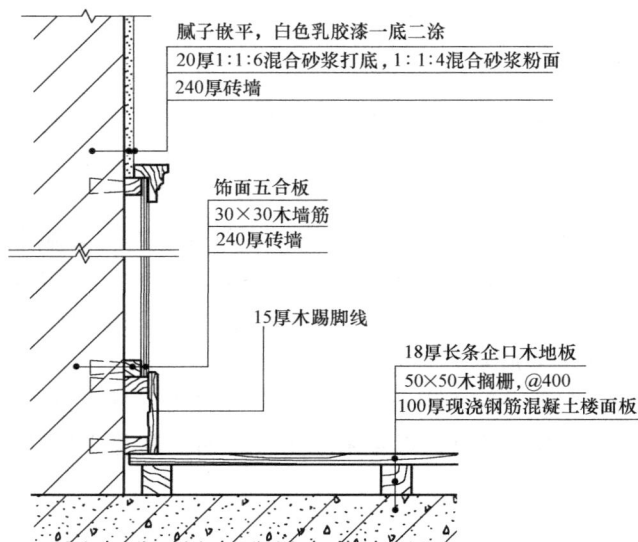

图 8-20　单层架空木地板构造

# 8.4　阳台与雨篷

## 8.4.1　阳台

阳台是指附设于建筑物外墙设有栏杆或栏板，可供人活动的空间。阳台又称露台、阴台，是一种从建筑物外侧凸出，由柱或梁支撑的平台，边沿设栏杆，以防止物件和人落出平台范围，是建筑物的延伸。尽管露台和阳台泛指同一种建筑物件，但其实两者有些微分别，无顶也无遮盖物的平台称为露台，有遮盖物的平台称为阳台。阳台是居住者接受光照、吸收新鲜空气，进行户外锻炼、观赏、纳凉、晾晒衣物的场所。阳台由阳台板、栏杆（板）及扶手组成。

**1. 阳台的分类**

按阳台的使用功能，可分为生活阳台（紧邻卧室或客厅）和服务阳台（紧邻厨房，也称阴台，一般在建筑物北向）。

按阳台与外墙的相对位置关系，可分为挑（凸）阳台、凹阳台和半挑（凸）半凹阳台，如图 8-21 所示；其中挑阳台应用较广泛，一般悬挑长度为 1.2~1.8m。

按阳台有无围护结构，可分为开敞阳台和封闭阳台。

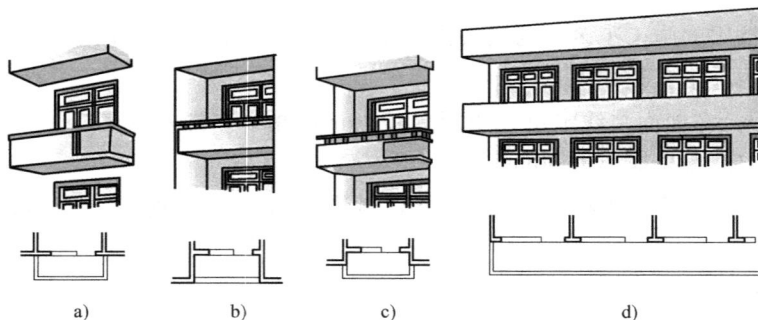

图 8-21　阳台的类型

a）挑阳台　b）凹阳台　c）半挑半凹阳台　d）挑外廊

**2. 阳台的结构形式**

阳台按其结构形式，可分为墙承式、悬挑式和悬挂式。

（1）墙承式　墙承式阳台是将阳台板直接支承在墙体上，阳台荷载由墙体承担，多用于凹阳台。

（2）悬挑式　阳台悬挑处理时，其与建筑物主体部分的连接必须为刚性连接，有挑板和挑梁两种处理方式。当悬挑长度较大（如 1.5m、1.8m 等）时，则需设置悬臂梁，由悬臂梁来支承板的荷载，如图 8-22a 所示；当悬挑长度不太大（如 1.2m 及以下）时，一般用柱挑出或作挑板处理，如图 8-22b、c 所示。

（3）悬挂式　悬挂式阳台一般采用装配式构件，多采用钢材。由于钢材具有受拉性能好、自重轻及便于与其他构件连接等优点，近年来应用较普遍。其与主体结构连接时常用铰节点，尤其是在吊杆的两端。

**3. 阳台的细部构造**

（1）栏杆（板）　栏杆（板）是阳台的围护结构，起保护及装饰作用，应具有一定的强度和适当的高度。栏杆或栏板形式多样，有玻璃栏板、铁艺栏杆和实栏板与金属组合栏杆等，

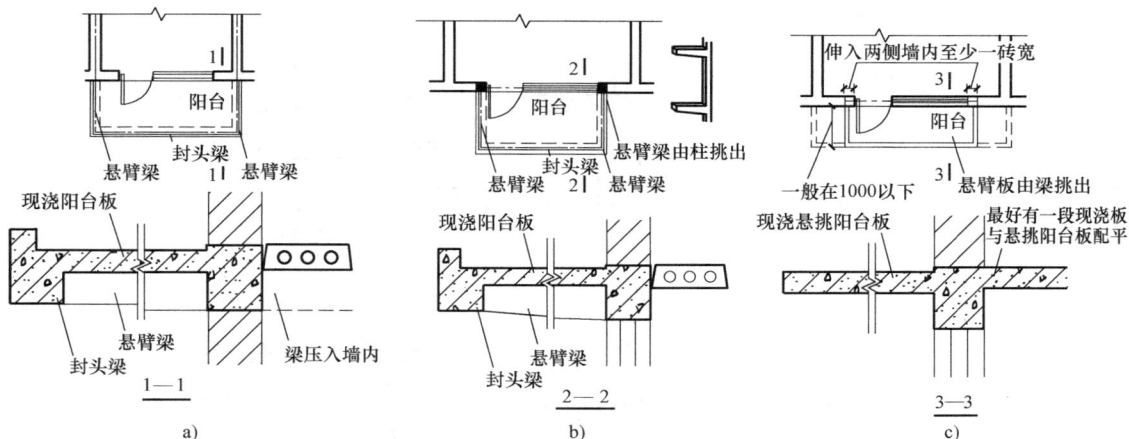

图 8-22  悬挑式阳台
a）用梁挑出  b）用柱挑出  c）挑板

如图 8-23 所示。

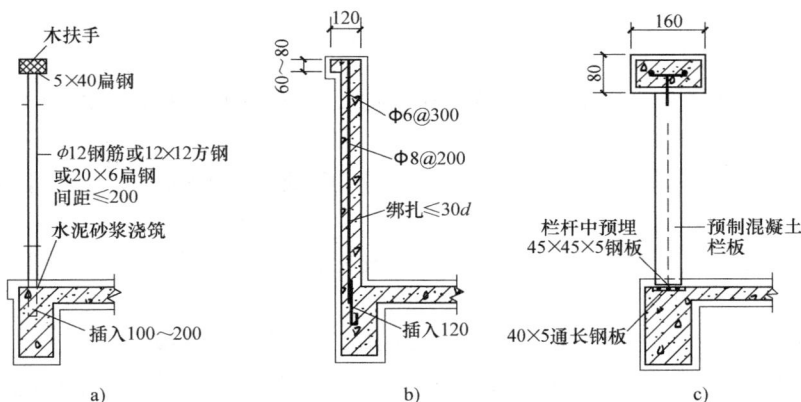

图 8-23  阳台栏杆、栏板大样图
a）金属栏杆  b）现浇混凝土栏板  c）预制混凝土栏板

（2）排水处理  为避免雨水泛入室内，阳台地面应低于室内楼地面 20～50mm。排水方式有内排水和外排水两种，如图 8-24 所示。后者适用于低层建筑，向排水方向作 0.5% 的平缓斜坡，外缘设泄水管，泄水管常用 φ50 的镀锌钢管或塑料管，出挑长度不小于 80mm，以防落水溅入下层阳台上。内排水适用于多层和高层建筑或有特殊要求的建筑，阳台内侧设地漏，将水导入雨水管排出。最上层的阳台顶部应设雨罩防雨。

（3）装修  阳台地面和饰面材料应具有抵抗大气和雨水侵蚀，防止污染的功能。砌体和钢筋混凝土阳台可抹灰或铺贴地砖、大理石、金属板等。阳台底部外缘 80～100mm 以内可用石灰砂浆抹灰，并加设滴水。木扶手应涂油漆防腐，金属构配件应做防锈处理。

北方寒冷地区居住建筑阳台需进行保温处理，一般采用封闭阳台的方式。为通风换气，留设部分可以开启的窗扇。

**4. 阳台的其他要求**

根据《住宅设计规范》（GB 50096—2011），住宅设计时应符合下列规定：

1）每套住宅宜设阳台或平台。

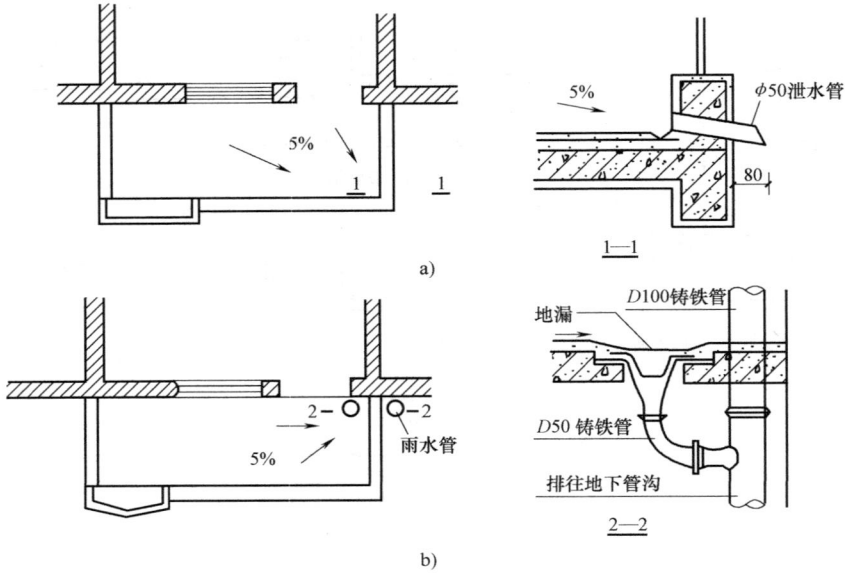

图 8-24　阳台排水图

a) 外排水　b) 内排水

2）阳台栏杆设计必须采用防止儿童攀登的构造，栏杆的垂直杆件间净距不应大于 0.11m，放置花盆处必须采取防坠落措施。

3）阳台栏板或栏杆净高，六层及六层以下不应低于 1.05m，七层及七层以上不应低于 1.1m。

4）封闭阳台栏板或栏杆也应满足阳台栏板或栏杆净高要求。七层及七层以上住宅和寒冷、严寒地区住宅宜采用实体栏板。

5）顶层阳台应设雨罩，各套住宅之间毗连的阳台应设分户隔板。

6）阳台、雨罩均应采取有组织排水措施，雨罩及开敞阳台应采取防水措施。

7）当阳台设有洗衣设备时应符合下列规定：

① 应设置专用给水排水管线及专用地漏，阳台楼地面均应做防水。

② 严寒和寒冷地区应封闭阳台，并应采取保温措施。

## 8.4.2　雨篷

雨篷是建筑物中的挡雨构件，位于建筑物出入口处外开门的上方，起遮风挡雨、防止太阳辐射和保护外门等作用。雨篷有挑梁式和挑板式两种形式。后者最为常见，它由雨篷板和雨篷梁组成。雨篷梁除支承雨篷板外，还兼作过梁，雨篷挑出长度一般在 1.5m 左右，如图 8-25 所示。

### 1. 雨篷的分类

按所用材料不同，雨篷分为钢筋混凝土雨篷和钢结构雨篷。目前较常采用悬挂式钢结构雨篷，其轻盈美观，是现代建筑常用的雨篷形式。

按排水方式不同，雨篷分为无组织排水（自由落水）和有组织排水两种。前者构造简单，排水顺畅，但使用不便；后者在雨篷周边设置翻边，将雨水人为引导至雨水口，通过水舌或雨水管排出。

按结构形式不同，雨篷分为柱承式、悬挑式和悬挂式等，后两种形式与阳台类似，柱承式

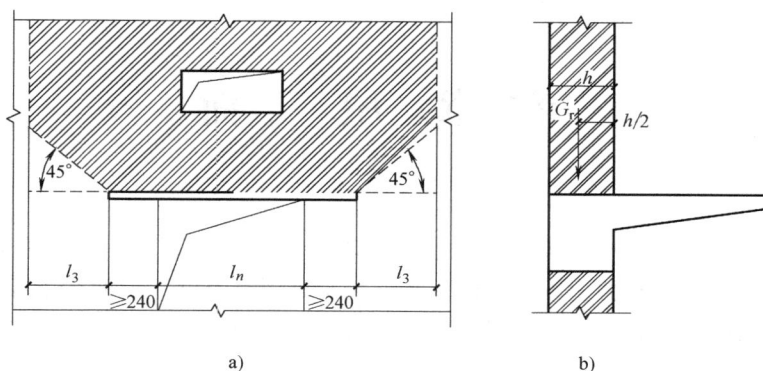

图 8-25　雨篷示意图

a）立面图　b）剖面图

$l_n$—门洞口净跨　$l_3$—$l_n/2$　$h$—墙厚　$G_r$—抗倾覆荷载

雨篷类似于墙承式阳台，是用建筑物出入口处柱子代替墙体来支承板的荷载。

**2. 雨篷的细部构造**

雨篷要防倾覆和解决排水问题，一般通过雨篷梁和上部砌体来抵抗倾覆状况的发生。沿板四周用砖砌或现浇混凝土做凸檐挡水，板面用防水砂浆抹面，并向排水口设 1% 的坡度。

# 思　考　题

1. 楼板层由哪几部分组成？各部分的作用是什么？
2. 地坪层由哪几部分组成？各部分的作用是什么？
3. 现浇钢筋混凝土楼板分为哪几种类型？
4. 预制装配式钢筋混凝土楼板分为哪几种类型？各有何特点？
5. 按照施工工艺，建筑地面装饰分为哪几类？各有何特点？
6. 按结构形式分类，阳台分为哪几种类型？
7. 按材料分类，雨篷分为哪两种类型？

# 第9章 屋 面

屋面是建筑物的承重和围护构件，也是建筑构造的重点之一。本章根据屋面的使用功能介绍屋面的设计要求、尺度和类型以及屋面排水方式及排水组织设计，重点介绍平屋面和坡屋面的特点，以及屋面的防水、排水、保温、隔热的构造原理和常用构造方法及细部构造。

## 9.1 屋面类型与设计要求

### 9.1.1 屋面组成与类型

**1. 屋面的组成和作用**

屋面主要由屋面层和支承结构组成，屋面应根据防水、保温、隔热、隔声、防火以及是否作为上人屋面等功能的需要，设置不同的构造层次，从而选择合适的建筑材料，另外在屋面的下表面考虑各种形式的吊顶。

屋面主要功能为：一是抵御风霜雨雪及太阳辐射热和气温变化等的影响，使屋面覆盖下的空间具有良好的使用环境；二是承受作用于屋面上的各种活荷载和屋面自重等，同时还对建筑上部起水平支承作用；三是装饰建筑立面。屋面的形式对建筑立面和整体造型有很大影响。

**2. 屋面的类型**

（1）根据屋面防水材料的不同分类

1）卷材防水屋面。用防水卷材做防水层，如沥青油毡、橡胶卷材、合成高分子防水卷材等，这种屋面有一定的柔韧性。

2）刚性防水屋面。用细石混凝土等刚性材料做防水层，构造简单，施工方便，造价低，但这种做法形成的屋面韧性差，易因产生裂缝而渗漏水，在寒冷地区应慎用。

3）瓦屋面。用小青瓦、筒板瓦、沥青瓦等按上下顺序排列做防水层。这种屋面防水材料一般尺寸不大，需要有一定的搭接长度和坡度才能使雨水排除，排水坡度常在50%左右。

4）波形瓦屋面。波形瓦分为石棉水泥波瓦、镀锌薄钢板波瓦、铝合金波瓦、玻璃钢波瓦及压形薄钢板波瓦等。波形瓦尺寸稍大，一般宽度为600~1000mm。由于每张瓦的覆盖面积较大，排水坡度比瓦屋面小些，一般为25%~40%。

5）金属薄板屋面。用镀锌薄钢板、涂塑薄钢板、铝合金板和不锈钢板等做屋面，常采用折叠接合，使屋面形成一个密闭的覆盖层。该屋面的坡度为10%~20%。其可用于曲面屋面。

6）涂料防水屋面。屋面板采用涂料防水，板缝用嵌缝材料防水。

7）玻璃屋面。采用有机玻璃、夹层玻璃、钢丝网玻璃、钢化玻璃等作为防水屋面，屋面具有采光的功能。

（2）根据屋面的外形和坡度分类（图9-1）

1）平屋面。平屋面是指屋面坡度小于10%的屋面，常用坡度为2%~5%。其优点是节约材料，屋面可以充分利用，如做成露台、活动场地、屋面花园，甚至游泳池等，应用极为广泛。

2）坡屋面。坡屋面是指屋面坡度大于 10% 的屋面。由于坡度较大，其防水、排水性能较好。坡屋面在我国历史悠久，选材容易，应用很广。

3）曲面屋面。随着建筑事业的发展，建筑大空间的需要，出现许多大跨度屋面的结构形式，如拱结构屋面、薄壳结构屋面、悬索结构屋面、篷布结构屋面、充气建筑屋面等，这些建筑的屋面造型各异，各具特色，使建筑的外形更加丰富。

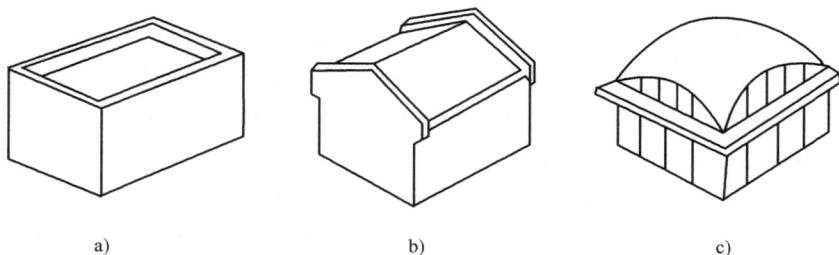

图 9-1　屋面的形式
a）平屋面　b）坡屋面　c）曲面屋面

## 9.1.2　屋面的坡度

### 1. 形成坡度的原因

屋面是建筑的围护结构，在有降雨时，屋面应具有防水的能力，并应尽快在短时间内将雨水排出屋面，以免发生积水、漏水，因此屋面应具有一定的坡度。坡度的确定受多种因素影响，坡度太小易漏水，反之会浪费材料和空间，因此必须根据屋面防水材料和当地降水量以及结构形式、建筑造型、经济条件等因素综合考虑。

### 2. 影响坡度的因素

（1）屋面防水材料与坡度的关系　屋面防水材料接缝较多，漏水可能性较大。所以瓦屋面常采用较陡的屋面形式，其大坡度可使排水速度加快，降低发生漏水的可能性。整体的防水层接缝较少，屋面坡度可以小一些，如卷材屋面和混凝土防水屋面常用平屋面形式。恰当的坡度既能满足防水要求，又能做到经济适用。图 9-2 所示为屋面常用坡度范围。

（2）降雨量大小与坡度的关系　年降雨量大的地区，为防止屋面因积水过深、水压力增大发生渗漏，因此屋面坡度应大些，以便雨水迅速排除。年降雨量小的地区，屋面坡度可小些。我国南方地区年降雨量较大，一般在 1000mm 以上，屋面宜采用坡度较大的坡屋面；北方地区年降雨量较小，一般在 700mm 以下，屋面宜采用较小的坡屋面或平屋面。

（3）建筑造型与坡度的关系　使用功能决定建筑的外形，结构形式的不同也体现在建筑的造型上，最终主要体现在建筑屋面形式上。结构选型的不同，可决定建筑屋面形成较大坡度甚至反坡等。如拱

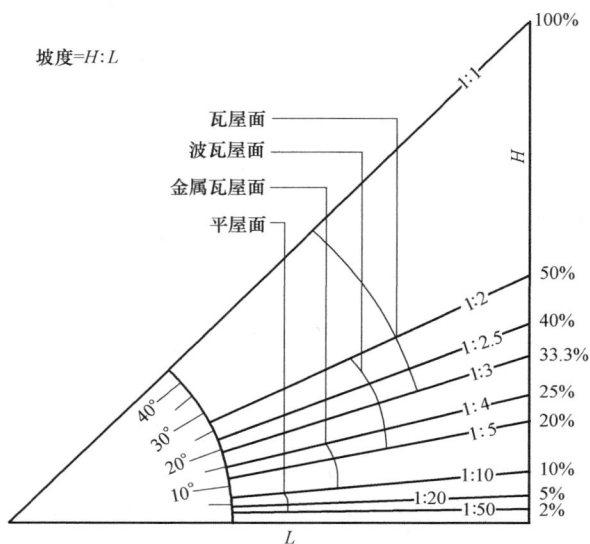

图 9-2　屋面常用坡度范围

结构建筑常采用较大的屋面坡度，悬索结构建筑甚至可以形成反坡。

**3. 坡度形成的方法**

屋面的坡度形成有结构找坡和材料找坡两种方法。

（1）结构找坡　结构找坡是指屋面结构自身具有排水坡度。一般采用上表面呈倾斜的屋面梁或屋架上安装屋面板，也可采用在顶面倾斜的山墙上搁置屋面板，使结构表面形成坡面，这种做法不需另加找坡材料，构造简单，不增加荷载。其缺点是室内的顶棚是倾斜的，空间不够规整，有时须加设吊顶。

（2）材料找坡　材料找坡是指屋面坡度由垫坡材料形成，一般用于坡度较小的屋面。垫坡材料通常选用炉渣等，找坡保温屋面也可根据情况直接采用保温材料找坡。

**4. 屋面常用坡度范围及表示方法**

屋面的坡度由各种因素综合考虑决定。这些因素包括屋面材料、地理气候、屋面结构形式、施工方法、构造组合方式、建筑造型要求以及经济等方面。不同的防水材料有各自排水坡度的范围，屋面坡度常采用脊高与相应水平投影长度的比值来表示，如 1：2、1：2.5 等；较大坡度也用角度法来表示如 30°、45° 等；较平坦的坡度常用百分比法来表示，如 2%、5% 等。

## 9.1.3　屋面的设计要求

（1）强度和刚度要求　屋面是房屋的承重结构之一，因此，必须具有足够的强度和刚度，能支承自重和作用于屋面上的各种荷载，同时，对房屋上部起水平支承作用。

（2）防水排水要求　屋面防水排水是屋面构造设计应满足的基本要求。在屋面的构造设计中，主要是依靠阻和导的共同作用来实现排水要求。所谓阻，是指利用覆盖在屋面上的防水材料组织雨水渗透屋面；所谓导，是指利用屋面的坡度将雨水有组织或无组织地排出屋面。《屋面工程技术规范》（GB 50345—2012）中，根据建筑物的性质、重要程度、实用功能要求、防水层耐用年限、防水选用材料和设防要求等，将屋面防水分为四个等级，见表 9-1。

表 9-1　屋面防水等级和设防要求

| 项目 | 屋面防水等级 | | | |
| --- | --- | --- | --- | --- |
| | I | II | III | IV |
| 建筑物类别 | 特别重要的民用建筑和对防水有特殊要求的工业建筑 | 重要的民用建筑，如博物馆、图书馆、医院、宾馆、影剧院；重要的工业建筑、仓库等 | 一般民用建筑，如住宅、办公楼、学校、旅馆；一般的工业建筑、仓库等 | 非永久性的建筑，如简易宿舍，简易车间等 |
| 防水层耐用年限 | 25 年以上 | 15 年以上 | 10 年以上 | 5 年以上 |
| 防水层选用材料 | 应选用合成高分子防水卷材、高聚物改性沥青防水卷材、合成高分子防水涂料、细石防水混凝土、金属板等材料 | 应选用高聚物改性沥青防水卷材、合成高分子防水涂料、高聚物改性沥青防水涂料、细石防水混凝土、金属板等材料 | 应选用高聚物改性沥青防水卷材、合成高分子防水涂料、高聚物改性沥青防水涂料、合成高分子防水卷材、刚性防水层、平瓦、油毡瓦等材料 | 应选用高聚物改性沥青防水卷材、高聚物改性沥青防水涂料、沥青基防水涂料、波形瓦等材料 |
| 设防要求 | 三道或三道以上防水设防，其中必须有一道厚 2mm 以上的合成高分子防水卷材 | 二道防水设防，其中必须有一道卷材；也可以采用压型钢板进行一道设防 | 一道防水设防，或两种防水材料复合使用 | 一道防水设防 |

（3）保温隔热要求　屋面作为建筑物最上层的外围护结构，应具有良好的保温隔热性能。

在严寒和寒冷地区，屋面构造设计应满足冬季保温的要求；在温暖和炎热地区，屋面构造设计应满足夏季隔热的要求。随着我国对建筑节能要求的提高，屋面保温隔热设计也越来越受到重视。

（4）建筑构造要求 屋面是建筑的重要组成部分，它的形态对建筑的整体造型有严重的影响。因此，在屋面设计中必须兼顾功能和形式。

## 9.2 平屋面

### 9.2.1 平屋面的特点、组成及排水

**1. 平屋面的特点**

平屋面的支承结构常采用钢筋混凝土梁板，构造简单，建筑外观简洁。如果采用预制钢筋混凝土构件，可提高预制安装程度，加快施工速度，降低造价等。但平屋面坡度较小，排水慢，易产生屋面积水发生渗漏现象，因此屋面排水和防水是平屋面的主要设计内容。

**2. 平屋面的组成**

平屋面设计中主要解决防水、排水、保温、隔热和结构承载等问题，一般做法是结构层在下，防水层在上，其他层次位置视具体情况而定。

（1）平屋面的结构层 平屋面的结构层需承担屋面上的全部荷载，所以应具有足够的强度和刚度。目前主要采用钢筋混凝土结构，其主要分为现浇和预制两种。屋面板的结构形式与楼板相同。

（2）平屋面的防水层 目前较常采用的防水层主要有刚性防水层和卷材防水层两大类，在寒冷地区以柔性防水层居多。目前研制出新的防水材料，在形式与施工方法上都有所改善，使屋面防水效果更好。

（3）平屋面的保温层 在寒冷地区，屋面须设保温层，以使室内有一个便于人们生活和工作的舒适环境。保温层一般设置于结构层上或吊于结构层下，其厚度按热工计算确定。保温材料应选用轻质材料。屋面找坡可利用保温层进行找坡，也可以选用其他轻质材料。

（4）顶棚 顶棚位于屋面的底部，用来满足室内对顶部的平整度和美观要求。按顶棚的构造形式不同，分为直接式顶棚和悬吊式顶棚。

**3. 平屋面的排水**

（1）排水方式的选择 平屋面的排水方式分为无组织排水和有组织排水两大类。

1）无组织排水。无组织排水是指雨水经檐口直接落至地面，屋面不设雨水口、天沟等排水设施，又称自由落水。该排水方式节约材料，施工方便，构造简单，造价低。但檐口下落的雨水会溅湿墙脚，有风时雨水还会污染墙面。所以无组织排水不适用于高层建筑或降雨多的地区。

2）有组织排水。有组织排水是指屋面设置排水设施，将屋面雨水进行有组织的疏导并引至地面或地下排水管内的一种排水方式，这种排水方式构造复杂，造价高，但雨水不浸蚀墙面和影响人行道交通。有组织排水分为内排水和外排水，其中，外排水又分为女儿墙外排水和挑檐沟外排水。

① 内排水。大面积、多跨、高层以及特殊要求的平屋面常采用内排水方式，雨水经雨水口流入室内雨水管，再排到室外排水系统，如图 9-3a 所示。

② 外排水。外排水是指雨水经雨水口流入室外雨水管的排水方式。

a. 女儿墙外排水。设有女儿墙的平屋面，在女儿墙里面设内檐沟，雨水管可设在外墙外面，将雨水口穿过女儿墙，如图 9-3b 所示。

b. 挑檐沟外排水。设有挑檐沟的平屋面，挑檐沟内垫出的纵向坡度，将雨水引向雨水口，进入雨水管，如图 9-3c 所示。

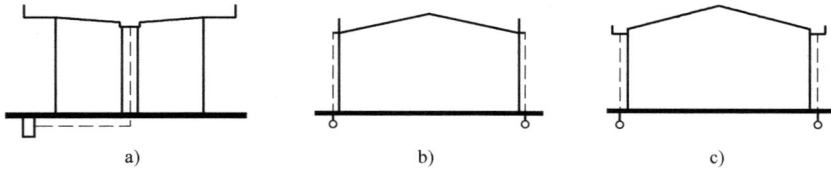

图 9-3　有组织排水

a）内排水　b）女儿墙外排水　c）挑檐沟外排水

（2）排水装置

1）天沟。天沟（图 9-4）是汇集屋面雨水的沟槽，有钢筋混凝土槽形天沟和在屋面板上用材料找坡形成的三角形天沟两种。当天沟位于檐口处时为檐沟。天沟的断面净宽一般不小于200mm。为使天沟内雨水顺利地流向低处的雨水口，沟底应分段设置坡度，坡度一般为0.5% ~ 1%。

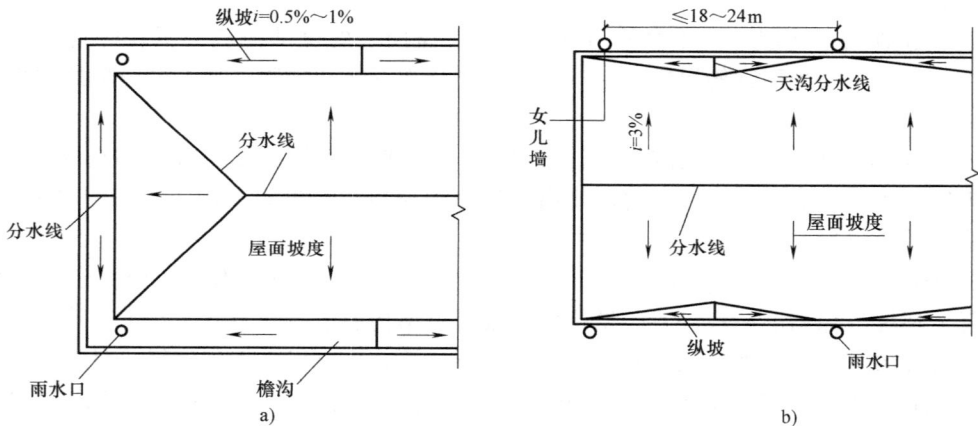

图 9-4　天沟

a）槽形天沟　b）三角形天沟

2）雨水口。雨水口是将天沟的雨水汇集至雨水管的连通构件，构造上要求排水通畅，不易阻塞，防止渗漏。雨水口有设在檐沟底部的水平雨水口和设在女儿墙根部的垂直雨水口两种。

3）雨水管。雨水管按材料不同有镀锌薄钢管、铸铁管、PVC 管、陶瓷管等，直径一般有50mm、75mm、100mm、125mm、150mm、200mm 等规格，一般民用建筑中常用直径为 100mm的镀锌薄钢管或 PVC 管。

（3）排水组织设计（图 9-5）　平屋面的排水组织设计是为了使屋面排水路线简捷顺畅，能够快速将雨水排出屋面。其设计步骤为：

1）选取排水坡面。排水坡面取决于建筑的进深，进深较大时采用双坡排水或四坡排水，进深较小的房屋和临街建筑常采用单坡排水。

2）选择排水方式。一般选用外排水方式，可选择女儿墙外排水或挑檐沟外排水。

3）划分排水分区。使雨水管负荷均匀，并把屋面划分为若干排水区，一般按一个雨水口负担 150~200m² 屋面水平投影面积的排水。

4）合理设置天沟。合理设置天沟使其具有汇集雨水和排除雨水的功能，天沟的断面尺寸净宽应不小于 200mm，分水线处最小深度应大于 80mm，沿天沟底长度方向设纵向排水坡，称为天沟纵坡。对天沟内最小纵坡的要求：卷材防水面层大于 10‰；自防水面层大于 30‰。砂浆或块材面层大于 5‰时，雨水管常用直径为 75~100mm，间距不宜超过 24m。

5）确定雨水管规格及间距。雨水管有铸铁、镀锌薄钢板、石棉水泥、塑料和陶土等。目前多采用塑料雨水管，常用的雨水管直径为 100mm，面积较小的露台或阳台一般采用直径为 50mm 或 75mm 的雨水管。其间距一般在 18m 以内，最大间距不宜超过 24m。镀锌薄钢板易锈蚀，不宜在潮湿地区使用；石棉水泥性脆，不宜在严寒地区使用。

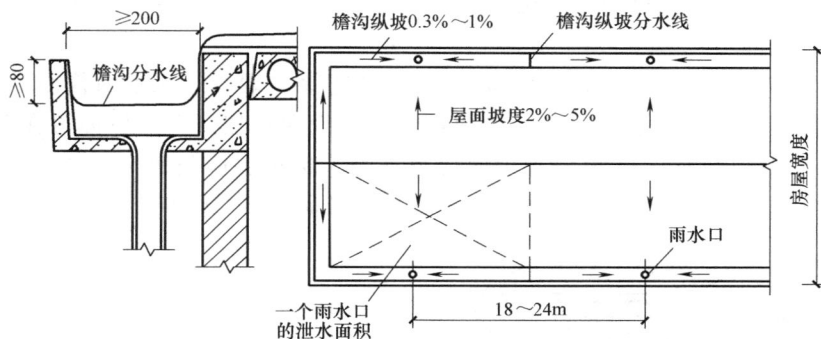

图 9-5　平屋面排水组织设计

## 9.2.2　柔性防水平屋面

柔性防水平屋面是用柔性防水卷材通过胶结材料粘贴在屋面上，形成一个大面积封闭的防水覆盖层。它具有一定的延伸性，能较好地适应结构温度变形，因此称为柔性防水平屋面，也称为卷材防水平屋面。

### 1. 柔性防水平屋面材料

多年来，我国一直沿用石油沥青油毡作为平屋面的主要防水材料，其是由特制纸胎在热沥青中经两遍浸渍而成的。这种防水平屋面造价低，但须热施工，低温脆裂，高温流淌，常需重复维修，在寒冷地区这种材料已很少使用。近年来广泛使用的一批新的卷材或片材防水材料，是以合成橡胶、合成树脂或两者共混体为基料，加入适量化学助剂和填充料经塑炼、混炼、压延或挤出成型的，一种合成高分子防水卷材。其具有拉伸强度高、断裂伸长率大、耐老化及冷施工等优越性能。如三元乙丙橡胶、氯化聚乙烯、聚氯乙烯、铝箔塑胶、橡塑共混等高分子防水卷材。这些材料能冷施工且弹性好、寿命长。另外还有一种新型的高聚物改性沥青防水卷材，其是用改性的沥青做基料，用高密度聚氯乙烯膜、无纺聚酯毡或玻纤毡做胎体，用聚乙烯薄膜覆盖面，经滚压水冷成型的卷材。这些新型防水材料与沥青卷材相比，具有高温不流淌、低温不脆裂、拉伸强度高、延伸率大、抗老化、黏结力强、施工方便的优点，特别适合于寒冷地区的防水平屋面。

### 2. 柔性防水平屋面构造

（1）柔性防水平屋面的基本构造

1）结构层。各种类型的钢筋混凝土楼板均可作为柔性防水平屋面的结构层。

2）找坡层。当屋面采用材料找坡来形成坡度时，找坡层一般位于结构层之上，有些材料，如 1∶6~1∶8 的水泥焦碴或水泥膨胀蛭石垫置形成坡度，最薄处不宜小于 30mm。当屋面采用结构找坡时，则不需设置找坡层。

3）找平层和结合层。找平层的作用是保证防水层的基层表面平整。一般用 1∶3 或 1∶2.5 水泥砂浆做找平层，厚 20mm。在找平层上面均匀地涂刷一层与三元乙丙橡胶卷材配套的胶粘剂，作为结合层。

4）防水层。采用氯化聚乙烯、三元乙丙橡胶共混防水卷材作为防水层，一般选用一层设防，在屋面易漏水的部位（如天沟、泛水、雨水口与屋面阴阳角等凸凹部位）均须附加一层同类卷材。在做防水层时应注意，防水卷材要干燥，找平层要干透。如果因找平层含有一定水分，水蒸气无法排出，屋面防水层鼓泡，易造成防水层破裂，使屋面漏水，如图 9-6 所示。因此为在防水层和找平层之间有一个能让水蒸气扩散流动的场所和渠道，常将防水层进行点铺或条铺，俗称花铺法。

5）保护层。对于不上人屋面，由于防水层是氯化聚乙烯、三元乙丙橡胶共混防水卷材，均为非硫化型材料，所以其强度较高，屋面可以不铺设保护层。上人屋面可在防水层上浇筑 30~40mm 厚细石混凝土面层。为防止屋面变形开裂，保护层应隔每 2m 左右留一道分格缝，也可用预制 30mm 厚 490mm×490mm 混凝土板或缸砖做面层，如图 9-7 所示。

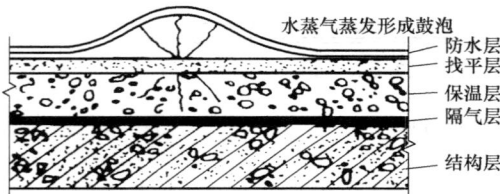

图 9-6　防水层鼓泡形成

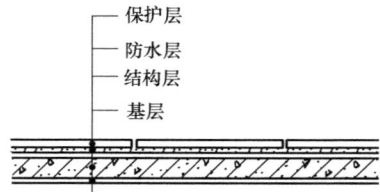

图 9-7　柔性卷材上人屋面

（2）柔性防水平屋面的细部构造

1）泛水构造。泛水是指屋面防水层与垂直墙、烟囱、变形缝等凸出物交接处的构造。泛水高度不应小于 250mm，转角处应将找平层做成半径不小于 20mm 的圆弧或 45°斜面，使防水卷材紧贴其上。在泛水上口挑出 1/4 砖用以挡水，需抹水泥砂浆斜口和滴水。

2）檐口构造。檐口构造有自由落水挑檐、挑檐沟、女儿墙外排水等多种。自由落水挑檐檐口的卷材收头极易开裂渗水，应采用配套油膏嵌缝。挑檐沟的檐口在檐沟处要多加一层卷材，可以采用空铺的方法，沟口处的卷材收头一般采用嵌油膏或插钢压条卡住等，其中嵌配套油膏较为合理，且施工方便。天沟、檐沟内用轻质材料做出不小于 1% 的纵向坡度。女儿墙外排水一般直接利用屋面倾斜坡面在靠近女儿墙屋面最低处做成排水沟，也可采用专用的槽板做成矩形天沟。天沟内防水层应铺设到女儿墙上形成泛水，天沟内设纵向排水坡度。新型檐口的卷材收头要嵌油膏，坡面要抹 20mm 厚 1∶3 的水泥砂浆。

3）雨水口。雨水口是屋面雨水排至雨水管的连接构件，通常为定型产品，多用铸铁、钢板制作。雨水口分为直管式和弯管式两大类。直管式用于内排水中间天沟、外排水挑檐等，弯管式适用于女儿墙外排水天沟。

直管式雨水口是根据降雨量和汇水面积选择型号。套管呈漏斗形，安装在挑檐板上，防水卷材和附加卷材均粘在套管内壁上，再用环形筒嵌入套管内，将卷材压紧，嵌入深度不小于 100mm，环形筒与底座的接缝需用油膏嵌缝。雨水口周围直径 500mm 范围内坡度不小于 5%，并用密封材料涂封，其厚度不小于 2mm。雨水口套管与基层连接处应留宽 20mm、深 20mm 的凹槽，并嵌填密封材料。

弯管式雨水口呈 90°弯曲状，由弯曲套管和铸铁算子两部分组成。弯曲套管置于女儿墙预留的孔洞中，屋面防水卷材和泛水卷材应铺到套管的内壁四周，铺设深度至少为 100mm，套管口用铸铁算子遮挡，防止杂物堵塞雨水口。

### 9.2.3　刚性防水平屋面

刚性防水平屋面是用刚性防水材料设置的屋面防水层，这种屋面具有价格低、耐久性好、屋面材料容易提供、构造简单、维修方便、便于施工等优点，但容易开裂，尤其对温度变化和结构变形较为敏感，所以刚性防水平屋面多用于南方地区。

**1. 刚性防水平屋面材料**

刚性防水平屋面主要采用由防水砂浆抹面或密实混凝土浇捣而成的刚性材料做屋面防水层，坡度宜为 2%~3%，并应采用结构找坡。这种防水材料受温差变化影响大，容易开裂。南方地区虽然比北方气温高，但日温差相对比北方小，混凝土开裂的程度也比较小一些，因此这种方法很少用于北方。另外，混凝土刚性防水平屋面也不宜用在有高温、振动和基础有较大不均匀沉降的建筑中。

**2. 刚性防水平屋面构造**

（1）刚性防水平屋面防水基本构造（图 9-8）

1）结构层。刚性防水平屋面的结构层有足够的强度和刚度，以尽量减少结构层变形对防水层的影响，一般采用现浇钢筋混凝土屋面板，当采用预制钢筋混凝土屋面板时应加强对板缝的处理。刚性防水平屋面的排水坡一般采用结构找坡，所以结构层施工时要考虑倾斜搁置。

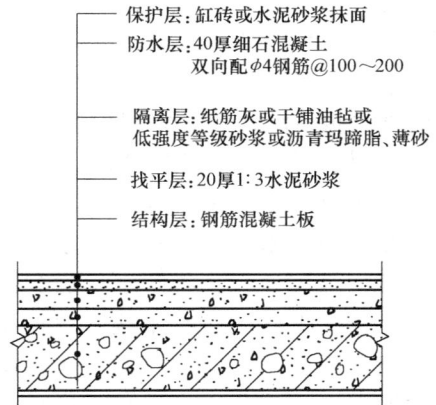

保护层：缸砖或水泥砂浆抹面
防水层：40厚细石混凝土
双向配φ4钢筋@100~200
隔离层：纸筋灰或干铺油毡或
低强度等级砂浆或沥青玛蹄脂、薄砂
找平层：20厚1:3水泥砂浆
结构层：钢筋混凝土板

图 9-8　刚性防水平屋面构造

2）找平层。结构层采用预制钢筋混凝土板时，应做找平层，用厚 20mm 的 1:3 水泥砂浆找平；采用现浇钢筋混凝土整体结构时，可以不做找平层。

3）隔离层。结构层在荷载作用下产生挠曲变形，在温度变化时产生胀缩变形，且结构层较防水层厚，其刚度相应比防水层大，当结构产生变形时必然会将防水层拉裂，所以在结构层和防水层之间设置隔离层，以使防水层和结构层之间有相对的变形，防止防水层开裂。隔离层常采用纸筋灰、低强度等级砂浆、干铺一层油毡或沥青玛蹄脂等做法。若防水层中加膨胀剂，其抗裂性能会有所改善，此时可不做隔离层。

4）防水层。防水层包括防水砂浆抹面防水层、普通细石混凝土防水层、补偿收缩混凝土防水层、块体刚性防水层等。细石混凝土防水层的混凝土强度等级不应低于 C20，厚度不小于 40mm，在其中双向配置 φ4~φ6 钢筋，间距为 100~200mm，以控制混凝土收缩后产生裂缝，保护层厚度不小于 10mm。在水泥砂浆和细石混凝土防水层中掺入外加剂，这是由于防水层在施工时用水量超过水泥在水凝过程中所需的用水量，多余的水在硬化过程中，会逐渐蒸发形成许多孔隙和互相连贯的毛细管网。另外过多的水分在砂石骨料的表面形成一层游离水，相互之间也会形成毛细通道，这些毛细通道会造成砂浆或混凝土收水干缩时表面开裂和屋面渗水。因此，在水泥砂浆和细石混凝土防水层中通过加入外加剂来改善这些情况，如掺入膨胀剂，使防水层在硬结时产生微膨胀效应，抵抗混凝土原有的收缩性以提高抗裂性。加入防水剂，使砂浆或混凝土与之生成不溶性物质，堵塞毛细通道，形成憎水性壁膜，以提高密实性。

（2）刚性防水平屋面的细部构造

1）分格缝。分格缝是刚性防水层的变形缝，又称分仓缝，即在大面积整体现浇混凝土防水层时，为防止因受温度变化影响或屋面板产生挠曲变形所引起的刚性防水层开裂而设置。分格缝应设在装配式屋面板的支承端、屋面的转折处、泛水上端与立墙交接处，与板缝对齐，其纵横间距不宜大于 6m，服务面积在 $15 \sim 25 m^2$。当建筑进深在 10m 以内时，在屋脊处应设一道纵向分格缝；当建筑进深超过 10m 时，应在屋顶坡面中的某一板缝上再设一道纵向分格缝。为防止缝处漏水，分格缝由浸过沥青的木丝板填塞，防水层内的钢筋网片在分格缝处应断开，缝口应嵌填密封材料，外表面用防水卷材盖缝条盖住。

2）泛水构造。刚性防水平屋面泛水构造与柔性防水平屋面泛水构造基本相同，一般做法是将细石混凝土防水层直接引伸到墙面上，细石混凝土内的钢筋网片也同时上弯。泛水应有足够的高度，转角处做成圆弧或 45°斜面，与屋面防水层一次浇成，不留施工缝，上端应有挡雨措施，一般做法是将砖墙挑出 1/4 砖，抹水泥砂浆滴水线。刚性平屋面泛水与墙之间必须设分格缝，以免两者变形不一致，使泛水开裂漏水，缝内用弹性材料充填，缝口应用油膏嵌缝或镀锌薄钢板盖缝，如图 9-9 所示。

3）檐口构造。常用的檐口形式有自由落水挑檐、有组织外排水挑檐沟及女儿墙外排水檐口。自由落水挑檐可用挑梁铺屋面板，将防水层做到檐口，注意在收口处做滴水线。挑檐沟有现浇和预制两种，可将屋面防水层直接做到檐沟，并挑出屋面，做出滴

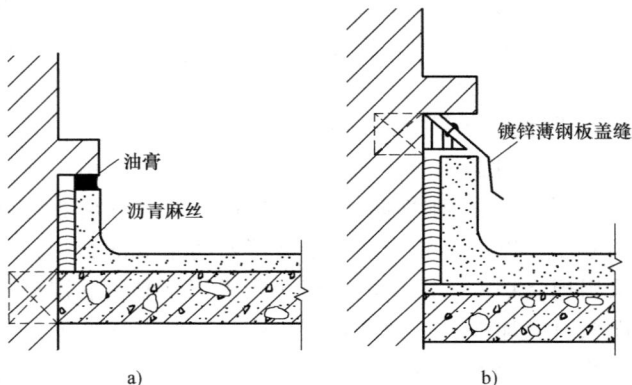

图 9-9　刚性防水平屋面泛水构造
a）油膏嵌缝　b）镀锌薄钢板盖缝

水线。女儿墙外排水檐口处常做成矩形断面天沟，做法与前面女儿墙泛水相同，天沟内需铺设纵向排水坡。

4）雨水口。刚性防水平屋面雨水口的规格和类型与前述柔性防水平、屋面所用雨水口相同。为防止雨水从套管与沟底接缝处渗漏，应在雨水口四周加铺柔性卷材，卷材应铺入套管的内壁。檐口内浇筑的混凝土防水层应盖在附加的卷材上，防水层与雨水口相接处用油膏嵌缝。

## 9.2.4　涂膜防水平屋面构造

涂膜防水平屋面是用防水材料涂刷在屋面基层上，利用涂刷干燥或固化后的不透水性来达到防水的目的。以前的涂膜防水平屋面由于涂刷材料的抗老化及抗变形能力较差，施工方法落后，多用在构件自防水屋面或小面积现浇钢筋混凝土屋面板上。随着材料和施工工艺的不断改进，现在的涂膜防水平屋面具有防水、抗渗、黏接力强、耐腐蚀、耐老化、延伸率大、弹性好、不延燃、无毒、施工方便等诸多优点，已广泛应用于建筑各部位的防水工程中。

涂膜防水主要是用于防水等级为Ⅲ、Ⅳ级的屋面防水，也可用作Ⅰ、Ⅱ级的屋面多道防水设防中的一道防水。

**1. 涂膜防水的防水材料**

涂膜防水的防水材料主要有各种防水涂料和胎体增强材料两大类。

（1）防水涂料 防水涂料的种类很多，按其溶剂或稀释剂的类型可分为溶剂型、水溶性、乳液型等；按施工时涂料液化方法的不同可分为热熔型、常温型等。

（2）胎体增强材料 某些防水涂料（如氯丁乳胶沥青涂料）需要与胎体增强材料（即所谓的布）配合，以增强涂层的贴附覆盖能力和抗变形能力。目前，使用较多的为胎体增强玻璃纤维网格布、聚酯无纺布等。

**2. 涂膜防水平屋面的构造及做法**

（1）氯丁乳胶沥青防水涂料平屋面 氯丁乳胶沥青防水涂料氯丁乳胶和石油沥青为主要原料，选用阳离子沥青乳化剂和其他助剂经软化和乳化而成，是一种水乳型涂料。其构造做法为：

1）找平层。在屋面板上用 1：2.5~1：3 的水泥砂浆做 15~20mm 厚的找平层并设分隔缝，分隔缝宽度为 20mm，其间距不大于 6m，缝内嵌填密封材料。找平层平整结实、洁净、干燥后，方可作为涂料施工的基层。

2）底涂层。将稀释涂料均匀涂布于找平层上作为底涂，干后再刷 2~3 度涂料。

3）中涂层。中涂层为加胎体增强材料的涂层，铺贴玻璃纤维网格布，有干铺和湿铺两种施工方法。干铺法是在已干的底涂层上干铺贴玻璃纤维网格布，展开后加以点贴固定，当铺过两个纵向搭接缝以后依次涂刷防水涂料 2~3 度，待涂层干后按上述做法铺第二层网格布，然后再涂刷 1~2 度涂料。干后在其表面刮涂增厚涂料（防水涂料：细砂为 1：1~1：1.2）。湿铺法是在已干的底涂层上边涂防水涂料边铺边贴玻璃纤维网格布，干后再刷涂料。一布二涂的厚度通常大于 2mm，二布三涂的厚度大于 3mm。

4）面层。面层根据需要可做细砂保护层或涂覆着色层。细砂保护层是在未干的涂层上抛洒 20mm 厚浅色细砂并辊压，使砂牢固地黏结于涂层上；着色层可使用防水涂料或耐老化的高分子乳液做胶粘剂，加上各种矿物颜料配制成成品着色剂，涂布于涂层表面。

（2）焦油聚氨酯防水涂料平屋面 焦油聚氨酯防水涂料又名 851 涂膜防水胶，经化学反应能在常温下形成一种耐久的橡胶弹性体，从而起到防水的作用。焦油聚氨酯防水涂料平屋面的做法是将找平以后的基层面清理干净，等其干燥后，用配置好的涂液（甲、乙两液的重量比为 1：2）均匀地涂刷在基层上。不上人屋面可待涂层干后在其表面刷银灰色保护涂料；上人屋面在最后一遍涂料未干时撒上绿豆砂，三天后在其上做水泥砂浆保护层或混凝土地砖保护层。

（3）塑料油膏防水平屋面 塑料油膏以废弃的旧聚氯乙烯塑料、煤焦油、增塑剂、稀释剂、防老化剂及填充材料等配制而成。塑料油膏防水平屋面的做法是：先用预制油膏条冷嵌于找平层的分格缝中，在油膏条与基层的接触部位和油膏条相互搭接处刷冷粘剂 1~2 遍；然后按产品要求的温度将油膏热熔液化，按基层表面涂油膏、铺贴玻纤网格布、压实、表面再刷油膏、刮板收齐边沿的顺序进行。根据设计要求可做成一布二油或二布三油。

涂膜防水层平屋面的细部构造要求及做法类同于柔性防水平屋面。

## 9.2.5 平屋面的保温和隔热

**1. 平屋面的保温构造**

（1）柔性防水保温平屋面的构造 柔性防水保温是平屋面的基本构造。我国地域辽阔，气温差别很大。北方地区冬季寒冷，需要采暖，室内温度比室外高，为了不使热量散失太快，外围护构件需按保温要求设计，所以屋面须设保温层。

　　1）保温材料的选择。保温材料要根据使用要求、气候条件、屋面结构形式、当地资源、工程造价等综合考虑，一般分为散料、块材和板材三种材料。散料有炉渣、矿渣、膨胀珍珠岩、膨胀蛭石等，这种材料由于在使用过程中问题太多，如在风较大时不宜施工，炉渣、矿渣重量较大等，并且如果上面做卷材防水层，必须在散状材料上抹水泥砂浆找平层，再铺防水卷材，以保证防水层有一个较好的基层，所以目前已较少使用。块材有沥青膨胀珍珠岩、沥青膨胀蛭石、水泥膨胀珍珠岩、加气混凝土块等，施工时先在保温层上面抹水泥砂浆找平层，再铺橡胶防水层。板材有预制膨胀珍珠岩板、膨胀蛭石板以及加气混凝土板、聚苯乙烯泡沫塑料板等轻质材料，上面同样先做找平层再铺防水层。某些块材和板材可采用散料和水泥、石灰、水玻璃等胶结材料进行现场预制。现大多使用聚苯乙烯泡沫塑料板等保温材料。

　　2）保温层的设置。根据保温层在屋面构造中的位置可分为三种：

　　① 保温层设在防水层下（图 9-10）。这种做法是常用的构造做法，即保温层包覆在结构层的上面。保温层厚度根据热工计算确定。这种做法能有效减小外界温度变化对结构的影响，而且结构受力合理，施工方便。由于室内水蒸气能透过结构层进入保温层，产生凝结水，从而会降低保温材料的保温性能。另外凝结水受热膨胀还可使防水层发生起鼓破坏，导致防水层失效。为防止这种现象产生，除前面介绍的采用花铺法之外，还应采用在保温层下做隔气层的方法，一般用和橡胶卷材配套的防水涂料涂刷 2mm 厚，或采用在保温层上加一层砾石或陶粒作为透气层，在其上做找平层和卷材防水层，如图 9-11a 所示，也可在保温层中间做排气通道，如图 9-11b 所示。保温层

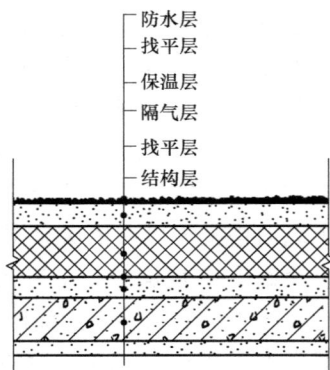

图 9-10　保温层设在防水层下

中设透气层并要留通风口，通风口一般留在檐口和屋脊处，如图 9-12 所示。后两种方法因构造复杂，较少采用。

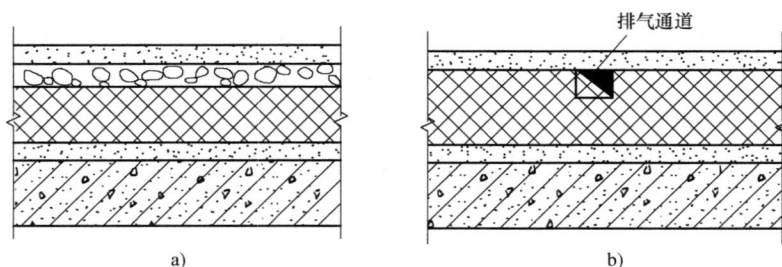

图 9-11　保温层设透气层做法
a）加砾石或陶粒　b）保温层中设排气通道

　　② 保温层设在防水层上。其构造层次为：覆盖层、保温层、防水层、找平层、结构层。由于保温层的位置和通常的设置相反，所以这种保温屋面也称为倒置式保温屋面（图 9-13）。这种做法的优点是防水层不受外界气候的影响和破坏。保温材料必须采用吸湿低、耐候性强的憎水保温材料，如聚氨酯和聚苯乙烯泡沫材料等，而且上面须用较重的覆盖层压住，如混凝土块、卵石、砖等。

　　倒置式保温屋面的构造要求保温隔热层应采用吸水率低的材料，如聚苯乙烯泡沫板、沥青膨胀珍珠岩等。而且在保温隔热层上应用混凝土、水泥砂浆或干铺卵石作为保护层，以避免保温隔热材料受到破坏。保温层采用混凝土板或地砖材料时，可用水泥砂浆铺砌；当采用卵石做

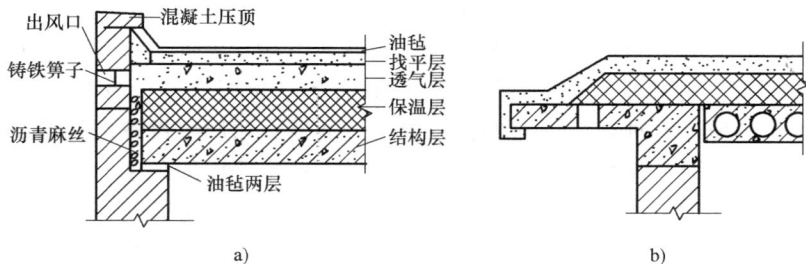

图 9-12 保温层中透气层通风口构造

a) 透气层女儿墙通风口 b) 保温层设透气层屋檐通风口

保护层时，在卵石与保温隔热材料层间应铺一层耐穿刺且耐久性强、防腐性能好的纤维织物。

③ 保温层与结构层结合。保温层与结构层结合的做法有三种：一种是保温层设在槽形板的下方，如图 9-14a 所示，这种做法会使室内的水汽进入保温层中从而降低保温效果；一种是保温层放在槽形板朝上的槽口内，如图图 9-14b 所示；还有一种是将保温层与结构层融为一体，如配筋的加气混凝土屋面板，这种构件既能承重，又有保温效果，且简化了屋面构造层次，施工方便，但屋面板的强度低，耐久性差，如图 9-14c 所示。

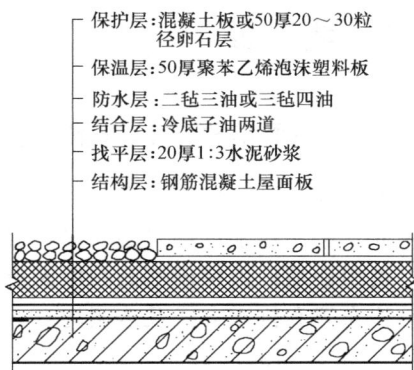

保护层：混凝土板或50厚20～30粒径卵石层
保温层：50厚聚苯乙烯泡沫塑料板
防水层：二毡三油或三毡四油
结合层：冷底子油两道
找平层：20厚1:3水泥砂浆
结构层：钢筋混凝土屋面板

图 9-13 倒置式保温屋面

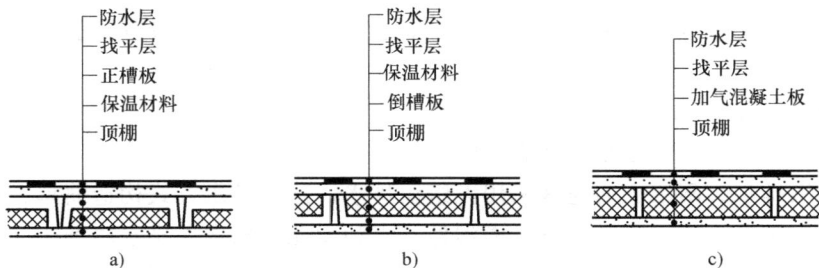

图 9-14 保温层与结构层结合

a) 保温层设在槽形板下方 b) 保温层放在槽形板朝上的槽口内 c) 保温层与结构层融为一体

（2）刚性防水保温平屋面的构造 刚性防水保温平屋面的保温构造与柔性防水保温平屋面的构造方式基本相同。

**2. 平屋面的隔热构造**

炎热地区夏季太阳辐射使屋面温度剧烈升高，为减轻高温对室内的影响，平屋面须设降温隔热层或采取降温措施。构造做法有：

（1）实体材料隔热平屋面 利用具有蓄热性、热稳定性和传导时间的延迟性的材料做的隔热屋面。这种屋面在太阳的辐射下，内表面出现高温比外表面延迟 3～5h。由于其蓄热系数大，晚间气温降低后，屋面蓄存的热量开始向室内散发，所以这种方法只适用于夜间不常使用的房间。

（2）蓄水平屋面 蓄水平屋面不宜在寒冷地区、地震区和振动较大的建筑物上使用，屋面的坡度不宜大于 0.5%，屋面应划分为若干边长不大于 10m 的蓄水区，长度超过 40m 的蓄水平屋面应做横向伸缩缝一道。屋面的蓄水深度宜为 150~200mm。蓄水平屋面溢水口的上部应距分仓缝顶面 100mm，排水孔设在分仓缝底部，排水管与雨水管相连。屋面应设置人行通道。

（3）种植平屋面　种植平屋面隔热性能好且具有冬季保温性能，有利于增加防水层的耐久性，也利于美化环境。在种植平屋面上应设置人行通道，四周应设置围护墙及泄水孔、排水管，屋面为柔性防水层时，上部应设置刚性保护层。种植平屋面的种植介质主要为使用炉渣与土混合的有土种植和使用蛭石、珍珠岩、锯末等的无土种植。

（4）通风降温平屋面　在屋面设置通风的空气间层，利用空气的流动带走热量。其一般有两种做法：一种是通风层设在结构层下方，做成顶棚通风层；另一种是通风层设在结构层上方，采用架空大阶砖或轻型预制板的方式。

# 9.3　坡屋面

## 9.3.1　坡屋面的形式、排水、屋面材料及其坡度

坡屋面是排水坡度较大的屋面形式，由承重结构和屋面两个基本部分组成，根据使用功能的不同，有些还须设保温层、隔热层和顶棚等。

坡屋面坡度由房屋平面和屋面形式决定，屋面坡面交接形成屋脊、斜沟、檐口等，对屋面的结构布置和排水方式及造型均有一定影响。

### 1. 坡屋面的形式

（1）单坡屋面　房屋宽度很小或临街时采用。

（2）双坡屋面　房屋宽度较大时采用，可分为悬山屋面、硬山屋面。

（3）四坡屋面　四坡屋面又称四坡落水屋面。古代宫殿庙宇常用的庑殿顶和歇山顶都属于四坡屋面。

### 2. 坡屋面的排水方式

坡屋面的排水方式也分为无组织排水和有组织排水两种。

（1）无组织排水　雨水少的地区采用无组织排水，这种排水方式构造简单，造价低。

（2）有组织排水　有组织排水分为檐沟外排水和女儿墙檐沟外排水两种。

1）檐沟外排水。在坡屋面挑檐处设檐沟，雨水经檐沟、雨水管排至地面，雨水管和檐沟通常采用镀锌薄钢板或石棉水泥轻质耐锈材料制作。

2）女儿墙外排水（女儿墙挑檐沟外排水）。屋面四周设檐沟，檐沟外设女儿墙，雨水经过檐沟、雨水口、雨水管排至地面。檐沟一般用镀锌薄钢板或钢筋混凝土制成，雨水口、雨水管采用镀锌薄钢管、铸铁管、石棉水泥管、缸瓦管和玻璃钢管等材料制作。

### 3. 坡屋面材料及其坡度

坡屋面的屋面防水材料有弧瓦（又称小青瓦）、平瓦、波形瓦、金属瓦、琉璃瓦、玻璃屋面、构件自防水及草顶、黄土顶等。使用坡度一般大于 10%。

## 9.3.2　坡屋面的支承结构

坡屋面常用的支承结构有横墙承重和屋架承重两类。房屋开间较小的建筑常采用横墙承重，如住宅、宿舍等；有较大空间要求的建筑常采用屋架承重，如食堂、礼堂、俱乐部等。

### 1. 横墙承重

按坡屋面要求的坡度，横墙上部砌成三角形，在墙上直接搁置檩条，承受屋面重量，这种

支承结构称为横墙承重。这种结构简单、经济，房间之间隔声、防火性能较好；但平面布局受到一定的限制。横墙的间距即檩条的跨度应尽可能一致，檩条常用木材、钢筋混凝土或钢材制作。木檩条跨度在 4m 以内，截面为矩形或圆形；钢筋混凝土檩条跨度最大可达 6m，截面可为矩形、L 形、T 形。檩条截面尺寸须经结构计算确定；檩条间距与屋面板厚度或椽子截面尺寸有关，檩条端头须经过防腐处理。

**2. 屋架承重**

屋架承重是指屋架搁置在建筑物外纵墙或柱上，屋架上设檩条，传递屋面荷载，使建筑物内有较大的使用空间。屋架间距通常为 3~4m，一般不超过 6m。

屋架用木、钢木、钢筋混凝土或钢等材料制作，其高度和跨度的比值应与屋面的坡度一致。常用三角形屋架，其构造简单，施工方便，适用于各种瓦屋面。

### 9.3.3 坡屋面的屋面构造

**1. 平瓦坡屋面**

平瓦又称为机平瓦，是用黏土模压制成凸凹楞纹后焙烧而成的，一般尺寸为长 380~420mm，宽 240mm，厚 20mm。瓦设有挂钩，可以挂在挂瓦条上防止下滑，中间突出部位穿有小孔，风速大的地区可以用镀锌钢丝将瓦绑扎在挂瓦条上。水泥瓦、硅酸盐瓦只是形状、尺寸稍有变化，但仍属此类。

（1）基本构造

1）冷摊瓦坡屋面。冷摊瓦坡屋面是平瓦坡屋面中做法最简单的屋面，也称为空铺平瓦坡屋面，即在椽子上钉挂瓦条后直接挂瓦，如图 9-15 所示。挂瓦条尺寸视椽子间距而定。这种构造方式简单、经济，但易飘入雨雪。

2）实铺瓦坡屋面。实铺瓦坡屋面是在檩条或椽条上铺屋面板，屋面板上面挂瓦。屋面板是木板的称为木望板瓦坡屋面。其构造方法是：在檩条上铺钉 20mm 厚的平毛木板，板间留 10~20mm 的缝。在板上平行屋脊从檐口到屋脊铺一层油毡，上用 30mm×10mm 的板条垂直屋脊方向钉牢，这称为顺水条或压毡条，油毡搭接长度不小于 80mm。然后在顺水条上钉

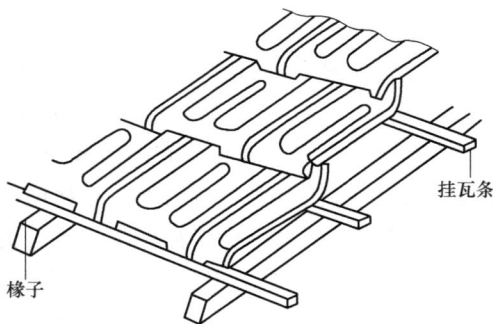

图 9-15 冷摊瓦坡屋面

挂瓦条，上面挂瓦，如图 9-16a 所示。这种做法使从瓦缝飘入的雨水被挡在卷材之外，雨水通过挂瓦与油毡之间的空隙排出，这样不仅能增强屋面的防水性能，而且能加强其保温隔热性能；但耗用木材多，造价偏高，适用于大量建筑中对防水要求严格的建筑。望板也可采用钢筋混凝土屋面板，这种瓦屋面构造方法与木望板坡瓦屋面构造基本相同，现使用较多，如图 9-16b 所示。

3）钢筋混凝土挂瓦板坡屋面。用钢筋混凝土挂瓦板代替实铺瓦屋面的檩条、望板、挂瓦条等的功能，将其直接搁置在山墙或屋架上，上面挂瓦，挂瓦板坡屋面坡度不小于 1:2.5。挂瓦板两端预留小孔套在砖墙或屋架上的预埋钢筋头上加以固定，并用 1:3 水泥砂浆填实，如图 9-17 所示。其缺点是在挂瓦板的板缝处容易渗水，必须注意板缝的防水处理。

（2）细部构造

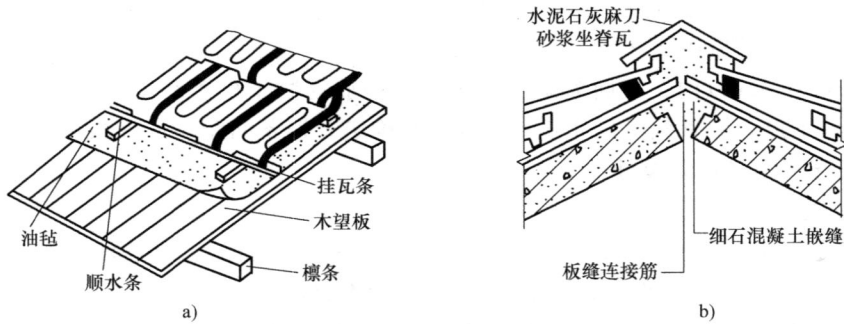

图 9-16　实铺瓦坡屋面

a）木望板瓦坡屋面　b）钢筋混凝土望板瓦坡屋面

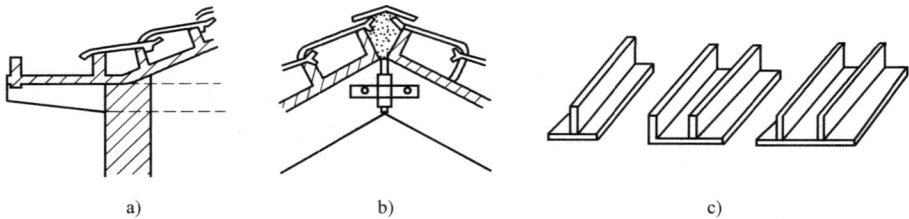

图 9-17　钢筋混凝土挂瓦板坡屋面

a）檐口　b）屋脊　c）挂瓦板

1）山墙檐口。山墙檐口可分为山墙挑檐和山墙封檐两种。

① 山墙挑檐。山墙挑檐又称悬山，将檩条外挑形成悬山，檩条端部钉木封檐板。沿山墙挑檐的一行瓦，应用 1∶2.5 水泥麻刀砂浆抹成转角封边。

② 山墙封檐。山墙封檐有硬山和出山两种。硬山做法是屋面和山墙齐平，或挑出一皮砖用水泥砂浆抹边瓦出线。出山做法是将山墙砌出屋面，在山墙和屋面交界处做泛水，常见构造有挑砖砂浆抹灰泛水、小青瓦坐浆泛水、镀锌薄钢板泛水。

2）纵墙檐口。纵墙檐口有挑檐和包檐两种。

① 挑檐。屋面挑出外墙，对外墙有保护作用，南方雨多出挑大，北方雨少出挑小。当出挑小时可用比较简单的砖砌挑檐，每皮砖出挑 1/4 砖，约 60mm。一般挑出的总长度不大于墙厚的 1/2。当出挑较大时，有下面三种构造方法。

a. 屋面板出挑檐口。望板较薄，出挑长度不宜大于 300mm。若能利用屋架托木或在横墙砌入挑檐木与望板封檐板结合，出挑长度可适当加大。

b. 挑椽檐口。当出挑长度大于 300mm 时，可利用椽子出挑，檐口处可将椽子外露或钉封檐板。

c. 挑檩檐口。利用屋架下弦托木或横墙砌入挑檐木作为支托，檐口墙外另一檩条做成挑檩檐口。

② 包檐。包檐檐口处墙出屋面将檐口包住，也称女儿墙封檐。屋架与女儿墙相接处必须设天沟。常用做法是用镀锌薄钢板放在木地板上，镀锌薄钢板靠墙一边做成泛水，泛水高度大于 250mm，天沟一边伸入屋面油毡层底下。也可采用钢筋混凝土预制天沟板。

3）斜天沟。一般采用镀锌薄钢板，镀锌薄钢板下铺两层油毡，天沟应有足够的截面面积以防止溢水。也可以采用弧形瓦或缸瓦铺到斜天沟，搭接处用麻刀灰做牢。

4）烟囱泛水。采用木檩条或木望板时，为了防火，木檩条和木望板距烟囱内壁的距离应大于370mm，烟囱外壁做出挑。屋面与烟囱四周交接处均须做泛水，一般做镀锌薄钢板泛水或挑砖、石灰麻刀砂浆泛水。镀锌薄钢板泛水做法是将烟囱泛水与相交屋面上方的镀锌薄钢板插入瓦下，而下方的镀锌薄钢板盖在瓦上。

**2. 波形瓦坡屋面**

波形瓦具有质轻、有一定刚度、块大、构造简单等优点，但易脆裂、保温隔热性能差，多用于不需保温隔热的建筑中。

（1）瓦的种类　石棉水泥波形瓦和镀锌瓦楞铁最为常用，石棉水泥波形瓦分为大波、中波、小波三种。此外，波形瓦还有塑料波形瓦、玻璃钢波形瓦等品种，它们不但质轻，而且强度高、透光性好，可兼做采光天窗。另外，金属瓦质轻、延性好，目前已在工业建筑中大量使用。

（2）波形瓦坡屋面构造　波形瓦坡屋面的构造做法是直接将瓦钉在檩条上，檩条间距视瓦长而定，每张瓦至少三个固定点，固定瓦时应考虑温度变化引起的变形，故钉孔直径应比钉子直径大2~3mm，并加装防水垫，孔设在波峰上，石棉水泥瓦上下搭接长度大于100mm，左右两张瓦之间，大波瓦、中波瓦至少搭接半个波，小波瓦至少搭接一个波。

**3. 钢筋混凝土大型屋面板坡屋面**

钢筋混凝土大型屋面板多用于工业建筑中，大型公共建筑也有采用。屋面板跨度有6m、12m等，一般直接搭在钢层架或钢筋混凝土屋架上。大型屋面板有钢筋混凝土槽形板、T形板等。槽形板垂直于屋脊方向单层或双层铺设，下面用檩条支承。单层铺设时槽口向上，两块板肋之间的缝用脊瓦盖住，以防板缝漏水；双层铺设时将槽形板正反搁置互相搭盖，板面多采用防水砂浆或涂料防水。正反两块板之间形成通风孔道从檐口进风，屋脊处设出风口成为通风屋面，在南方气候炎热地区常采用此种屋面。T形板可直接搭在屋架或檩条上，板按顺水方向互相搭接，板缝用砂浆嵌填。

**4. 涂膜防水坡屋面**

涂膜防水坡屋面是板面采用涂料防水，板缝采用嵌缝材料防水的一种防水屋面。这种屋面适用于坡度大于25%的坡屋面，其优点是不用在屋面板上另铺卷材或混凝土防水层，仅在板缝和板面采取简单的嵌缝和涂膜措施。这种做法构造简单，节约材料，降低造价。通常用于不设保温层的预制屋面板结构，在有较大振动的建筑物或寒冷地区不宜采用。

（1）材料的选择　防水涂料是用以沥青为基料配制而成的水乳型或溶剂型的防水涂料和以石油沥青为基料，用合成高分子聚合物对其改性，加入适量助剂配制的防水涂料，或以合成橡胶或合成树脂为原料，加入适量活性剂、改性剂、增塑剂等制成的防水涂料。

（2）基本构造做法

1）结构层。结构层采用刚度大的预制钢筋混凝土屋面板，以减小屋面变形。屋面板的板缝处采用细石混凝土灌缝，留凹槽嵌填油膏并做保护层。油膏常用聚氯乙烯胶泥和建筑防水油膏，保护层采用贴卷材或油膏上撒绿豆砂。

2）找平层。找平层作为防水层的基层，采用1:3水泥砂浆找平。板端易变形开裂，对防水层不利，应设分格缝，间距不宜大于6m，缝宽宜为20mm，内嵌密封材料，并应增设宽200~300mm带胎体增强材料的空铺附加层。

3）防水层。防水层采用在板面上涂刷防水涂料，或防水涂料与玻璃纤维布交替铺刷的方式。一般采用一布二油、二布六油或三遍涂料的做法。对容易开裂和渗水的部位，应留凹槽嵌密封材料，并增设一层或一层以上带胎体增强材料的附加层。雨水管周围与屋面交接处，应做密封处理，并加铺两层有胎体增强材料的附加层，涂膜深入雨水口不小于 50mm。

4）保护层。为防止涂膜防水层受到破坏，屋面应设保护层。保护层的材料可采用细砂、云母、蛭石、浅色涂料、水泥砂浆或块材等。采用水泥砂浆或块材时，在涂膜和保护层之间应设置隔离层。水泥砂浆保护层厚度不小于 20mm。

屋面工程设计的一般技术规范要求见表 9-2。

表 9-2　屋面工程设计的一般技术规范要求

| 项目 | 主要要求 | 详细要求 |
|---|---|---|
| 排水 | 1. 采用重力式排水时，屋面汇水面积宜为 150~200m²，每一汇水面积内，雨水排水立管不宜少于 2 根<br>2. 高跨屋面为无组织排水时，其低跨屋面受水冲刷的部位应加铺一层卷材，并设 40~50mm 厚，300~500mm 宽的 C20 细石混凝土保护层；高跨屋面为有组织排水时，雨水管下应加设水簸箕<br>3. 钢筋混凝土檐沟、天沟净宽应 ≥300mm，分水线处最小深度应 ≥100mm；沟内纵向坡度应 ≥1%，沟底水落差应 ≤200mm；虹吸式雨水排水的集水沟有效深度宜 ≥250mm<br>4. 金属檐沟、天沟的纵向坡度宜为 0.5% | 《屋面工程技术规范》（GB 50345—2012）第 4.2.6 条及条文解释<br>《屋面工程技术规范》（GB 50345—2012）第 4.2.7 条<br>《屋面工程技术规范》（GB 50345—2012）第 4.2.11 条<br>《民用建筑设计统一标准》（GB 50352—2019）第 6.14.5 条<br>《屋面工程技术规范》（GB 50345—2012）第 4.2.12 条 |
| 找坡找平 | 1. 混凝土结构层宜采用结构找坡，坡度应 ≥3%；当采用材料找坡时，宜采用质量轻、吸水率低和有一定强度的材料，坡度宜为 2%。水泥砂浆找平层厚度为 15~20mm，细石混凝土找平层厚度为 30~35mm<br>2. 保温层上的找平层应留设分格缝，缝宽宜为 5~20mm，纵横缝的间距宜 ≤6m | 《屋面工程技术规范》（GB 50345—2012）第 4.3.1 条<br>《屋面工程技术规范》（GB 50345—2012）第 4.3.2 条<br>《屋面工程技术规范》（GB 50345—2012）第 4.3.3 条 |
| 隔气 | 需设隔气层时，隔气层应沿周边墙面向上连续铺设，高出保温层上表面应 ≥150mm | 《屋面工程技术规范》（GB 50345—2012）第 4.4.4 条 |
| 排气 | 需设排气构造时，分格缝可兼作排气道，排气道宽度宜为 40mm，间距宜为 6.0m，屋面面积每 36m² 设一个排气孔 | 《屋面工程技术规范》（GB 50345—2012）第 4.4.5 条 |
| 架空隔热 | 1. 当采用混凝土板架空隔热时，屋面坡度宜 ≤5%<br>2. 架空隔热层高度宜为 180~300mm，架空板与女儿墙的间距应 ≥250mm<br>3. 当屋面宽度 >10m 时，架空隔热层中部应设通风屋脊 | 《屋面工程技术规范》（GB 50345—2012）第 4.4.9 条 |
| 蓄水隔热 | 1. 蓄水隔热层的蓄水池应采用强度等级不低于 C25，抗渗等级不低于 P6 的现浇混凝土，池内宜采用 20mm 厚防水砂浆抹面<br>2. 蓄水隔热层的排水坡度宜 ≤0.5%<br>3. 蓄水隔热层应划分为若干蓄水区，每区边长宜 ≤10m，变形缝两侧的蓄水区互不相通，长度 >40m 时应分仓设置<br>4. 蓄水池深度宜为 150~200mm；溢水口距分仓墙顶面高度应 ≥100mm | 《屋面工程技术规范》（GB 50345—2012）第 4.4.10 条 |

（续）

| 项目 | 主要要求 | 详细要求 |
|---|---|---|
| 烟道风道 | 自然排放的烟道和排风道伸出平屋面的高度应≥0.60m,伸出坡屋面的高度应符合下列规定:<br>1. 当烟道和排风道中心线距屋脊的水平投影距离<1.5m 时,应高出屋脊 0.60m<br>2. 当烟道或排风道中心线距屋脊的水平投影距离为 1.5～3.0m 时,应高于屋脊,且伸出屋面的高度应≥0.6m<br>3. 当烟道和排风道中心线距屋脊的水平投影距离>3.0m 时,可适当低于屋脊,但其顶部与屋脊的连线同水平线之间的夹角应≤10°,且伸出屋面高度应≥0.6m | 《民用建筑设计统一标准》(GB 50352—2019)第 6.16.4 条 |
| 检修口 | 屋面应设上人检修口;当屋面无楼梯通达,并小于 10m 时,可设外墙爬梯,并应有安全防护和防止儿童攀爬的措施 | 《民用建筑设计统一标准》(GB 50352—2019)第 6.14.6 条 |

# 思　考　题

1. 坡度形成方式有哪些? 比较各种方式的优缺点。
2. 什么是无组织排水和有组织排水? 它们各自的适用范围是什么?
3. 试述屋面排水的设计步骤,以女儿墙外排水为例。

# 第10章 楼梯及其他垂直交通设施

## 10.1 楼梯的组成和分类

楼梯是由连续行走的梯级、休息平台和维护安全的栏杆（栏板）、扶手以及相应的支承结构组成的作为楼层之间垂直交通用的建筑部件，是建筑中常用的垂直交通设施。楼梯的数量、位置、宽度和楼梯间形式应满足使用方便和安全疏散的要求，还应符合《建筑设计防火规范（2018年版）》（GB 50016—2014）、《民用建筑设计统一标准》（GB 50352—2019）和其他有关单项建筑设计标准的要求。

### 10.1.1 楼梯的组成

如图10-1所示，楼梯由楼梯梯段、楼梯平台和扶手栏杆（板）三部分组成。

（1）楼梯梯段 以踏步形式供层间上下行走的通道段落，称为梯段。一个梯段又称为一跑。踏步供行走时，踢脚的水平部分和形成踏步高差的垂直部分分别称作踏面和踢面。楼梯的坡度由踏步的高度和宽度形成并确定。

（2）楼梯平台 楼梯平台是指连接两个梯段之间的水平部分，由楼层平台和中间（休息）平台组成。连通梯段和楼层的平台称为楼层平台，连接两个梯段供使用者在攀登了一定距离后稍作休息的平台称为中间（休息）平台。

（3）扶手栏杆（板） 布置于楼梯段及平台边缘，用于保障人身安全或分割空间的防护分割构件，称为栏杆（板），也可称为楼梯护栏。固定于立柱或建筑结构上，可供抓握作为引导或支撑的构件称为扶手。

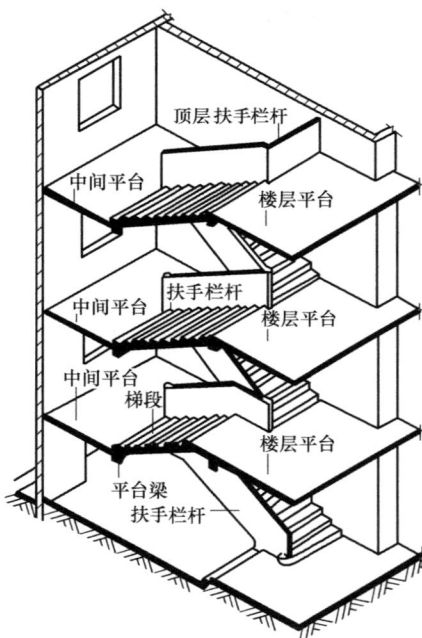

图10-1 楼梯的组成示意图

### 10.1.2 楼梯的分类

按楼梯的材料分类，其分为钢筋混凝土楼梯、钢楼梯、木楼梯与组合楼梯；按楼梯的所处位置，其分为室内楼梯和室外楼梯；按楼梯的使用性质，其分为主楼梯、辅助楼梯和疏散楼梯，其中，疏散楼梯根据其防烟、防火的作用不同，又分为敞开楼梯、封闭楼梯和防烟楼梯等；按楼梯的施工方法，其分为现浇整体式楼梯和预制装配式楼梯，前者又分为板式楼梯和梁式楼梯两种；按楼梯的平面形式，其分为直跑楼梯、双跑平行楼梯、双分平行楼梯、双分转角楼梯、三跑楼梯、剪刀楼梯、圆形楼梯和螺旋楼梯等，如图10-2所示。

直跑楼梯（图10-2a、b）具有方向单一、贯通空间的特点；双跑平行楼梯（图10-2f）可作为各种建筑物的主要和辅助楼梯；双分平行楼梯（图 10-2g）和双分转角楼梯（图 10-2d）均衡对称、典雅庄重；三跑楼梯（图 10-2e）适用于楼梯间平面为方形的公共建筑物；人流疏散量大的建筑常采用剪刀楼梯（图 10-2h），其既利于人流疏散，又可有效利用空间；有建筑美观要求的可采用圆形楼梯（图 10-2i）和螺旋楼梯（图 10-2j）等。楼梯平面形式的选用，主要根据其使用性质、建筑空间和重要程度来决定。

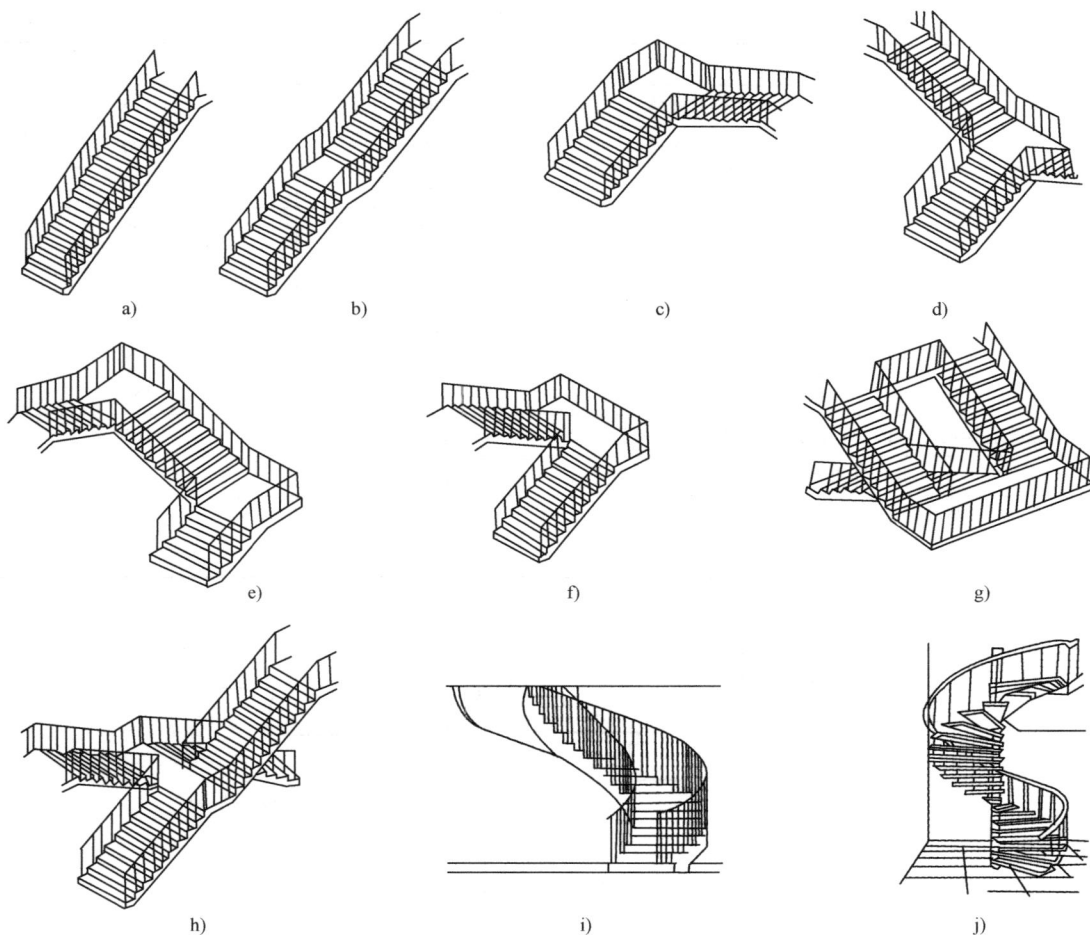

图 10-2　楼梯形式
a）直跑楼梯（单跑）　b）直跑楼梯（双跑）　c）转角楼梯　d）双分转角楼梯　e）三跑楼梯
f）双跑平行楼梯　g）双分平行楼梯　h）剪刀楼梯　i）圆形楼梯　j）螺旋楼梯

## 10.2　楼梯的尺度

### 10.2.1　楼梯坡度和踏步尺寸

楼梯坡度的选择应从攀登效率、节省空间、人流疏散等方面考虑。一般在人流量较大、安全标准较高或面积较充裕的场所，其坡度应平缓些，如 30°左右。仅供少数人使用或不经常使用的辅助楼梯可坡度较陡，但不宜超过 38°，常用适宜踏步尺寸见表 10-1。

梯段内每个踏步高度、宽度应一致，相邻梯段的踏步高度、宽度应一致。当同一建筑地上、地下为不同使用功能时，楼梯踏步高度和宽度可分别按表10-1的规定取值。

每个梯段的踏步级数不应少于3级，且不应超过18级。

楼梯踏步（图10-3）的高度不应大于210mm，并不宜小于140mm。楼梯常用坡度范围在25°~45°，其中以30°左右较为适宜。如公共建筑中的楼梯及室外的台阶常采用26°34′的坡度，即踢面高与踏面深之比为1:2。居住建筑的套内楼梯可以达到45°。

**表10-1　楼梯踏步最小宽度和最大高度**　　　　　　（单位：mm）

| 楼梯类别 | | 最小宽度 | 最大高度 |
|---|---|---|---|
| 住宅楼梯 | 住宅公共楼梯 | 260 | 175 |
| | 住宅套内楼梯 | 220 | 200 |
| 宿舍楼梯 | 小学宿舍楼梯 | 260 | 150 |
| | 其他宿舍楼梯 | 270 | 165 |
| 老年人建筑楼梯 | 住宅建筑楼梯 | 300 | 150 |
| | 公共建筑楼梯 | 320 | 130 |
| 托儿所、幼儿园楼梯 | | 260 | 130 |
| 小学学校楼梯 | | 260 | 130 |
| 人员密集且竖向交通繁忙的建筑和大、中学学校楼梯 | | 280 | 165 |
| 其他建筑楼梯 | | 260 | 175 |
| 超高层建筑核心筒内楼梯 | | 250 | 180 |
| 检修及内部服务楼梯 | | 220 | 200 |

注：螺旋楼梯和扇形楼梯离内侧扶手中心250mm处的踏步宽度不应小于220mm。

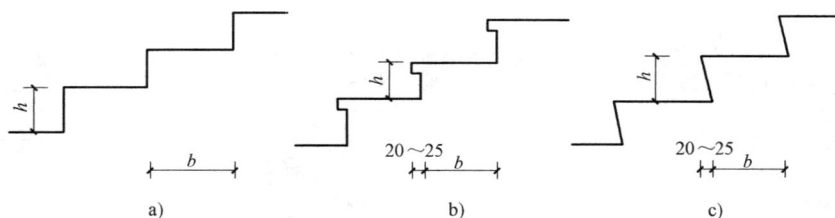

图10-3　楼梯踏步形式

a）一般楼梯形式　b）带踏口楼梯形式　c）斜踢面楼梯形式

踏步尺寸与人的行走有关，可按下式计算踏步尺寸：

$$2h+b = (600 \sim 620)\,\text{mm}$$

或

$$h+b = 450\text{mm}$$

式中　$h$——踏步高度；

　　　$b$——踏步宽度。

## 10.2.2　楼梯梯段、平台及梯井尺寸

楼梯开间和楼梯梯段宽度应符合《建筑设计防火规范（2018年版）》（GB 50016—2014）等的规定。

楼梯开间和进深应符合3M的整数倍数，梯段宽度应符合1M的整数倍数，必要时可符合M/2的整数倍数。

### 1. 梯段宽度

墙面至扶手中心线或扶手中心线之间的水平距离即楼梯梯段宽度，除应符合《建筑设计防火规范（2018 年版）》（GB 50016—2014）及国家现行相关专用建筑设计标准的规定外，供日常主要交通用的楼梯梯段的净宽应根据建筑物使用特征，按每股人流宽度为 550mm+（0~150）mm 的人流股数确定，并不应少于两股人流。0~150mm 为人流在行进中人体的摆幅，公共建筑人流众多的场所应取上限值。当一侧有扶手时，梯段净宽应为墙体装饰面至扶手中心线的水平距离；当两侧有扶手时，梯段净宽应为两侧扶手中心线之间的水平距离。当有凸出物时，梯段净宽应从凸出物表面算起。楼梯梯段宽度取值见表 10-2。

表 10-2　楼梯梯段宽度

| 类别 | 梯段宽度/mm | 备注 |
|---|---|---|
| 单人通过 | >900 | 满足单人携物通过 |
| 双人通过 | 1100~1400 | — |
| 三人通过 | 1650~2100 | — |

### 2. 平台宽度

楼梯平台包括楼层平台和中间（休息）平台。当梯段改变方向时，扶手转向端处的平台最小宽度不应小于梯段宽度，且不得小于 1200mm。当有搬运大型物件需要时，应适量加宽。直跑楼梯的中间（休息）平台宽度不应小于 900mm。

除敞开楼梯外，封闭楼梯和防烟楼梯其楼层平台宽度应与中间（休息）平台宽度一致，双跑楼梯休息平台净宽不得小于楼梯梯段净宽，如图 10-4 所示。平台宽度应从结构柱边缘起计算，另考虑到梯梁的设置及安全的需要，第一级踏步应离开门洞口一定距离，如图 10-5 所示。

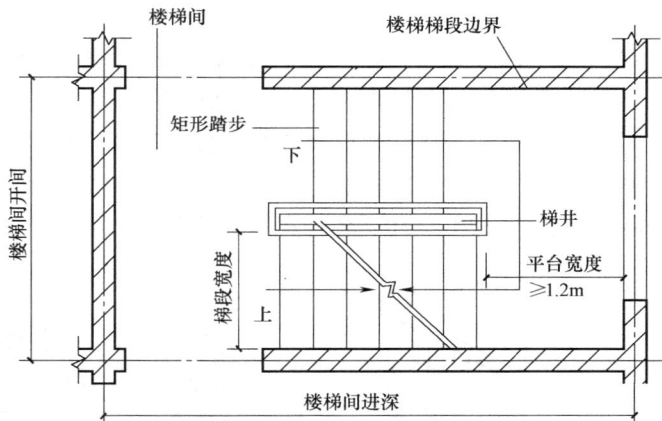

图 10-4　楼梯梯段平台宽度

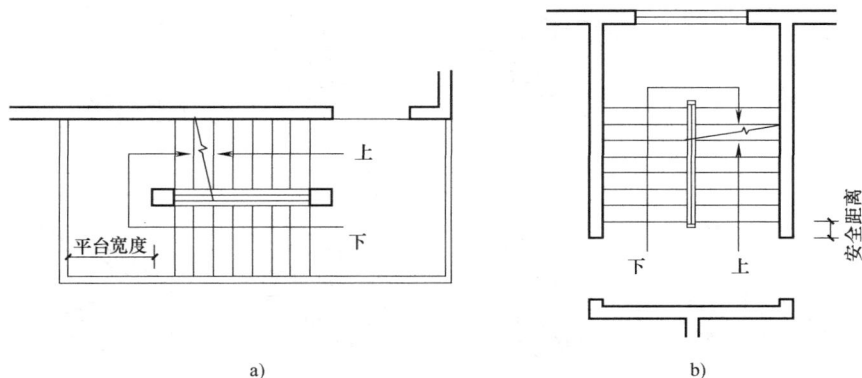

a)　　　　　　　　　　　　　　b)

图 10-5　楼梯平台宽度加宽情况

a）平台深避让结构柱　b）遇门洞口处留出安全距离

### 3. 梯井宽度

为满足消防要求，梯井宽度一般为 60~200mm。儿童使用时梯井宽度应小于 120mm，当托儿所、幼儿园、中小学学校及其他少年儿童专用活动场所的梯井净宽大于 200mm 时，必须采取防止少年儿童坠落的措施。

## 10.2.3 楼梯栏杆与扶手

### 1. 楼梯栏杆

住宅、托儿所、幼儿园、中小学学校及其他少年儿童专用活动场所的栏杆必须采用防止少年儿童攀爬的构造。当采用垂直杆件做栏杆时，其杆件净距不应大于 110mm；文化娱乐建筑、商业服务建筑、体育建筑、园林景观建筑等允许少年儿童进入活动的场所，当采用垂直杆件做栏杆时，其杆件净距也不应大于 110mm。

当临空高度在 24m 以下时，栏杆高度不应低于 1050mm；当临空高度在 24m 及以上时，栏杆高度不应低于 1100mm。上人屋面和交通、商业、旅馆、医院、学校等建筑临开敞中庭的栏杆高度不应小于 1200m。栏杆高度应从所在楼地面或屋面至栏杆扶手顶面垂直高度计算，如底部有宽度大于或等于 220mm，且高度低于或等于 450mm 的可踏部位时，应从可踏部位顶面起计算。公共场所栏杆离楼面 100mm 高度内不宜留空。

栏杆分为空花式栏杆、栏板式和组合式栏杆。栏杆应以坚固、耐久的材料制作，必须具有一定的强度。空花栏杆材料有圆钢、方钢和钢管，常用立杆断面有圆钢 $\phi 16 \sim \phi 25$，方钢 $\square 16 \sim 25$，钢管 $\phi 20 \sim \phi 50$。各种栏杆形式如图 10-6 所示。

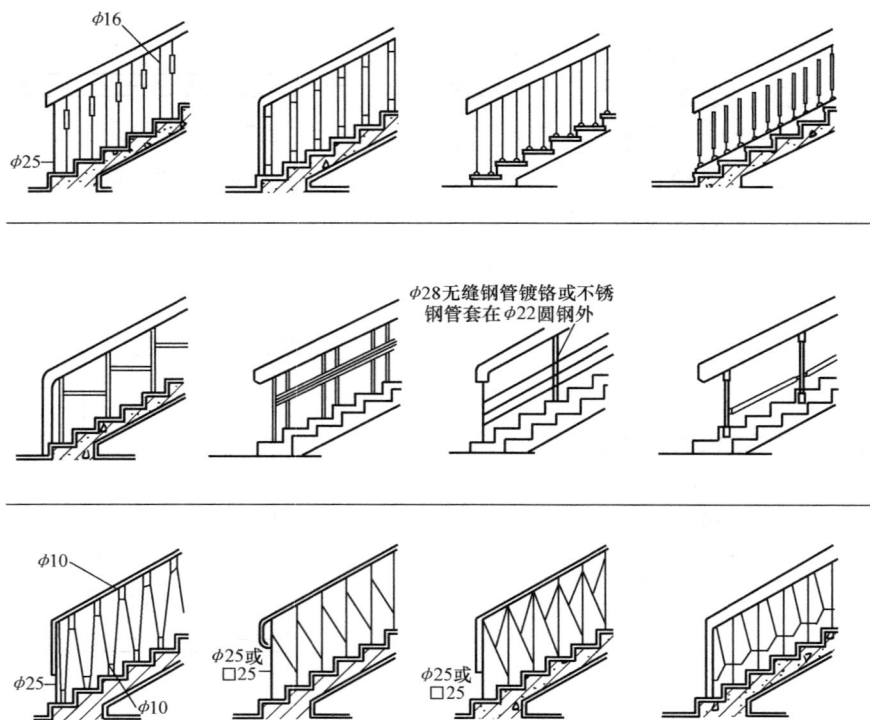

图 10-6　楼梯栏杆形式

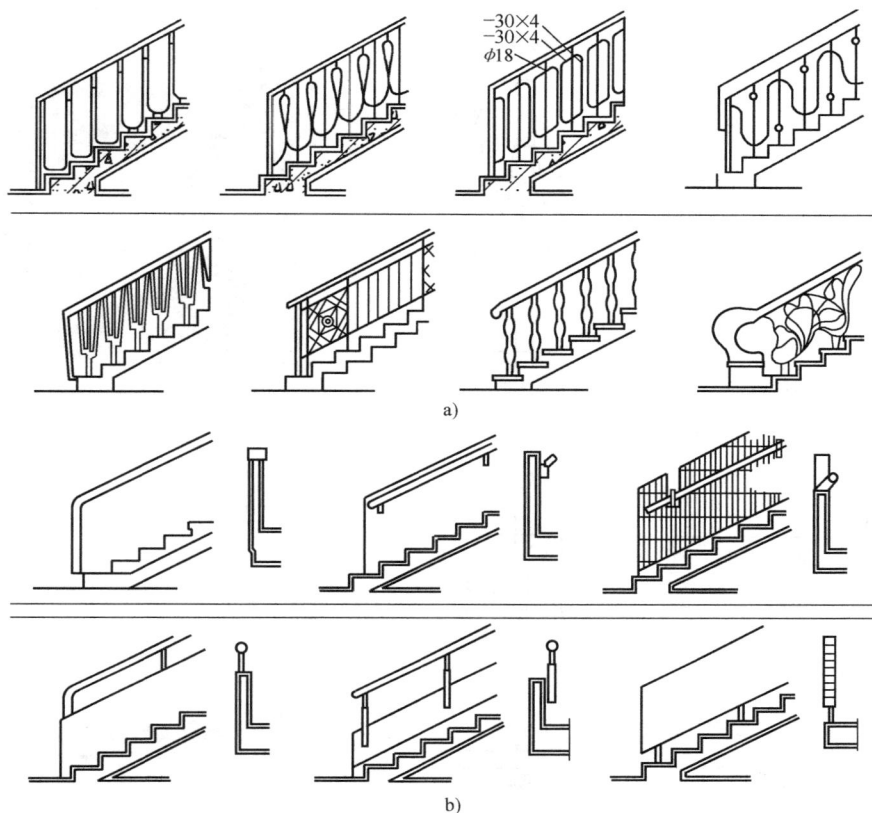

图 10-6　楼梯栏杆形式（续）

a）空花式　b）栏板式

### 2. 楼梯栏杆与踏步的连接

栏杆强度应按规范要求进行结构计算。住宅、宿舍、办公楼、旅馆、医院、托儿所、幼儿园的楼梯栏杆顶部水平荷载应取 1.0kN/m；学校、食堂、剧场、电影院、车站、礼堂、展览馆或体育场的栏杆顶部的水平荷载应取 1.0kN/m，竖向荷载应取 1.2kN/m，水平荷载与竖向荷载应分别考虑。

常用立杆材料多为圆钢、方钢、扁钢及钢管。固定方式有与预埋件焊接、开脚预埋（或留孔后装）、与预埋件螺栓连接、用膨胀螺栓固定等，其安装部位多在踏面的边沿位置或踏步的侧边（图 10-7）。在立杆之间固定安全玻璃、钢丝网、钢板网等形成栏板。随着建筑材料的改良和发展，有些玻璃栏板甚至可以不依赖立杆而直接作为受力栏板使用。

### 3. 栏杆扶手与靠墙扶手

常用扶手材料有木、金属和塑料，应沿梯段全长设置。扶手断面形式有圆形和其他形状，便于手握。圆形直径为 40~75mm，其他形状顶端宽度应小于 90mm。靠墙扶手与墙面之间的净距应大于 40mm。

室内楼梯扶手高度自踏步前缘线量起不宜小于 900mm。楼梯水平栏杆或栏板长度大于500mm 时，其高度不应小于 1050mm。室外楼梯，特别是消防楼梯的扶手高度应不小于1100mm。托儿所、幼儿园及小学学校等使用对象主要为儿童的建筑物中，需要在 600mm 左右的高度再设置一道扶手，以适应儿童的身高，如图 10-8 所示。对于养老建筑以及需要进行无障碍设计的场所，楼梯扶手的高度应为 850mm，而且也应在 650mm 的高度处再安装一道扶手。

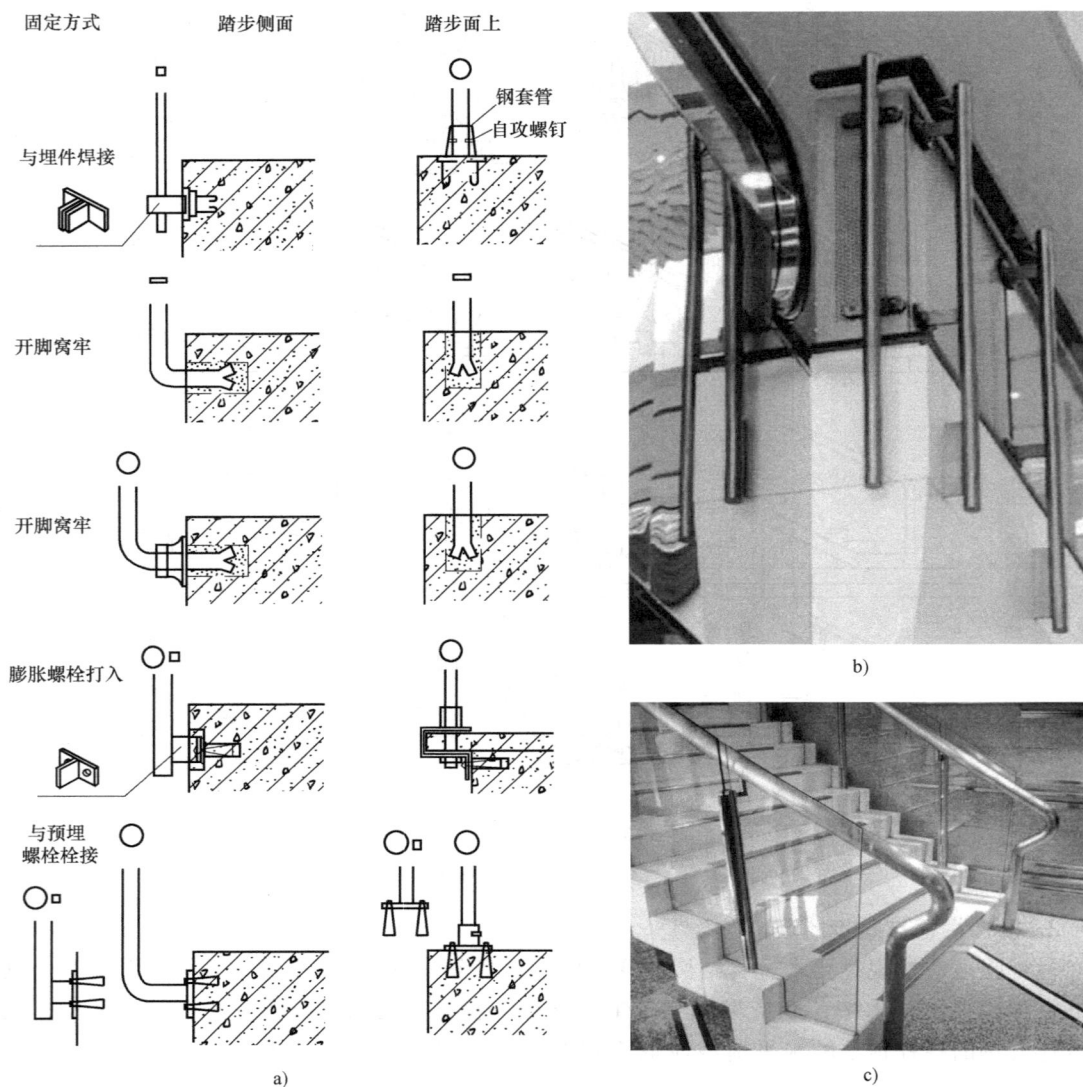

固定方式　　　踏步侧面　　　踏步面上

钢套管
自攻螺钉

与埋件焊接

开脚窝牢

开脚窝牢

膨胀螺栓打入

与预埋
螺栓栓接

a)　　　　　　　　　　b)　　　　　　c)

图 10-7　楼梯栏杆立杆的安装方式

a）楼梯栏杆立杆安装方式　b）安装在楼梯侧边的栏杆立杆　c）安装在踏面上的栏杆立杆

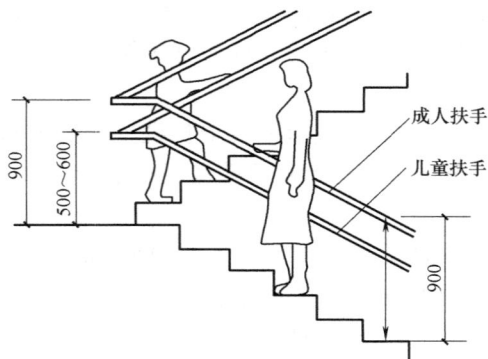

900
500～600
900
成人扶手
儿童扶手

图 10-8　楼梯扶手高度

扶手材料一般有硬木、金属管、塑料、水磨石、天然石材等，楼梯栏杆扶手安装方法如图 10-9、图 10-10 所示。

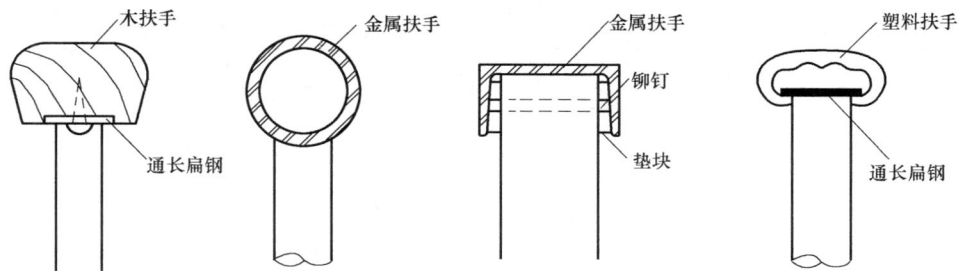

图 10-9　常见楼梯栏杆扶手的安装方法

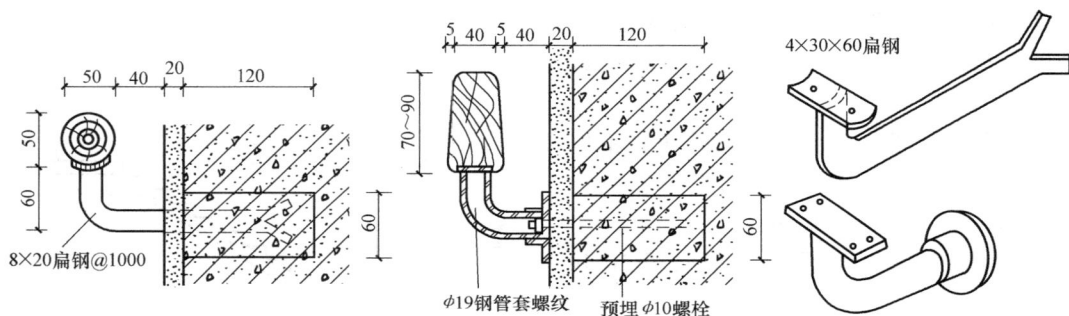

图 10-10　靠墙楼梯栏杆扶手的安装方法

### 4. 楼梯踏步饰面及防滑

楼梯踏步分为无凸缘和有凸缘两种，截面做法如图 10-11 所示，其中图 10-11b 不适合有无障碍要求的建筑设计。

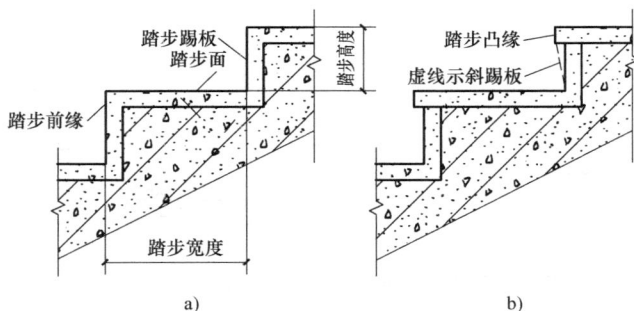

图 10-11　楼梯踏步截面做法
a）无凸缘　b）有凸缘

楼梯踏步饰面应根据建筑标准、使用要求和施工条件等综合确定。踏步饰面材料应耐磨、防滑、耐冲击、便于清洁、踏感舒适。常用材料有水泥砂浆、混凝土、水磨石、面砖、花岗石、大理石等，如图 10-12 所示。踏步口应加设硬质防滑条和护角以耐摩擦、减少磨损及增加摩擦阻力。

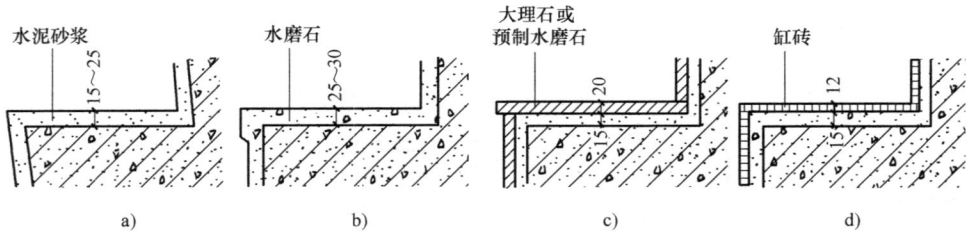

图 10-12 楼梯踏步饰面做法

a）水泥砂浆饰面 b）水磨石饰面 c）大理石或水磨石饰面 d）缸砖饰面

## 10.2.4 楼梯净高

楼梯间层高在 2.6~3.6m 之间时应为 1M 的整数倍数，大于 3.6m 时应为 3M 的整数倍数。

楼梯平台上部及下部过道处的净高不应小于 2000mm，楼梯梯段部位的净高不应小于 2200mm，如图 10-13 所示。

底层净高不满足要求时可采取图 10-14 所示方法：

1）底层长短跑梯段，如图 10-14a 所示。

2）局部降低地坪，如图 10-14b 所示。

3）底层长短跑梯段和局部降低地坪相结合，如图 10-14c 所示。

4）底层直跑楼梯，如图 10-14d 所示。

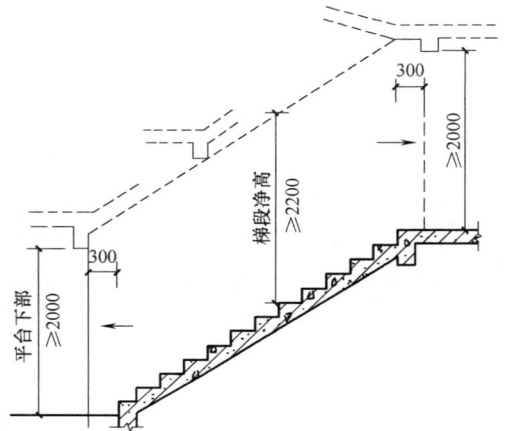

图 10-13 楼梯平台及梯段下净高要求

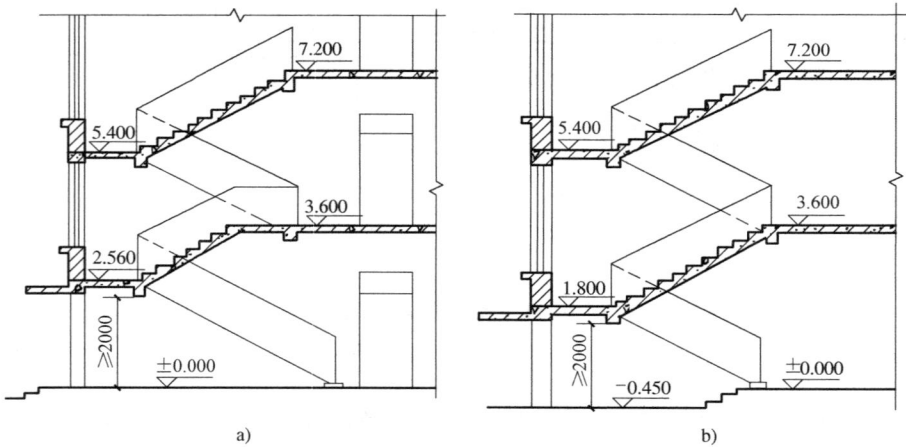

图 10-14 底层净高不满足要求时可采取的措施

a）底层长短跑梯段 b）局部降低地坪

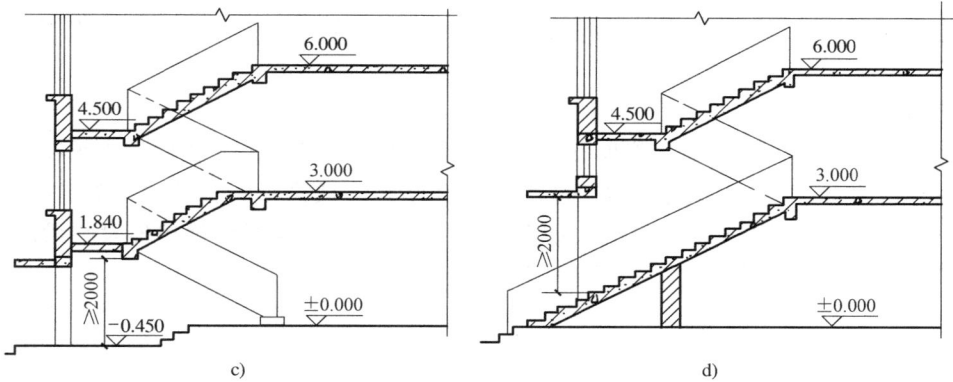

图 10-14　底层净高不满足要求时可采取的措施（续）

c）底层长短跑梯段与局部降低地坪相结合　d）底层直跑楼梯

# 10.3　钢筋混凝土楼梯

钢筋混凝土楼梯具有坚固、耐久性及耐火性较好等优点，在建筑中得到广泛应用。钢筋混凝土楼梯按施工方法不同分为现浇整体式钢筋混凝土楼梯和预制装配式钢筋混凝土楼梯两种。

## 10.3.1　现浇整体式钢筋混凝土楼梯

现浇整体式钢筋混凝土楼梯是指在施工现场支模板、绑扎钢筋，将楼梯梯段、平台及平台梁等整浇在一起的楼梯施工形式。其具有整体性好、刚度大和抗震性能佳等优点；其缺点是施工周期长、模板消耗量大、现场湿作业多。现浇整体式钢筋混凝土楼梯根据结构形式的不同分为现浇板式楼梯和现浇梁式楼梯两种。

### 1. 现浇板式楼梯

现浇板式楼梯由梯段板、平台板和平台梁（或称梯梁）组成。梯段板是一块带有锯齿形踏步的斜板，两端支承在平台梁上；平台板一端支承在平台梁上，另一端支承在墙上（对砌体结构）或平台板两端支承在梁上（对框架结构）；平台梁支承在墙体上（对砌体结构）或梁、柱上（对框架结构）。梯段斜板较厚，一般取斜板跨度的 1/30，常用 100~120mm；平台梁宽度常为 200mm，高度为 300~400mm；平台板厚度常取 60~80mm。

现浇板式楼梯根据其是否带平台板分为不带平台板和带平台板两种，如图 10-15 所示。为

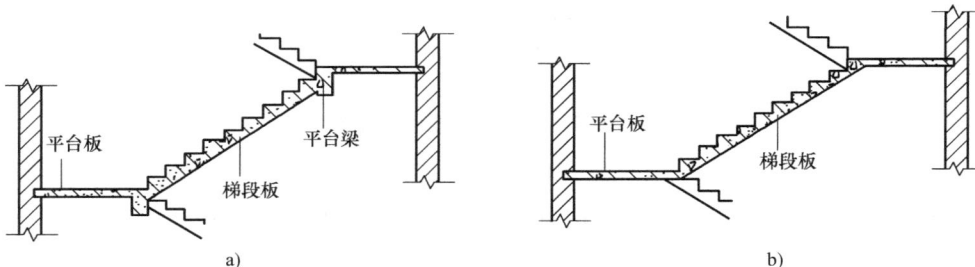

图 10-15　现浇板式楼梯

a）不带平台板　b）带平台板

满足净空要求，也可取消平台梁，如图 10-15b 所示，做成折板楼梯。

现浇板式楼梯结构简单，施工方便，但梯段板板厚较大，常用于开间不大于 4.2m 的建筑中。

**2. 现浇梁式楼梯**

现浇梁式楼梯由梯段斜梁、踏步板、平台板和平台梁组成。踏步板两端支承在斜梁上，斜梁支承在平台梁上，平台梁支承在墙体上（对砌体结构）或梁、柱上（对框架结构）。根据斜梁的数量不同有单梁式和双梁式之分，如图 10-16 所示。现浇梁式楼梯按梯段斜梁的位置不同分为正梁式楼梯（又称明步式）和反梁式楼梯（又称暗步式），如图 10-17 所示。

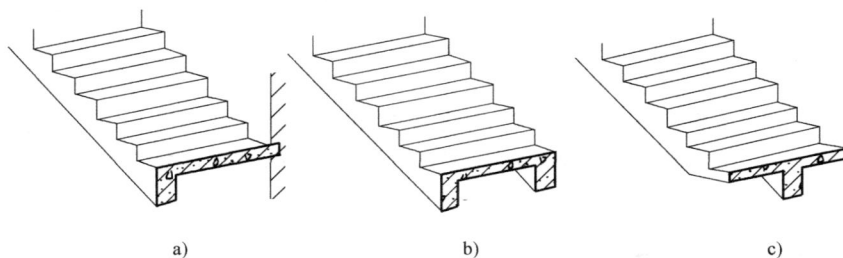

图 10-16　现浇梁式楼梯的形式

a）梯段一侧设斜梁　b）梯段两侧设斜梁　c）梯段中间设斜梁

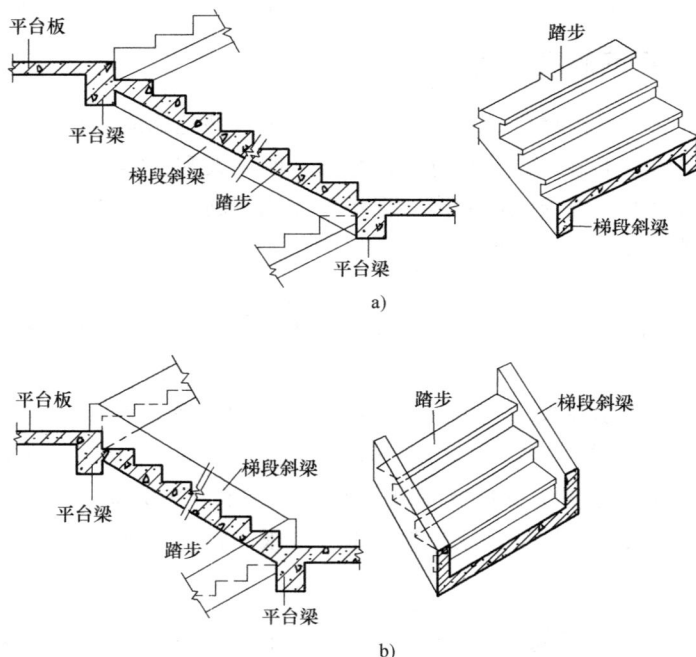

图 10-17　现浇梁式楼梯的种类

a）正梁式楼梯　b）反梁式楼梯

现浇梁式楼梯结构较复杂，施工程序多，常用于跨度较大的建筑中。

## 10.3.2　预制装配式钢筋混凝土楼梯

在工厂制作的两个平台之间由若干连续踏步，或若干连续踏步和平板组合的混凝土构件，称为预制装配式钢筋混凝土楼梯，简称预制混凝土楼梯。

### 1. 分类

根据《预制混凝土楼梯》（JG/T 562—2018），预制混凝土楼梯按其结构形式可分为板式楼梯和梁板式楼梯两种，如图 10-18 和图 10-19 所示。

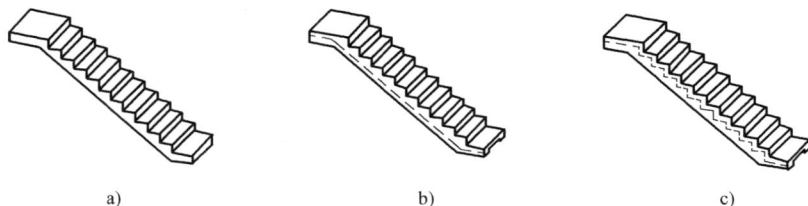

图 10-18　预制混凝土楼梯示意图

a）板式楼梯示意图　b）、c）梁板式楼梯示意图

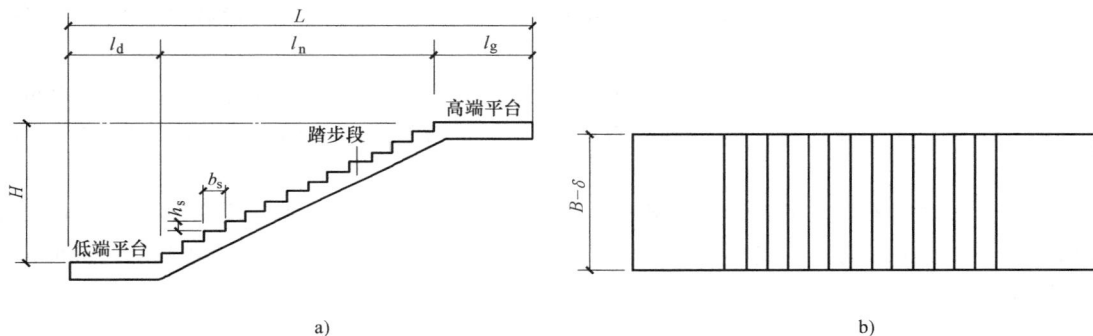

图 10-19　预制混凝土楼梯平剖面示意图

a）剖面图　b）平面图

$B$—预制混凝土楼梯宽度　$l_n$—踏步段投影长度　$\delta$—预留缝宽度　$l_d$、$l_g$—低、高端平台段长度

$L$—预制楼梯投影长度　$b_s$—踏步宽度　$H$—踏步段高度

$h_s$—踏步高度

板式楼梯代号为 YBT，梁板式楼梯代号为 YLT。采用轻骨料混凝土的预制楼梯应在代号中增加 Q，即板式楼梯代号为 YQBT，梁板式楼梯代号为 YQLT。

### 2. 常用规格

预制混凝土楼梯踏步宽度宜不小于 250mm，宜采用 260mm、280mm、300mm；低、高端平台段长度应满足搁置长度要求，且宜不小于 400mm；同一梯段踏步高度应一致；预制混凝土楼梯宽度宜为 100mm 的整数倍；住宅建筑中疏散用板式楼梯常用规格见表 10-3。

表 10-3　住宅建筑中疏散用板式楼梯常用规格

| 层高/mm | $H$/mm | $L$/mm | $B$/mm | 踏步数/个 | $b_s$/mm | $l_n$/mm | $l_d$/mm | $l_g$/mm |
|---|---|---|---|---|---|---|---|---|
| 2800 | 1400 | ≥2620 | 1200 | 8 | 260 | 1820 | ≥400 | ≥400 |
| | 2800 | ≥4900 | 1200 | 16 | 260 | 3900 | ≥500 | ≥500 |
| 2900 | 1450 | ≥2880 | 1200 | 9 | 260 | 2080 | ≥400 | ≥400 |
| | 2900 | ≥5160 | 1200 | 17 | 260 | 4160 | ≥500 | ≥500 |
| 3000 | 1500 | ≥2880 | 1200 | 9 | 260 | 2080 | ≥400 | ≥400 |
| | 3000 | ≥5420 | 1200 | 18 | 260 | 4420 | ≥500 | ≥500 |

注：踏步高度取 $H$/踏步数。

### 3. 标记

预制混凝土楼梯编号如下：

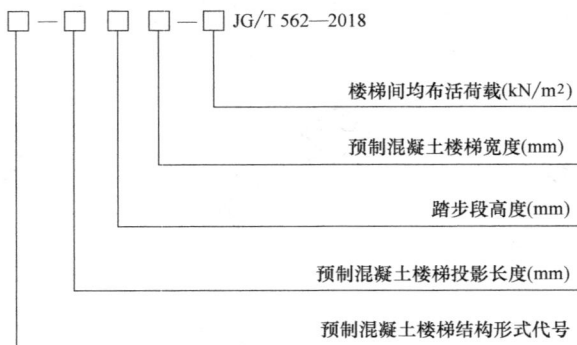

```
□—□□ □—□ JG/T 562—2018
```

楼梯间均布活荷载(kN/m²)

预制混凝土楼梯宽度(mm)

踏步段高度(mm)

预制混凝土楼梯投影长度(mm)

预制混凝土楼梯结构形式代号

示例 1：板式楼梯，采用普通混凝土，其投影长度为 4900mm，踏步段高度为 2800mm，宽度为 1200mm，楼梯间均布活荷载为 3.5kN/m²，标记应为 YBT—4900 2800 1200—3.5 JG/T 562—2018。

示例 2：梁板式楼梯，采用普通混凝土，其投影长度为 5420mm，踏步段高度为 3000mm，宽度为 1200mm，楼梯间均布活荷载为 2.5kN/m²，标记应为 YLT—5420 3000 1200—2.5 JG/T 562—2018。

示例 3：板式楼梯，采用轻骨料混凝土，其投影长度为 5160mm，踏步段高度为 2900mm，宽度为 1200mm，楼梯间均布活荷载为 3.5kN/m²，标记应为 YQBT—5160 2900 1200—3.5 JG/T 562—2018。

## 10.4 疏散楼梯

楼梯、电梯是建筑中的垂直交通工具，火灾发生时，通常会切断电源，电梯自然无法使用。此时，楼梯就成为人们逃生的主要通道。

### 10.4.1 疏散楼梯的分类

疏散楼梯（图 10-20）是供人员在火灾紧急情况下安全疏散时所用的楼梯。按防烟、防火作用分为敞开楼梯、封闭楼梯、防烟楼梯等。

#### 1. 敞开楼梯

敞开楼梯是指建筑物内由墙体等围护构件组成的与其他使用空间连通的敞开式楼梯。

敞开楼梯广泛应用于低层和多层建筑中。由于楼梯间和走道间无防火分隔措施，一旦发生火灾，楼梯间即成为火灾蔓延的通道。因此，在高层建筑和地下建筑中不应采用该形式。

#### 2. 封闭楼梯

封闭楼梯是指用耐火建筑构件分隔，不带前室，只设能挡烟气和热气进入的双向弹簧门或防火门（高层建筑）的楼梯。人员密集的公共建筑和高层建筑中封闭楼梯间的门应为向疏散方向开启的乙级防火门。

#### 3. 防烟楼梯

防烟楼梯（图 10-21）是指在楼梯间入口处设有防烟前室，或设有专供排烟用的阳台、凹廊等，且通向前室和楼梯间的门均为乙级防火门的楼梯。

防烟楼梯是高层建筑中常用的疏散楼梯形式。

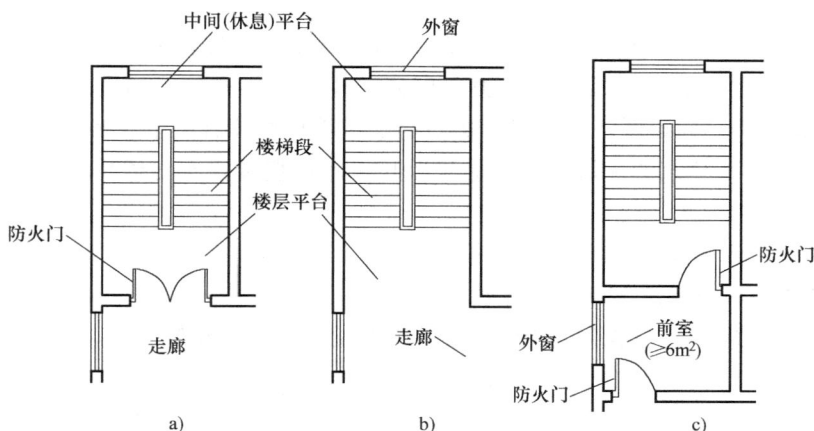

图 10-20　疏散楼梯

a）封闭楼梯间　b）敞开楼梯间　c）防烟楼梯间

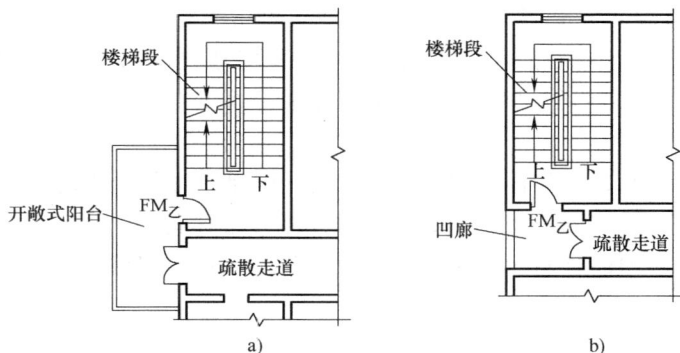

图 10-21　防烟楼梯

a）防烟前室为阳台　b）防烟前室为凹廊

## 10.4.2　疏散楼梯的设置范围

### 1. 公共建筑

（1）数量　公共建筑内每个防火分区或一个防火分区的每个楼层，其安全出口的数量应经计算确定，且不应少于 2 个。设置 1 个安全出口或一部疏散楼梯的公共建筑应符合下列条件之一：

1）除托儿所、幼儿园外，建筑面积不大于 $200m^2$ 且人数不超过 50 人的单层公共建筑或多层公共建筑的首层。

2）除医院建筑，老年人照料设施，托儿所、幼儿园的儿童用房，儿童游乐厅等儿童活动场所和歌舞娱乐放映游艺场所等外，应符合表 10-4 规定的公共建筑。

表 10-4　设置一部疏散楼梯的公共建筑

| 耐火等级 | 最多层数 | 每层最大建筑面积/$m^2$ | 人数 |
|---|---|---|---|
| 一级、二级 | 3 | 200 | 第二、三层人数之和不超过 50 人 |
| 三级 | 3 | 200 | 第二、三层人数之和不超过 25 人 |
| 四级 | 2 | 200 | 第二层人数不超过 15 人 |

（2）设置范围

1）一类高层公共建筑和建筑高度大于 32m 的二类高层公共建筑，其疏散楼梯应采用防烟楼梯；裙房和建筑高度不大于 32m 的二类高层公共建筑，其疏散楼梯应采用封闭楼梯。但当裙房和高层建筑主体之间设置防火墙时，裙房的疏散楼梯可按有关单、多层建筑的要求确定。

2）下列多层公共建筑的疏散楼梯，除与敞开式外廊直接相连的楼梯间外，均应采用封闭楼梯：

① 医疗建筑、旅馆及类似使用功能的建筑。

② 设置歌舞娱乐放映游艺场所的建筑。

③ 商店、图书馆、展览建筑、会议中心及类似使用功能的建筑。

④ 6 层及以上的其他建筑。

（3）一般要求 公共建筑楼梯间应设在首层直通室外，确有困难时，可在首层采用扩大的封闭楼梯间或防烟楼梯间前室。当层数不超过 4 层且未采用扩大的封闭楼梯间或防烟楼梯间前室时，可将直通室外的门设置在离楼梯间的距离不大于 15m 处的位置。

**2. 住宅建筑**

（1）数量 建筑高度大于 27m，但不大于 54m 的住宅建筑，每个单元设置一部疏散楼梯时，疏散楼梯应通至屋面，且单元之间的疏散楼梯应能通过屋面连通，户门应采用乙级防火门。当不能通至屋面或不能通过屋面连通时，应设置 2 个安全出口。

（2）设置范围

1）建筑高度不大于 21m 的住宅建筑可采用敞开楼梯；与电梯井相邻布置的疏散楼梯应采用封闭楼梯，当户门采用乙级防火门时，仍可采用敞开楼梯间。

2）建筑高度大于 21m 且不大于 33m 的住宅建筑应采用封闭楼梯间；当户门采用乙级防火门时，仍可采用敞开楼梯。

3）建筑高度大于 33m 的住宅建筑应采用防烟楼梯。户门不宜直接开向前室，确有困难时，每层开向同一前室的户门不应大于 3 樘且应采用乙级防火门。

（3）一般要求 住宅单元的疏散楼梯，当分散设置确有困难且任一户门至最近疏散楼梯间入口的距离不大于 10m 时，可采用剪刀楼梯，但应符合下列规定：

1）应采用防烟楼梯。

2）梯段之间应设置耐火极限不低于 1.00h 的防火隔墙。

3）楼梯间的前室不宜共用；共用时，前室的使用面积不应小于 $6.0m^2$。

4）楼梯间的前室或共用前室不宜与消防电梯的前室合用；楼梯间的前室与消防电梯的前室合用时，合用前室的使用面积不应小于 $12.0m^2$，且短边不应小于 2.4m。

### 10.4.3 疏散楼梯的尺度要求

1）疏散用楼梯和疏散通道上的阶梯不宜采用螺旋楼梯和扇形踏步；确需采用时，踏步上下两级所形成的平面角度不应大于 10°，且每级离扶手 250mm 处的踏步深度不应小于 220mm。

2）建筑内的公共疏散楼梯，其两梯段及扶手间的水平净距不宜小于 150mm。

3）公共建筑疏散楼梯的净宽度不应小于 1100mm，高层医疗建筑疏散楼梯的净宽度不应小于 1300mm，其他高层公共建筑疏散楼梯的净宽度不应小于 1200mm。

4）住宅建筑疏散楼梯的净宽度不应小于 1100mm。建筑高度不大于 18m 的住宅中一边设置栏杆的疏散楼梯，其净宽度不应小于 1000mm。

# 10.5 台阶与坡道

为避免雨水侵入室内，常在室内外出入口处设置台阶或坡道。台阶是连接室外或室内不同标高的楼面、地面，供人行走的阶梯式交通道；坡道是连接室外或室内不同标高的楼面、地面，供人行走或车辆行驶的斜坡式交通道。在不方便设置台阶时可设置坡道。

## 10.5.1 台阶与坡道的形式

### 1. 台阶

台阶的踏步可做成三面踏步或单面踏步，坡道可单独设置或与台阶结合布置。医院及运输港的台阶常选择 100mm 左右的踢面高和 400mm 左右的踏面深，以方便病人及负重的旅客行走。台阶与坡道形式如图 10-22 所示。室外台阶与坡道面层材料必须防滑。

室外台阶由平台和踏步组成。台阶由面层、垫层、基层等组成，面层应采用水泥砂浆、混凝土、水磨石、缸砖、天然石材等耐气候作用的材料。台阶应待建筑物主体工程完成后再进行施工，并与主体结构之间留出宽约 10mm 的沉降缝。

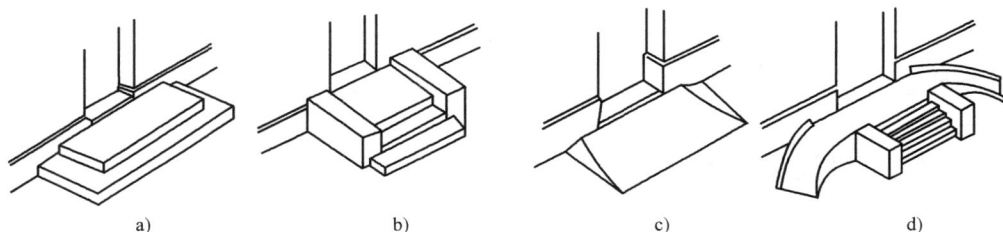

图 10-22 台阶与坡道形式
a) 三面踏步 b) 单面踏步 c) 坡道 d) 踏步与坡道结合

### 2. 坡道

坡道分为轮椅坡道和行车坡道，行车坡道又分为普通坡道和回车坡道。考虑人在坡道上行走时的安全，坡道的坡度受面层做法的限制，一般做法为：光滑面层坡道不大于 1∶12，粗糙面层坡道不大于 1∶6，带防滑齿坡道不大于 1∶4。坡道构造如图 10-23 所示。

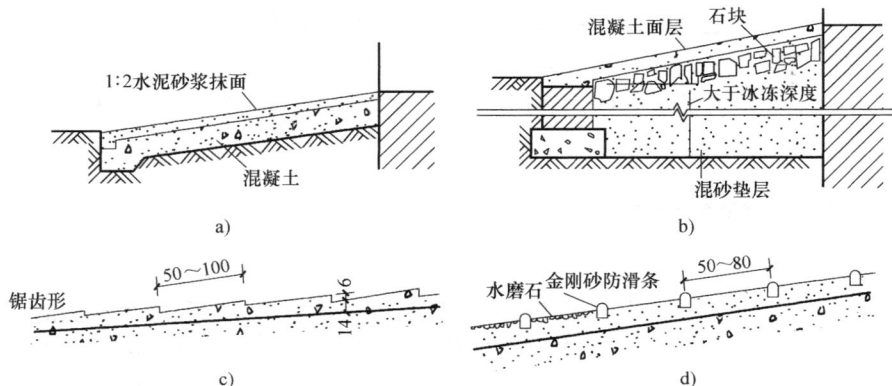

图 10-23 坡道构造
a) 混凝土坡道 b) 块石坡道 c) 防滑锯齿槽坡道 d) 防滑条坡道

坡道的构造与台阶基本相同，垫层的强度和厚度应根据坡道上的荷载来确定，季节冰冻地区的坡道需在垫层下设置非冻胀层。

### 10.5.2 台阶与坡道的设置要求

#### 1. 台阶的设置要求

根据《民用建筑设计统一标准》（GB 50352—2019），台阶设置应符合下列规定：

1）公共建筑室内外台阶踏步宽度不宜小于 0.30m，踏步高度不宜大于 0.15m，且不宜小于 0.10m。

2）踏步应采取防滑措施。

3）室内台阶踏步数不应少于 2 级，当高差不足 2 级时，宜按坡道设置。

4）台阶总高度超过 0.70m 时，应在临空面采取防护设施。

#### 2. 坡道的设置要求

根据《民用建筑设计统一标准》（GB 50352—2019），坡道设置应符合下列规定：

1）室内坡道坡度不宜大于 1：8，室外坡道坡度不宜大于 1：10。

2）当室内坡道水平投影长度超过 15m 时，宜设休息平台，平台宽度应根据使用功能或设备尺寸所需缓冲空间而定。

3）坡道应采取防滑措施。

4）当坡道总高度超过 0.70m 时，应在临空面采取防护设施。

## 10.6 楼梯的设计要求

### 10.6.1 楼梯数量的确定

1）公共楼梯和走廊式住宅一般应设置两部楼梯，单元式住宅可例外。

2）2~3 层的建筑（医院、疗养院、托儿所、幼儿园除外）如符合表 10-4 的要求，可设置一部疏散楼梯。

### 10.6.2 楼梯位置的确定

1）楼梯应设置在明显和易于找到的部位。

2）楼梯不宜设置在建筑物的角部和边部，以方便荷载的传递。

3）楼梯应有直接的采光和自然通风。

4）五层及以上建筑物的楼梯间，底层应设出入口；四层及以下的建筑物，楼梯间可以放在距出入口不大于 15m 处的位置。

### 10.6.3 常用建筑对楼梯的要求

#### 1. 一般规定

1）楼梯的数量、位置、梯段净宽和楼梯间形式应满足使用方便和安全疏散的要求。

2）当一侧有扶手时，梯段净宽应取墙体饰面至扶手中心线的水平距离；当双侧有扶手时，梯段净宽应取两侧扶手中心线之间的水平距离。当有凸出物时，梯段净宽应从凸出物表面算起。

3）梯段净宽除应符合《建筑设计防火规范（2018 年版）》（GB 50016—2014）及国家现

行相关专用建筑设计标准的规定外，供日常主要交通用的楼梯的梯段净宽应根据建筑物使用特征，按每股人流宽度为 550mm+（0～150）mm 的人流股数确定，并不应少于两股人流。（0～150）mm 为人流在行进中人体的摆幅，公共建筑人流众多的场所应取上限值，如图 10-24 所示。

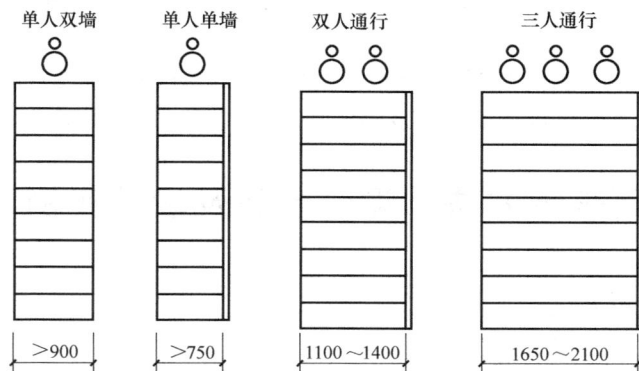

图 10-24　踏步宽度的确定

4）当梯段改变方向时，扶手转向端处的平台最小宽度不应小于梯段宽度，并不得小于 1200mm。当有大型物件需要搬运时，应适量加宽。直跑楼梯的中间平台宽度不应小于 900mm。

5）每个梯段的踏步级数不应少于 3 级，且不应超过 18 级。

6）楼梯平台上部及下部过道处的净高不应小于 2000mm，梯段净高不宜小于 2200mm。梯段净高为自踏步前缘（包括每个梯段最低和最高一级踏步前缘线以外 300mm 范围内）量至上方凸出物下缘间的垂直高度。

7）楼梯应至少于一侧设扶手，梯段净宽达三股人流时应在两侧设扶手，达四股人流时宜加设中间扶手。

8）室内楼梯扶手高度自踏步前缘线量起不宜小于 900mm。楼梯水平栏杆或栏板长度大于 500mm 时，其高度不应小于 1050mm。

9）踏步应采取防滑措施。

10）托儿所、幼儿园、中小学学校及其他少年儿童专用活动场所，当楼梯井净宽大于 200mm 时，必须采取防止少年儿童坠落的措施。

**2. 住宅建筑**

1）楼梯梯段净宽不应小于 1100mm，不超过 6 层的住宅，一边设有栏杆的梯段净宽不应小于 1000mm。

2）楼梯踏步宽度不应小于 260mm，踏步高度不应大于 175mm。扶手高度不应小于 900mm。楼梯水平段栏杆长度大于 500mm 时，其扶手高度不应小于 1050mm。楼梯栏杆垂直杆件间净空不应大于 110mm。

3）楼梯平台净宽不应小于楼梯梯段净宽，且不得小于 1200mm。楼梯平台的结构下缘至人行通道的垂直高度不应低于 2000mm。入口处地坪与室外地面应有高差，并不应小于 100mm。

4）楼梯井净宽大于 110mm 时，必须采取防止儿童攀滑的措施。

**3. 宿舍建筑**

宿舍建筑的楼梯应符合下列规定：

1）楼梯踏步宽度不应小于 270mm，踏步高度不应大于 165mm；楼梯扶手高度自踏步前缘线量起不应小于 900mm，楼梯水平段栏杆长度大于 500mm 时，其高度不应小于 1050mm。

2）楼梯间宜有天然采光和自然通风。

3）6 层及 6 层以上的宿舍或居室，其最高入口层楼面距室外设计地面的高度大于 15m 时，宜设置电梯；高度大于 18m 时，应设置电梯，并宜有一部电梯供担架平入。

**4. 办公建筑**

1）4 层及 4 层以上或楼面距室外设计地面高度超过 12m 时，应设置电梯。

2）乘客电梯的数量、额定载重量以及额定速度应通过设计和计算确定。

## 10.7　楼梯平面表示方法、设计步骤及设计实例

### 10.7.1　楼梯平面表示方法

楼梯的平面表示方法如图 10-25 所示。

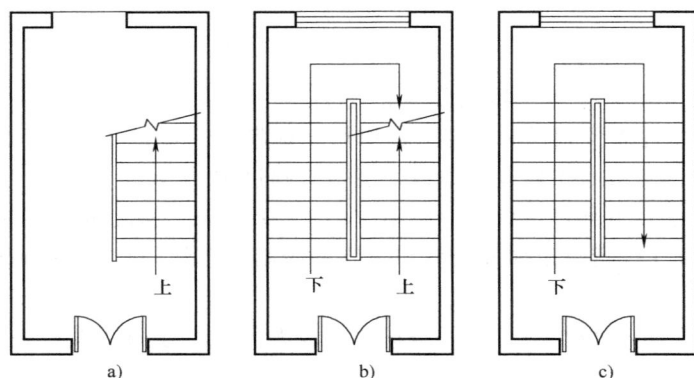

图 10-25　楼梯平面表示法

a）一层平面图　b）标准层平面图　c）顶层平面图

在楼梯平面图中，一条线代表一个高差，如果某梯段有 $n$ 个踏步的话，该梯段的长度为踏步宽度×$(n-1)$。

### 10.7.2　楼梯剖面表示方法

楼梯剖面图中的一侧应标注楼层数、梯段数、踏步级数、层高和标高等，另一侧标注门窗高度、框架梁（或圈梁、过梁）高度等。楼梯剖面表示方法见例 10-1 楼梯剖面图。

### 10.7.3　楼梯设计步骤

如图 10-26 所示，已知开间净宽 $A$、进深净尺寸 $B$、层高 $H$，则楼梯设计步骤为：

1）确定楼梯适宜坡度，选择踏步高度 $h$ 和宽度 $b$。

2）确定每层踏步级数 $N=H/h$，每个楼梯梯段级数 $n=N/2$。

3）根据楼梯间净宽 $A$ 和梯井宽 $C$ 确定楼梯段宽度 $a$：$a=(A-C)/2$，并适当调整 $C$ 或 $A$。

4）计算梯段水平投影长度 $L=(n-1)\times b$。

5）确定楼梯中间（休息）平台净宽度 $D_1(\geqslant a)$ 和楼层平台净宽度 $D_2(\geqslant a)$：$D_1+D_2=B-L$，如不能满足 $D_1\geqslant a$ 和 $D_2\geqslant a$，需调整 $B$ 值。

6）如果楼梯首层平台下做通道，需进行楼梯净空高度验算和平台宽度验算，使之符合要求；如不满足要求，可采取的解决方法有：首层长短跑；局部降低地坪；首层长短跑且局部降低地坪；首层直跑等，见图 10-14。

7）最后绘制楼梯详图，即楼梯平面图和楼梯剖面图。

## 10.7.4  楼梯设计实例

[例 10-1]  某五层框架结构办公楼，层高为 3.6m，楼梯间开间尺寸为 3.6m，进深尺寸为 7.2m（与走廊连接），柱截面尺寸为 600mm×600mm，轴线居中，填充墙外墙厚度为 250mm，内墙厚度为 200mm，开间方向墙与柱轴线均居中，进深方向墙与柱外皮齐

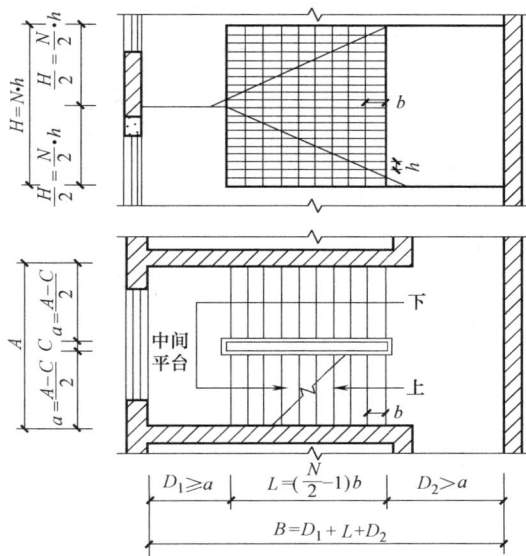

图 10-26  楼梯设计示意图

平，采用钢筋混凝土双跑平行楼梯。试自行绘制草图并设计该楼梯。

**解：**

1）确定踏步高度 $h$ 和宽度 $b$。

该建筑为办公楼，属于公共建筑，楼梯通行人数较多，楼梯的坡度应平缓些。根据规范要求，初选踏步高为 $h = 150mm$，踏步宽为 $b = 300mm$。

2）确定踏步级数。

踏步级数：$N = 3600/150 = 24$（级），确定为等跑楼梯，每个楼梯段的级数为 $n = N/2 = 24/2 = 12$（级）。

3）确定梯段宽度。

开间净尺寸：$A = 3600mm - 100mm×2 = 3400\ mm$，楼梯井宽 $C$ 取 200mm。

楼梯段的宽度：$a = (A-C)/2 = (3400-200)mm/2 = 1600mm > 1100mm$（两股人流的最小宽度）。

楼梯段宽度满足通行两股人流的要求。

4）计算梯段水平投影长度 $L$。

$$L = (n-1)×b = (12-1)×300mm = 3300mm$$

5）确定平台宽度 $D_1$ 和 $D_2$。

楼梯间净进深尺寸：$B = 7200mm + 150mm = 7350mm$。

$$D_1 + D_2 = B - L = 7350mm - 3300mm = 4050mm$$

取 $D_1 = 1600mm$（=楼梯段的宽度 1600mm），则 $D_2 = 4050mm - 1600mm = 2450mm$。

因在楼梯处设有开向楼梯间的防火门，宽度为 1500mm，故此处实际 $D_2 = 2450mm - 750mm = 1700mm$（>1600mm，满足要求）。

6）进行楼梯净空高度验算。

首层平台下净空高度等于平台标高减去平台梁高，对于首层楼梯间不作为疏散通道的情况，平台下净空高度为楼层层高减去平台梁高，一般能满足楼梯净空高度要求。

7）绘图。

例 10-1  线上资源

该办公楼楼梯详图如图 10-27 所示。

注：例题中 $D_1$、$D_2$ 为净尺寸，楼梯详图中标注的是到轴线的尺寸，请同学们注意。

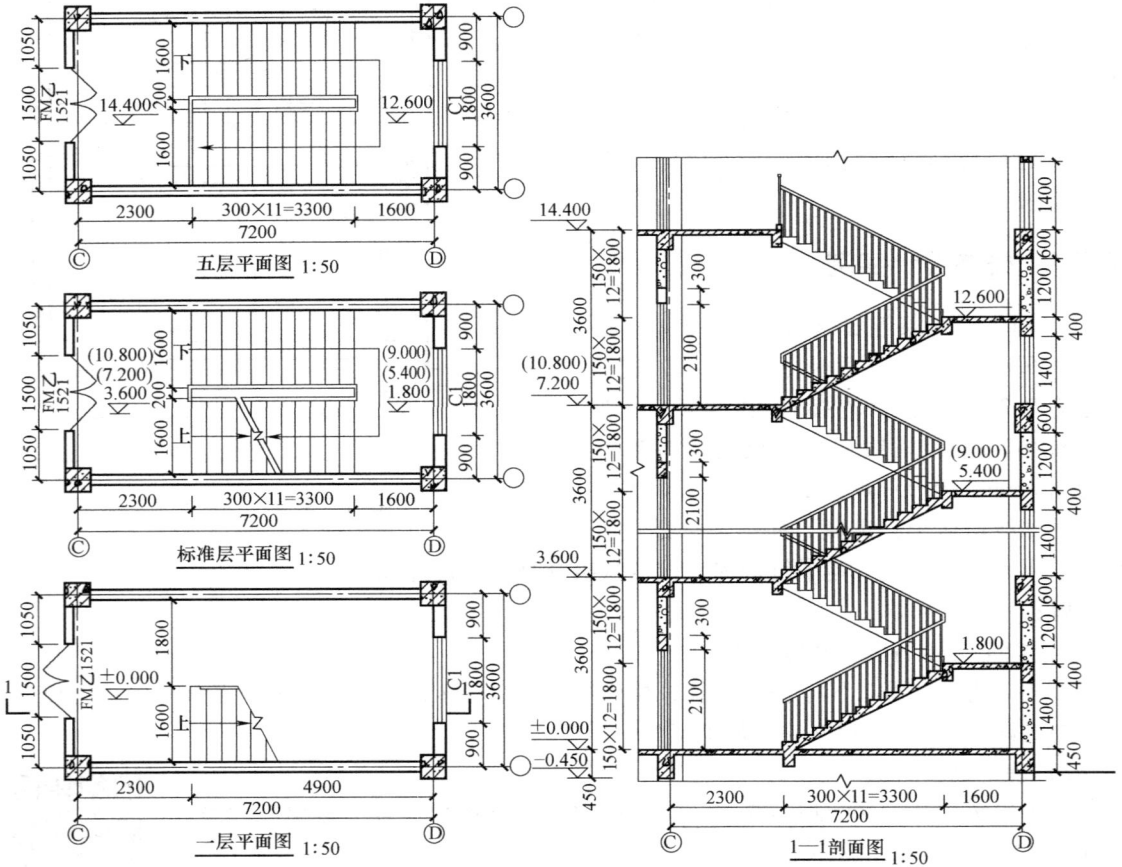

图 10-27　例 10-1 楼梯详图

[例 10-2]　某五层砖混结构住宅楼，楼梯间平面尺寸如图 10-28 所示。其层高为 2.9m，楼梯间开间为 2.6m，进深为 5.7m，外墙厚度为 370mm（轴线内为 120mm，外为 250mm），内墙厚 240mm（轴线居中），室内外高差为 0.6m。试设计双跑平行板式楼梯。要求在首层中间（休息）平台下做出入口，并保证平台梁下净高 ≥ 2.0m。

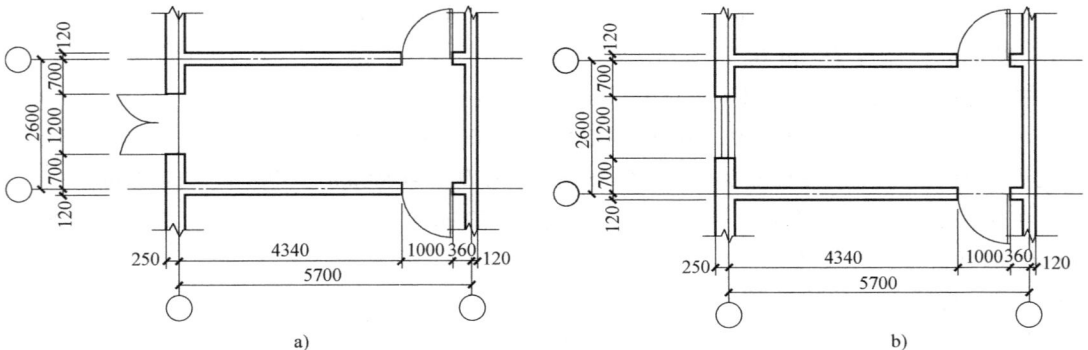

图 10-28　例 10-2 图

a）一层平面图　b）标准层平面图

**解:**

1) 确定踏步高度 $h$ 和宽度 $b$。

该建筑为住宅楼,楼梯通行人数较少,楼梯的坡度可稍陡些,根据现行相关规范要求,初选踏步高为 $h=160$mm,踏步宽为 $b=270$mm。

2) 确定踏步级数。

踏步级数: $N=2900/160=18.125$(级),取 18 级,此时踏步高为 $h=$ 2900mm$/18=161.1$mm,确定为等跑楼梯,每个楼梯段的级数为 $n=N/2=$ $18/2=9$(级)。

例 10-2　线上资源

3) 确定梯段宽度。

开间净尺寸: $A=2600$mm$-120$mm$\times2=2360$mm,不考虑梯井。

楼梯段的宽度: $a=(A-C)/2=(2360-0)$mm$/2=1180$mm$>1100$mm,则楼梯段宽度满足通行两股人流的要求。

4) 计算梯段水平投影长度 $L$。

$$L=(n-1)\times b=(9-1)\times270\text{mm}=2160\text{mm}$$

5) 确定平台宽度 $D_1$ 和 $D_2$。

楼梯间净进深尺寸: $B=5700$mm$-120$mm$\times2=5460$mm。

$$D_1+D_2=B-L=5460\text{mm}-2160\text{mm}=3300\text{mm}$$

因楼层平台处开有门洞,按要求应留距离:

1000mm(门的宽度)+240mm(门垛宽度)+300mm(安全距离)=1540mm(>1180mm)

故取 $D_2=1540$mm,$D_1=3300$mm$-1540$mm$=1760$mm(>1180mm),满足要求。

6) 进行楼梯净空高度验算。

首层平台下净空高度等于平台标高减去平台梁高,考虑平台梁高为 300mm 左右(约为平台梁净跨的 1/10),则

$$161.1\text{mm}\times9-300\text{mm}=1150\text{mm}<2000\text{mm}$$

即不满足 2000mm 的净空要求,此时可采取两种方案:

方案 1:采用室内外高差+长短跑方案。利用室内外高差,本例室内外高差为 600mm,由于楼梯间地坪和室外地面必须有至少 100mm 的高差,故利用 500mm 高差,设 3 个 166.7mm 高的踏步,第一跑为 11 级(163.6mm$\times11=1800$mm),第二跑为 7 级(157.1mm$\times7=1100$mm)。

方案 2:采用长短跑方案。将首层楼梯做成不等跑楼梯,第一跑为 14 级(164.3mm$\times14=$ 2300mm),第二跑为 4 级(150mm$\times4=600$mm)。

下面对方案 1 进行验算:

此时平台梁下净空高度为: 163.6mm$\times11+500$mm$-300$mm$=2000$mm,满足净空要求。

进一步验算进深方向尺寸是否满足要求:

计算梯段水平投影长度 $L=(n-1)\times b=(11-1)\times270$mm$=2700$mm。

取 $D_2=1540$mm,$D_1=5460$mm$-2700$mm$-1540$mm$=1220$mm(>1180mm),满足要求。

由于第一跑增加 2 级踏步,使二层中间平台处净空高度减小,故应验算二层中间平台处净空高度: 2900mm$-300$mm$-163.6$mm$\times2=2272.8$mm$>2000$mm,满足要求。

方案 2 可自行验算。

7) 绘图。

将上述设计结果绘制成图,楼梯详图如图 10-29 所示。

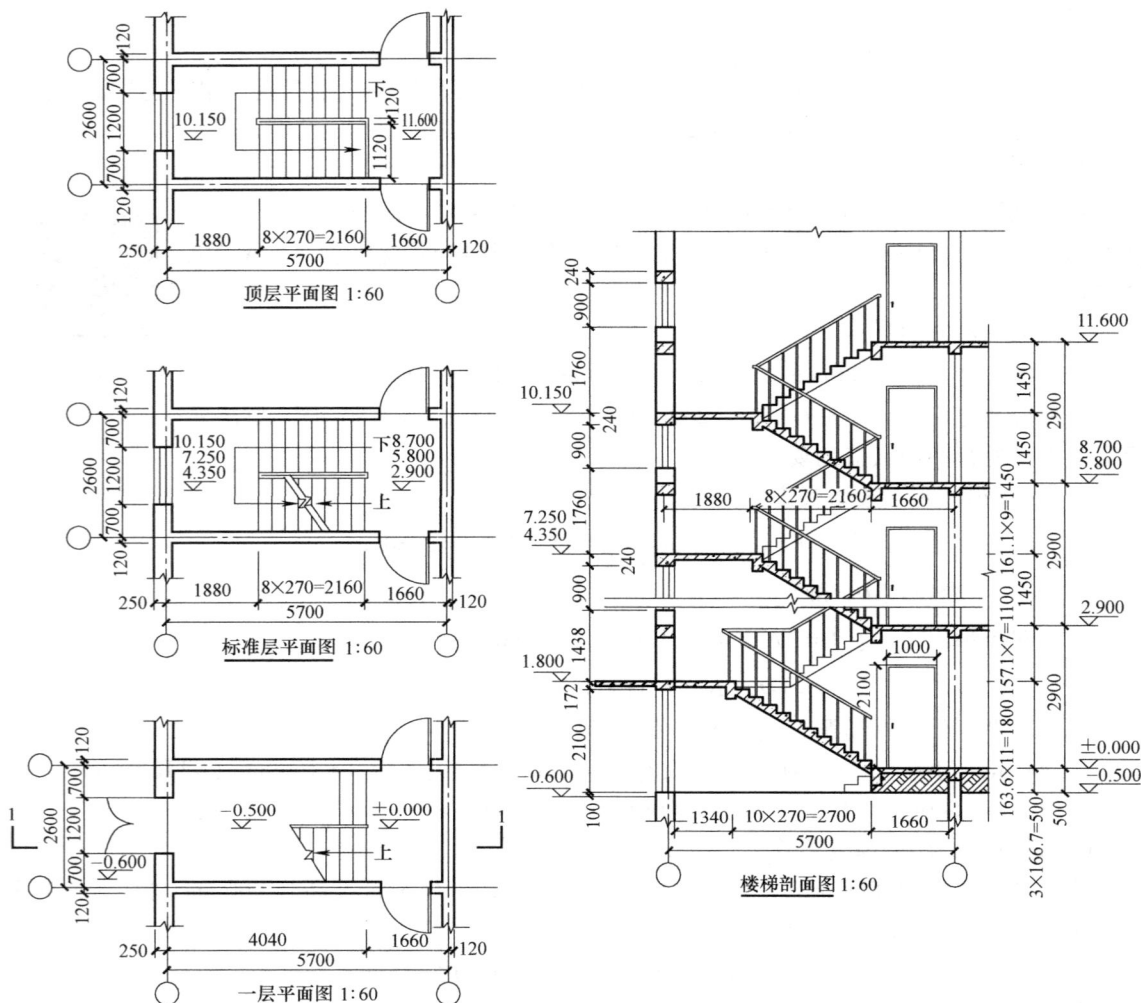

图 10-29　例 10-2 楼梯详图

# 10.8　电梯与自动扶梯

在多高层建筑中，为了上下运行的方便、快速和实际需要，常设有电梯。电梯可大致分为客梯和货梯两大类，客梯除了普通乘客电梯外尚有专用的医用梯、观光电梯、无障碍电梯等。不同厂家提供的设备尺寸、运行速度及对土建的要求不同，设计时应根据厂家提供的产品尺度进行设计。

## 10.8.1　电梯

### 1. 电梯的类型（图 10-30）

电梯按照其用途，可以分为乘客电梯、载货电梯、客货电梯、病床电梯、观光电梯、杂物梯等。

电梯按照其速度，可以分为高速电梯、中速电梯和低速电梯。

电梯按照其消防要求，可以分为普通乘客电梯和消防电梯。

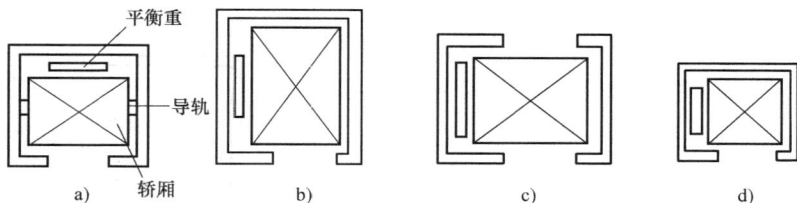

图 10-30　电梯的类型

a）普通乘客电梯　b）病床电梯　c）载货电梯　d）小型杂物梯

## 2. 电梯的布置

电梯一般和楼梯相邻布置，以形成一个交通枢纽，如图 10-31 所示。

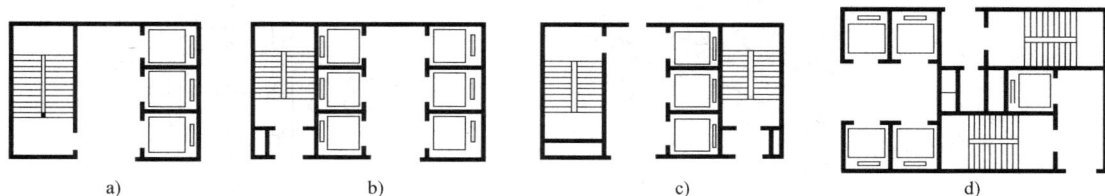

图 10-31　楼梯与电梯组合布置示例

a）楼梯组织在电梯厅内　b）楼梯贴邻电梯厅　c）楼梯在电梯厅内与贴邻结合布置

d）电梯厅外成组布置

电梯不应作为安全出口，设置电梯的建筑物仍应按防火规范的疏散安全距离设置疏散楼梯。电梯井不宜被楼梯环绕。

电梯台数和规格应经计算后确定，并应满足建筑的使用特点和要求。

高层公共建筑和高层宿舍建筑的电梯台数不宜少于 2 台，12 层及 12 层以上的住宅建筑的电梯台数不应少于 2 台，并应符合现行国家标准《住宅设计规范》GB 50096 的规定。

电梯的设置，单侧排列时不宜超过 4 台，双侧排列时不宜超过 2 排×4 台。

高层建筑电梯分区服务时，每服务区的电梯单侧排列时不宜超过 4 台，双侧排列时不宜超过 2 排×4 台。

电梯不应在转角处贴邻布置。

电梯井道和机房不宜与有安静要求的用房贴邻布置，否则应采取隔振、隔声措施，如图 10-32 所示。

电梯机房应有隔热、通风、防尘等措施，宜有自然采光，不得将机房顶板作水箱底板及在机房内直接穿越水管或蒸汽管。

## 3. 电梯的构造

电梯由井道、机房和地坑三部分组成。

（1）井道　井道指电梯轿厢运行的通道，一般采用现浇混凝土墙；当建筑物高度不高时，也可以采用砖墙；观光电梯可采用玻璃幕墙。

（2）机房　机房一般设在电梯井道的顶部，其平面及剖面尺寸均应满足设备的布置、方便操作和维修要求，并具有良好的采光和通风条件。

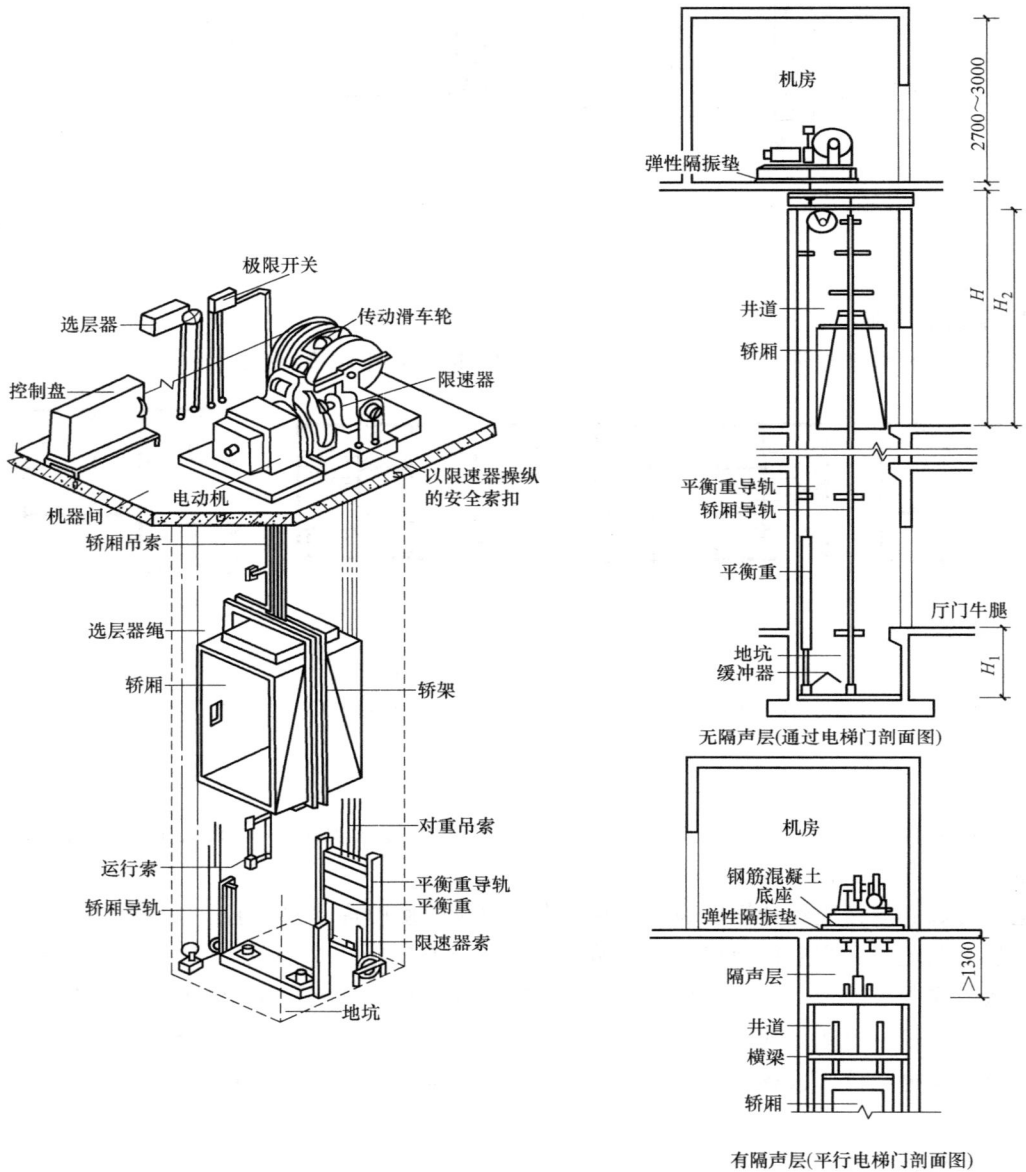

图 10-32   电梯井道内部透视及机房隔振、隔声处理

（3）地坑   地坑设在最底层平面标高下，是轿厢下降缓冲器的空间。

## 10.8.2   自动扶梯

自动扶梯适用于有大量人流上下的公共场所，坡度一般采用30°，按其运输能力分为单人、双人两种类型，其位置应设在大厅的突出明显位置。

自动扶梯由电动机械牵引，机房悬挂在楼板的下方，踏步与扶手同步，可以正向、逆向运行，在机械停止运转时，自动扶梯可作为普通楼梯使用。其构造如图10-33所示。

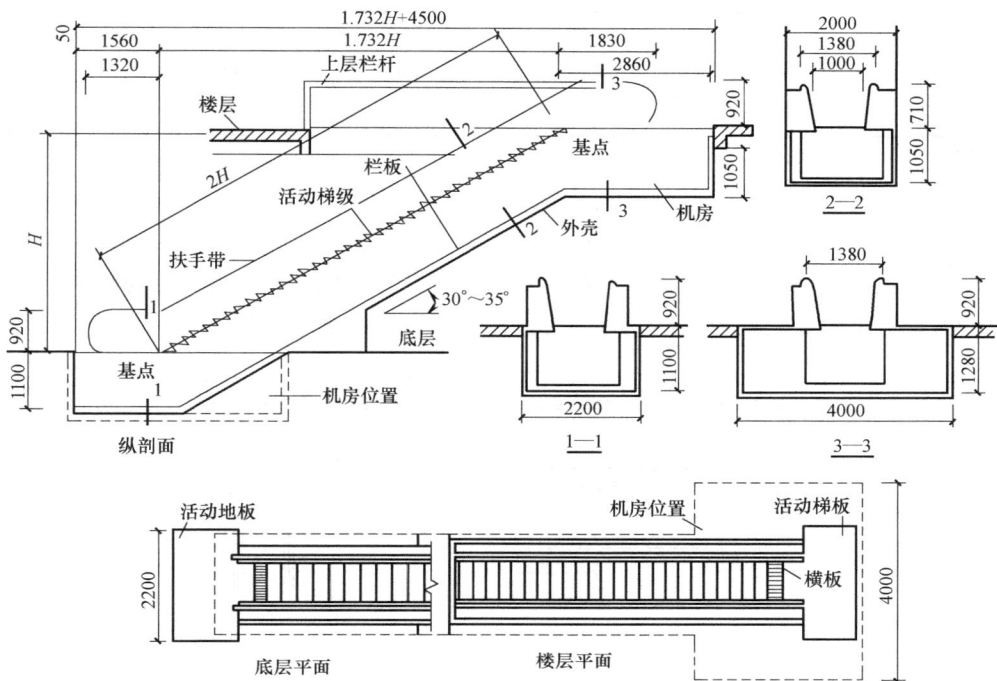

图 10-33　自动扶梯构造图

# 10.9　无障碍设计

无障碍设计概念始见于 1974 年，是联合国提出的设计新主张。无障碍设计强调在科学技术高度发展的现代社会，一切有关人类衣食住行的公共空间环境以及各类建筑设施、设备的规划设计，都必须充分考虑具有不同程度生理伤残缺陷者和正常活动能力衰退者的使用需求，配备能够应答、满足这些需求的服务功能与装置，营造一个充满爱与关怀，并能够切实保障人类安全、方便、舒适的现代生活环境。

## 10.9.1　无障碍坡道与台阶设计要求

根据《住宅建筑规范》（GB 50386—2005），7 层及 7 层以上的住宅，应对下列部位进行无障碍设计：建筑入口；入口平台；候梯厅；公共走道；无障碍住房。

### 1. 无障碍坡道设计要求

根据《无障碍设计规范》（GB 50763—2012），轮椅坡道应符合下列规定：

1）轮椅坡道宜设计成直线形、直角形或折返形。

2）轮椅坡道的净宽度不应小于 1000mm，无障碍出入口的轮椅坡道净宽度不应小于 1200mm。

3）轮椅坡道的高度超过 300mm 且坡度大于 1∶20 时，应在两侧设置扶手，坡道与休息平台的扶手应保持连贯，扶手应符合相关规定。

4）轮椅坡道的最大高度和水平长度应符合表 10-5 的规定。

表 10-5　轮椅坡道的最大高度和水平长度

| 坡度 | 1：20 | 1：16 | 1：12 | 1：10 | 1：8 |
|---|---|---|---|---|---|
| 最大高度/mm | 1200 | 900 | 750 | 600 | 300 |
| 水平长度/mm | 24000 | 14400 | 9000 | 6000 | 2400 |

注：其他坡度可用插入法计算。

5）轮椅坡道的坡面应平整、防滑、无反光。

6）轮椅坡道起点、终点和中间休息平台的水平长度不应小于 1.50m，如图 10-34 所示。轮椅在进入坡道之前和行驶完坡道，进行一段水平行驶，能使乘轮椅者先将轮椅调整好，这样更加安全。轮椅中途要调整角度继续行驶时同样需要有一段水平行驶。

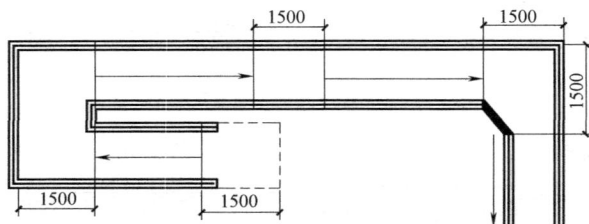

图 10-34　室外无障碍坡道的平面尺寸

7）轮椅坡道临空侧应设置安全阻挡措施。

8）轮椅坡道应设置无障碍标志，无障碍标志应符合相关规定。

**2. 无障碍台阶设计要求**

台阶的无障碍设计（图 10-35）应符合下列规定：

1）公共建筑的室内外台阶踏步宽度不宜小于 300mm，踏步高度不宜大于 150mm，并不应小于 100mm。

2）踏步应防滑。

3）三级及三级以上的台阶应在两侧设置扶手。

4）台阶上行和下行的第一级宜在颜色或材质上与其他台阶有明显区别。

图 10-35　无障碍台阶实例

## 10.9.2　无障碍楼梯、电梯设计要求

**1. 无障碍楼梯设计要求**

根据《无障碍设计规范》（GB 50763—2012），无障碍楼梯应符合下列规定：

1）宜采用直线形楼梯。

2）公共建筑楼梯的踏步宽度不应小于 280mm，踏步高度不应大于 160mm。

3）不应采用无踢面和直角形突缘的踏步。

4）宜在两端均做扶手。

5）如采用栏杆式楼梯，在栏杆下方宜设置安全阻挡设施。

6）踏面应平整防滑或在踏面前缘设防滑条。

7）距踏步起点和终点 250～300mm 处宜设提示盲道。

8）踏面和踢面的颜色宜有区分和对比。

9）楼梯上行和下行的第一级宜在颜色或材质上与平台有明显区别。

**2. 无障碍电梯的候梯厅设计要求**

无障碍电梯的候梯厅应符合下列规定：

1）候梯厅深度不宜小于 1500mm，公共建筑及设置病床电梯的候梯厅深度不宜小于 1800mm。

2）呼叫按钮高度为 900～1100mm。

3）电梯门洞的净宽度不宜小于 900mm。

4）电梯出入口处宜设提示盲道。

5）候梯厅应设电梯运行显示装置和抵达音响。

**3. 无障碍电梯的轿厢设计要求**

无障碍电梯的轿厢应符合下列规定：

1）轿厢门开启的净宽度不应小于 800mm。

2）在轿厢的侧壁上应设高 900～1100mm 并带盲文的选层按钮，盲文宜设置于按钮旁。

3）轿厢的三面壁上应设高 850～900mm 的扶手，扶手应符合相关规定。

4）轿厢内应设电梯运行显示装置和报层音响。

5）轿厢正面高 900mm 处至顶部应安装镜子或采用有镜面效果的材料。

6）轿厢的规格应根据建筑性质和使用要求的不同而选用。最小规格为深度不应小于 1400mm，宽度不应小于 1100mm；中型规格为深度不应小于 1600mm，宽度不应小于 1400mm；医疗建筑与老人建筑宜选用病床专用电梯。

7）电梯位置应设无障碍标志，无障碍标志应符合相关规定。

## 10.9.3　无障碍扶手设计要求

1）无障碍单层扶手的高度应为 850～900mm，无障碍双层扶手的上层扶手高度应为 850～900mm，下层扶手高度应为 650～700mm。

2）扶手应保持连贯，靠墙面扶手的起点和终点处应水平延伸不小于 300mm 的长度。

3）扶手末端应向内拐到墙面或向下延伸不小于 100mm，栏杆式扶手应向下成弧形或延伸到地面上固定，如图 10-36 所示。

4）扶手内侧与墙面的距离不应小于 40mm，如图 10-37 所示。

5）扶手应安装坚固，形状易于抓握。圆形扶手的直径应为 35～50mm，矩形扶手的截面尺寸应为 35～50mm。

6）扶手的材质宜选用防滑、热惰性指标好的材料。

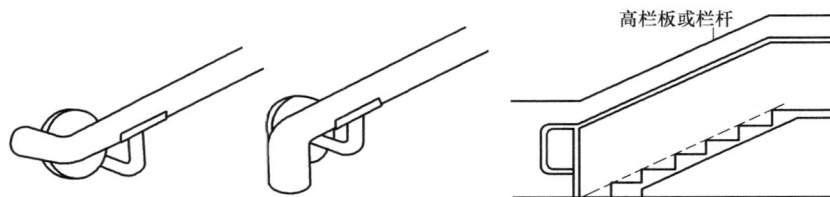

图 10-36　符合无障碍要求的楼梯、坡道扶手构造形式

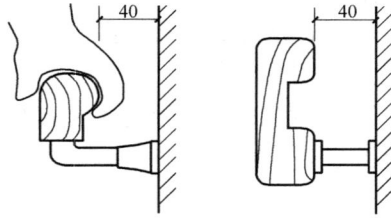

图 10-37　符合无障碍要求的靠墙扶手断面形式

# 思　考　题

1. 楼梯由哪几部分组成？各部分有何作用？
2. 楼梯按平面形式有哪几种类型？
3. 试简述双跑平行楼梯的设计步骤。
4. 如采用双跑平行楼梯，当利用楼梯平台作为出入通道时，为满足其净空要求，可采取哪些措施？
5. 台阶和坡道的设计有何要求？
6. 简述疏散楼梯的种类及其定义。
7. 简述无障碍楼梯的设计要求。
8. 请在 A2 图纸上绘制楼梯详图。

# 第11章 门 和 窗

## 11.1 概述

### 11.1.1 门窗的作用和设计要求

门和窗是建筑物的重要组成构件。门在建筑中的主要作用是交通联系、紧急疏散并兼有采光、通风等作用。窗在建筑物中的主要作用是采光、通风、接受日照和供人眺望。门窗设计应满足正常的使用功能和某些特殊功能的需要。特殊门窗除了防火门窗，还有防盗安全门、隔声门窗、防辐射门等。在构造上，门窗设计还应具有一定的保温、隔声、防雨、防火、防沙尘等能力，并且要开启灵活、关闭紧密、坚固耐用、便于清洁以及符合相关标准要求，以降低成本和适应建筑工业化生产的需要。

### 11.1.2 门窗的物理性能指标要求

门窗的物理性能包括门窗的三性（气密性、水密性以及抗风压性能）、保温、采光、隔声性能等。依据《建筑幕墙、门窗通用技术条件》（GB/T 31433—2015）、《建筑外门窗气密、水密、抗风压性能检测方法》（GB/T 7106—2019）、《建筑外门窗保温性能检测方法》（GB/T 8484—2020）、《建筑外窗采光性能分级及检测方法》（GB/T 11976—2015）、《建筑门窗空气声隔声性能分级及检测方法》（GB/T 8485—2008）等标准进行检测和性能分级。

门窗的气密性是指可开启部分在正常锁闭状态时，外门窗阻止空气渗透的能力。门窗如果密闭不好，则可能渗水和导致室外空气渗入。建筑外门窗气密性能、水密性能分级分别见表 11-1、表 11-2。其中，建筑外门窗气密性能分级是采用在标准状态下，气压差为 10Pa 时的单位开启缝长空气渗透量 $q_1$ 和单位面积空气渗透量 $q_2$ 作为分级指标，并分为 8 级。水密性能是指可开启部分在正常锁闭状态时，在风雨同时作用下，外门窗阻止雨水渗漏的能力。外门的水密性能值 $\Delta P$ 不应小于 150Pa，外窗的水密性能值 $\Delta P$ 不应小于 250Pa。抗风压性能（表 11-3）是指可开启部分在正常锁闭状态时，在风压作用下，外门窗变形不超过允许值且不发生损坏或功能障碍的能力。

表 11-1 建筑外门窗气密性能分级表

| 分级代号 | 1 | 2 | 3 | 4 | 5 | 6 | 7 | 8 |
|---|---|---|---|---|---|---|---|---|
| $q_1/[\text{m}^3/(\text{m}\cdot\text{h})]$ | ≤4.0 >3.5 | ≤3.5 >3.0 | ≤3.0 >2.5 | ≤2.5 >2.0 | ≤2.0 >1.5 | ≤1.5 >1.0 | ≤1.0 >0.5 | ≤0.5 |
| $q_2/[\text{m}^3/(\text{m}^2\cdot\text{h})]$ | ≤12 >10.5 | ≤10.5 >9.0 | ≤9.0 >7.5 | ≤7.5 >6.0 | ≤6.0 >4.5 | ≤4.5 >3.0 | ≤3.0 >1.5 | ≤1.5 |

表 11-2 建筑外门窗水密性能分级表

| 分级代号 | 1 | 2 | 3 | 4 | 5 | 6 |
|---|---|---|---|---|---|---|
| $\Delta P/\text{Pa}$ | ≥100 <150 | ≥150 <250 | ≥250 <350 | ≥350 <500 | ≥500 <700 | ≥700 |

表 11-3　建筑外门窗抗风压性能分级表

| 分级代号 | 1 | 2 | 3 | 4 | 5 | 6 | 7 | 8 | 9 |
|---|---|---|---|---|---|---|---|---|---|
| $P_3$/kPa | ≥1.0<br><1.5 | ≥1.5<br><2.0 | ≥2.0<br><2.5 | ≥2.5<br><3.0 | ≥3.0<br><3.5 | ≥3.5<br><4.0 | ≥4.0<br><4.5 | ≥4.5<br><5.0 | ≥5.0 |

外门窗保温性能（表 11-4）是指在冬季建筑外门窗阻止热量室内外传递的能力，用传热系数 $K$ 表征。门窗传热系数代表门窗保温性能的指标，表示在稳定传热条件下，外门窗两侧空气温差为 1K，单位时间内，通过单位表面积的传热量。保温型门窗的传热系数 $K$ 不应大于 2.5W/（$m^2$ · K）。抗结露因子是预测门、窗阻抗表面结露能力的指标，是在稳定传热状态下，门、窗热侧表面与室外空气温度差和室内外空气温度差的比值，见表 11-5。

表 11-4　建筑外门窗保温性能分级表

| 分级代号 | 1 | 2 | 3 | 4 | 5 | 6 | 7 | 8 | 9 |
|---|---|---|---|---|---|---|---|---|---|
| $K$/[W/（$m^2$ · K）] | ≥5.0 | ≥4.0<br><5.0 | ≥3.5<br><4.0 | ≥2.5<br><3.5 | ≥2.5<br><3.0 | ≥2.0<br><2.5 | ≥1.6<br><2.0 | ≥1.3<br><1.6 | <1.1 |

表 11-5　玻璃门、窗抗结露因子分级

| 分级代号 | 3 | 4 | 5 | 6 | 7 | 8 | 9 |
|---|---|---|---|---|---|---|---|
| CRF | >40<br>≤45 | >45<br>≤50 | >50<br>≤55 | >55<br>≤60 | >60<br>≤65 | >65<br>≤70 | ≤75 |

门窗空气隔声性能是指门窗阻隔声音通过空气传播的能力。外门窗的隔声性能值不应小于 25dB，隔声型门窗的隔声性能值不应小于 30dB，门窗空气隔声性能分级见表 11-6。

表 11-6　建筑门窗空气隔声性能分级表　　　　　　　（单位：dB）

| 分类 | 1 | 2 | 3 | 4 | 5 | 6 |
|---|---|---|---|---|---|---|
| 外门、外窗<br>内门、内窗 | ≥20<br><25 | ≥25<br><30 | ≥30<br><35 | ≥35<br><40 | ≥40<br><45 | ≥45 |

建筑外窗采光性能（表 11-7）是指建筑外窗在漫射光照射下透过光的能力，根据外窗安装后，在室外内表面测得的透过外窗的照度与外窗安装前的照度之比（$T_r$，称为窗的透光折减系数）来划分，分为 5 级。建筑采光外窗的 $T_r$ 应大于或等于 0.45，即其采光性能分级不小于 4 级。

表 11-7　建筑外窗采光性能分级表

| 分级代号 | 1 | 2 | 3 | 4 | 5 |
|---|---|---|---|---|---|
| 采光性能<br>$T_r$ | ≥0.20<br><0.30 | ≥0.30<br><0.40 | ≥0.40<br><0.50 | ≥0.50<br><0.60 | ≥0.60 |

### 11.1.3　门窗的分类

#### 1. 门的分类

门按其在建筑物中所处的位置分为内门和外门；按其使用功能分为一般门和特殊门；按其框架材质分为木门、铝合金门、塑钢门、彩板门、玻璃钢门、钢门等；按其开启方式不同可分为平开门、弹簧门、推拉门、折叠门、旋转门、上翻门、升降门、卷帘门等（图 11-1）。

1）平开门。平开门构造简单，开启灵活，制作简便，易于维修，是建筑中使用最广泛的门，有单扇、双扇和多扇，内开和外开等形式。

2）弹簧门。弹簧门采用弹簧铰链或用地弹簧代替普通铰链，开启后能自动关闭。双向弹簧门多用于人流出入频繁或有自动关闭要求的公共场所，如公共建筑门厅的门等。弹簧门不适用于幼儿园、中小学学校出入口，且不可以作为防火门。

3）推拉门。推拉门开启时，门扇沿上下设置的轨道左右滑行，开启后门扇可隐藏于墙内或悬于墙外。推拉门不占空间，受力合理，不易变形，但在关闭时难以严密，构造也较复杂。在民用建筑中，一般采用轻便推拉门分隔居室内部空间。

4）折叠门。折叠门的门扇可拼合，可折叠推移到门洞口的一侧或两侧，占用空间少，构造较复杂。其一般用作商业建筑的门，或公共建筑中作灵活分隔空间用。

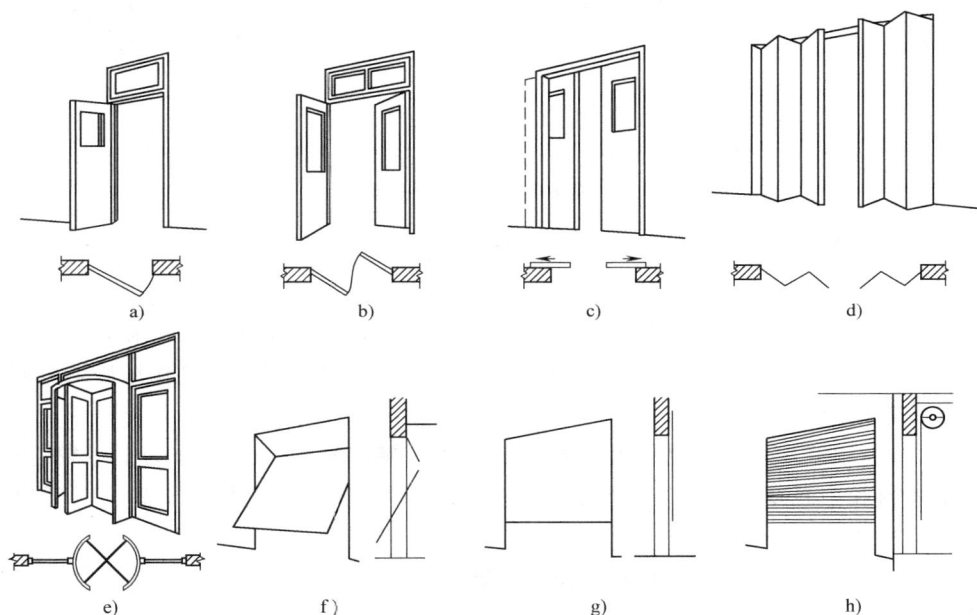

图 11-1 门的类型

a）平开门 b）弹簧门 c）推拉门 d）折叠门 e）旋转门 f）上翻门 g）升降门 h）卷帘门

5）旋转门。旋转门对防止内外空气对流有一定的作用，可作为寒冷地区、空调建筑且人流量不是很多的公共建筑的外门。旋转门通行能力较弱，不能作疏散用，当人流较多时在其两旁应另设平开门或弹簧门。

6）上翻门。上翻门的特点是能充分利用上部空间，门扇不占用面积，五金件及安装要求高。它适用于不经常开关的门。

7）升降门。升降门的特点是开启时其门扇沿轨道上升，它不占使用面积，常用于空间较高的民用建筑与工业建筑中。

8）卷帘门。卷帘门是由很多金属叶片连接而成的，开启时，门洞上部的转轴将金属叶片向上卷起。它的特点是开启时不占用室内外空间，但造价高、一般适用于商业建筑的外门和厂房大门。卷帘门按其开启方式可分为手动卷帘门和电动卷帘门。

伴随着电气控制的技术发展，直接控制电动机的电气式自动门在公共建筑中得到广泛应用，如各种用于可识别控制的自动专用门，即感应自动门（红外感应、微波感应、触摸感应、脚踏感应）、刷卡自动门等。

## 2. 窗的分类

窗根据其框料不同可分为木窗、钢窗、铝合金窗及塑钢窗等。塑钢窗同时具有木窗的保温性和铝合金窗的装饰性，目前应用最为广泛。窗按窗扇的层数分有单层窗扇窗和双层窗扇窗，按玻璃的层数分有单层玻璃窗和双层中空玻璃窗。双层窗扇窗和双层中空玻璃窗的保温、隔声性能优，是节能型窗的理想类型。窗根据其开启方式可分为固定窗、平开窗、悬窗、立转窗、推拉窗、百叶窗，如图 11-2 所示。

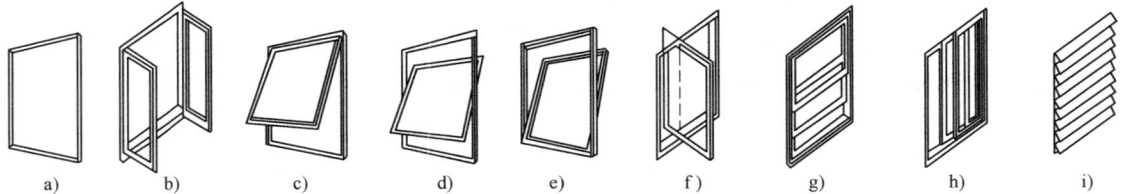

图 11-2　窗的类型
a）固定窗　b）平开窗　c）上悬窗　d）中悬窗　e）下悬窗　f）立转窗　g）垂直推拉窗
h）水平推拉窗　i）百叶窗

1）固定窗。固定窗是将玻璃直接镶嵌在窗框上，不设可活动的窗扇。一般用于只要求有采光、眺望功能的窗。其构造简单，密闭性好，多与门亮子和开启窗配合使用。

2）平开窗。平开窗的窗扇一侧用铰链与窗框相连，窗扇可向外或向内水平开启。其有单扇、双扇、多扇及向内开与向外开之分。平开窗构造简单，开启灵活，制作维修均方便，是民用建筑中使用最广泛的类型。

3）悬窗。窗扇绕水平轴转动的窗为悬窗。其按照旋转轴的位置可分为上悬窗、中悬窗、下悬窗。上悬窗和中悬窗向外开，防雨效果好，且有利于通风，尤其用于高窗时开启更为方便；下悬窗应用较少。

4）立转窗。窗扇绕垂直中轴转动的窗为立转窗。其竖轴可设在窗扇中心，也可以略偏于窗扇一侧。立转窗的通风效果好，但不严密，不宜用于寒冷和多风沙的地区。

5）推拉窗。窗扇沿着导轨或滑槽推拉开启的窗为推拉窗，其分为水平推拉和垂直推拉两种。推拉窗开启时不占用室内外空间，适宜安装大玻璃，但它不能全部开启，通风面积受限制。其窗扇和玻璃的尺寸对通风效果有较大影响。铝合金窗和塑钢窗常选用推拉方式。

6）百叶窗。百叶窗的窗扇一般用塑料、金属或木材等制成小板材，与两侧框料相连接，有固定式和活动式两种。百叶窗的采光效率低，主要作用是遮阳、防雨和通风。

# 11.2　木门窗及塑料门窗

## 11.2.1　木门构造

木门主要由门框和门扇两部分组成，如图 11-3 所示。为了通风采光，可在木门的上部设亮子。门框与墙间的缝隙常用木条盖缝，称门头线，俗称贴脸。门上还有五金件，常见的有铰链、门锁、插销、拉手、定门器等。

### 1. 门框

（1）门框的断面形状和尺寸　门框的断面形状与门的类型和层数有关，同时要利于安装和满足使用要求（如密闭）等。为便于门扇密闭，门框上要有裁口（或铲口）。根据门扇数与

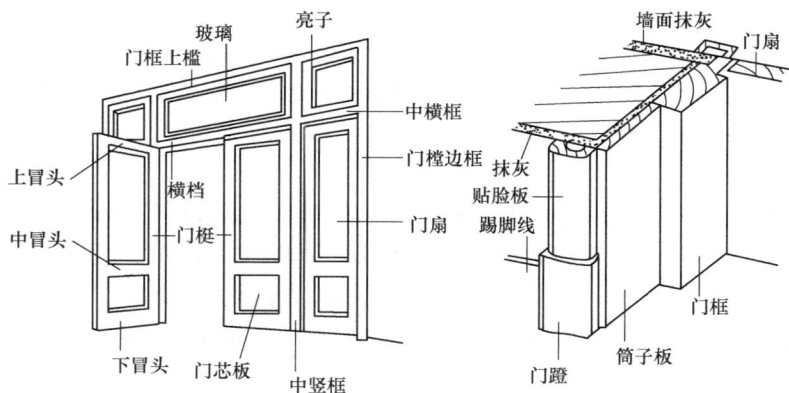

图 11-3 木门的构造组成

开启方式的不同，裁口的形式和尺寸可分为单裁口与双裁口两种。如图 11-4 所示，单裁口用于单层门，双裁口用于双层门或弹簧门。

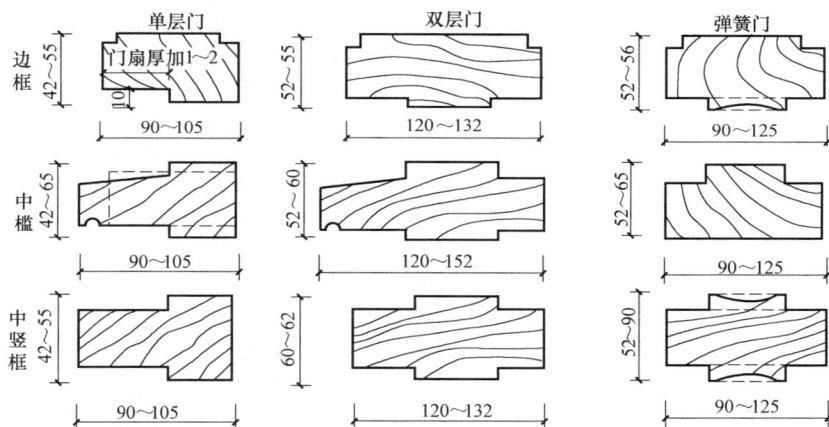

图 11-4 平开木门门框的断面形状和尺寸

由于门框靠墙一面易受潮变形，因此常在该面开 1~2 道背槽，以免产生翘曲变形，同时也利于门框的嵌固。背槽的形状可分为矩形或三角形，深度约 8~10mm，宽约 12~20mm。

（2）门框与墙体的连接构造　门框与墙体的连接构造分为立口和塞口两种，如图 11-5 所示。塞口（又称塞樘）是在墙砌好后再安装门框。门洞两侧砖墙上每隔 500~600mm 预埋木砖

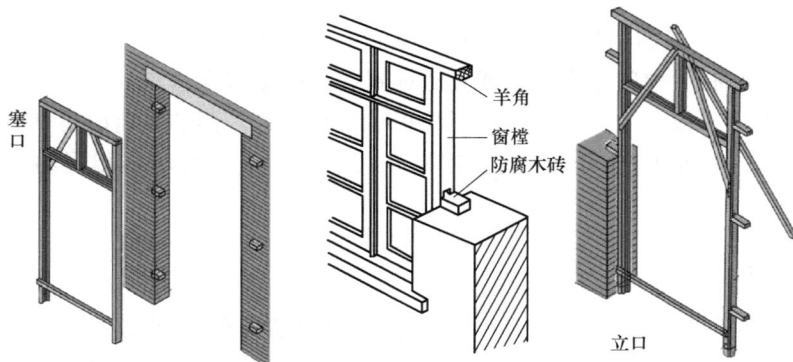

图 11-5 门框的安装

或预留缺口，以便用圆钉或水泥砂浆将门框固定。洞口的尺寸应比门框大 10~30mm，门框安装后，应在门框与墙体之间的缝隙中塞入沥青麻丝或其他柔性防腐材料后，再进行抹灰处理。立口（又称立樘）是在砌墙前用支撑先立门框然后砌墙的连接构造。框与墙结合紧密，但施工不便。立口还可将门的上横框各向外伸出 120mm 后砌入墙体中。

**2. 门扇**

根据门扇的构造不同，民用建筑中常见的门有夹板门、镶板门等形式。

（1）夹板门　夹板门的门扇由骨架和面板组成，用断面较小的方木做成骨架，用胶合板、硬质纤维板或塑料板等做面板，和骨架形成一个整体，共同抵抗变形。如图 11-6 所示，夹板门构造简单，自重轻，外形简洁，便于工业化生产，在一般民用建筑中广泛用作内门。

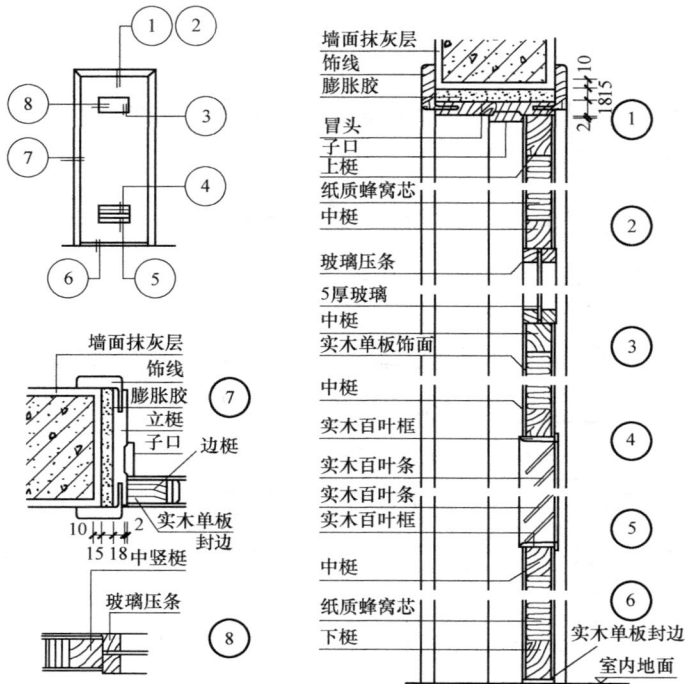

图 11-6　夹板门构造

为了使夹板内的湿气易于排出，减少面板变形，骨架内的空气应贯通，可在上部设小通气孔。另外，门的四周可用 15~20mm 厚的木条镶边，以取得整齐美观的效果。夹板门可根据功能的需要在局部留出洞口安装玻璃或百叶。

（2）镶板门　镶板门的门扇由骨架和门芯板组成，如图 11-7 所示。骨架一般由上冒头、下冒头及边梃组成，有时中间还有一道或几道横冒头或一条竖向中梃。

门芯板通常采用木板、胶合板、硬质纤维板、塑料板等。门芯板有时可部分或全部采用玻璃，则称为半玻璃（镶板）门或全玻璃（镶板）门。构造上与其基本相同的还有纱门、百叶门等。

## 11.2.2　木窗构造

木窗一般由窗框、窗扇和五金件组成。窗框是窗与墙体的连接部分，由上框、下框、边框、中横框和中竖框组成。窗扇分为活动扇和固定扇两种，由上冒头、中冒头（窗芯）、下冒头及边梃组成。根据镶嵌材料的不同，窗扇可分为玻璃窗扇、纱窗扇和百叶窗扇等。平开窗的

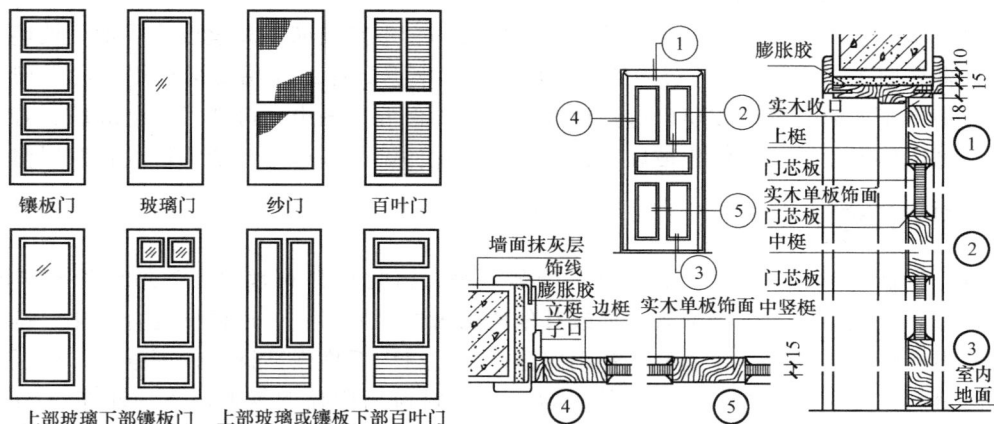

图 11-7 镶板门构造

窗扇宽度一般为 400~600mm，高度为 800~1500mm，窗扇与窗框用五金件连接，常用的五金件有铰链、风钩、插销、拉手及导轨、滑轮等。窗框与墙的连接处，为满足不同的要求，有时加贴脸、窗台板、窗帘盒等。木窗的构造组成如图 11-8 所示。

### 1. 窗框

窗框的断面尺寸主要根据材料的强度和接榫的需要确定，一般多为经验尺寸。窗框的断面形状与木门框类似。窗框的构造连接方式也分为立口和塞口，做法类似图 11-5 门框的安装。窗框与墙体间的缝隙应填塞密实，以满足防风、挡雨、保温、隔声等要求。通常为保证嵌缝牢固，在窗框外侧开槽，俗称背槽，并做防腐处理嵌灰口，如图 11-9 所示。

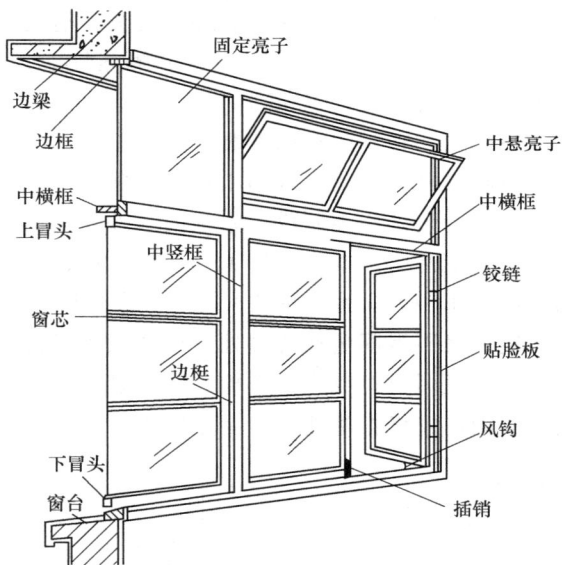

图 11-8 木窗的构造组成

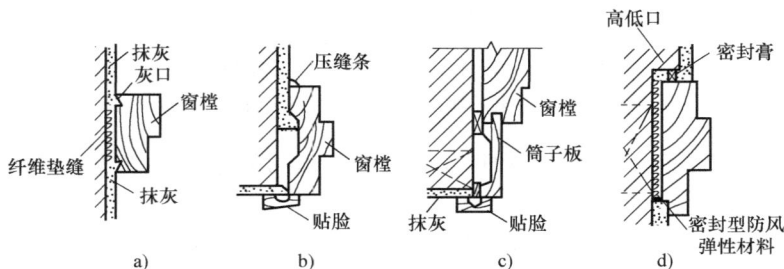

图 11-9 窗框与墙体的构造缝处理

a) 开槽嵌灰口 b) 贴脸 c) 设筒子板、贴脸 d) 错口、填缝

### 2. 玻璃的选用和构造连接

窗扇玻璃可选用平板玻璃、压花玻璃、磨砂玻璃、中空玻璃、夹丝玻璃、钢化玻璃等，普通窗扇大多采用 3~5mm 厚无色透明的平板玻璃，再根据具体的使用要求选用不同类型，如卫生间可选用压花玻璃、磨砂玻璃以遮挡视线；若需要保温、隔声，可选用中空玻璃；若需要增加强度，可选用夹丝玻璃、钢化玻璃等；若需要强化保温、隔声的性能，可设置双层窗。

## 11.2.3 塑料门窗

塑料门窗是由型材、玻璃、五金件、增强型钢、密封材料和紧固件等组成的建筑配套产品。型材是以聚氯乙烯、改性聚氯乙烯或其他树脂为主要原料，通过机械混合塑化、挤出、成型为各种不同断面结构的多腔型材。塑钢门窗是以型材内置增强型钢来保证强度，增强型钢作为塑料门窗的重要受力构件，应经计算确定，且塑料窗用增强型钢壁厚不应小于 1.5mm，门用增强型钢壁厚不应小于 2.0mm。

塑料门窗具有耐水、耐腐蚀、阻燃、抗冲击、不需表面涂装等优点，其保温隔热性能远高于金属边框的门窗，且易保养、外观精美、清洗容易，并具有良好的耐候性能，使用寿命可达30 年以上。由于塑料门窗优异的保温隔热性能，从而成为节能门窗的首选产品，在全国建筑门窗市场的占有率已达到 45% 以上。

塑料门窗和塑钢门窗的安装、组合、玻璃的选配等都与铝合金门窗类似。当有外保温或外饰面材料较厚时，外窗宜采用增加钢附框的安装方式。钢附框应采用壁厚不小于 1.5m 的碳素结构钢或低合金结构钢制成，附框内、外表面均应进行防锈处理。

目前建筑外墙基本都采用了外保温材料，根据墙体材料不同，塑钢门窗的固定连接方法也不同，如图 11-10 所示。混凝土墙洞口应采用射钉或膨胀螺栓固定。实心砖墙洞口应采用膨胀螺栓固定，且不得固定在砖缝处，严禁采用射钉固定。轻质砌块或加气混凝土材料洞口可在预埋混凝土块上用射钉或膨胀螺栓固定。设有预埋件的洞口应采用焊接方法固定，也可先在预埋件上按紧固件规格打基孔，然后用紧固件固定。

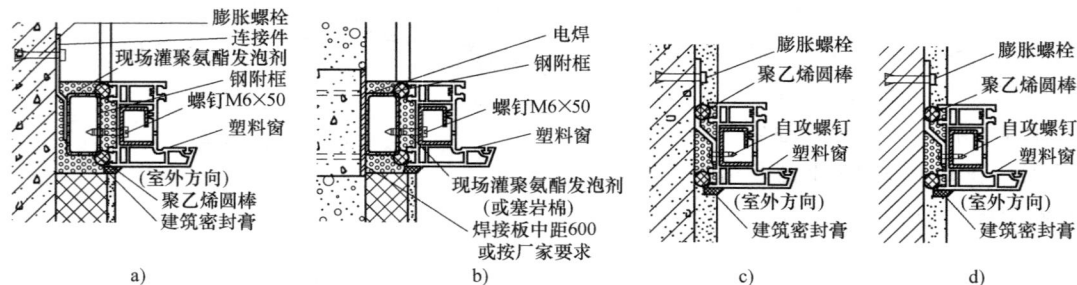

图 11-10　塑钢门窗与不同基层的安装固定
a) 附框安装　b) 轻质墙体　c) 钢筋混凝土墙体　d) 砖墙体

门窗的构造尺寸应考虑预留洞口和待安装门、窗框的伸缩缝间隙及墙体饰面材料的厚度。伸缩缝间隙应符合表 11-8 的规定。

塑料门窗可以沿墙外侧安装和沿墙中部安装，如图 11-11 所示，窗框与洞口之间的伸缩缝内应采用聚氨酯发泡剂填充，发泡剂填充应均匀、密实。当外侧洞口抹灰时，应做出拔水坡度。

采用片材将抹灰层与窗框临时隔开，留槽宽度及深度宜为 5~7mm。抹灰面应超出窗框，但厚度不应影响窗扇的开启，并不得盖住排水孔。

**表 11-8 洞口和门、窗框的伸缩缝间隙** （单位：mm）

| 墙体饰面层材料 | 洞口和门、窗框的伸缩缝间隙 |
|---|---|
| 清水墙及附框 | 10 |
| 墙体外饰面抹水泥砂浆或贴陶瓷马赛克 | 15~20 |
| 墙体外饰面贴釉面瓷砖 | 20~25 |
| 墙体外饰面贴大理石或花岗石石板 | 40~50 |
| 外保温墙体 | 保温层厚度+10 |

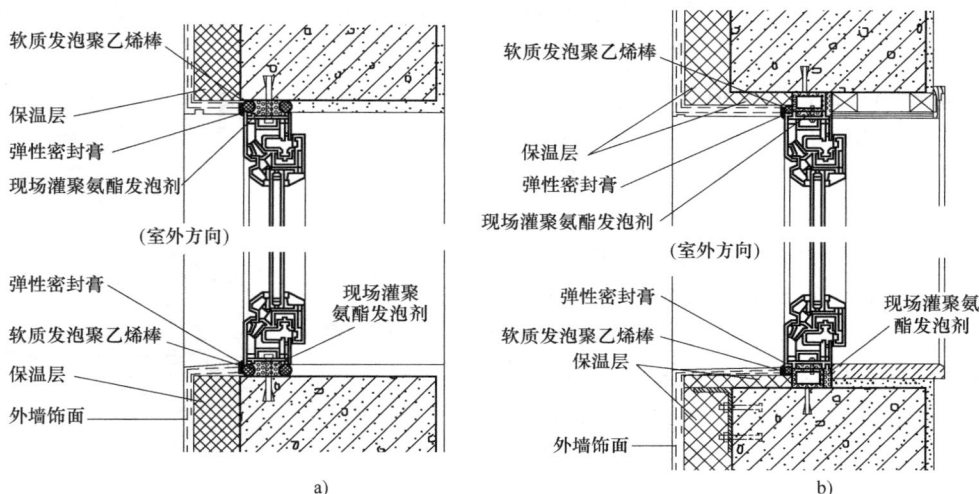

图 11-11 塑钢门窗安装详图
a）外窗沿墙外侧安装 b）外窗沿墙中部安装

# 11.3 金属门窗

## 11.3.1 铝合金门窗构造

### 1. 铝合金门窗的特点

铝合金门窗是指采用铝合金建筑型材制作框、扇杆件结构的门窗。表面经过处理的铝合金型材经下料、打孔、铣槽、攻螺纹等加工，成为门框框料的构件，然后与连接件、密封件、开闭五金件一起组合装配成门窗。铝合金门窗具有轻质高强、不易变形、密封性较好、美观等特点。铝合金门窗是由铝合金型材组合而成，经氧化处理后的铝型材呈金属光泽，不需要涂漆和经常维护。铝合金门窗的开启方式多采用水平推拉式开启，也可采用平开、旋转等开启方式。

### 2. 铝合金门窗的技术要求

1）应根据使用和安全要求确定铝合金门窗的抗风压强度性能、雨水渗漏性能、空气渗透性能等综合指标。门窗框扇杆件间的连接构造应牢固可靠。应根据门窗的功能和设计使用要求设置童锁、防坠落、防夹手、防雷等安全性装置，设置微通风、防蚊纱、披水板等功能性装置。门窗附件、五金件的安装连接构造应具有更换和维修的便利性。

2）铝合金门窗框料传热系数较大，一般不单独作为节能门窗的框料，为满足节能要求，应采用表面喷塑或断热技术来提高热阻。断桥铝合金门窗的传热系数 $K$ 值为 $3W/(m^2 \cdot K)$ 以下，比普通门窗热量散失减少一半，隔声量达 29dB 以上，水密性、气密性良好。

3）铝合金门窗所用玻璃若采用的是 Low-E 玻璃，应合成中空玻璃使用，中空玻璃合片时，应去除玻璃边部与密封胶粘接部位的镀膜，Low-E 膜层应位于中空气体层内。热喷涂法生产的 Low-E 玻璃可单片使用，Low-E 膜层宜面向室内。

4）密封材料。铝合金门窗玻璃镶嵌、杆件连接及附件装配所用密封胶应与所接触的各种材料相容，并与所需粘接的基材粘接。隐框窗用的硅酮结构密封胶应具有与所接触的各种材料、附件的相容性，以及与所需粘接基材的黏结性。

5）门窗框扇连接、锁固用的功能性五金件应满足整樘门窗承载能力的要求，其反复启闭性能应满足门窗反复启闭耐久性的要求。

### 3. 断桥铝合金门窗的构造

为满足节能要求，一般采用断桥铝合金门窗，其可以显著降低铝合金门窗的传热系数。断桥铝合金门窗是在传统铝合金门窗的基础上，利用隔热条将室内外两层铝合金既隔开又紧密连接成一个整体，从而阻止铝型材内外热量的传导，断桥结构起到了很好的保温、保湿、隔热、降噪的效果。断桥铝合金门窗按其连接方式不同可分为穿条式和注胶式。穿条式应用较多，其是在两组铝型材中插入隔热条再滚压，由两个隔热条将铝型材内外两部分连接起来，如图 11-12 所示。

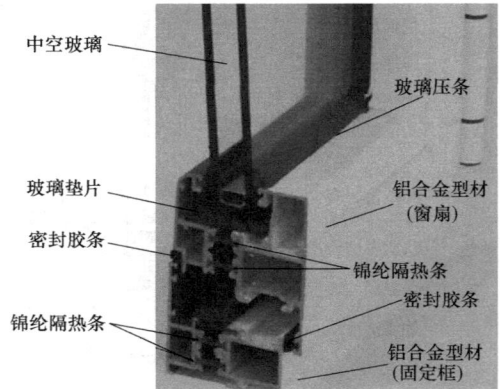

图 11-12　断桥铝合金门窗（平开窗）

断桥铝合金门窗框一般先在门框外侧用螺钉固定钢质锚固件，并与洞口四周墙中预埋件焊接或锚固在一起，如图 11-13 所示。断桥铝合金门窗框与洞口墙体的连接固定应符合以下要求：

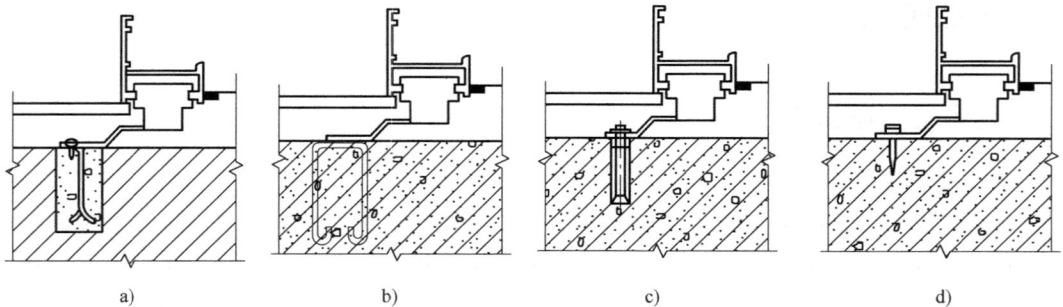

图 11-13　断桥铝合金窗框与墙体的固定方式
a）预埋件　b）燕尾铁脚　c）金属膨胀螺栓　d）射钉

1）连接件应采用 Q235 钢材，其表面应进行热镀锌处理，连接件厚度不小于 1.5mm，宽度不小于 20mm，在外框型材室内外两侧双向固定。

2）门窗框与连接件的连接宜采用卡槽连接。若采用紧固件穿透门窗框型材固定连接件时，紧固件宜置于门窗框型材的室内外中心线上，且必须在固定点处采取密封防水措施。

3）连接件与洞口混凝土墙基体可采用特种钢钉（水泥钉）、射钉、塑料胀锚螺栓、金属膨胀螺栓等紧固件连接固定。对于砌体墙基体，洞口两侧在锚固点处预埋强度等级在 C20 以上的实心混凝土预制块。

断桥铝合金门窗安装详图如图 11-14 所示。

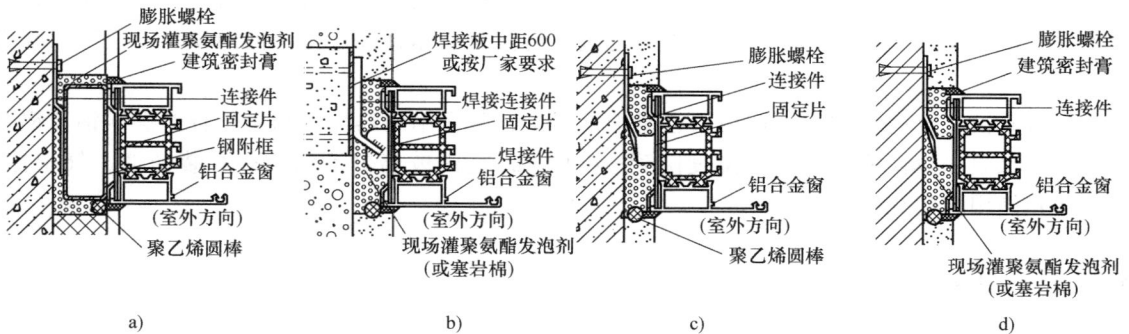

图 11-14  断桥铝合金门窗安装详图
a）附框安装  b）轻质墙体  c）钢筋混凝土墙体  d）砖墙体

#### 4. 铝合金门窗的安装

铝合金门窗应采用预留洞口法安装，不得采用边安装边砌墙或先安装后砌墙的施工方法。装入洞口应横平竖直，外框与洞口应弹性连接牢固，不得将门、窗外框埋入墙体，防止碱对门窗框的腐蚀。铝合金门窗的安装施工宜在室内侧或洞口内进行，且应在洞口尺寸符合规定且验收合格，并办好工种间交接手续后，方可进行。门、窗框安装的时间，应选择主体结构基本结束后进行。扇安装的时间，宜选择在室内外装修基本结束后进行，以免土建施工时将其损坏。

无附框（湿法作业）的铝合金门窗框及有附框（干法作业）铝合金门窗附框的安装，宜在室内粉刷和室外粉刷的找平、刮糙等湿作业完工且硬化后进行。铝合金门窗的安装宜采用干法施工，金属附框安装应在洞口及墙体抹灰湿作业前完成，铝合金门窗安装应在洞口及墙体抹灰湿作业后进行，金属附框的内、外两侧宜采用固定片与洞口墙体连接固定。

铝合金门窗框与洞口墙体安装缝隙的填塞，宜采用隔声、防潮、无腐蚀性的材料，如聚氨酯 PU 发泡填缝料等。将铝合金门窗框固定后门窗上部及两侧与墙体接触部位采用发泡剂填充，门窗底部及两侧底部 200mm 处采用防水水泥砂浆填充。铝合金门窗边框四周的外墙结构面 300mm 立面范围内，增涂两道防水涂料，以减少雨水渗漏的机会。

### 11.3.2  钢门窗

钢门窗按其材料可分为普通碳素钢门窗、彩板门窗、不锈钢门窗、高档断热钢门窗等。钢门窗具有强度高、刚度大、耐久、耐火性能好，外形美观以及便于工厂化生产等特点，但作为外窗时，保温性能较差，目前在民用建筑中应用较少。钢门窗料型有实腹式和空腹式两大类型。实腹式钢门窗适用于一般的工业建筑厂房、生产辅助建筑。空腹式钢门窗是采用冷轧带钢经高频焊管机组轧制焊接成各种型材，然后经切割、铣削、焊接、钻孔、组装等工艺制成的。空腹式钢门窗的材料为空芯材料，芯部空间的表面不便于涂刷涂料，所以耐腐蚀性能不如实腹式钢门窗好，但是用钢量少、质量轻、刚度大。

彩板门窗是以涂色镀锌钢板和 4mm 厚平板玻璃或双层中空玻璃为主要材料，经过机械加工制成。它具有自重轻、采光面积大、防尘、隔声、气密性好、造型美观、耐腐蚀等优点。其门窗四角用插接件插接，玻璃与门窗交接处以及门窗框与扇之间的缝隙，全部用橡胶密封条和密封胶密封。传热系数 $K$ 值可达 $3.5W/(m^2 \cdot K)$，空气渗透值可达 $0.5m^3/(m \cdot h)$，具有很好的密封性能。

　　根据其构造的不同，彩板门窗又分为带副框和不带副框两种类型。带副框彩板门窗适用于外墙面为大理石、玻璃马赛克、瓷砖、各种面砖等材料，或门窗与内墙面需要平齐的建筑；不带副框彩板门窗适用于室外为一般粉刷的建筑，门窗与墙体直接连接，但洞口粉刷成型尺寸必须准确。

　　钢塑共挤复合门窗和不锈钢门窗也属于钢门窗，其保温隔热性能均高于普通碳素钢和铝合金门窗的保温隔热性能。当室外温度降到-40℃时，室内玻璃仍不结霜；其装饰性、气密性、防水性和使用的耐久性好。

# 11.4　特殊门窗

## 11.4.1　防火门窗

　　防火门是指在一定时间内能满足耐火稳定性、完整性和隔热性要求的特制门，可在一定时间内阻止火势的蔓延和烟气扩散，确保人员疏散。防火门一般设在以下部位：

　　1）封闭疏散楼梯，通向走道的门；封闭电梯间，通向前室及前室通向走道的门。

　　2）电缆井、管道井、排烟道、垃圾道等竖向管道井的检查门。

　　3）划分防火分区，控制分区建筑面积所设防火墙和防火隔墙上的门。当建筑物设置防火墙或防火门有困难时，要用防火卷帘门代替，同时须用水幕保护。

　　4）防火规范或设计特别要求防火、防烟的隔墙分户门。

　　防火门要求材料具有优良的耐火性能及节点的密闭性能。防火门分为甲、乙、丙三级。甲级防火门耐火极限为 1.2h，用于防火墙上的门洞；乙级防火门耐火极限为 0.9h，用于楼梯或电梯口；丙级防火门耐火极限为 0.6h，用于竖向井道检查口。

　　防火门按其开启方式，可分为平开防火门和防火卷帘门两种，按其材料分为木质防火门、钢质防火门、钢木防火门、其他防火门等。木质防火门是用难燃木材或难燃木材制品做门框、门扇骨架、门扇面板；门扇内若填充材料，则应填充对人体无毒、无害的防火隔热材料，并配以防火五金件所组成的具有一定耐火性能的门。图 11-15 所示为木夹板防火门构造。

　　钢质防火门（图 11-16）门框及门扇面板可以采用优质冷轧薄钢板，内填耐火隔热材料，门扇也可以采用无机耐火材料。此外，在地下室或某些特殊场所还可以用钢筋混凝土密闭防火门。防火门应安装防火门闭门器，或设置在火灾发生时能自动关闭门扇的闭门装置。

　　在大面积的建筑物中常使用防火卷帘门，这种防火门平时不影响交通，而在发生火灾时，又可以有效地隔离各防火分区。防火卷帘门可根据其耐风压强度、帘面数量、启闭方式、耐火极限等进行分类，可作防火及防火分隔用，设在走道上的防火卷帘门，应在卷帘的两侧设置启闭装置，并应具有自动、手动和机械控制的功能。

　　防火窗是指用钢窗框、钢窗扇、防火玻璃组成的，能起隔离和阻止火势蔓延的窗。防火窗必须采用钢窗，并镶嵌铅丝玻璃以避免破碎后掉下，并防止火焰蹿入室内或者蹿出窗外。

## 11.4.2　防盗安全门

　　防盗安全门是指配有防盗锁，在一定时间内可以抵抗一定条件下的非正常开启，具有一定安全防护性能并符合相应防盗安全级别的门。防盗门由门框、门扇、五金件、猫眼、门铃五部分组成。

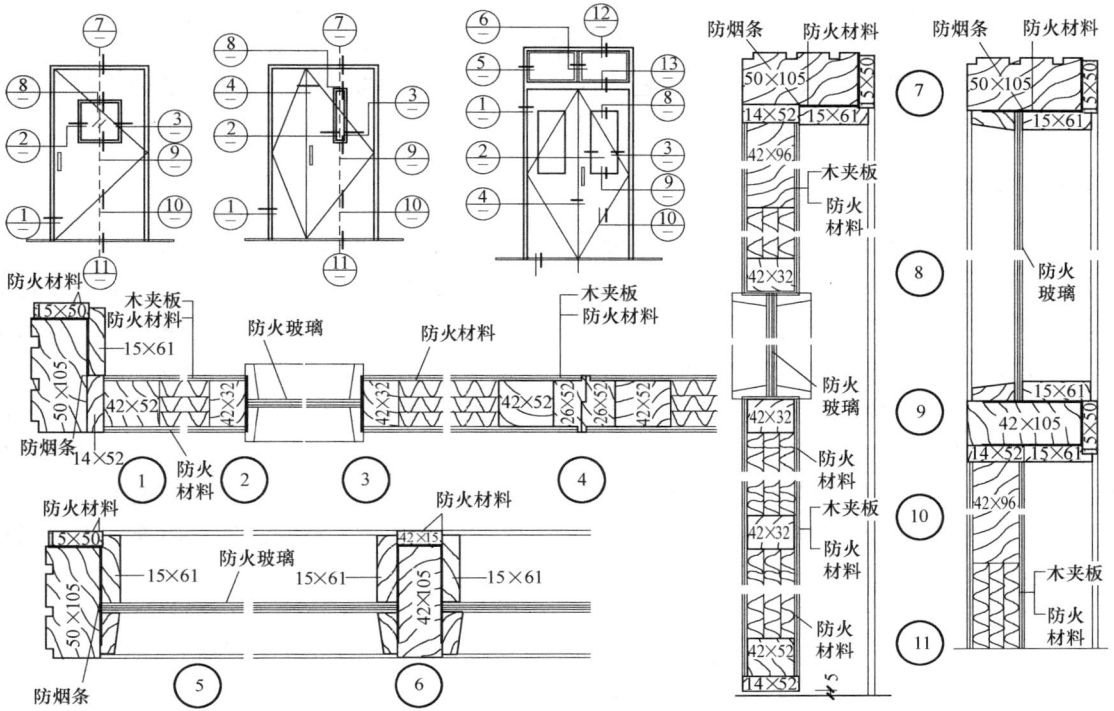

图 11-15　木夹板防火门构造

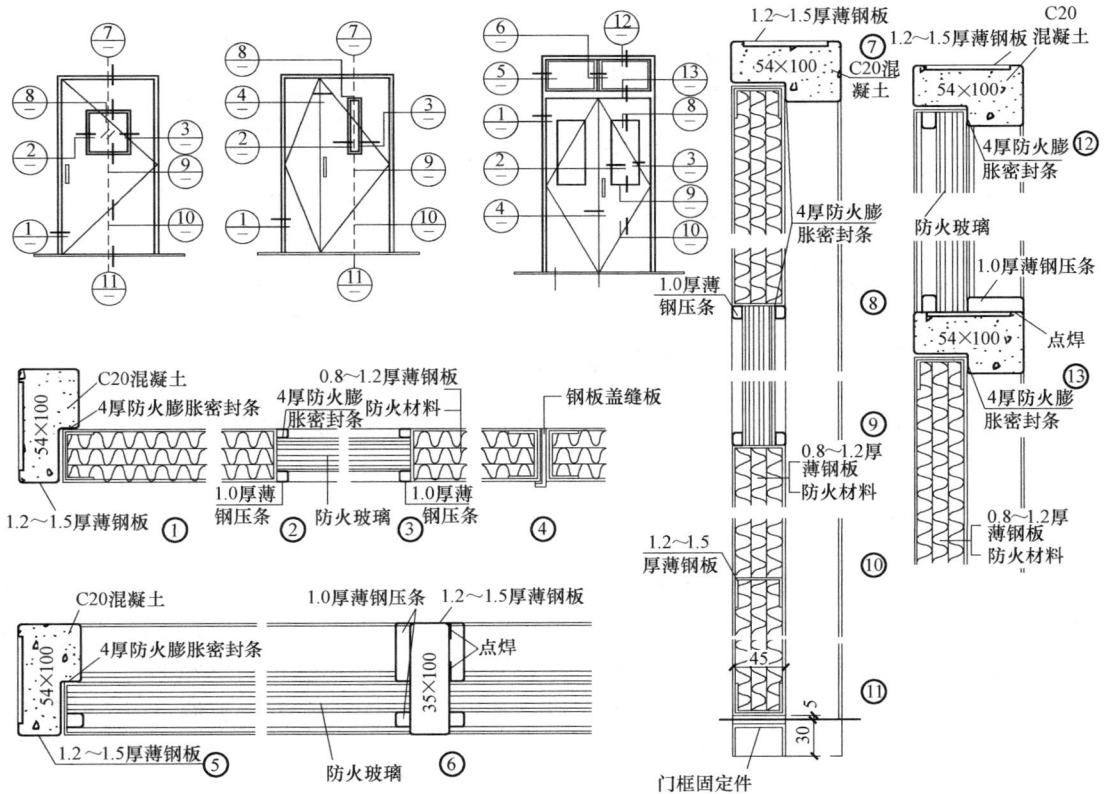

图 11-16　钢质防火门构造

防盗安全门按其开启方式可分为推拉栅栏式防盗门、平开式栅栏防盗门、平开封闭式防盗门、平开多功能防盗门、平开折叠式防盗门、平开对讲子母门等。

防盗安全门按防盗等级可分为甲、乙、丙、丁四个等级；按功能可分为普通防盗门、防火防盗门；按用途可分为入户门、单元门；按样式可分为单开门、子母门、双开门。

### 11.4.3 隔声门窗

普通门窗因为质量轻、缝隙多，噪声容易通过空气传声的途径进入室内，隔声性能较差。沿街的住宅或当环境噪声较大时，可采用中空玻璃或双层窗，以提高其隔声性能。对声学环境要求比较高的厅室，如礼堂、会议厅、报告厅、影剧院、体育馆、播音室、录音室、演播室等，应安装隔声门窗。另外产生高噪声的工业厂房及辅助建筑也应安装隔声门窗。

隔声门窗从增加厚度、提高质量和密封性能等方面增强隔声能力。根据隔声质量定律，门窗的单位面积质量越大，隔声量越大，隔声效果越好，但过重则开关不便，且五金件容易损坏，所以隔声门窗常采用多层复合结构，即在两层面板之间填充吸声材料（如玻璃棉、玻璃纤维板等），而在一般门扇内用玻璃布包中级玻璃棉纤维或是用岩棉制品进行填充。木质隔声门窗构造如图 11-17 和图 11-18 所示。

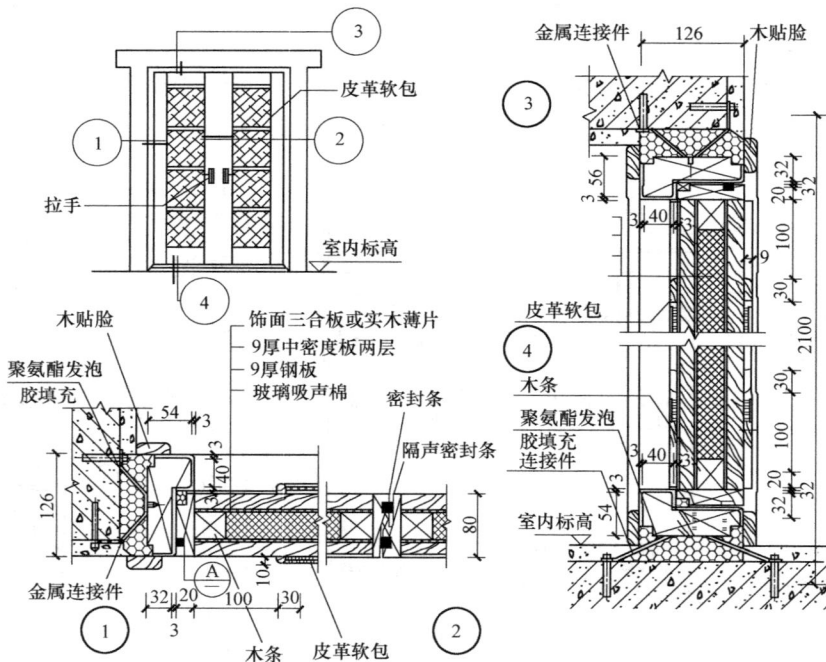

图 11-17 木质隔声门构造

隔声门窗缝隙处的密闭情况也很重要，可以采用与保温门窗相似的方法，即在门缝内粘贴填缝材料，如橡胶管、海绵橡胶条、泡沫塑料条等以提高其隔声、保温性能；除此之外，可选择合理的裁口形式，如斜面裁口形式，这样比较容易关闭紧密，以满足隔声要求。

隔声窗用于播音室、录影室及声学实验室等。其构造上采用至少双层玻璃，为了避免隔声窗出现吻合效应，双层玻璃的厚度应不相同。为了保证玻璃与窗框、窗框与墙壁之间严密的密封，窗两层玻璃之间的窗樘上，应布置强吸声材料，以增加窗的隔声量。设计中要根据隔声量的要求，选择玻璃层数和缝隙的密封做法。

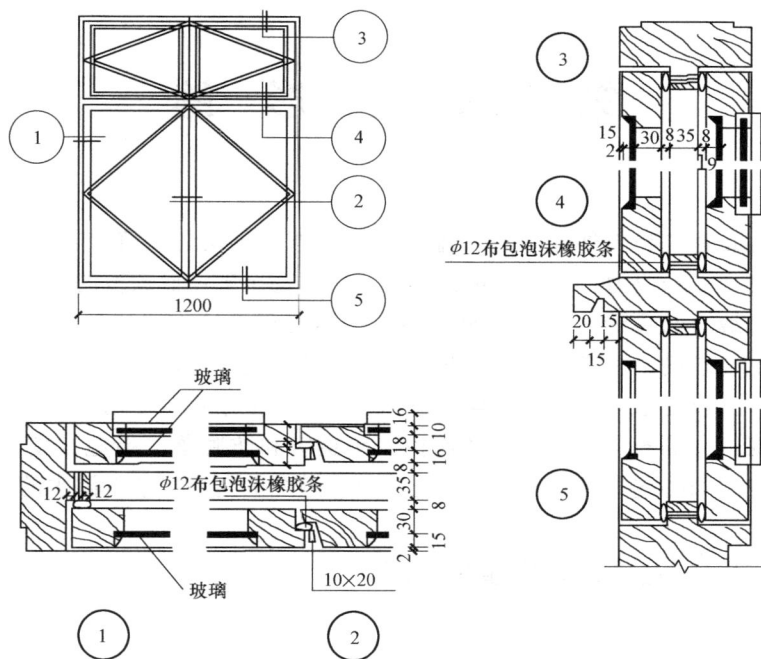

图 11-18　木质隔声窗构造

# 思　考　题

1. 门和窗的作用及设计要求分别有哪些？
2. 窗有哪些类型？窗由哪几部分组成？
3. 门有哪些类型？门由哪几部分组成？
4. 特殊门窗主要有哪些？

# 第12章 变 形 缝

变形缝是为防止建筑物因外界因素（温度变化、地基不均匀沉降及地震）的作用，而在结构内部产生附加变形和应力，导致建筑物开裂、碰撞甚至破坏而预留的构造缝，其包括伸缩缝、沉降缝和防震缝（抗震缝）三种类型。各项单体工程设计中，变形缝设置的位置和宽度由设计人员按规范要求确定。变形缝的设置应符合下列规定：变形缝应按设缝的性质和条件设计，使其在产生位移或变形时不受阻，且不破坏建筑物；根据建筑使用要求，变形缝应分别采取防水、防火、保温、隔声、防老化、防腐蚀、防虫害和防脱落等措施；变形缝不应穿过厕所、卫生间、盥洗室和浴室等用水的房间，也不应穿过配电间等严禁有漏水的房间。

## 12.1 变形缝的定义及设置条件

### 12.1.1 伸缩缝的定义及设置条件

为防止建筑构件因温度变化、热胀冷缩使房屋出现裂缝或破坏，需在沿建筑物长度方向每隔一定距离预留垂直缝隙，这种因温度变化而设置的缝称为伸缩缝。其做法为从基础顶面开始，将墙体、楼板、屋顶全部断开使其分成若干独立单元。

根据《砌体结构设计规范》（GB 50003—2011）和《混凝土结构设计规范（2015 年版）》（GB 50010—2010），砌体房屋和钢筋混凝土结构伸缩缝的最大间距可分别按表 12-1 和表 12-2 采用。

表 12-1 砌体房屋伸缩缝的最大间距 （单位：m）

| 屋盖或楼盖类别 | | 间距 |
|---|---|---|
| 整体式或装配整体式钢筋混凝土结构 | 有保温层或隔热层的屋盖、楼盖 | 50 |
| | 无保温层或隔热层的屋盖 | 40 |
| 装配式无檩体系钢筋混凝土结构 | 有保温层或隔热层的屋盖、楼盖 | 60 |
| | 无保温层或隔热层的屋盖 | 50 |
| 装配式有檩体系钢筋混凝土结构 | 有保温层或隔热层的屋盖 | 75 |
| | 无保温层或隔热层的屋盖 | 60 |
| 瓦材屋盖、木屋盖或楼盖、轻钢屋盖 | | 100 |

注：1. 对烧结普通砖、烧结多孔砖、配筋砌块砌体房屋，取表中数值；对石砌体、蒸压灰砂普通砖、蒸压粉煤灰普通砖、混凝土砌块、混凝土普通砖和混凝土多孔砖房屋，取表中数值乘以 0.8 的系数，当墙体有可靠外保温措施时，其间距可取表中数值。

2. 在钢筋混凝土屋面上挂瓦的屋盖应按钢筋混凝土屋盖采用。

3. 层高大于 5m 的烧结普通砖、烧结多孔砖、配筋砌块砌体结构单层房屋，其伸缩缝间距可取表中数值乘以 1.3 的系数。

4. 温差较大且变化频繁地区和严寒地区不采暖的房屋及构筑物墙体的伸缩缝的最大间距，应按表中数值予以适当减小。

5. 墙体的伸缩缝应与结构的其他变形缝相重合，缝宽应满足各种变形缝的变形要求；在进行立面处理时，必须保证缝隙的变形作用。

表 12-2　　钢筋混凝土结构伸缩缝的最大间距　　　　　　（单位：m）

| 结构类型 | | 室内或土中 | 露天 |
|---|---|---|---|
| 排架结构 | 装配式 | 100 | 70 |
| 框架结构 | 装配式 | 75 | 50 |
| | 现浇式 | 55 | 35 |
| 剪力墙结构 | 装配式 | 65 | 40 |
| | 现浇式 | 45 | 30 |
| 挡土墙、地下室墙壁等结构 | 装配式 | 40 | 30 |
| | 现浇式 | 30 | 20 |

注：1. 装配整体式结构的伸缩间距，可根据结构的具体情况取表中装配式结构与现浇式结构之间的数值。
　　2. 框架-剪力墙结构或框架-核心筒结构房屋的伸缩缝间距，可根据结构的具体情况取表中框架结构与剪力墙结构之间的数值。
　　3. 当屋面无保温或隔热措施时，框架结构、剪力墙结构的伸缩缝间距宜按表中露天栏的数值取用。
　　4. 现浇挑檐、雨罩等外露结构的局部伸缩间距不宜大于 12m。

在下列情况下，表 12-2 中的伸缩缝最大间距可适当减小：

1）柱高（从基础顶面算起）低于 8m 的排架结构。

2）屋面无保温、隔热措施的排架结构。

3）位于气候干燥地区、夏季炎热且暴雨频繁地区的结构或经常处于高温作用下的结构。

4）采用滑模类工艺施工的各类墙体结构。

5）混凝土材料收缩较大，施工期外露时间较长的结构。

如有充分依据，下列情况下，表 12-2 中的伸缩缝最大间距可适当增大：

1）采取减小混凝土收缩或温度变化的措施。

2）采用专门的预加应力或增配构造钢筋的措施。

3）采用低收缩混凝土材料，采取跳仓浇筑、后浇带、控制缝等施工方法，并加强施工养护。

当伸缩缝间距增大较多时，尚应考虑温度变化和混凝土收缩对结构的影响。

## 12.1.2　沉降缝的定义及设置条件

为防止建筑物各部分由于地基不均匀沉降引起房屋破坏所设置的垂直缝隙称为沉降缝。沉降缝要求从基础底部断开，并贯穿建筑物全高，使沉降缝两侧各自为独立的单元，可在垂直方向自由沉降。

在满足使用和其他要求的前提下，建筑体型应力求简单。当建筑体型比较复杂时，宜根据其平面形状和高度差异情况，在适当部位用沉降缝将其划分为若干个刚度较好的单元；当高度差异或荷载差异较大时，可将两者隔开一定距离。根据《建筑地基基础设计规范》（GB 50007—2011），当建筑物设置沉降缝时，应符合下列规定：

1）建筑物的下列部位，宜设置沉降缝：

①建筑平面的转折部位。

②高度差异或荷载差异处。

③长高比过大的砌体结构或钢筋混凝土框架结构的适当部位。

④地基土的压缩性有显著差异处。

⑤建筑结构或基础类型不同处。

⑥分期建造房屋的交界处。

2）沉降缝应有足够的宽度，其宽度可按表 12-3 选用。

表 12-3　房屋沉降缝宽度

| 房屋层数 | 沉降缝宽度/mm | 房屋层数 | 沉降缝宽度/mm |
|---|---|---|---|
| 二~三 | 50~80 | 五层以上 | 不小于 120 |
| 四~五 | 80~120 | | |

如果建筑物需同时设置沉降缝和伸缩缝，则沉降缝可兼起伸缩缝的作用。

### 12.1.3　防震缝（抗震缝）的定义及设置条件

#### 1. 防震缝的定义

建造在抗震设防烈度为 6~9 度地区的房屋，为避免由于地震作用引起建筑物破坏而设置的垂直缝隙称为防震缝（抗震缝）。

#### 2. 防震缝的设置条件

（1）多层砌体房屋　根据《建筑抗震设计规范（2016 年版）》（GB 50011—2010），对多层砌体房屋，房屋有下列情况之一时宜设置防震缝，缝两侧均应设置墙体，缝宽应根据抗震设防烈度和房屋高度确定，可采用 70~100mm。

1）房屋立面高差在 6m 以上。

2）房屋有错层，且楼板高差大于层高的 1/4。

3）各部分结构刚度、质量截然不同。

（2）钢筋混凝土房屋　钢筋混凝土房屋需要设置防震缝时，防震缝宽度应符合下列规定：

1）对框架结构（包括设置少量抗震墙的框架结构）房屋的防震缝宽度，当高度不超过 15m 时不应小于 100mm；高度超过 15m 时，抗震设防烈度为 6 度、7 度、8 度、9 度时建筑物高度每增加 5m、4m、3m、2m，宽度宜加宽 20mm。

2）框架-抗震墙结构房屋的防震缝宽度不应小于上述 1）项规定数值的 70%，抗震墙结构房屋的防震缝宽度不应小于上述 1）项规定数值的 50%；且均不宜小于 100mm。

3）防震缝两侧结构类型不同时，宜按需要较宽防震缝的结构类型和较低房屋高度确定缝宽。

（3）钢结构房屋　钢结构房屋需要设置防震缝时，缝宽应不小于相应钢筋混凝土结构房屋的 1.5 倍。

当设置伸缩缝和沉降缝时，其宽度应符合防震缝的要求。

在建筑方案选择时尽量选用简单、规则的平面及立面形式，对建筑物抗震比较有利，如图 12-1 所示。

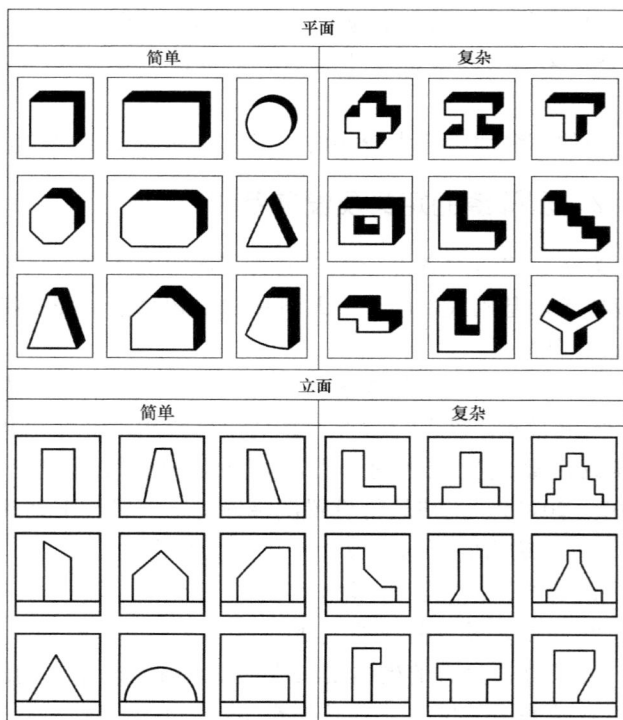

图 12-1　建筑物平面、立面形式

## 12.2 变形缝的结构处理

体型复杂、平立面不规则的建筑，应根据不规则程度、地基基础条件和技术经济等因素进行比较分析，确定是否设置防震缝。当在适当部位设置防震缝时，宜形成多个较规则的抗侧力结构单元。防震缝应根据抗震设防烈度、结构材料种类、结构类型、结构单元的高度和高差以及可能的地震扭转效应情况，留有足够的宽度，其两侧的上部结构应完全分开。也可采用不设变形缝的做法，但应加强基础的处理。

变形缝的结构处理有两种方法：一是在变形缝的两侧设双墙或双柱，此做法较为简单，但易使缝两侧基础产生偏心，如图 12-2a 所示。二是在变形缝的两侧用水平构件悬臂向变形缝的方向挑出（图 12-2b），该方法基础部分容易脱开距离，设缝较方便，特别适用于沉降缝。

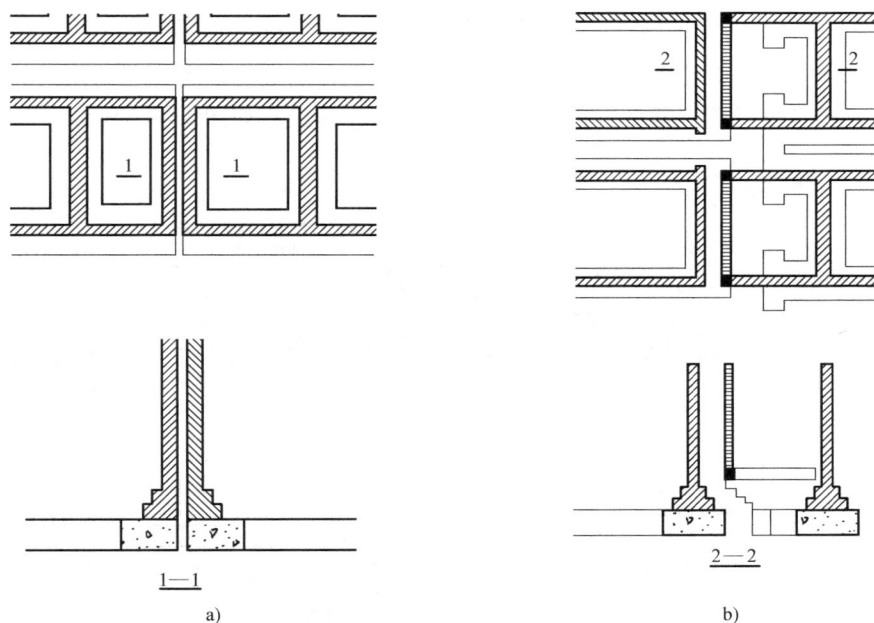

图 12-2 变形缝的结构处理
a）双墙承重方案 b）单墙承重方案

## 12.3 变形缝的盖缝构造

选择的变形缝盖板形式（图 12-3）必须能够符合所属变形缝类别的变形需要及其所在部位其他功能的需要，如防水、防火、美观等。在变形缝内部应当用具有自防水功能的柔性材料来塞缝，如挤塑聚苯板、沥青麻丝、橡胶条等，以防止热桥的产生。

### 12.3.1 屋面盖缝

屋面盖缝要考虑使用功能及屋面防水做法，并满足保温、隔热等构造要求。屋面有不上人屋面和上人屋面两种形式。当屋面为等高不上人屋面时，一般在缝两侧砌矮墙，且高出屋面至少 250mm，再将防水层沿矮墙固定。缝口用镀锌薄钢板、混凝土板或不锈钢板盖缝，缝内以

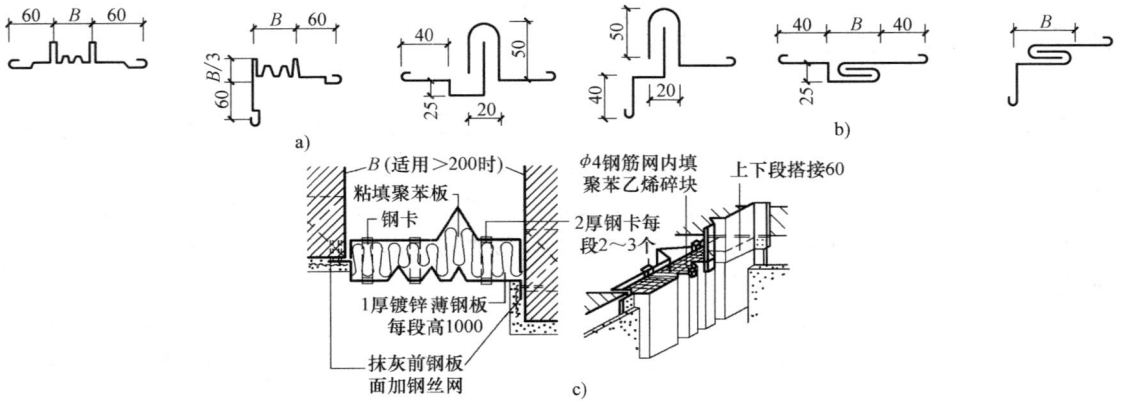

图 12-3 各种盖板形式

a）伸缩缝盖板形式 b）沉降缝盖板形式 c）抗震缝盖板形式

沥青麻丝填塞。上人屋面处理时，通常用油膏嵌缝。当伸缩缝位于上人屋面出口处时，为避免人的活动对盖缝造成损坏，常设置钢筋混凝土顶板进行保护，如图 12-4 所示。

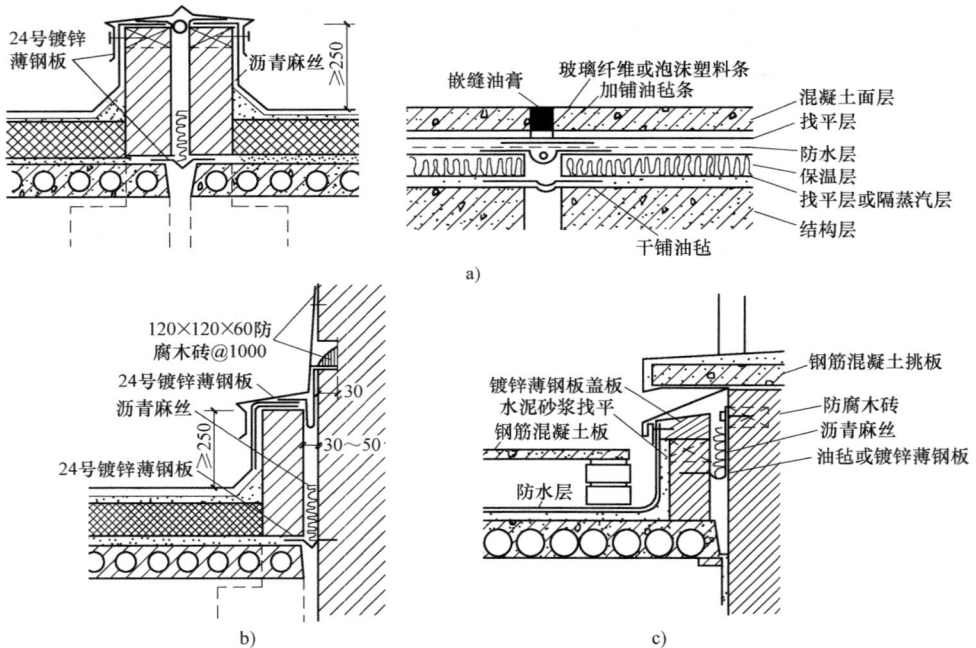

图 12-4 屋面盖缝构造

a）上人屋面变形缝构造 b）存在高差处沉降缝构造 c）存在高差并有出口处沉降缝构造

## 12.3.2 墙面盖缝

墙体伸缩缝形式主要根据墙体材料、厚度及施工条件确定，有平缝、错口缝及企口缝等形式，较厚的墙体可采用错口缝或企口缝，以利于墙体保温。但在地震区只能采用平缝。

外墙缝内常用沥青麻丝、泡沫塑料条等填缝，缝口用镀锌薄钢板等金属板覆盖，内墙缝口常用木板或塑料片等遮盖。墙面盖缝构造做法如图 12-5 和图 12-6 所示。

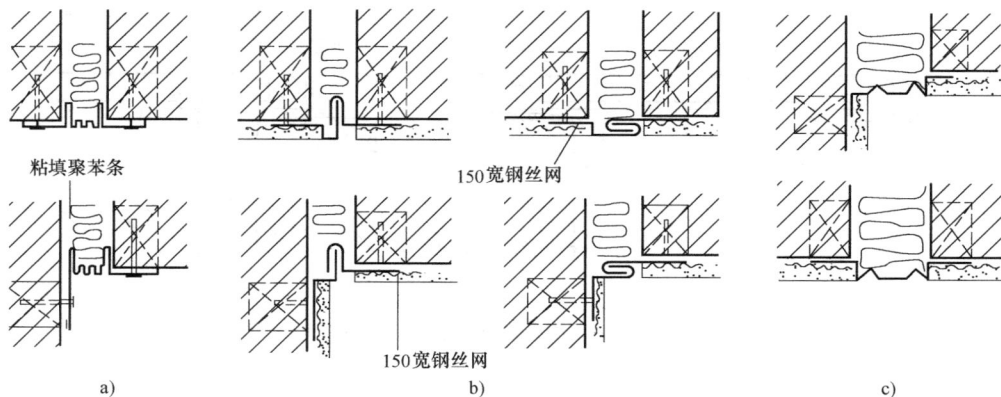

图 12-5 外墙面盖缝构造做法

a）外墙伸缩缝盖缝 b）外墙沉降缝盖缝 c）外墙抗震缝盖缝

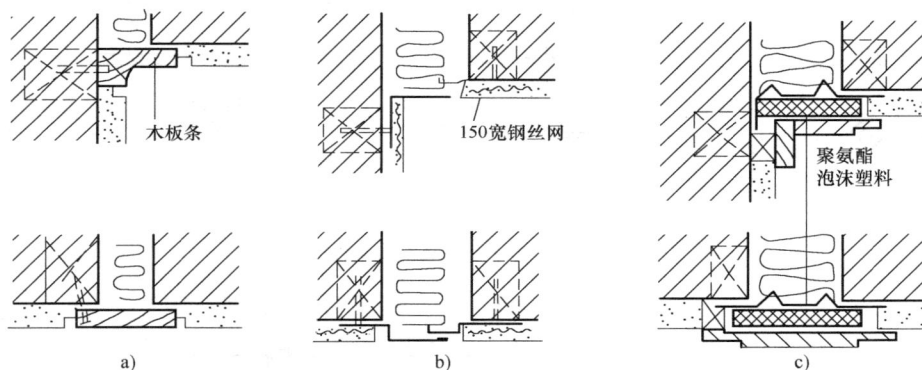

图 12-6 内墙面盖缝构造做法

a）内墙伸缩缝盖缝 b）内墙沉降缝盖缝 c）内墙抗震缝盖缝

### 12.3.3 楼地面盖缝

楼地面变形缝的位置及宽度与墙体变形缝一致。缝内填塞沥青麻丝、油膏、金属调节片等材料，盖板材料同楼地面面层材料。其盖缝构造如图 12-7 所示。

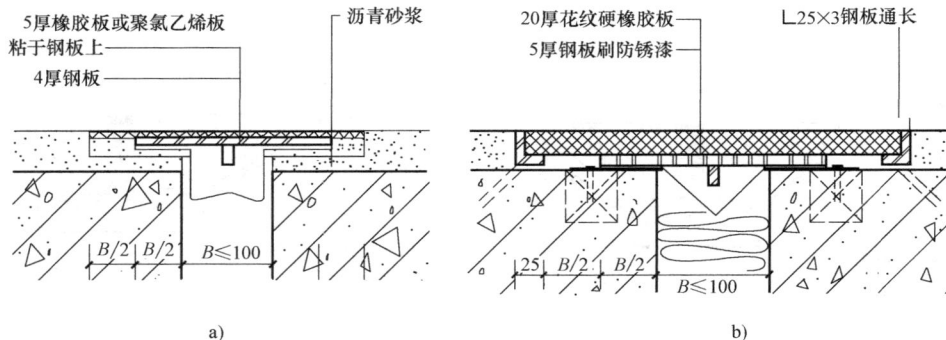

图 12-7 楼地面盖缝构造

a）粘贴面板做法 b）搁置做法

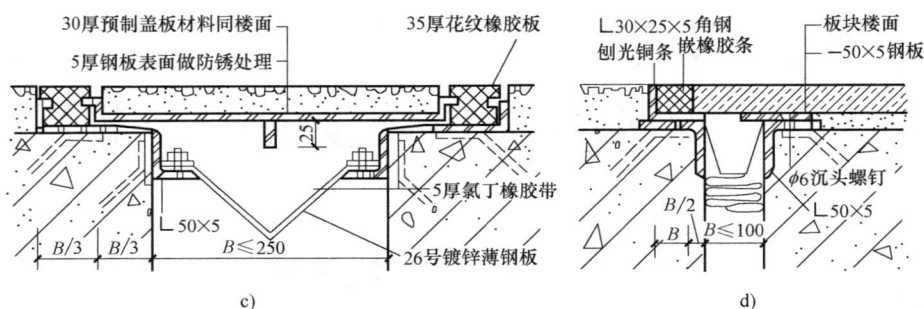

图 12-7　楼地面盖缝构造（续）

c）板材料同楼面做法　d）单边出挑做法

## 12.3.4　地下室盖缝

地下室变形缝必须具有良好的防水性能，工程上常用止水带进行防水。止水带的形式有橡胶止水带、膨胀止水带和金属止水带等，如图 12-8 所示。其他构造做法如图 12-9 所示。

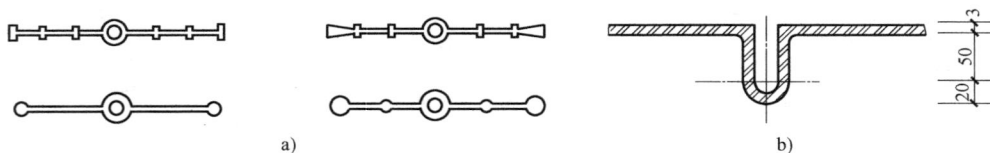

图 12-8　地下室止水带

a）橡胶止水带　b）金属止水带

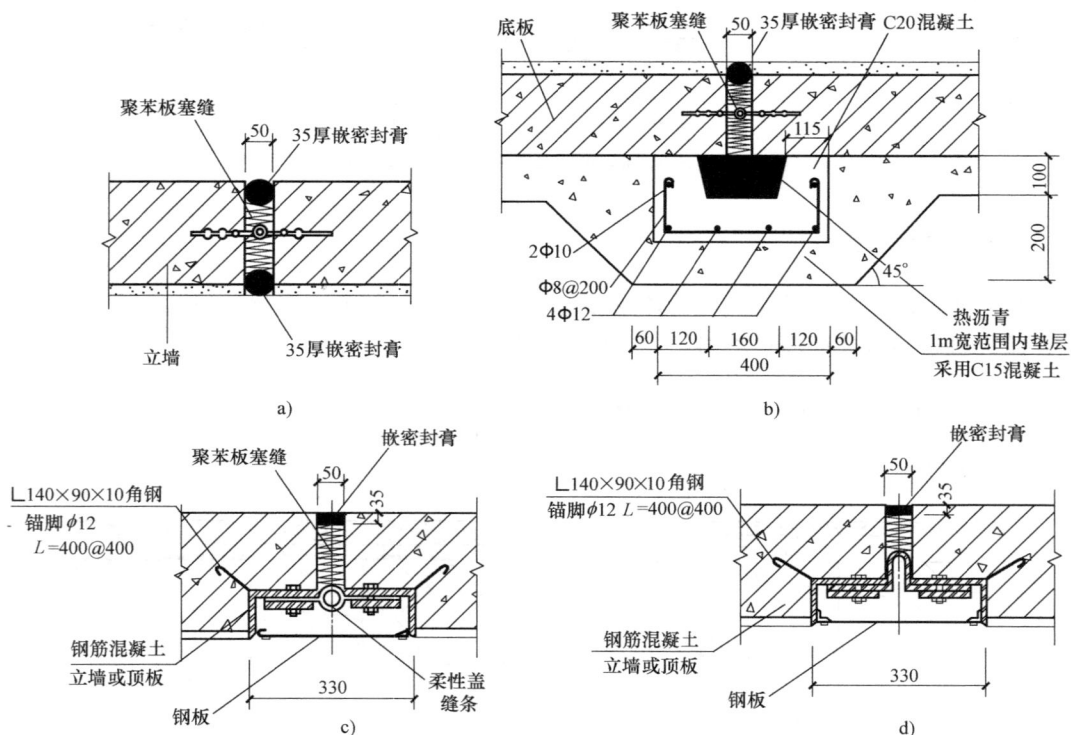

图 12-9　地下室变形缝及其盖缝构造做法

a）地下室立墙变形缝构造　b）地下室底板变形缝构造　c）地下室立墙或顶板柔性材料盖缝　d）地下室立墙或顶板金属板盖缝

## 12.4　变形缝比较

表 12-4 对三种变形缝进行了归纳和总结比较。在抗震设防地区，无论设置何种变形缝，其缝宽均应符合防震缝宽度的要求，其目的是在地震发生时，能避免因缝宽不足造成建筑物相邻分段部分相互碰撞。

防震缝应与伸缩缝、沉降缝协调布置，一缝多用。沉降缝可兼起伸缩缝的作用，伸缩缝却不能代替沉降缝。当防震缝与沉降缝结合使用时，基础应断开；当防震缝与伸缩缝结合使用时，基础则不必断开。

表 12-4　变形缝比较

| 类别 | 变形原因 | 设置依据 | 断开部位 | | 缝宽/mm |
|---|---|---|---|---|---|
| 伸缩缝 | 昼夜温差引起的热胀冷缩 | 建筑物长度、结构类型和楼(屋)盖刚度 | 除基础外沿全高断开 | | 20~30 |
| 沉降缝 | 建筑物相邻部分高低悬殊、结构形式变化大、基础埋深差别大、地基不均匀等引起的不均匀沉降 | 地基情况和建筑物高度 | 从基础到屋顶全部断开 | | 2~3 层:缝宽 30<br>4~5 层:缝宽 50<br>>5 层:缝宽 70 |
| 防震缝 | 地震作用 | 设防烈度、结构类型和建筑物高度 | 沿建筑物全高设缝,基础可断开,也可不断开 | 多层砌体房屋 | 70~100 |
| | | | | 钢筋混凝土房屋 | 对框架结构:<br>(1)建筑物高度≤15m,缝宽≥100<br>(2)建筑物高度>15m 时,下列情况宽度加宽 20:<br>6 度设防,高度每增加 5m<br>7 度设防,高度每增加 4m<br>8 度设防,高度每增加 3m<br>9 度设防,高度每增加 2m<br>对框架-抗震墙结构:防震缝宽度不应小于上述规定数值的 70%,抗震墙结构房屋的防震缝宽度不应小于上述规定数值的 50%;且均不宜小于 100mm<br>防震缝两侧结构类型不同时,宜按需要较宽防震缝的结构类型和较低房屋高度确定缝宽 |
| | | | | 钢结构房屋 | 缝宽应不小于相应钢筋混凝土结构房屋的 1.5 倍 |

# 思 考 题

1. 什么是变形缝？其作用是什么？
2. 什么是伸缩缝？其有何特点？
3. 什么是沉降缝？其有何特点？
4. 简述沉降缝的设置部位。
5. 什么是防震缝？钢筋混凝土框架结构房屋需要设置防震缝时，如何确定防震缝宽度？
6. 变形缝如何进行结构处理？

# 第13章 民用建筑工业化

## 13.1 民用建筑工业化概述

### 13.1.1 民用建筑工业化概念

建筑工业化是指通过现代化的制造、运输、安装和科学管理的生产方式，来代替传统建筑业中分散的、低水平的、低效率的手工业生产方式。其主要标志是建筑设计标准化、构配件生产工厂化、施工机械化和组织管理科学化。

### 13.1.2 民用建筑工业化的形式

目前，建筑工业化的主要形式是预制装配式建筑、全现浇或现浇与预制相结合的建筑。

预制装配式建筑是把组成房屋的各种构件（基础、柱、梁、楼板、楼梯、墙板等）和配件（门、窗）在工厂成批生产，施工时只需在现场进行装配的建筑，如砌块建筑、大板建筑、框架建筑、盒子建筑等。其主要优点是生产效率高，建设速度快，房屋自重轻，使用面积大，现场湿作业少，施工进度快，受季节影响小。

全现浇或现浇与预制相结合的建筑是建筑中的承重墙、板采用大模板、台模、滑升模板、隧道模等现场浇筑，而非承重构件仍采用预制方法。这种形式的工业化体现在大模板、滑升模板、隧道模、升板升层等建筑类型。其主要优点是所需生产基地一次性投资比装配化结构体系少，适应性大，节省运输费用，结构的整体性好，但是所用工期较装配式建筑长，受季节影响大。

## 13.2 民用建筑工业化体系类型

装配式建筑按其材料分类，有装配式钢结构建筑、装配式钢筋混凝土建筑、装配式轻钢结构建筑和装配式复合材料建筑；按其结构体系分类，有框架结构、框架-剪力墙结构、筒体结构、剪力墙结构、无梁板结构和预制钢筋混凝土单层厂房结构；按其预制率分类，有高预制率装配式建筑（70%以上）、普通预制率装配式建筑（30%~70%）、低预制率装配式建筑（20%~30%）和局部使用预制构件装配式建筑；按其结构形式和施工方法分类，有砌块建筑、大板建筑、框架板材建筑、大模板建筑、滑模建筑、升板建筑和盒子建筑。

**1. 砌块建筑**

（1）砌块的类型 砌块按照用途分为承重砌块和非承重砌块，按照有无孔洞分为实心砌块（无孔洞或孔洞率<25%）和空心砌块（孔洞率≥25%），按照质量和尺寸分为小型砌块（每块20kg以下）、中型砌块（每块350kg以下）和大型砌块（每块350kg以上），按照材料分为普通混凝土砌块、加气混凝土砌块、轻骨料混凝土砌块和粉煤灰砌块。

（2）砌块建筑构造 小型砌块砌筑墙体时应先进行排块设计，尽量采用390mm长的主砌块，少用辅助砌块；上、下皮应错缝搭砌，一般搭接长度为 190mm，每两皮为一循环；当墙体净长度采用基本模数为 1M 时，宜用 290mm 长的辅助块调整，此时搭接长度可为 90mm。设计预留的洞口、管线、槽口及门窗、设备等固定点、块形及灌芯部位应在墙体排块图上标注。

砌块建筑为了保证具有良好的整体性，除了进行排块设计以外，砌体房屋总高度、层数、最大高宽比、抗震横墙间距和砌体局部尺寸等应符合《建筑抗震设计规范（2016 年版）》（GB 50011—2010）第 7 章的有关规定。砌块房屋在墙体的规定部位，应采用 C20 混凝土灌实砌体的孔洞，以及砌块房屋墙体芯柱、构造柱和圈梁应满足《混凝土小型空心砌块墙体建筑与结构构造》（19J102—1　19G613）相关要求。

（3）砌块建筑的优缺点和适用范围　砌块建筑的施工方法和混合结构施工方法相同，具有设备简单、施工速度快、节省人工、便于就地取材、能大量利用工业废料和造价低廉、有利于环境保护等优点。但是，砌块建筑还存在着强度低、容重大、湿作业多、墙体易开裂等缺点。因此，砌块建筑一般适用于 6 层以下的住宅、学校和办公楼等建筑。

**2. 大板建筑**

大板建筑是指大墙板、大楼板、大屋面板的简称，也可称作壁板建筑，如图 13-1 所示。

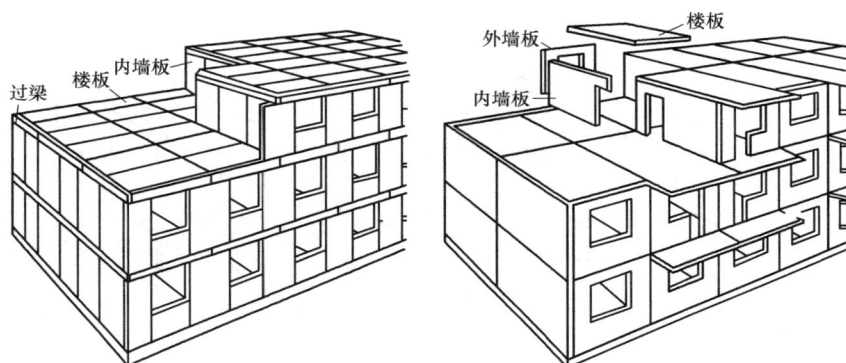

图 13-1　大板建筑

（1）大板建筑的结构类型　大板建筑的结构类型（图 13-2）分为横向墙板承重体系、纵向墙板承重体系、双向墙板承重体系和部分梁柱承重体系。

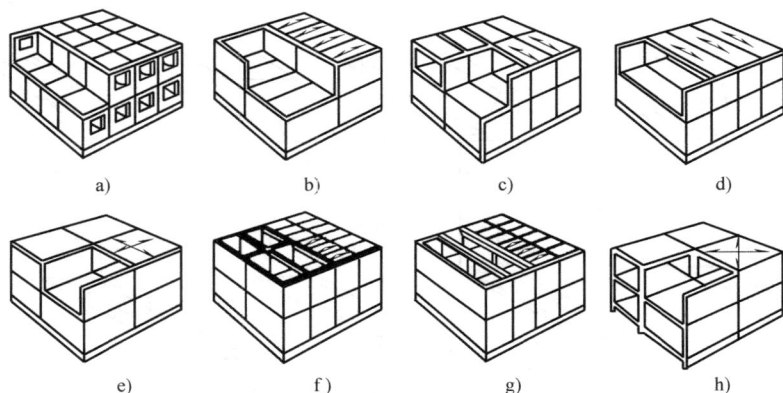

图 13-2　大板建筑的结构类型

a）横向承重（小跨度）　b）横向承重（大跨度）　c）纵向承重（小跨度）　d）纵向承重（大跨度）

e）双向承重　f）内墙板搁大梁承重　g）内骨架承重　h）楼板四点搁置，内柱承重

（2）大板建筑的板材类型

1）墙板。墙板按其所在位置分为内墙板和外墙板，按材料分为砖墙板、混凝土墙板和工业废渣墙板，按受力性能分为承重和非承重墙板，按构造形式分为单一材料墙板和复合材料墙板，如图 13-3~图 13-5 所示。

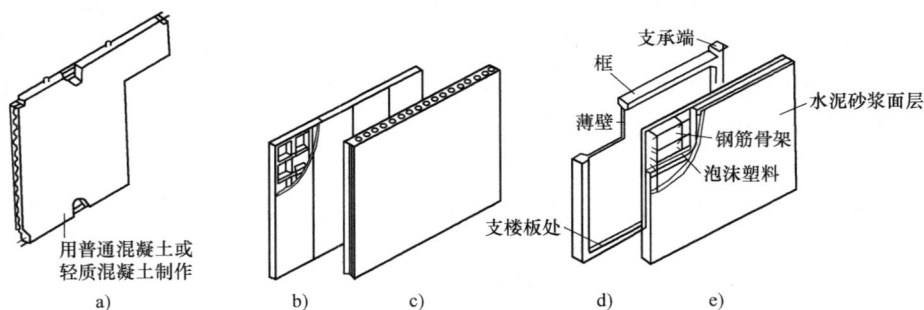

图 13-3　内墙板

a）实腹平板　b）单层方格密肋板　c）空心板　d）框壁板　e）钢筋骨架夹层板

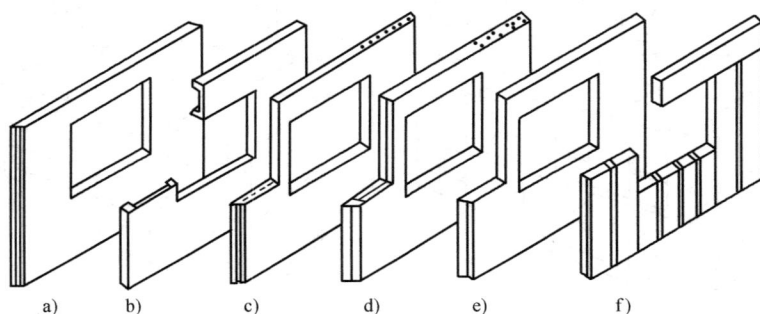

图 13-4　外墙板

a）实心外墙板　b）带肋外墙板　c）空心外墙板　d）双排孔外墙板　e）轻骨料混凝土外墙板
f）加气混凝土混合外墙板

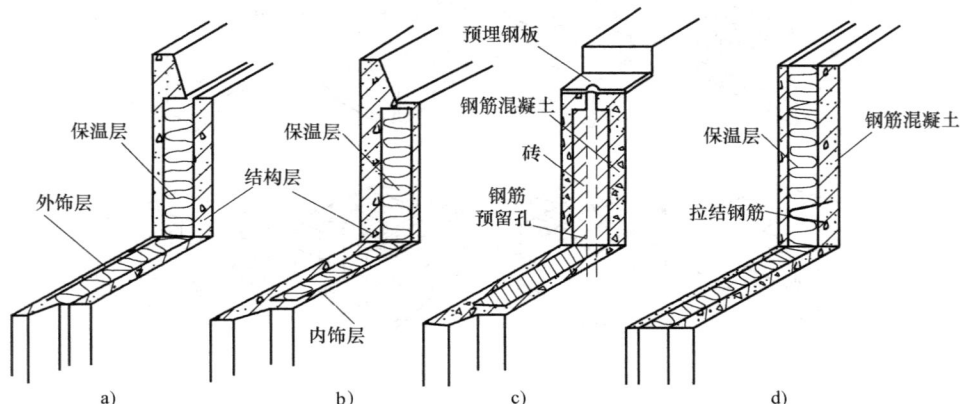

图 13-5　复合材料外墙板

a）结构层在内侧　b）结构层在外侧　c）振动砖外墙板　d）夹层外墙板

2）楼板、屋面板和其他构件。楼板、屋面板宜采用整间的预应力混凝土楼板和屋面板。预应力钢筋混凝土楼板的构造形式通常有空心板、实心板、肋形板，以及肋形板中填充轻质材料等，如图13-6所示。板的四边预留缺口和甩出钢筋，以便与墙板连接。大板建筑的其他构件包括楼梯构件、阳台构件、挑檐板和女儿墙等。

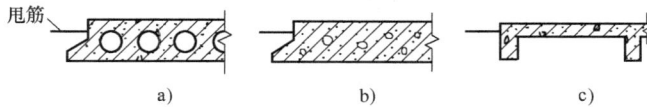

图 13-6　预制楼板

a）空心楼板　b）实心板　c）肋形楼板

① 楼梯构件。楼梯可将梯段和平台分开预制，也可将梯段和平台连成一体预制，分开预制较为方便，故用得较多。平台与楼梯两侧墙板的连接有两种方式：一是将平台直接支承在焊于侧墙板上的钢牛腿上，二是将平台板做成带把的单架板，支承在侧墙板的预留洞或槽内。

② 阳台板。阳台板可与楼板整体制作或是单独预制，后者要注意将阳台板与楼板锚固成整体，保证阳台板不至于倾覆。

③ 挑檐板和女儿墙。挑檐板与屋面板整体预制或是单独预制放在屋面板上。女儿墙可用轻质混凝土制作，其厚度可与主体墙板一致，但应与屋面板有可靠的连接。

（3）大板建筑的节点构造

1）板材的连接。板材的连接有干法连接和湿法连接。干法连接是指通过构件上预埋件与连接钢板或钢筋焊接，使板材之间连接成整体。其施工简单，无养护时间，施工速度快，但是耗钢量大，连接件质量要求高，节点处容易产生应力集中现象。湿法连接是指将构件边缘预留的钢筋互相绑扎或焊接，与附加钢筋连接在一起，在板缝内浇筑混凝土。湿法连接的房屋整体性好，刚度大，但施工工序多，养护时间长，操作复杂。

2）外墙板的接缝防水构造。解决外墙板接缝漏水的措施可以采用材料防水法（图13-7），材料防水分为塑性材料防水和弹性材料防水。

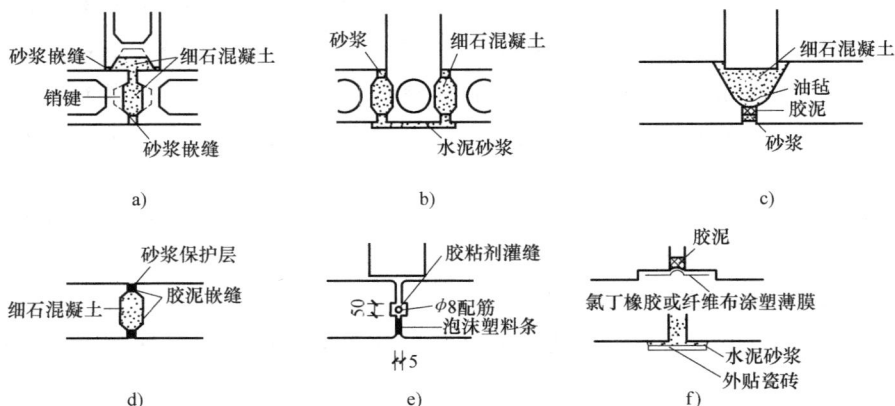

图 13-7　材料防水法

a）、b）灌细石混凝土后砂浆嵌缝　c）、d）灌细石混凝土后胶泥嵌缝砂浆保护

e）加气混凝土条板用胶粘剂灌缝　f）薄膜贴缝

3）其他部位的接缝处理。在勒角处进入空腔的雨水，通过建筑物底层设在勒角处的排水管和排水簸箕排出墙外。檐口、女儿墙、阳台板缝、雨水管穿楼板、电气进户穿墙管线等，一

般采用塑料油膏嵌缝的做法。

（4）大板建筑的优缺点和适用范围　大板建筑虽然具有装配化程度高、建设速度快、提高劳动生产效率、湿作业少和改善了工人的劳动条件、自重轻、承载力高和抗震性能较好等诸多方面的优点。但是，其也存在着一次性投资大、需要大型吊装设备、在坡地或狭窄的路面上运输困难等缺点。故大板建筑常用于平原地区多层和高层住宅、宿舍和旅馆等小开间的建筑。

**3. 框架板材建筑**

框架板材建筑是指由框架、墙板和楼板组成的建筑。

（1）框架结构类型　框架按所用材料分为钢框架和钢筋混凝土框架；按受力特点分为横向框架、纵向框架和双向框架；按施工方法分为全现浇、全装配和装配整体式（图 13-8）。

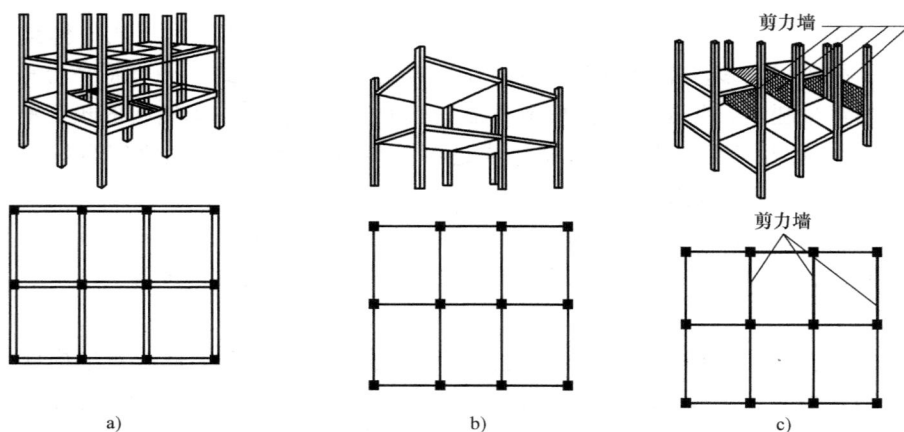

图 13-8　框架结构类型
a）梁板柱框架体系　b）板柱框架体系　c）剪力墙框架体系

（2）框架结构构件的连接　框架结构构件的连接主要有梁与柱、梁与楼板、柱与楼板的连接。

1）梁与柱的连接。梁与柱通常在柱顶进行连接叠合梁现浇连接和浆锚叠压连接。

2）梁与楼板的连接。为了使梁与楼板整体连接，常采用楼板与叠合梁现浇连接。叠合梁有预制和现浇两部分组成，在预制梁上部预留出箍筋，预制板放在梁侧，沿梁纵向放入钢筋后浇筑混凝土，将梁与楼板连接成整体。这种连接方式的优点是整体性强，在层高不变时，可增大室内空间。

3）柱与楼板的连接。在板柱框架中，楼板直接支承在柱上，其连接方法有现浇连接、浆锚叠压连接和后张法预应力连接。

（3）外墙板的类型、布置方式和连接构造

1）外墙板的类型。外墙板按其使用的材料可分为单一材料的混凝土墙板、复合材料墙板、玻璃幕墙和金属幕墙。

2）外墙板的布置方式。外墙板可布置在框架外侧、框架之间或安装在附加墙架上。

3）外墙板与框架的连接。外墙板支承于框架柱、梁或楼板上，有上挂和下承两种；板材类型和板材的布置方式可采用焊接法、螺栓连接法、插筋锚固法等方法将外墙板固定在框架上。

（4）框架板材建筑的优缺点和适用范围　框架板材建筑具有空间分隔灵活、自重轻、节省材料和有利于抗震等优点，但也存在着钢材水泥用量大、构件总量多、吊装次数多、接头工作量大和工序多等缺点。它可适用于各种工业和民用建筑中。

**4. 大模板建筑**

（1）大模板建筑的定义及分类　大模板建筑是用大型组装式模板，在建筑施工现场用机械化方式浇筑混凝土楼板和墙体的一种建筑，如图 13-9 和图 13-10 所示。

大模板建筑的类型有全现浇大模板建筑和现浇与预制装配相结合的大模板建筑。其中，全现浇大模板建筑有内外墙全现浇、内墙现浇外墙挂板（内浇外挂）、内墙现浇外墙砌砖（内浇外砌）三种类型。

大模板建筑主要构件有内墙板、外墙板和楼板。

（2）大模板建筑节点构造　大模板建筑节点构造主要是针对现浇与预制装配相结合的大模板建筑而言。

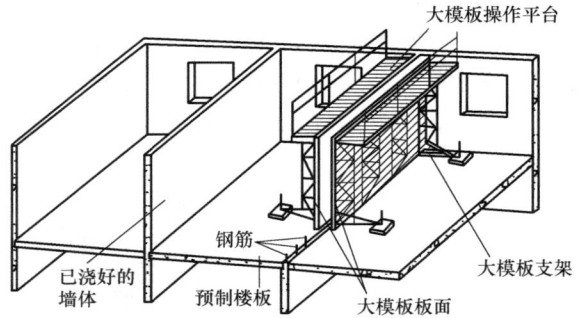

图 13-9　大模板建筑

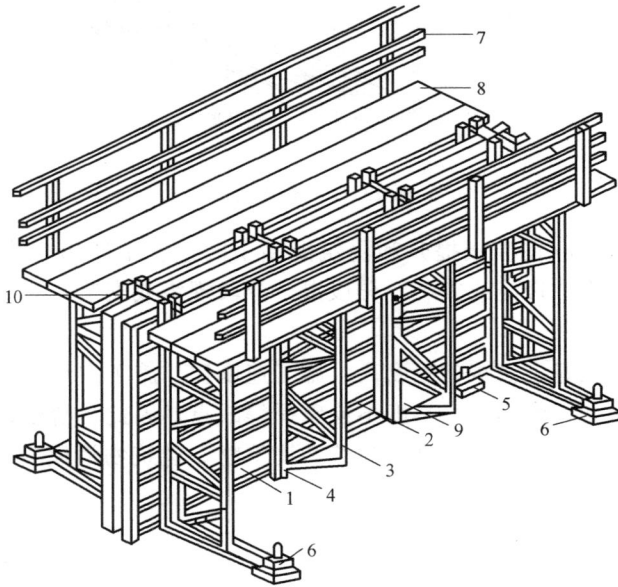

图 13-10　大模板组成系统

1—板面　2—水平加劲肋　3—支承桁架　4—竖楞　5—调整水平度的螺旋千斤顶　6—调整垂直度的螺旋千斤顶
7—栏杆　8—脚手板　9—穿墙螺栓　10—固定卡具

1）外墙板间或内外墙板间是通过在交接处设置构造柱进行连接。

2）预制楼板与外墙板的连接是通过在连接处设置圈梁进行连接。

3）预制楼板与内墙的连接构造，可将钢筋混凝土楼板伸进现浇墙内 35～45mm，使相邻楼板之间至少有 70～90mm 的空隙作为现浇混凝土的位置。

4）现浇内墙和外砌砖墙的连接是先砌筑外墙，在与内墙交接处砖外墙砌成凹槽，并在砖墙内放置拉结钢筋，绑扎内墙钢筋时将砖内墙拉结钢筋连接在一起，待浇筑内墙混凝土时，砖墙的预留凹槽便形成钢筋混凝土构造柱，将内外墙牢固地连接在一起。

（3）大模板建筑的优缺点和使用范围　大模板建筑具有房屋整体性好、刚度大、抗震能力高、现浇工艺简单、适应性强、造价比大板建筑低等优点，但也存在着现场湿作业量大、冬期施工需采取保温措施等缺点。因此，大模板建筑可用于地震区和非地震区的多层及高层建筑。

**5. 滑模建筑**

滑模建筑是用滑升模板（图13-11）来浇筑墙体的一种建筑，其工作原理是利用墙体内的钢筋作为支承杆，将模板系统支承在支承杆上，用液压千斤顶带动模板系统沿着支承杆慢慢向上滑动，同时，边升边浇筑混凝土墙体，直到浇到顶层才把模板系统拆卸下来。

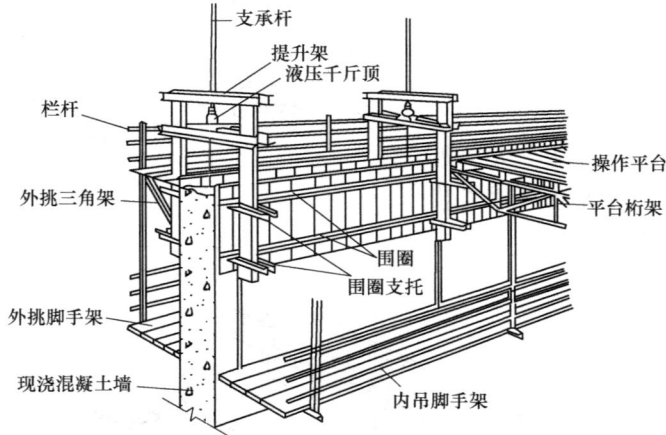

图 13-11　滑升模板

滑模建筑的门窗洞口应在模板提升和浇筑混凝土的过程中留出。楼板可采用预制或者现浇，均可采用集中滑升集中现浇或安装、分段滑升分段现浇或安装、边滑边浇或边安装等施工方法。

滑模建筑具有整体性好、机械化程度高、施工速度快、施工占地少、节约模板等优点，但也存在着施工精度要求高，墙体的垂直度不易掌握等缺点。因此，滑模建筑适用于建筑平面简单、上下壁厚相同，外形简单整齐的高层建筑和构筑物。建筑物滑模（图13-12）部位的形式一般有：

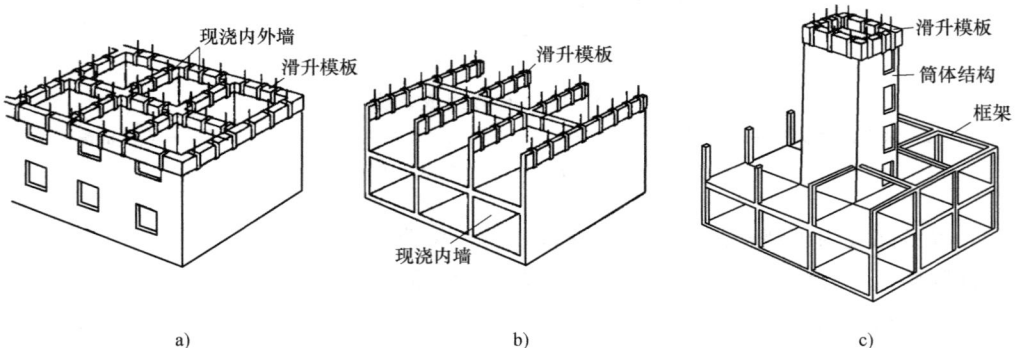

图 13-12　滑模在建筑中不同部位的使用

a）内外墙滑板　b）内墙滑板　c）外框架核心筒滑板

1）内外墙均用滑模施工。

2）内墙用滑模施工，外墙为装配式墙体。

3）只用滑模浇筑电梯间等建筑的筒体核心部分，其余部分采用骨架或壁板等方式施工。

#### 6. 升板建筑

升板建筑是指利用房屋自身网状排列的柱子作为导杆，将预制楼板和屋面板提升就位的一种建筑。

升板建筑是在柱基浇筑完毕后，将预制好的每个柱子由下而上立起、连接直到顶层，将提升设备安装在每个柱子的顶端，做好室内地坪，按照要求叠层制作预制楼板和屋面板，当板的强度达到要求时，将楼板和屋面板自下而上逐层提升，直到屋面板安装完毕，如图 13-13 和图 13-14 所示。然后再逐步完成外墙、楼梯、隔墙和门窗等构造。

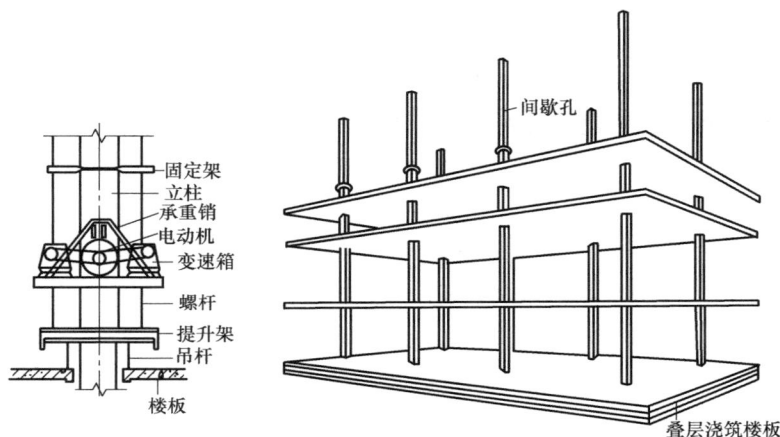

图 13-13　升板建筑

升板建筑具有占地少、省模板、避免高处作业、施工速度快等优点，故适用于大空间的多层建筑，特别适合施工场地狭窄的临街建筑。但由于其对施工精度要求高，故使用受到限制。

#### 7. 盒子建筑

盒子建筑是指由盒子状的预制构件组合而成的全装配式建筑。高度工厂化生产的、最完善的房间构件，不仅在工厂内使之形成盒子构件，而且还完成了盒子内的家具、装修、水电暖设备安装等各部分。现场只需盒子就位、构件之间的连接、接通水电暖和各种通信线路等。盒子构件可用钢、钢筋混凝土、木、塑料作为主要材料，制作轻型盒子。盒子构件有现浇式和拼装式两种。

盒子建筑组装有多种方式，可以采用上下盒子重叠组合；上下盒子交错组装；盒子支承或悬挂在刚性框架上（框架是房屋的承重构件）；盒子悬挑在建筑物的核心筒体外壁上等。

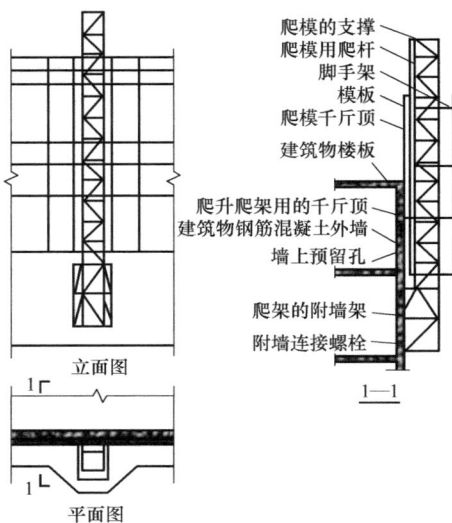

图 13-14　爬升模板爬升施工过程

盒子建筑具有工业化和机械化程度高、劳动强度低、建设速度快、自重轻、空间刚度好等优点。但由于盒子尺寸大，工序多，对工厂的生产设备、盒子的运输设备、现场的吊装设备要求高，对推广盒子建筑受到一定的影响。国外的盒子建筑多用于低层和多层建筑中，我国主要用于部分地区的住宅中。

# 思　考　题

1. 建筑工业化是如何实现的？
2. 建筑工业化的概念和特点是什么？
3. 建筑工业化有哪些体系？
4. 大板建筑和大模板建筑的区别是什么？
5. 滑模建筑和升板建筑各自概念与区别是什么？
6. 盒子建筑如何施工？
7. 请同学们查阅资料，试着从结构设计和分析、装配式关键技术应用以及经济技术指标评价等方面来介绍一种装配式建筑实例。

# 中篇 工业建筑

# 第14章 工业建筑概论

工业建筑是指供人们从事各类工业生产活动的建筑物和构筑物。工业建筑（图 14-1）和民用建筑（图 14-2）在设计原则、建筑设计及建筑材料等方面有共同之处，但是工业建筑要

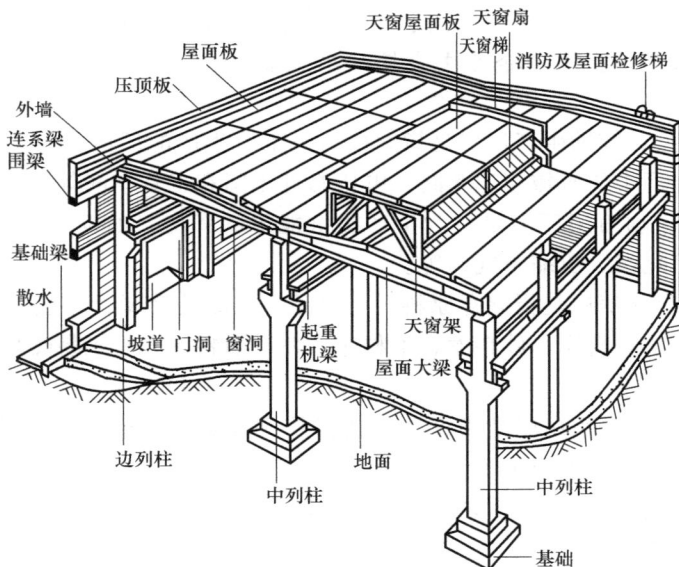

图 14-1 工业建筑（单层厂房）

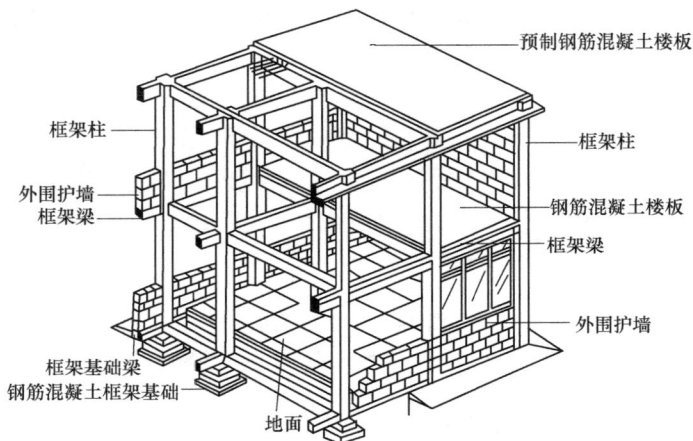

图 14-2 民用建筑（框架结构）

求较大的空间和面积，更侧重生产工艺、设备布置对其的影响。

# 14.1　工业建筑的分类和工业建筑设计中的注意事项

## 14.1.1　工业建筑的分类

随着科学技术及生产力的发展，工业生产的种类越来越多，生产工艺趋向先进和复杂，这必然会对工业建设的设计带来更高的要求。为了更准确地进行工业建设设计，了解不同工业生产工艺特点，掌握工业建筑物的特征和标准，现对工业建筑进行分类。

### 1. 按用途分类

工业建筑按用途分类，分为主要生产厂房、辅助生产厂房、动力用厂房、仓储房屋、运输用房屋以及其他房屋。

1）主要生产厂房。主要生产厂房是指用于完成产品从原料到成品加工的主要工艺过程的各类厂房，在全厂生产中占重要地位，是厂房中的主要厂房，如机械制造工厂中的铸造车间、锻造车间、冲压车间、铆焊车间、电镀车间、热处理车间、机械加工车间、机械装配车间。"车间"原意是指工业企业中直接从事工业生产活动的管理单位，后逐渐用"厂房"代替。

2）辅助生产厂房。辅助生产厂房是指间接从事工业生产的厂房，为主要生产厂房服务的厂房，如机械制造工厂中的机械修理车间、电机修理车间和工具车间等。

3）动力用厂房。动力用厂房是指为生产提供能源的厂房，如发电站、变电所、锅炉房、煤气站、乙炔站、氧化站、压缩空气站等。

4）仓储房屋。仓储房屋是指储存原料、半成品、成品的房屋，一般称之为仓库，如机械制造厂中的金属料库、炉料库、砂料库、木材库、燃料油料库、易燃易爆材料库、半成品库和成品库等。

5）运输用房屋。运输用房屋是指管理、储存及检修交通运输工具用的房屋，如机车库、汽车库、电瓶车库、消防车库用房等。

6）其他房屋。其他房屋包括水泵房、污水处理站等。

### 2. 按层数分类

工业建筑按照层数分类，分为单层厂房、多层厂房和混合层次厂房。

1）单层厂房。单层厂房是指层数仅有一层的厂房，多用于重型机械制造工业、冶金工业、纺织工业等，有单跨、双跨和多跨单层厂房，如图 14-3 所示。

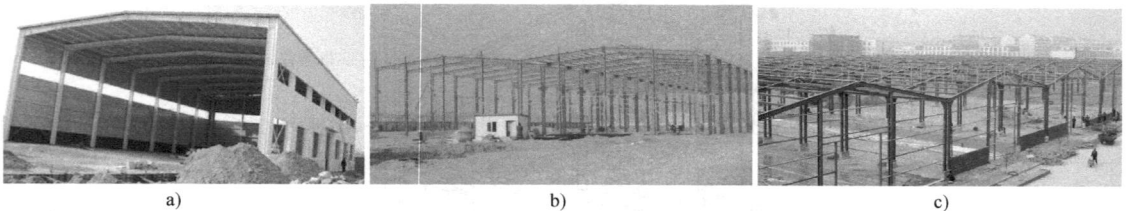

图 14-3　单层厂房

a）单跨单层厂房　b）双跨单层厂房　c）多跨单层厂房

2）多层厂房。多层厂房是指层数在两层及以上的厂房，多为 2~6 层，用于食品、电子、精密仪器工业等，如图 14-4 所示。

3）混合层次厂房。混合层次厂房是指单层工业厂房和多层工业厂房混合在一幢建筑中，在单层内或跨层设置大型生产设备，多用于化工和电力工业。图 14-5a 所示为左侧多层右侧单层厂房，图 14-5b 所示为化工车间，中间单层布置高大的生产设备，两边为多层。

图 14-4　多层厂房

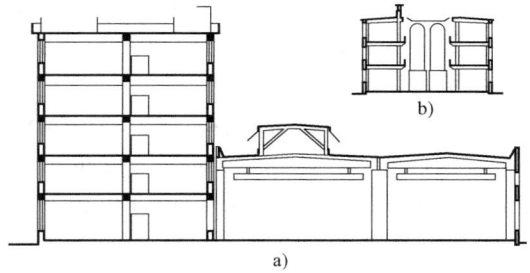

图 14-5　混合层次厂房
a）左侧多层右侧单层厂房　b）化工车间

### 3. 按生产状况分类

工业建筑按生产状况分类，分为冷加工车间、热加工车间、恒温恒湿车间、洁净车间以及其他特殊状况的车间。

1）冷加工车间。冷加工车间是指工业生产操作在正常温度、湿度条件下进行的车间，如机械加工、机械装配、工具、机修等车间。

2）热加工车间。热加工车间是指工业生产中散发大量余热，有时伴随产生烟雾、灰尘和有害气体，有时在红热状态下加工的车间，如铸造、热锻、冶炼、热轧、锅炉房等，应考虑通风及散热问题。

3）恒温恒湿车间。恒温恒湿车间是指为保证产品质量，车间内部要求稳定的温湿度条件的车间，如精密机械车间和纺织车间。

4）洁净车间。洁净车间是指为保证产品质量，防止大气中灰尘及细菌的污染，要求保持车间内部高度洁净的车间，如精密仪器加工车间、集成电路车间以及食品药品生产车间等。

5）其他特殊状况的车间。如有爆炸可能性、有大量腐蚀物、有放射散发物、防微振、高度隔声、防电磁等车间属于特殊状况的车间。

### 4. 按厂房承重骨架结构材料分类

工业建筑按厂房承重骨架材料分类，分为砖混结构厂房、装配式钢筋混凝土结构厂房和钢结构厂房。

1）砖混结构厂房。如图 14-6 所示，砖混结构厂房由砖柱、砖墙和钢筋混凝土屋架或屋面

图 14-6　砖混结构厂房
a）砖墙和木屋架承重　b）砖柱和轻钢屋架承重

梁、木屋架、轻钢或组合钢屋架组成。这种结构构造简单，造价低，但承重和抗震性能较差，故一般仅用在起重机吨位不超过 5t，跨度不大于 15m 的小型厂房。

2）装配式钢筋混凝土结构厂房。装配式钢筋混凝土结构厂房（图 14-7）的承重构件采用钢筋混凝土材料，厂房由预制承重构件装配而成，与钢结构相比，节约钢材，造价较低，故在国内广泛使用。其跨度可达 30 多米，高度可达 20 多米，起重机吨位可达 150t 甚至更大，但其自重大，抗震性能不如钢结构。

3）钢结构厂房。钢结构厂房（图 14-8）的主要承重构件全部用钢材制成，这种结构抗震和抗振动性能好，构件轻，施工速度快，如今钢结构厂房已被广泛采用，但其缺点是钢结构易腐蚀，耐火性较差，使用时需加以防护。

图 14-7 装配式钢筋混凝土结构厂房

图 14-8 钢结构厂房

## 14.1.2 工业建筑设计中的注意事项

工业建筑设计中须注意以下几方面：

1）首先需紧密结合生产，满足生产工艺的要求，能为工人提供良好的劳动卫生条件，保证厂房适用、安全、经济和美观。

2）生产工艺不同，厂房设计也会不同。厂房设计要仔细研究工业生产的类别，不同类别，差异较大，并注意重型、轻型之分以及冷、热加工之别。因此，不同类型的工业厂房在平面、空间布局、层数、体型、立面及室内装修处理等方面存在较大差异，对其需要有针对性地设计。

3）工业厂房要有良好的通风和采光，以避免在工业生产过程中产生的余热、烟尘、有害气体、腐蚀性液体、噪声等不利影响。

4）工业厂房内部往往需要安装大型起重设备和起重机械，要求空间较大。

5）应满足各种管道敷设要求和荷载要求，如上下水、热力、压缩空气、煤气、氧气、电力等管道的要求。

6）要考虑生产原料的堆放和运输。在工业生产过程中，往往需要大量原料、半成品、成品、加工零件、废品等的堆放和储存，同时，还需要电瓶车、汽车、火车运输。

# 14.2 单层厂房的组成

### 1. 房屋的组成

单层厂房的房屋可分为生产厂房、辅助厂房、储存厂房、行政办公生活用房等。如某机械加工厂中，大件、中件、小件加工区属于生产厂房，部件装配、检验试验、油漆包装区属于辅助厂房，原材料堆放、成品仓库区属于储存厂房。

**2. 构件组成**

目前，我国单层工业厂房的结构体系大部分采用装配式钢筋混凝土排架或刚架结构，最常用的为钢筋混凝土排架结构和钢结构，均由承重构件和围护构件组成。

（1）装配式钢筋混凝土排架厂房　　装配式钢筋混凝土排架厂房的构件及传载路线如图 14-9 所示以及见表 14-1。对于排架结构，其屋架、排架柱、基础构成了承重骨架体系，是最主要的结构构件。三者通过不同的连接方式，如屋架与柱为铰接，柱与基础为刚接，形成具有较强刚度和抗震能力的厂房结构体系。所有构件都采用钢筋混凝土现浇或预制，可实现设计标准化、构件生产工厂化、施工机械化，且施工周期较短。

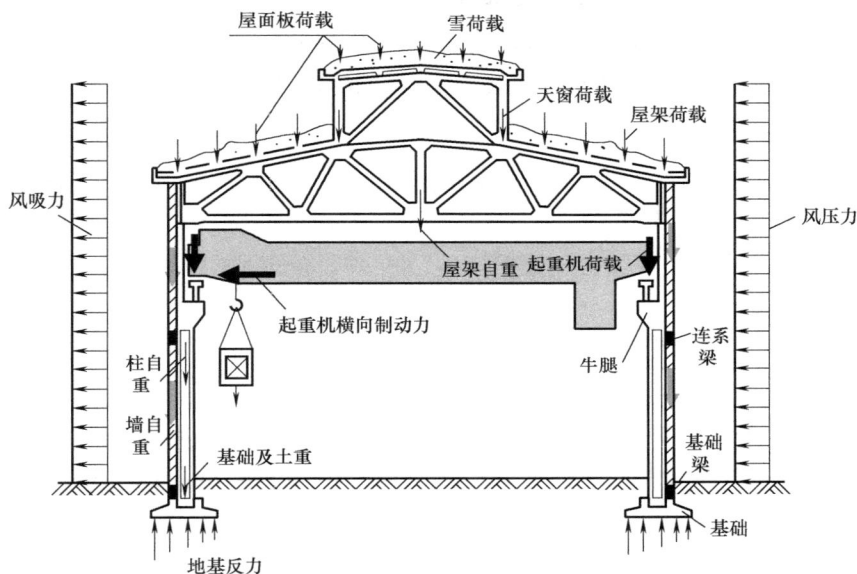

图 14-9　装配式钢筋混凝土单层厂房正面图

**表 14-1　装配式钢筋混凝土排架厂房的构件及传载路线**

| 构件类型 | 构件名称（自上而下） | 传载路线 |
|---|---|---|
| 承重构件 | 屋面板 | 铺设在屋架、檩条或天窗架上，直接承受板上的各类荷载（屋面板自重，屋面围护材料，雨雪、积灰及施工检修等荷载），并将荷载传给屋架 |
| | 屋架 | 屋盖结构的主要承重构件，承受屋盖上的全部荷载，通过屋架将荷载传给排架柱 |
| | 屋面梁 | 设在柱端顶部，承受屋架、屋面板、天窗架荷载，并将荷载传给排架柱 |
| | 支承系统 | 分别设在屋架之间和纵向柱列之间，为增强厂房的空间整体刚度和稳定性，主要传递水平荷载和起重机产生的水平制动力 |
| | 连系梁 | 是纵向柱列的水平连系构件，用以增加厂房的纵向刚度，承受水平荷载和上部墙体荷载，并传给纵向柱列 |
| | 起重机梁 | 设在柱子的牛腿上，承受起重机自重及运行中荷载，并将荷载传给排架柱 |
| | 抗风柱 | 设在山墙内侧，抵抗风荷载，一部分荷载由抗风柱上端通过屋盖系统传给厂房纵向骨架，一部分荷载由抗风柱直接传给基础 |
| | 排架柱（中列柱、边列柱） | 主要承重构件，承受屋面板、屋架、起重机梁、连系梁、外墙传来的荷载，并将荷载传给基础 |

（续）

| 构件类型 | 构件名称(自上而下) | 传载路线 |
|---|---|---|
| 承重构件 | 基础梁 | 承受上部内外墙荷载,并将荷载传给基础 |
| | 基础 | 承受柱和基础梁传来的全部荷载,并将荷载传给地基 |
| 围护构件 | 屋面 | 单层厂房的屋顶面积较大,构造处理较复杂,屋面设计重点解决好防水、排水、保温、隔热等方面的问题 |
| | 外墙 | 厂房的大部分荷载由排架结构承担,因此外墙是自承重构件,除承受墙体自重及风荷载外,主要起着防风、防雨、保温、隔热、遮阳、防火等作用 |
| | 门窗 | 供交通运输及采光、通风用 |
| | 地面 | 满足生产和运输要求,并为厂房提供良好的室内劳动环境 |

（2）钢结构厂房　钢结构厂房的主要承重及围护构件（自下而上）有基础、钢柱、各种支撑、钢梁、钢屋架、屋面钢檩条、屋面复合板、沿墙檩条、墙面复合板等，如图 14-10 所示。所有构件均为钢材，荷载传递路径同装配式钢筋混凝土厂房。

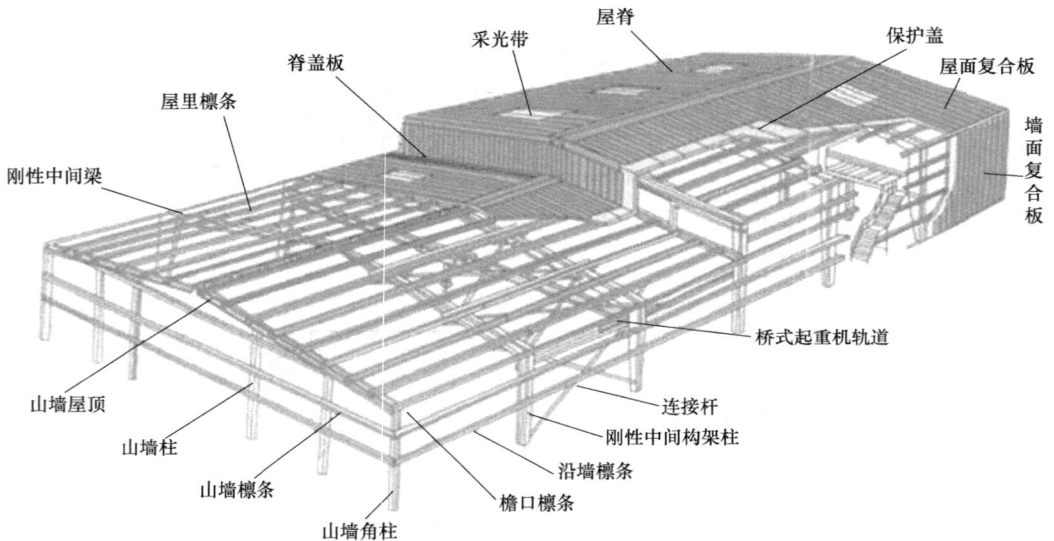

图 14-10　钢结构厂房构件组成

# 14.3　单层厂房的结构形式及组成

## 14.3.1　单层厂房的结构形式

### 1. 按材料分类

单层厂房按其承重结构的材料分为混合结构、钢筋混凝土结构和钢结构。混合结构的主要承重构件为墙或带壁柱墙，屋架为钢筋混凝土结构、钢木结构或轻钢结构；钢筋混凝土结构的主要承重构件为钢筋混凝土柱、钢屋架或钢筋混凝土屋架；钢结构的主要承重构件为钢柱、钢屋架。单层厂房的围护构件采用轻钢屋面板和墙面复合板。

### 2. 按施工方法分类

单层厂房按施工方法分，有装配式和现浇式两种，目前，除特殊情况外，均采用装配式钢筋混凝土结构和钢结构，这两种结构工期短，施工方便，其构件已实现机械化、工厂化和标准化。

**3. 按承重结构分类**

单层厂房按承重结构分为排架结构和刚架结构。

1）排架结构。屋架与柱顶采用铰接，柱底与基础采用刚接，这样的结构称之为排架结构。排架结构根据材料不同，分为钢筋混凝土排架结构，钢屋架和钢筋混凝土柱组成的排架结构，砖墙或砖壁柱墙和屋架组成的砖排架结构。排架结构的主要承重构件是柱或墙、屋架或屋面梁和基础。

排架结构可设计成等高式或不等高式，单跨或多跨，锯齿形等，如图 14-11 所示。

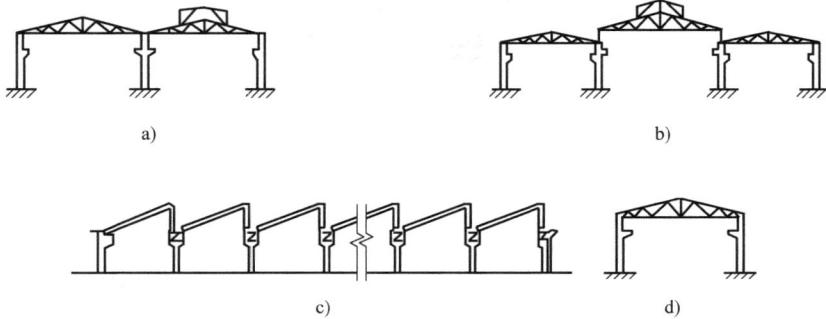

图 14-11　排架结构形式

a）等高两跨厂房　b）不等高三跨厂房　c）锯齿形柔性排架　d）常用单跨厂房

2）刚架结构。刚架结构又称框架结构，由横梁、柱和基础组成。刚架结构按其材料分为钢筋混凝土刚架和钢框架结构两种。

钢筋混凝土刚架（图 14-12）的基本特点是柱和屋架合并为同一个构件，柱子与基础的连接为铰接。

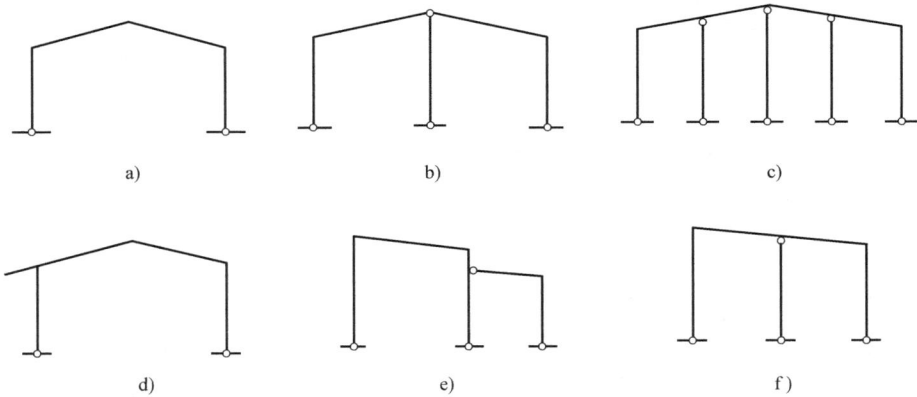

图 14-12　钢筋混凝土刚架

a）单跨刚架　b）双跨刚架　c）多跨刚架　d）带挑檐刚架　e）带毗屋刚架　f）单坡刚架

钢框架结构的屋架、柱、起重机梁等主要构件均为钢材。厂房钢柱的上端上升至屋架下弦，屋架的上下弦均与上柱相连接，使屋架与柱形成刚接，以提高厂房的横向刚度。

## 14.3.2　单层厂房的结构组成

如图 14-13 所示，单层厂房结构主要由基础、基础梁、柱子、屋架及屋面梁、连系梁、起

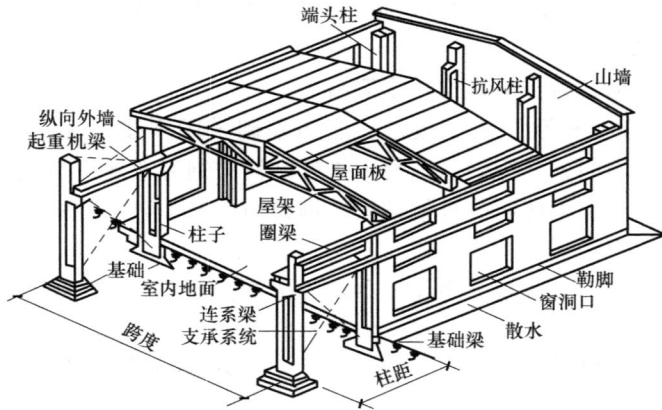

图 14-13　单层厂房结构组成图

重机梁、圈梁、屋盖结构与抗风柱等组成。

### 1. 基础

基础承担柱子上的全部荷载和基础梁上部分墙体荷载，再将荷载传给地基。基础常采用柱下独立基础，最常见的形式为杯口基础（图 14-14），另外还有薄壁的壳体基础（图 14-15）、无筋倒圆台基础和板肋式基础等。

图 14-14　杯口基础

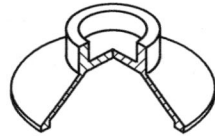

图 14-15　壳体基础

### 2. 基础梁

单层厂房排架结构的外墙通常为自承重墙，墙下一般不做带形基础，而是支承在基础梁上（图 14-16）。基础梁的截面形式通常有矩形、梯形、倒 L 形。基础梁承受墙体荷载，并将荷载传给基础。

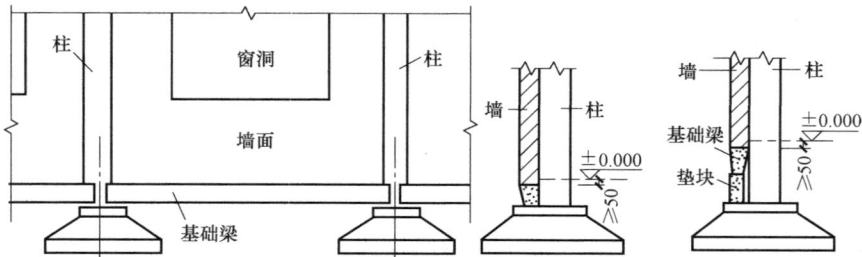

图 14-16　基础梁的支承

### 3. 柱子

柱子是单层厂房的主要承重构件，其截面形式有矩形、工字形、圆形和双肢形（图 14-17）。

1）矩形柱。矩形柱仅适用于截面尺寸小于 400mm×600mm，且起重量较小的中小型厂房（图 14-17a）。

2）工字形柱。工字形柱受力合理，质量较轻，经济节约，但制作较矩形柱复杂，主要适用于柱截面尺寸长边大于 600mm，且受力较大的中型厂房（图 14-17b、c）。

3）圆形柱。圆形柱施工方便，外形美观，截面刚度较小，抗风载和水载性能好，在桥梁中广泛应用，但在厂房中利用较少（图 14-17d）。

4）双肢柱。双肢柱比工字形柱受力更合理，其由两根肢柱通过腹杆连接而成，有平腹杆和斜腹杆双肢柱两种。其由每个单肢承受轴向压力，施工复杂，主要用于大型或重型厂房，特别适用于高度很高或起重机起重量很大的厂房（图 14-17e）。

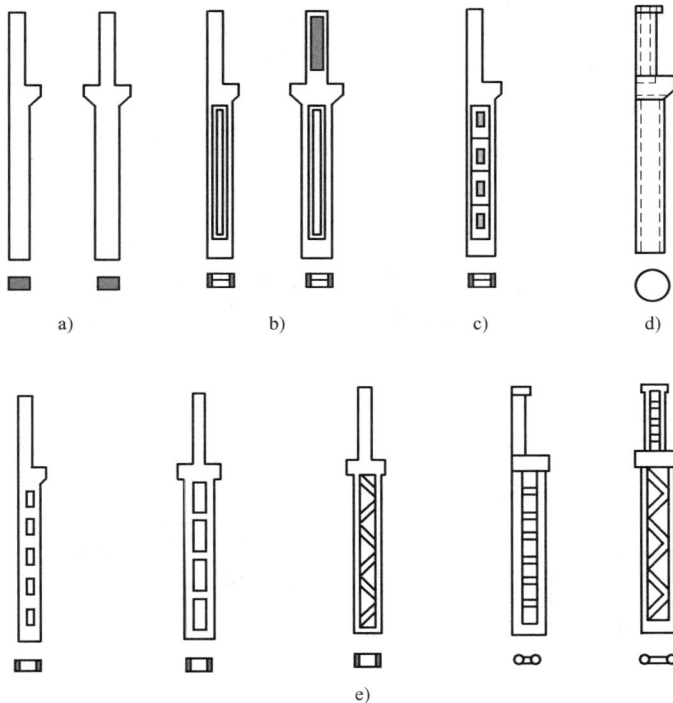

图 14-17　单层厂房柱子形式及截面形状

a）矩形柱　b）、c）工字形柱　d）圆形柱　e）双肢柱

### 4. 屋架及屋面梁

（1）屋架　常用的屋架有桁架式屋架和拱屋架。

1）桁架式屋架。桁架式屋架是指由直杆组成的一般具有三角形单元的平面或空间结构，组成桁架的所有各杆都是直杆，所有杆的中心线（轴线）都在同一平面内，有三角形、梯形、平行弦、拱形和折线形等外形（图 14-18）。

2）拱屋架。如图 14-19 所示，拱屋架根据两端支座的形式分为无铰拱屋架、两铰拱屋架和三铰拱屋架。

① 两铰拱屋架。两铰拱屋架支座节点为铰接，顶节点为刚接。这类屋架杆件数量少，构造简单，上弦可采用钢筋混凝土杆件或预应力混凝土杆件，下弦则多采用角钢或钢筋。这种屋架的刚度较差，不宜用于振动较大和重型的厂房。

钢筋混凝土两铰拱屋架适用于钢架间距为 6m，跨度为 12m、15m，屋面坡度为 1/4 的非卷

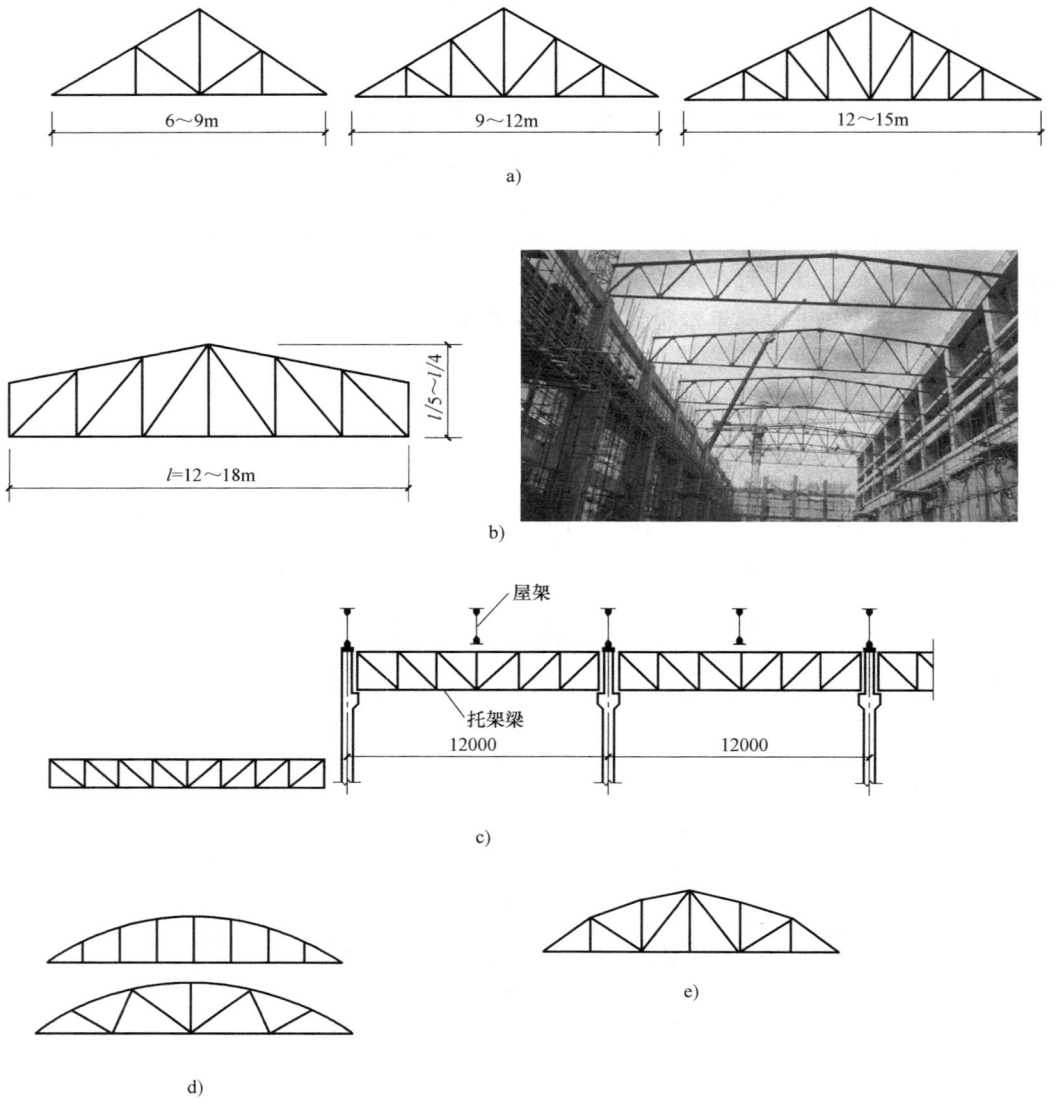

图 14-18 桁架式屋架外形

a) 三角形桁架式屋架　b) 梯形桁架式屋架　c) 平行弦桁架式屋架　d) 拱形桁架式屋架　e) 折线形桁架式屋架

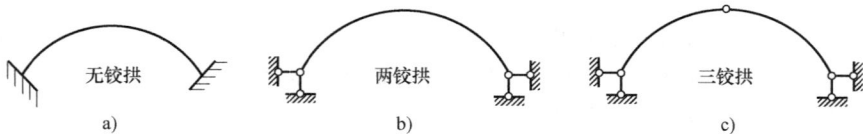

图 14-19 拱屋架

a) 无铰拱　b) 两铰拱　c) 三铰拱

材防水屋面的工业厂房。屋架上可铺设预应力大型屋面板或预应力 T 形屋面板。这种屋架一般用于不大于 10t 的中级桥式起重机的车间。

② 三铰拱屋架。钢筋混凝土三铰拱屋架的适用条件基本与两铰拱屋架相同,仅其顶部节

点为铰接（图 14-19c 和图 14-20）。三铰拱屋架常用跨度为 9~18m，间距为 4~6m，屋面坡度为 1：2~1：3，斜梁高度 $h$ 与其长度 $l_1$ 之比一般为 1：12~1：18。

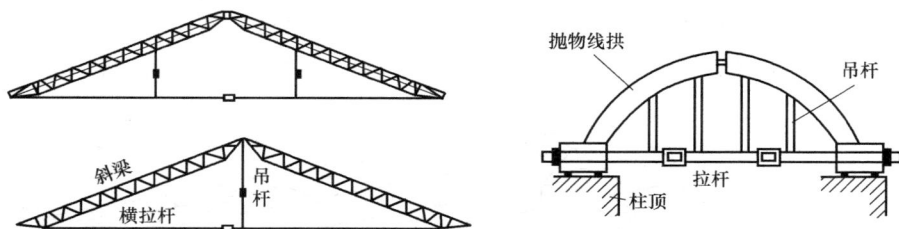

图 14-20　三铰拱

三铰拱钢屋架杆件受力合理，通常采用圆钢即可，用钢量与三角形屋架大致相当，但其更能充分利用角钢和圆钢，且运输和装拆都较方便。三铰拱中拱拉杆一般较细且不能受压，也无法设置垂直支撑和拱拉杆平面的水平支撑，故整个屋盖的刚度较差，不宜用于振动荷载或跨度大于 18m 的工业厂房。当用于开敞式或风载较大的房屋中时，应确保吸力作用下拱拉杆不会受压。

（2）屋面梁　屋面梁可用于单坡或双坡屋面，用于单坡屋面的跨度有 6m、9m 和 12m 三种，用于双坡屋面的跨度有 9m、12m、15m 和 18m 四种。屋面坡度较平缓，一般为 1/10，适用于卷材防水屋面和非卷材防水屋面。屋面大梁可悬挂 5t 以下的起重机。

**5. 连系梁**

连系梁又称墙梁，是指柱与柱间纵向的水平联系构件。在单层厂房排架结构中的连系梁主要有两方面作用，一是作为水平构件起水平连系及支承作用，以增加结构的空间整体刚度；二是当墙体较高时，连系梁需承受墙重，以减小基础梁的荷载。小型厂房一般在起重机梁附近设一道连系梁，当厂房较高时，每隔 4~6m 高设一道，连系梁一般为矩形截面，搁置在柱的牛腿上。

**6. 起重机梁**

当厂房根据生产工艺要求需布置起重机作为内部起重运输设备时，沿厂房纵向需布置起重机梁，以便安装起重机运行轨道。起重机梁搁置在柱子的牛腿上支承起重机荷载。起重机梁主要有预应力钢筋混凝土起重机梁和钢起重机梁两种形式。

（1）T 形、工字形截面起重机梁　T 形起重机梁和工字形起重机梁是较常见的两种形式。梁顶翼缘较宽，多为 400~500mm，可增加梁的受压面积，也便于固定轨道。梁腹板较薄，常为 120~180mm，支座处加厚，以利抗剪。梁高有 600mm、900mm、1200mm 等规格，施工简单，制作方便，但自重大，用料多。

（2）起重机梁的连接构造　起重机梁与柱连接，多采用焊接连接，起重机梁与柱牛腿连接处预埋锚件或垫钢板，焊接连接；起重机梁上端与柱间采用钢板或角钢焊接；起重机梁端头与车挡采用螺栓连接；起重机梁的对头空隙、起重机梁与柱之间空隙用 C20 混凝土填实。

**7. 圈梁**

圈梁主要是将墙体同厂房排架柱、抗风柱等箍在一起，以加强厂房的整体刚度以及墙体的刚度及其稳定性。

**8. 屋盖结构**

厂房屋盖结构根据有无檩条分为无檩屋盖和有檩屋盖两种。

无檩屋盖（图14-21a）由大型屋面板、屋面梁或屋架以及屋盖支撑所组成，这类屋盖构件大、类型少，便于工业化施工，需要较强的施工吊装能力，较广泛使用。

有檩屋盖（图14-21b）由小型屋面板、檩条、屋架组成，这类屋盖构件小、重量轻、吊装方便，但构件数量多，施工烦琐、工期较长，多用在施工机械起吊能力较小的施工现场。

屋盖结构上部有时还设有天窗架、托架，其主要是起围护、承重、采光和通风的作用。

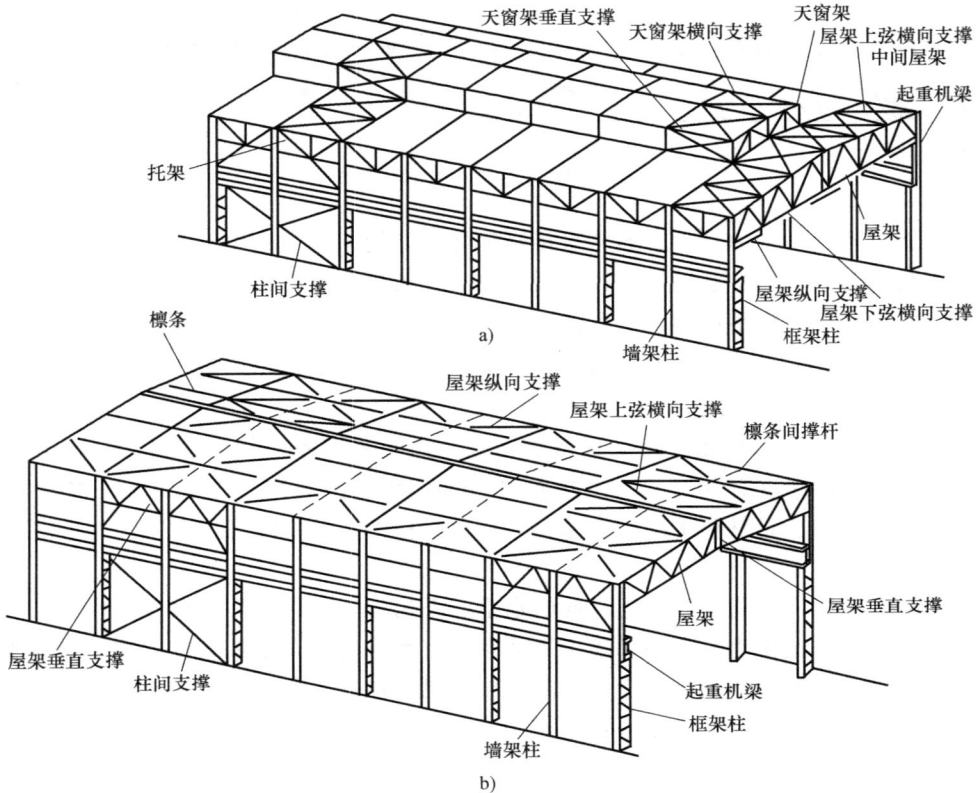

图 14-21 无檩屋盖和有檩屋盖构造图

a）无檩屋盖　b）有檩屋盖

### 9. 抗风柱

抗风柱是单层工业厂房山墙处的结构组成构件，其作用主要是传递山墙的风荷载，上部通过铰节点与钢梁的连接传递给屋盖系统而至整个排架承重结构，下部通过与基础的连接传递给基础。

# 14.4　工业建筑设计的任务及要求

## 14.4.1　工业建筑设计的任务

建筑设计人员应根据设计任务书和工艺设计人员提出的生产工艺资料，设计厂房的平面形状、柱网尺寸、剖面形式、建筑体型，合理选择结构方案和围护结构的类型，选择合适的建筑材料，进行细部构造设计，并进一步协调建筑、结构、水、暖、电、气、通风等各工种；正确贯彻"坚固适用、经济合理、技术先进"的原则。

### 14.4.2　工业建筑设计的要求

（1）工艺要求　为满足生产工艺的各种要求，并便于设备的安装、操作和维修，必须正确选择平面、剖面、立面形式及跨度、高度和柱距，确定合理的承重、围护结构类型和细部构造。

（2）建筑要求　工业建筑设计应具有坚固性、耐久性，符合建筑设计的使用年限。由于厂房常年承受的静荷载和活荷载较大，因此建筑设计应特别注意为结构设计提供条件。随着时间的推移，生产工艺的不断更新，生产规模随之不断扩大，初期的建筑设计应充分考虑到厂房的通用性和改建扩建可能性；严格遵守《厂房建筑模数协调标准》（GB/T 50006—2010）的规定，合理选择厂房各项建筑参数，如柱距、跨度、柱顶标高等，以便采用标准的、通用的结构构件，使设计标准化、生产工业化、施工机械化，从而使厂房建筑的工业化水平得到提高。

（3）经济要求　在不影响建筑要求的前提下，可优先考虑连跨厂房，合理确定厂房层高，采用单层或多层，有利于经济效益和现代化连续生产。在满足生产要求的前提下，设法缩小建筑体积，充分利用建筑空间，合理减少结构面积，提高面积使用率。在不影响厂房耐久性、生产操作、使用要求的前提下，应尽量降低材料的消耗，从而减轻构件的自重和降低建筑造价。设计方案应便于采用先进的、配套的结构体系及工业化装配施工，结合材料供应、施工机具规格、施工人员技能来合理选择施工方案，达到最经济的目的。

（4）卫生安全要求　厂房应有较好的采光和通风条件，保证厂房内部工作面上的照度，及时排除生产余热、烟尘废气、有害气体等，采用净化、隔离、消声措施降低有害辐射、严重噪声的污染，美化室内外环境，提高绿化率，设有可靠的报警、防火安全措施，全方位地为人们提供一个良好健康的工作环境。

## 14.5　厂房内部起重运输设备

（1）单轨悬挂式起重葫芦　单轨悬挂式起重葫芦按照操作方法分为手动和电动两种。起重葫芦的重量主要来自于型钢轨道和起重葫芦两部分，型钢轨悬挂在屋架或屋面大梁下弦上，为厂房屋顶提供较大的刚度，以适应起重葫芦动荷载的作用，轨道为单轨式，布置成直线或曲线。单轨悬挂式起重葫芦的起重量较小，一般为 1~2t，如图 14-22 所示。

（2）梁式起重机　梁式起重机由起重机和支撑起重机的梁架组成，梁架断面为工字形型钢，直接作为起重机的轨道，梁架两端装有行走轮，以便在起重机轨道上运行，起重机轨道亦可悬挂在屋架或屋架大梁的下弦上，但多支承在起重机梁上，后者通过起重机梁和牛腿支承于柱子上，如图 14-23 所示。起重机分为手动和电动两类，手动多用于工作不繁忙的工段或检修设备之用，一般厂房常用电动起重机，可在起重机上的驾驶室操作，也可在地面上操作。梁式起重机起重量一般不超过 5t。

（3）桥式起重机（图 14-24）　桥式起重机由起重机及桥架组成。桥架上铺设有起重机运行的轨道，桥架两端借助行走轮在起重机轨道上运行，起重机轨道铺设在由柱子支承的起重机梁上。桥式起重机驾驶室多设在起重机桥架端部，极少设在中部。桥式起重机起重量可为几吨到几百吨，起重量范围大，起重荷载量大，在工业建筑中应用广泛。

（4）悬臂起重机　悬臂起重机（图 14-25）分为固定式旋转悬臂起重机和臂行式悬臂起重机两种。前者固定在厂房柱子上，可 180°旋转，服务范围是以长臂为半径的圆，如图 14-25a 所示；后者可沿着厂房纵向行走，服务范围为一条狭长地带，如图 14-25b 所示。悬臂起重机

图 14-22　单轨悬挂式起重葫芦

1—单轨　2—电动葫芦　3—吊钩　4—操纵开关　5—起重机梁

a)　　　　　　　　　　　　　　　b)

图 14-23　单轨悬挂式起重机和梁式起重机实例

a）单轨悬挂式起重机和梁式起重机联合使用　b）梁式起重机

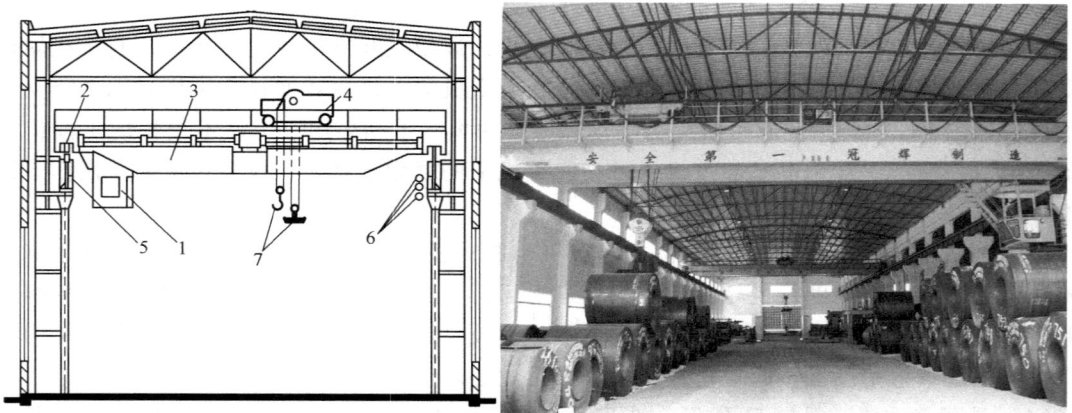

图 14-24　桥式起重机

1—起重机驾驶室　2—起重机轮　3—桥架　4—起重小车　5—起重机梁　6—电线　7—吊钩

a)

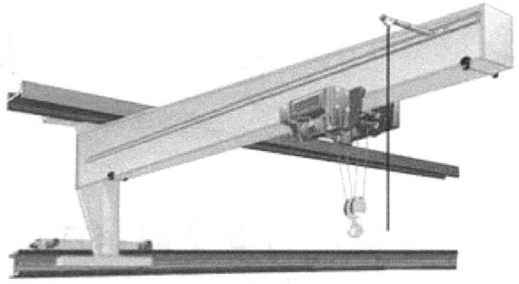
b)

图 14-25　悬臂起重机

a）固定式旋转悬臂起重机　b）臂行式悬臂起重机

的起重量为 8~10t，起重量较小。

（5）其他运输设备　除了上述起重机之外，工业建筑中还会用到火车、汽车、电瓶车、手推车、各种地面起重机、悬链输送机、普通输送带、气垫式输送带、磁力式输送带、升降机、提升机等运输设备。

# 思　考　题

1. 工业建筑不同于民用建筑的特点是什么？工业建筑可分为哪些类型？
2. 单层厂房由哪些构件组成？其结构形式有哪些？
3. 名词解释：工业建筑、有檩屋盖、钢结构厂房、排架结构、框架结构。

# 第15章 单层工业建筑设计

## 15.1 单层厂房总平面设计

### 15.1.1 工厂总平面设计的要求

一个工厂由许多建筑物和构筑物组成。一般由四个部分组成：生产工段，是加工产品的主体部分；辅助工段，是为生产工段服务的部分；库房部分，是存放原料、材料、半成品、成品的地方；行政办公及生活用房。

进行工厂总平面设计时应满足如下条件：

1）根据全厂的生产工艺流程、交通运输、卫生、防火、风向、地形、地质以及建筑群体艺术等条件确定建筑物、构筑物的相对位置。

2）合理地组织人流和货流，避免交叉和迂回。

3）布置地上和地下的各种工程管线，进行厂区竖向布置及美化、绿化厂区等。

工厂总平面图包括生产区和厂前区两部分，在生产区布置主要生产厂房和辅助建筑、动力建筑、露天和半露天的原料堆场、产品仓库、水塔、泵房等；在厂前区布置行政办公楼、传达室、门卫等。

### 15.1.2 影响总平面布置的因素

（1）厂区人流、货流的影响　一个厂房不是孤立存在的，而是工厂总平面图中的有机组成部分，并在生产中和周围其他厂房有着密切的联系。其具体表现为原材料、半成品和成品的运输及人流进出厂路线的组织。因此，设计时尽可能减少人流和物流的交叉迂回。厂房人流主要出入口及生活间的位置应面向厂区主要干道，方便职工上下班；物流出入口除面向厂区道路外并和相邻厂房出入口位置相对应，以使运输路线快捷方便。

（2）地形的影响　地形坡度的大小对厂房的平面形状有直接影响。在山区建厂，为减少土石方工程和投资，加快施工进度，厂房平面形式在工艺条件许可的情况下要适应地形，而不应像在平坦地形上那样强调简单、规整。

（3）气候条件的影响　厂址所在地区的气象条件对厂房朝向影响很大。其主要影响因素有两个：一是日照，二是风向。厂房对朝向的要求随地区气候条件而异。在我国广大温带和亚热带地区，理想的朝向应该是：夏季室内既不受阳光照射，又易于进风，有良好的自然通风条件。为此，厂房宽度不宜过大，平面最好采用长方形，朝向接近南北向，厂房长轴与夏季主导风向垂直或大于45°。寒冷地区，厂房的长边应平行于冬季主导风向，并在迎风面的墙面上少开或不开门窗，以避免寒风对室内气温的影响。

## 15.2 单层厂房平面设计

民用建筑的平面及空间组合设计主要是由建筑设计人员根据建筑使用功能的要求进行的，

而单层厂房平面及空间组合设计是在工艺设计和工艺布置的基础上进行的，生产工艺是工业建筑设计的首要依据。单层厂房有适用性强及适用范围广的特点，尤其适用于工艺过程为水平布置的、平面运输量大、适用重型设备的高大厂房和连续生产的多跨大面积厂房。

## 15.2.1　单层厂房设计影响因素

在满足生产工艺的基础上，厂房建筑设计应使其平面形式规整合理、简洁，以便能够减少占地面积，利于节能，简化构造处理。厂房的设计应符合《厂房建筑模数协调标准》（GB/T 50006—2010），使构件生产满足工业化生产的要求。对厂区建筑群体、构筑物、道路、绿化应有统一的景观设计，对厂房体型、立面、色彩等应根据使用功能、结构形式、建筑材料做必要的建筑艺术处理，使其具有特色，并与全厂的景观协调。

单层厂房的设计应主要考虑以下几方面的因素：

（1）生产工艺流程的影响　生产工艺流程是指工厂制造产品的生产、加工、制作过程，即生产原料按生产要求的程序，通过生产设备及技术手段进行生产加工，制成半成品或成品的全部过程。不同类型的厂房，由于其产品、规格、型号的不同，生产工艺流程也不相同，厂房设计应首先满足生产工艺要求，设计人员需要与工艺人员密切配合，以掌握相应的工艺流程条件。

（2）生产状况对平面设计的影响　不同性质的厂房，在生产操作时会出现不同的生产状况。生产环境或有特殊要求，或生产过程污染环境、生产过程有爆炸危险等，以及可能危害人体、影响设备和建筑安全时，均应采取有效处理措施。厂房的平面设计应按生产要求、生产者心理和生理卫生要求，结合环境气候条件布置采光、通风口，选择天窗形式，使厂房有良好的采光通风条件。

（3）生产设备布置对平面设计的影响　厂房应按生产和运输设备、操作检修要求及经济性决定空间尺度，选择柱网和结构形式。平面设计应力求厂房体型简单，构件种类少；合理利用厂房内外空间布置生活用房和辅助用房，安排各种管线、风口、操作平台、联系走道和各种安全设施。

（4）起重运输设备对平面设计的影响　为了运送原材料、成品和半成品，厂房内应设置起重运输设备，起重运输设备影响厂房的平面布置和平面尺寸。各种形式的起重机与土建设计关系密切，常见的起重机包括梁式起重机、桥式起重机、门式起重机等类型，起重机的起重量指标决定了起重机的工作性质，也影响厂房的平面结构设计和构造设计。

（5）厂房、厂区的总体格局　厂房、厂区的总体格局应满足安全、规划、环保等方面的要求。

## 15.2.2　单层厂房的平面形式

### 1. 生产工艺流程与平面形式

生产工艺流程有直线式、直线往复式和垂直式三种，每种都有与之相适应的平面形式。

（1）直线式　直线式即原料由厂房一端进入，成品或半成品由另一端运出，如图 15-1a 所示。其特点是厂房内部各工段间联系紧密，但运输线路和工程管线较长。厂房多为矩形平面，可以是单跨，也可以是多跨平行布置。这种平面简单规整，适合对保温要求不高或工艺流程不能改变的厂房，如线材轧钢车间。

（2）直线往复式　直线往复式即原料从厂房的一端进入，产品则由同一端运出，如图 15-1b~d 所示。其特点是工段联系紧密，运输线路和工程管线短捷，形状规整，节约用地，外墙面积较小，对节约材料和保温隔热有利。相适应的平面形式是多跨并列的矩形平面，甚至是方形平面。这种形式适合于多种生产性质的厂房。

（3）垂直式　垂直式如图 15-1e～g 所示，其特点是工艺流程紧凑，运输线路及工程管线较短，相适应的平面形式是 L 形平面，即出现垂直跨。在纵横跨相接处，结构、构造复杂，经济性较差。

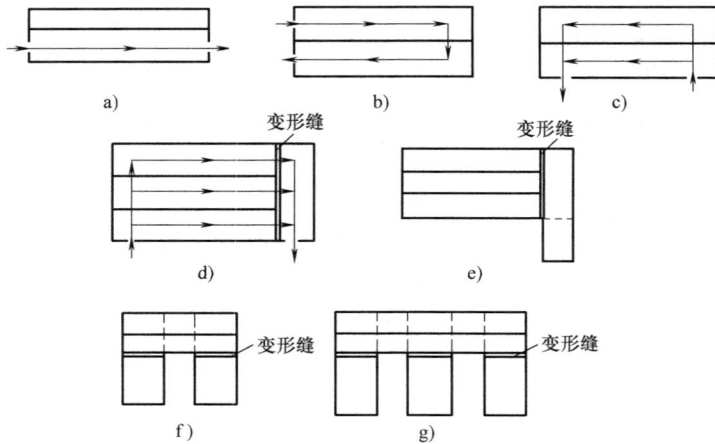

图 15-1　单层厂房平面形式
a）直线式　b）、c）、d）直线往复式　e）、f）、g）垂直式

**2. 生产状况与平面形式**

如无特殊原因，单层厂房的平面形式常采用正方形、矩形及 L 形。面积相等时正方形周长最短，平面形式越接近正方形，墙周长与面积的比值越小，这意味着节能和节省用地，见表 15-1。故单层厂房设计中，当生产工艺允许时，建筑物形状宜采用正方形或接近正方形。

表 15-1　平面形状与墙体周长

| 平面形状 | 方形 | 矩形 | L 形 |
|---|---|---|---|
| 平面形状 | □ | ▭ | L形 |
| 面积 | 30.5m×30.5m＝930.25m² | 61m×15.25m＝930.25m² | 45.75m×15.25m＋15.25m×15.25m＝930.25m² |
| 外墙周长 | 122.0m | 152.5m | 122.0m |

除表 15-1 中所列三种平面形式外，根据生产工艺的要求，热加工厂房和需要进行某种隔离的厂房，可以采用 U 形或 E 形平面，如图 15-1f、g 所示。这种厂房的特点是各部分宽度不大，厂房周长较长，室内采光、通风、排气散热和除尘的功能良好，缺点是构造复杂，抗震不利，为避免破坏，需设防震缝。U 形或 E 形平面由于外墙较长，造价及维修费都高，室内的各种工程管线也较长，因此这种平面形式，只在有工艺需要时才采用，适宜于中型以上的热加工厂房（如轧钢、铸造、锻造等），以便于排除产生的热量、烟尘和有害气体。

## 15.2.3　柱网选择

无论是单层厂房还是多层厂房，承重结构柱子在建筑平面上排列所形成的网格称为柱网。

柱网的尺寸由柱距和跨度表示，柱子纵向定位轴线之间的距离称为跨度，柱子横向定位轴线之间的距离称为柱距。柱网的选择实际上就是选择厂房的跨度和柱距。柱网布置示意图如图 15-2 所示。

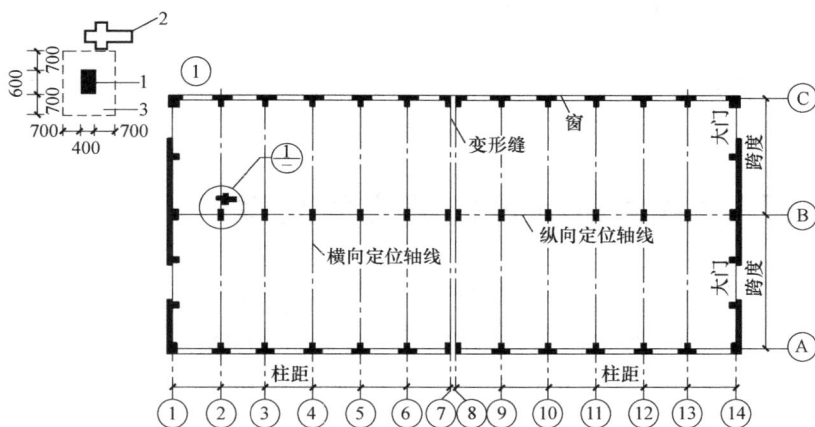

图 15-2　柱网布置示意图
1—柱子　2—基床　3—柱基础轮廓

柱网尺寸是根据生产工艺、建筑材料、结构形式、施工技术水平、地基承载能力及有利于建筑工业化等因素来确定的。

（1）跨度尺寸的确定因素

1）生产工艺中生产设备的大小及布置方式。设备大则占地面积大，设备布置成纵向或横向、单排、双排、多排或交错布置都影响跨度尺寸。

2）厂房内部通道的宽度。不同类型的运输设备所需通道宽度不同，这也同样影响跨度尺寸。

3）跨度尺寸应满足《厂房建筑模数协调标准》（GB/T 50006—2010）的要求，根据上述 1）、2）两项条件所得尺寸，需要经过调整符合模数标准的要求。当屋架跨度小于或等于 18m 时，应采用扩大模数 30M 数列，即跨度可取 18m、15m、12m、9m、6m；当屋架跨度大于 18m 时，按 60M 模数递增，即跨度可取 24m、30m、36m、42m 等；当生产工艺布置有明显优越性时，跨度尺寸也可采用 21m、27m、33m。

（2）柱距尺寸的确定　我国单层工业厂房设计主要采用装配式钢筋混凝土结构体系，其基本柱距是 6m，而相应的结构构件如基础梁、起重机梁、连系梁、屋面板、横向墙板等均已配套成型，并有供设计者选用的工业建筑全国通用构件标准图集，这些构件在设计、制作、运输、安装方面都积累了丰富的经验。这种体系至今仍广泛采用。柱距尺寸还受到材料的影响，当采用砖混结构的砖柱时，其柱距宜小于 4m，也可为 3.9m、3.6m、3.3m 等。

（3）扩大柱网　随着科学技术的发展，厂房内部的生产工艺、生产设备、运输设备等也在不断地变化更新。为了使厂房能适应这种变化，厂房应有相应的灵活性和通用性，扩大柱网可以较好地满足这种要求。扩大柱网也就是扩大厂房的跨度和柱距。

扩大柱网的优点如下：

1）可以提高厂房面积的利用率。为使设备基础与柱子基础不致相撞，宜在柱周围留出适当的距离。在 6m 标准柱距的厂房中，若柱间布置设备，则扩大柱网可以提高面积的利用率，减少柱子与基础占用的使用面积。

2）有利于大型设备的布置和产品的运输。现代工业企业中，如起重机械厂、飞机制造厂、火箭制造厂等，其产品具有高、大、重的特点，柱网越大，越能满足生产设备的布置及产品的装配和运输。

3）能适应生产工艺变更及生产设备更新的要求。柱网扩大后，使生产工艺流程的布置有较大的灵活性。

4）能减少构件数量，加快施工进度，但增加了构件重量。

5）减少柱基础土石方工程量。

## 15.3　单层厂房立面设计及内部空间处理

单层厂房的形体与生产工艺、工厂环境、厂房规模，厂房的平面形式、剖面形式及结构类型等有密切的关系，而立面设计及内部空间处理是在建筑整体设计的基础上进行的。

### 15.3.1　厂房的立面设计

单层工业厂房立面设计是工业建筑设计的组成部分之一。其立面造型受到建筑规模、功能、结构、经济性、材料、施工技术条件等因素的多方面限制，同时应体现出工业建筑自身的特点。厂房的体型与生产工艺、平面形状、空间设计、环境气候条件有密切的关系，立面设计时，需要在基本形体组合的基础上进行。建筑立面设计必须符合我国的建筑方针，根据厂房的功能要求、技术水平、经济条件，运用建筑构图的基本原理和处理手法，使工业建筑具有简洁、朴素、新颖、大方的外观形象，设计出内容与形式统一的体型。

**1. 厂房体型特点**

工业建筑的体型一般比较规则且建筑体量相对较大，空间的内外环境联系比较直接。工业建筑的体型与内部的生产特征有着密切的联系，体型设计应正确表现建筑本身的特征，做到形式与内容一致，同时符合建筑构图的一般规律，并与周围的环境相协调。组合空间时应突出重点，强调中心，恰当地确定体型和各部分的比例。建筑体型宜简洁，但须避免单调枯燥，在统一中求变化，并使建筑的体量和外形与其周围的空间相呼应。

厂房的立面设计是基于厂房体型基础上的艺术处理，在形式、材料、色彩、机理等多方面通过形式美的法则加以运用，以获得良好的外观效果。

**2. 影响单层工业厂房立面设计的因素**

（1）生产工艺流程的影响　厂房是为生产服务的，不同的工艺流程、生产状况、运输设备等不仅对厂房平面、剖面有影响，对立面同样也有影响。厂房立面处理需要满足适用、安全、经济的要求，具有建筑形象，能反映出建筑内容的效果。

（2）结构和材料的影响　不同的结构形式，不同的材料质地对厂房的体型和立面设计产生不同的影响，特别是屋顶承重结构形式在很大程度上决定厂房的体型。

（3）气候环境的影响　太阳辐射强度、室外空气的温度与湿度等因素对立面设计均有影响。寒冷地区的厂房要求防寒保暖，窗口面积不宜过大，空间组合集中，给人以稳重、深厚的感觉。炎热地区的厂房，为满足通风散热的要求，常采用开敞式外墙，空间组合分散、狭长、反映出轻巧、明快的个性。

**3. 立面处理方法**

（1）墙面的划分　现代单层工业建筑大多采用平屋顶或缓坡屋顶，墙面在造型中占有显著的地位。墙面的大小、形式、色彩及门窗的大小、排列直接影响立面效果。墙面在工业厂房外墙中所占比例与厂房的生产性质、采光等级、室外照度等因素有关。墙面处理的关键在于墙面的划分及窗墙比例,并利用柱子、勒脚、窗台线、雨篷、遮阳板等构件,运用建筑构图原理进行有机组合和划分,使厂房立面简洁大方、自然美观。在工程实践中,墙面划分常采用垂直划分、水平划分、混合划分三种方法。

1）垂直划分。根据外墙的结构特点,利用承重柱、壁柱、窗间墙、竖向组合式侧窗等构成垂直凸出的线条,可改变单层厂房扁平的比例关系,使厂房显得挺拔、有力。为使墙面整齐美观,门窗洞口和窗间墙的排列多以一个柱距为一个单元,在立面中有规律地重复,使墙面产生统一的韵律。

2）水平划分。水平划分是在水平方向设置带形窗,利用通长的窗楣线、窗台线、遮阳板、勒脚线等构成水平横线条。采用悬挑水平遮阳板,利用阴影的作用,使水平线条的效果更加显著,也可采用不同材料、不同色彩的外墙作为水平窗间墙,同样使厂房立面显得明快、大方、平稳。

3）混合划分。在工程实践中,大多将水平划分和垂直划分结合运用,以其中某种划分为主,或两种方法混合运用,互相结合,互相衬托,不分主次,从而构成水平划分和垂直划分的有机结合。

（2）墙面的虚实处理　单层厂房立面设计手法,除墙面划分外,正确处理好窗墙之间的比例,也能得到较好的艺术效果。

设计中往往采用以实为主或以虚为主的立面处理。

## 15.3.2　厂房的内部空间处理

生产环境直接影响着生产者的身心健康,优良的室内环境除有良好的采光、通风外,还要使室内布置井然有序,令人愉悦。良好的室内环境对人们的生理和心理健康有良好的作用,对提高劳动生产效率十分重要。

### 1. 厂房内部空间的特点

单层厂房的内部空间规模大,结构清晰可见,有的厂房内有精美的机器、设备等,生产工序决定设备布置,也形成空间使用线路。

### 2. 厂房内部空间处理

厂房内部空间处理应注意以下几个方面:

（1）突出生产特点　厂房内部空间处理应突出生产特点、满足生产要求,根据生产顺序组织空间,形成规律,机器、设备的布置合理,室内色彩淡雅,机器、设备的色彩既统一协调又有一定的变化,厂房内部设计应有新意,避免单调的环境使人产生疲劳感。

（2）合理利用空间　单层厂房的内部空间一般都比较高大,高度也较为统一,在不影响生产的前提下,厂房的上部空间可结合灯具设计一些吊饰,有条件的也可做局部吊顶;在厂房的下部可利用柱间、墙边、门边、平台下等生产工艺不便利用的空间布置生活设施,给厂房内部增添一些生活的因素。

（3）集中布置管道　集中布置管道便于管理和维修,其布置、色彩等处理得当能增加室内的艺术效果。管道的标志色彩一般为:热蒸汽管、饱和蒸汽管用红色,煤气管、液化石油气管用黄色,压缩空气管用浅蓝色,乙炔管用深蓝色,给水管用蓝色,排水管涂绿色,油管涂棕黄色,氢气管涂白色。

（4）色彩的应用　色彩是比较经济的装饰品,建筑材料有固有的色彩,有的材料如钢构件、压型钢板等需要涂油漆防护,而油漆有不同的色彩:

1）红色：用来表示电气、火灾的危险标志；禁止通行的通道和门；防火消防设备、防火墙上的分隔门等。

2）橙色：危险标志，用于高速转动的设备、机械、车辆、电气开关柜门；也用于有毒物品及放射性物品的标志。

3）黄色：警告的标志，用于车间的起重机、吊钩等，使用时常涂刷黄色与白色、黄色与黑色相间的条纹，以提示人们避免碰撞。

4）绿色：安全标志，常用于洁净车间的安全出入口的指示灯。

5）蓝色：多用于给水管道，冷藏库的门，也可用于压缩空气的管道。

6）白色：是界线的标志，用于地面分界线。

# 15.4　单层厂房剖面设计

单层厂房剖面设计是厂房设计的一个重要组成部分，是在平面设计的基础上进行的，着重解决建筑空间满足生产要求的问题。生产工艺对厂房剖面设计影响很大，如生产设备的体积、工艺流程、生产特点、操作要求、被加工件的大小和重量，起重运输设备的类型及起重量、其他运输工具的要求等，都影响着剖面形式。

厂房剖面设计应满足以下要求：确定合理的厂房高度，适应生产需要的足够空间；有良好的采光和通风条件；采用屋面排水和满足室内保温隔热的围护结构；采用经济合理的结构方案，为提高建筑工业化创造条件。

## 15.4.1　厂房高度的确定

单层厂房的高度是指厂房室内地坪到屋顶承重结构下表面（倾斜屋盖最低点或下沉式屋架下弦底面）之间的垂直距离，一般情况下是指屋架表面高度，即柱顶与地面之间的高度，所以，单层厂房的高度也可以指地面到柱顶的高度。

### 1. 柱顶标高的确定

为保证厂房内外运输方便和缩短门前坡道的长度，一般单层厂房的室内外地面高差不宜太大，但要考虑到能够防止雨水侵入，室内外地面高差通常为 100~150mm。

通常在地形较为平坦的情况下，为了便于工艺布置和生产运输，整个厂房地坪应采用统一标高，在山区建厂时，由于地形起伏不同，地貌复杂，从经济角度考虑，应依山就势，因地制宜。

厂房内部有无起重机，对柱顶标高的确定有很大影响。

（1）无起重机的柱顶标高　在无起重机的厂房中，柱顶标高是按最大生产设备高度及安装检修所需的净空高度之和来确定的，同时，必须考虑采光和通风要求，一般不低于 4m。

（2）有起重机的柱顶标高　在有起重机的厂房中，不同的起重机对厂房的高度影响各不相同。有起重机的工业建筑（图 15-3）的柱顶标高可按下式计算：

$$H = H_1 + h_6 + h_7 \tag{15-1}$$

式中　$H$——柱顶标高（m），必须符合 3M 的模数；

　　　$H_1$——起重机轨顶标高（m），一般由工艺要求提出；

　　　$h_6$——起重机轨顶至小车顶面的高度（m），根据起重机资料查出；

　　　$h_7$——小车顶面到屋架下弦底面之间的安全净空尺寸（mm），按现行国家标准及根据起重机起重量可取 300t、400t 或 500t。

关于起重机轨顶标高 $H_1$，实际上是牛腿标高与起重机梁高、起重机轨高及垫层厚度之和。当牛腿标高小于 7.2m 时，应符合 3M 模数，当牛腿标高大于 7.2m 时，应符合 6M 模数。

**2. 室内地坪标高的确定**

确定室内地坪标高就是确定室内地面相对于室外地面的高差。设计此高差的目的是防止雨水进入室内，同时考虑到单层厂房运输工具进出频繁，如果室内外高差过大则出入不便，故室内外高差一般取 150mm，且常用坡道连接。

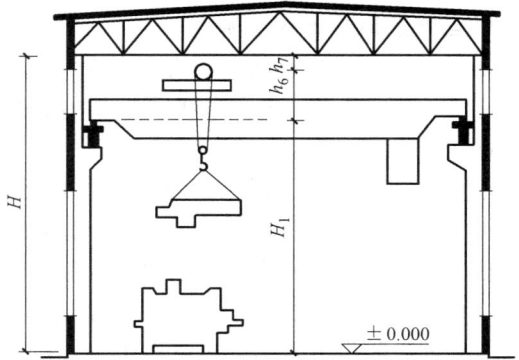

图 15-3　厂房高度的确定

当厂房地坪有两个以上不同高度的地平面时，主要地平面的标高为 ±0.000。

## 15.4.2　厂房的自然通风

厂房通风有机械通风和自然通风两种。机械通风依靠通风机来实现通风换气，耗费大量的电能，设备投资及维修费用高，但其通风稳定、可靠。自然通风是利用自然风力作为空气流动的动力来实现厂房的通风换气，这是一种既简单又经济的办法，但易受外界气象条件的限制，通风效果不够稳定。除个别对生产工艺有特殊要求的厂房和工段采用机械通风外，一般厂房主要采用自然通风或以自然通风为主，辅之以简单的机械通风。

**1. 自然通风的基本原理**

自然通风是利用空气的热压和风压作用实现的。

（1）热压作用　厂房内部各种热源排放出大量热量，使厂房内部的气温比室外高。当空气温度升高时，体积膨胀，密度变小。由于室内外空气的温度、密度不同，使室内外的空气形成了重力差。在建筑物的下部，室外空气所形成的压力要比室内空气所形成的压力大。这时，如果在厂房外墙下部开门窗洞，则室外的冷空气就会经由下部门窗洞进入室内，室内的热空气由厂房上部开的窗口（天窗或高侧窗）排至室外。进入室内的冷空气又被热源加热变轻，上升至厂房上部窗口排至室外，如此循环，就在厂房内部形成了空气流动，达到了通风换气的目的，热压通风原理如图 15-4 所示。

这种由于热源作用，造成室内外温度差而形成空气压力差进行通风的方式称为热压通风。热压越大，自然通风效果越好。

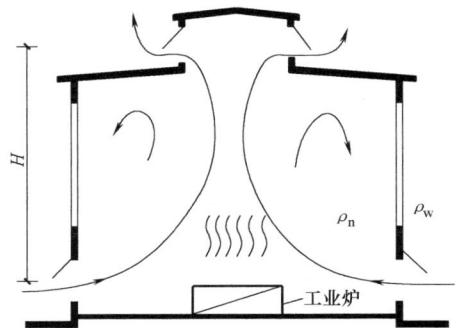

图 15-4　热压通风原理

（2）风压作用下的通风　当风吹向房屋迎风面墙壁时，由于气流受阻，速度变慢，迎风面的空气压力增大，超过大气压力，此区域称为正风压。背风面的空气压力小于大气压力，称为负风压。所以，在厂房的正风压区设进风口，而负风压区设置排风口，使室内外空气进行交换。这种由于风压作用而产生的空气压力差进行通风的方式称为风压通风。

在剖面设计中，应根据自然通风的热压原理和风压原理，正确布置进风口和排风口的位置。

### 2. 自然通风设计的原则

（1）合理选择建筑朝向　为充分利用自然通风，应限制厂房宽度并使其长轴垂直于当地夏季主导风向。从减少建筑物的太阳辐射和组织自然通风的综合角度来说，厂房南北朝向是最合理的。

（2）合理布置建筑群　选择了合理的建筑朝向，还必须布置好建筑群体，才能组织好室内通风。建筑群的平面布置有行列式、错列式、斜列式、周边式、自由式等，从自然通风的角度考虑，行列式和自由式均能争取到较好的朝向，自然通风效果良好。

（3）厂房开口与自然通风　一般来说，进风口正对着出风口，会使气流直通，风速较大，但风场影响范围小。人们把进风口正对着出风口的风称为穿堂风。为了获得舒适的通风，开口的高度应低些，使气流能够作用到人身上。高窗和天窗可以使顶部热空气更快散出。室内的平均气流速度只取决于较小的开口尺寸，通常，取进出风口面积相等为宜。

（4）导风设计　中轴旋转窗扇、水平挑檐、挡风板、百叶板、外遮阳板及绿化均可起到挡风、导风的作用，可以用来组织室内通风。

### 3. 厂房的自然通风

（1）冷加工车间的自然通风　冷加工车间内无大的热源，室内余热量较小，一般按采光要求设置窗，其上有适当数量的开启扇和门就能满足车间的通风换气要求，故在剖面设计中，以天然采光为主。在自然通风设计方面，应使厂房纵向垂直于夏季主导风向，或不小于45°倾角，并限制厂房宽度。在侧墙上设窗，在纵横贯通的端部或在横向贯通的侧墙上设置大门，室内少设或不设隔墙，有利于穿堂风的组织。为避免气流分散，影响穿堂风的流速，冷加工车间不宜设置通风天窗，但为了排除积聚在屋盖下部的热空气，可设置通风屋脊。

（2）热加工车间的自然通风　热加工车间除有大量热量外，还可能有灰尘，甚至存在有害气体。因此热加工车间更要充分利用热压原理，合理设置进出风口，有效地组织自然通风。

我国南北方气候差异较大，建造地区不同，热加工车间进出风口布置及构造形式也不同。南方地区夏季炎热，且延续时间长、雨水多、冬季短、气温不低。南方地区散热量较大的车间，墙下部为开敞式，屋顶设通风天窗。为防止雨水溅入室内，窗口下沿应高出室内地面60~80cm。因冬季不冷，不需调节进出风口面积控制风量，故进出风口可不设窗扇，但为防止雨水飘入室内，必须设挡雨板。

对于北方地区散热量很大的厂房，由于冬季、夏季温差较大，进出风口均需设置窗扇。夏季可将进出风口窗扇开启，组织通风，根据室内外气温条件，调节进出风口面积进行通风。侧窗窗扇开启方式有上悬、中悬、立旋和平开四种。

### 4. 通风天窗的类型

以通风为主要用途的天窗称为通风天窗。我国目前常用的通风天窗有矩形通风天窗和下沉式通风天窗两种。

（1）矩形通风天窗　当热压和风压共同作用时，厂房迎风面下部开口的热压和风压的作用方向是一致的，因此，从下部开口的进风量比热压单独作用时大。而此时厂房迎风面外墙上部开敞口，热压和风压方向相反，因此从上部开口排风量，要比单独热压作用要小，当风压大于热压时，上部开口不能排风，从而形成所谓的"倒灌风"现象。为了避免这种情况，在天窗侧面设置挡风板，当风吹到挡风板时产生气流飞跃，在天窗口与挡风板之间形成负压区，保证天窗在任何风向的情况下都能稳定排风。这种带挡风板的矩形天窗称为矩形通风天窗或避风天窗。

挡风板与窗口的距离影响天窗的通风效果，通常挡风板距天窗的距离等于出风口高度 $h$ 的 1.1~1.5 倍，如图 15-5 所示；当厂房的剖面形式为平行等高跨时，两矩形天窗出风口的水平距离 $L$ 小于或等于天窗高度 $h$ 的 5 倍时，两天窗互起挡风板的作用，可不设挡风板，该区域的风压始终为负压，如图 15-6 所示。

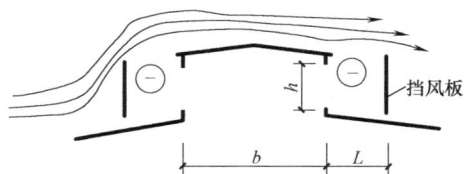

图 15-5　矩形通风天窗

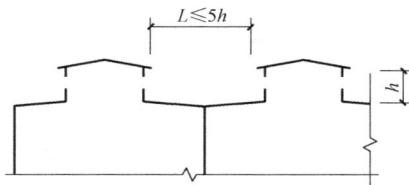

图 15-6　天窗互起挡风作用

（2）下沉式通风天窗　下沉式通风天窗与矩形通风天窗相比，其优点有：可降低厂房高度 4~5m，减少风荷载及屋架上的集中荷载，可相应减小柱、基础等结构构件的尺寸，节约建筑材料，降低造价；由于重心下降，抗震性能好；下沉式通风天窗的通风口处于负压区，通风稳定；布置灵活，热量排出路线短，采光均匀等。其缺点为：屋架上下弦受扭，屋面排水复杂，因屋面板下沉有时室内会产生压抑感。

下沉式通风天窗有纵向下沉式、横向下沉式以及井式下沉三种布置方式。纵向下沉式天窗是沿厂房的纵向将一定宽度的屋面板下沉（图 15-7），根据需要可布置在屋脊处或屋脊两侧。横向下沉式天窗每隔一个柱距或几个柱距将整个跨度的屋面板下沉（图 15-8）。井式下沉天窗是每隔一个柱距或几个柱距将一定范围的屋面板下沉，形成天井，可设在跨中（图 15-9），也可设在跨边，形成中井式或边井式天窗。除矩形通风天窗、下沉式通风天窗外，还有通风屋脊、通风屋顶（图 15-10）。我国南方地区及长江流域一带，夏季气候较为炎热，这些地区的

图 15-7　纵向下沉式天窗

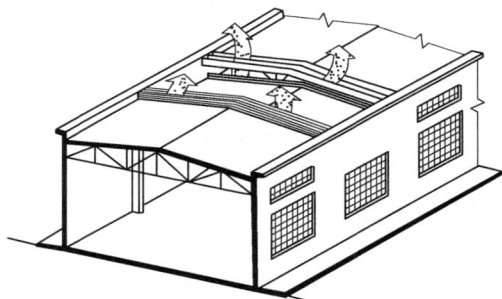

图 15-8　横向下沉式天窗

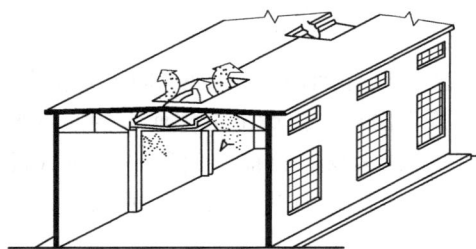

图 15-9　井式下沉天窗

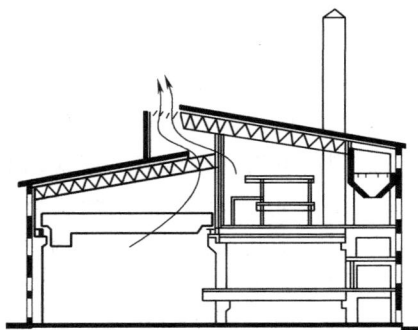

图 15-10　通风屋顶示意图

热加工车间，除采用通风天窗外，也可采用开敞式外墙，即厂房的外墙不设窗扇而用挡雨板代替。

### 15.4.3 厂房的天然采光

白天，室内通过窗口取得天然光线进行照明的方式称为天然采光。由于天然光线质量好，又不耗费电能。因此，单层厂房大多采用天然采光。当天然采光不能满足要求时，才辅以人工照明。

厂房采光的效果直接关系到生产效率，产品质量以及工人的劳动卫生条件，它是衡量厂房建筑标准的一个重要因素。必须根据生产性质对采光的不同要求，进行采光设计。合理确定窗的大小、选择窗的形式、进行窗的布置，以使室内获得良好的采光条件。

**1. 天然采光的基本要求**

厂房采光设计应注意光的方向性，应避免对生产产生遮挡和不利阴影，天然采光应均匀照亮整个车间。

**2. 采光口面积的确定**

采光口面积的确定，通常根据厂房的采光、通风、立面处理等综合要求，先大致确定开窗的形式和窗口面积，然后根据厂房的采光要求进行校验，验证其是否符合采光标准值。采光计算的方法很多，最简单的方法是利用《建筑采光设计标准》（GB 50033—2013）给出的窗地面积比的方法。窗地面积比是指窗洞口面积和室内地面面积之比，利用窗地面积比可以简单地估算出采光窗口面积，见表15-2。

表 15-2 采光窗地面积比

| 采光等级 | 侧窗 | 矩形天窗 | 锯齿形天窗 | 平天窗 |
|---|---|---|---|---|
| I | 1/2.5 | 1/3 | 1/4 | 1/6 |
| II | 1/3 | 1/3.5 | 1/5 | 1/8 |
| III | 1/4 | 1/4.5 | 1/7 | 1/10 |
| IV | 1/6 | 1/8 | 1/10 | 1/13 |
| V | 1/10 | 1/11 | 1/15 | 1/23 |

**3. 采光方式**

天然采光方式主要有侧面采光、顶部采光（天窗）、混合采光（侧窗和天窗）。工业建筑大多采用侧面采光或混合采光，很少单独采用顶部采光方式。

（1）侧面采光 侧面采光分为单侧采光和双侧采光。单侧采光的有效进深约为侧窗口上沿至地面高度的1.5~2.0倍，即单侧采光房间的进深一般不超过窗高的1.5~2.0倍为宜。如果厂房的宽高比很大，超过单侧采光所能解决的范围时，就要用双侧采光或辅以人工照明。

在有起重机的厂房中，常将侧窗分上、下两层布置，上层称之为高侧窗，下层称为低侧窗。为不使起重机梁遮挡光线，高侧窗下沿距起重机梁顶面应有适当距离，一般取600mm左右为宜。低侧窗下沿即窗台高一般应略高于工作面的高度，工作面高度一般取800mm左右。

（2）顶部采光（天窗） 连续多跨的厂房，当中间跨无法从侧窗满足工作面上的照度要求时，或侧墙上由于某种原因不能开窗采光时，可在屋顶设置天窗。目前，使用平天窗（即采光板）的形式日趋增多，但需考虑防眩光构造。顶部采光易使室内获得较均匀的照度，采光率也比侧窗高，但它的结构和构造复杂，造价也比侧窗采光高。

（3）混合采光（侧窗和天窗） 混合采光是指在多跨厂房中，边跨利用侧窗采光，中间跨利用天窗采光的综合方法。

**4. 采光天窗的形式和布置**

（1）采光天窗的形式　采光天窗有多种形式，常见的有矩形、梯形、三角形、M 形、锯齿形以及横向天窗和平天窗等。

1）矩形天窗。矩形天窗一般朝向南北方向，室内光线均匀，直射光较少。由于玻璃面是垂直的，可以减少污染，易于防水，有一定的通风作用。为了获得良好的采光效果，合适的天窗宽度为厂房跨度的 1/2~1/3。两天窗的边缘距离 $L$ 应大于相邻天窗高度和的 1.5 倍，如图 15-11 所示。

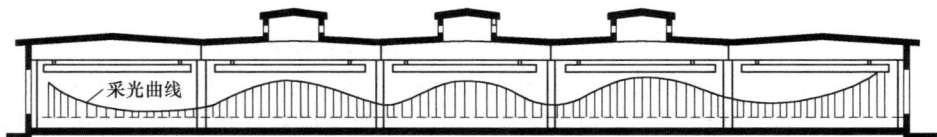

图 15-11　矩形天窗厂房剖面图

2）锯齿形天窗。由于生产工艺的特殊要求，在某些厂房（如纺织厂等），为了使纱线不易断头，厂房内要保持一定的温湿度，厂房应设有空调设备，同时要求室内光线稳定、均匀，无直射光进入室内，避免产生眩光，以及不增加空调设备的负荷。因此这种厂房常采用窗口向北的锯齿形天窗，其厂房剖面如图 15-12 所示。

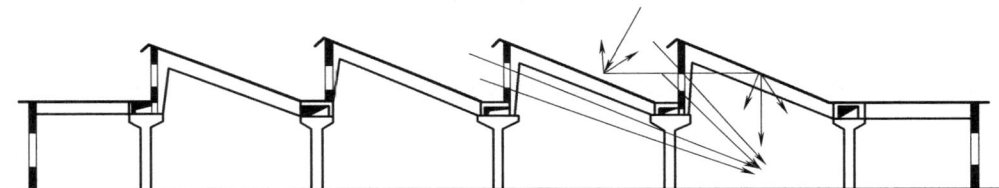

图 15-12　锯齿形天窗的厂房剖面图

3）横向天窗。当厂房受建设地段的限制不得不将厂房纵轴南北向布置时，为避免"西晒"，可采用横向天窗。这种天窗具有采光面大、效率高、光线均匀等优点。横向天窗有两种：一种是凸出于屋面，一种是下沉于屋面，即所谓横向下沉式天窗。后者造价较低，在实际中也常被采用。其缺点是窗扇形状不标准、构造复杂、厂房纵向刚度较差。

4）平天窗。平天窗是在屋面板上直接设置水平或接近水平的采光口，其厂房剖面如图 15-13 所示。

5）M 形天窗。M 形天窗是将矩形天窗的屋盖由两侧向内倾斜而成天窗。由于屋盖的倾斜，其内表面可增强光线的反射作用，倾斜的屋盖可以引导气流。所以，M 形天窗较矩形天窗的采光、通风都更有

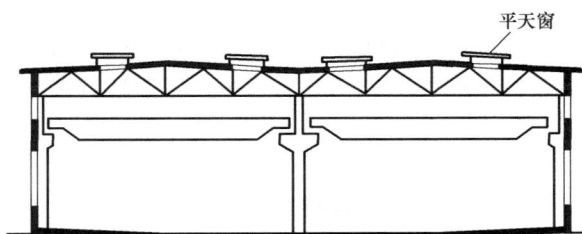

图 15-13　平天窗厂房剖面图

利，但构造较矩形天窗复杂，天窗屋面需设置内排水或形成纵向长天沟外排水。

（2）采光天窗的布置　采光天窗的布置须结合天窗形式、屋盖结构和构造、厂房朝向、生产要求等因素综合考虑。概括起来有纵向布置、横向布置、点状或块状布置等形式。纵向布置主要适用于朝向为南北向的厂房，多采用矩形、M 形、梯形、锯齿形等天窗，也可采用平

天窗做成采光带，并沿厂房屋脊纵向布置。

#### 15.4.4　屋面排水方式

与民用建筑一样，单层工业厂房屋面排水方式也分为无组织排水和有组织排水两大类。但不同的是，单层工业厂房具有多跨并列、垂直跨相交、高低跨相连的特点，其屋面排水方式远较民用建筑复杂。采用不同的屋面排水方式，不仅会使厂房的剖面形式不同，而且还会因构造的不同对厂房设计的其他方面造成影响。下面介绍两种常见的屋面排水方式，供设计参考。

**1. 多脊双坡形式排水屋面**

长期以来，我国单层工业厂房多采用标准化的装配式钢筋混凝土排架结构体系，在多跨厂房中，为排除雨水和考虑屋顶结构的受力特点大都把屋顶做成有内天沟的多脊双坡形式，坡度一般在 1/5~1/12 之间。其优点是屋顶承重构件受力合理，材料耗用量少；其缺点是水斗、雨水管易被堵塞；天沟积水、屋面易渗漏；夏季炎热地区，因屋面坡度大（特别是拱形屋架和折线形屋架的端部），施工操作困难，屋顶施工质量不易保证。

**2. 缓长坡形式排水屋面**

将多脊双坡屋面改造成较少内天沟或者无内天沟的长坡屋面，这样在很大程度上避免了多脊双坡屋面的堵漏缺陷。这种屋面排水不仅减少了天沟、雨水管及地下排水管网的数量，也简化了构造，减少了投资和维修费用，而且可有效保证生产的正常进行。

缓长坡形式排水屋面若仍用常用的 1/5~1/12 的坡度时，易增大厂房的面积，当使用新型高效防水材料，坡度可以降至 5%，或者更小些，故称为缓长坡形式排水屋面。

缓长坡形式排水屋面多用于要求排水、防水可靠，不允许有漏水可能的车间，如大型热加工车间（炼钢厂、轧钢厂等）。

## 15.5　单层厂房定位轴线

单层厂房定位轴线是确定厂房主要承重构件的平面位置及其标志尺寸的基准线，同时也是工业建筑施工放线和设备安装的定位依据。确定厂房定位轴线必须执行我国《厂房建筑模数协调标准》（GB/T 50006—2010）的有关规定。

厂房长轴方向的定位轴线称为纵向定位轴线，相邻两条纵向定位轴线间的距离为该跨的跨度。将短轴方向的定位轴线称为横向定位轴线，相邻两条横向定位轴线之间的距离为厂房的柱距。纵向定位轴线自下而上用 A、B、C……顺序进行编号（I、O、Z 三个字母不用）；横向定位轴线自左至右按 1、2、3、4……顺序进行编号，如图 15-14 所示。

#### 15.5.1　横向定位轴线

**1. 柱与横向定位轴线**

除两端的边柱外，中间柱的截面中心线与横向定位轴线重合，而且屋架中心线也与横向定位轴线重合，中柱横向定位轴线如图 15-15 所示。纵向的结构构件如屋面板、起重机梁、连系梁的标志长度皆以横向定位轴线为界。

在横向伸缩缝处一般采用双柱处理，为保证缝宽的要求，应设两条定位轴线，缝两侧柱截面中心均应自定位轴线向两侧内移 600mm。横向伸缩缝的双柱处理如图 15-16 所示。两条定位轴线之间的距离称为插入距，用 $a_i$ 表示，在这里插入距 $a_i$ 等于变形缝的宽度 $a_e$。

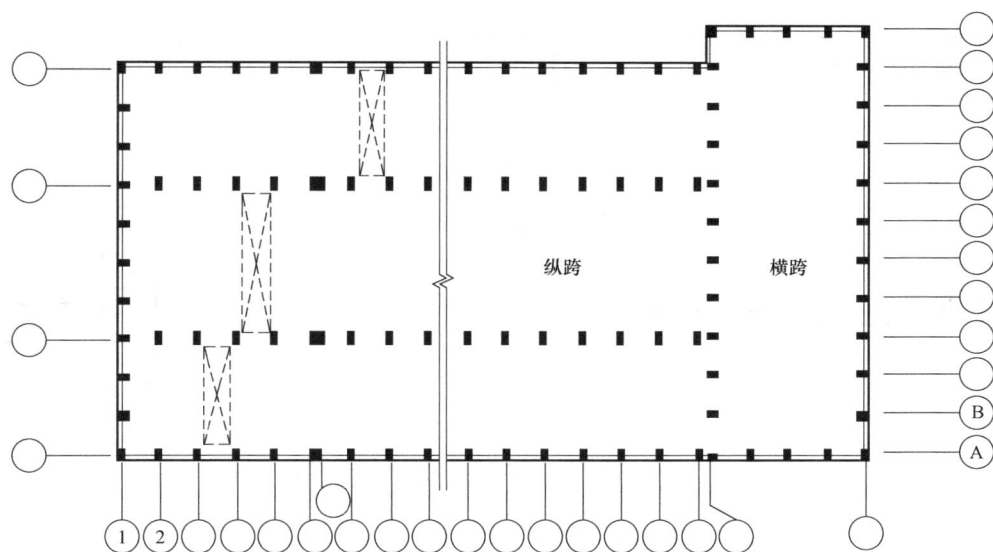

图 15-14　单层厂房定位轴线示意图

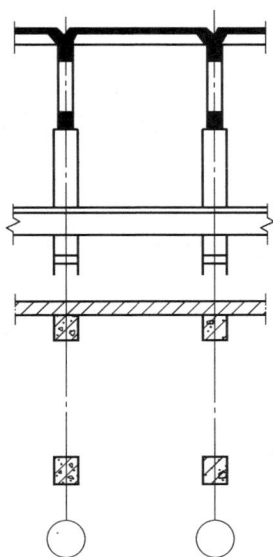

图 15-15　中柱横向定位轴线

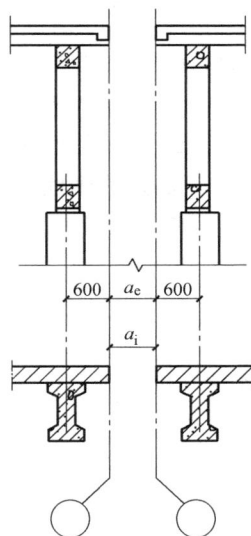

图 15-16　横向伸缩缝双柱处理

### 2. 山墙与横向定位轴线

1）当山墙为非承重墙时，山墙内缘与横向定位轴线重合，如图 15-17 所示，端部柱截面中心线应自横向定位轴线内移 600mm，这是因为山墙内侧设有抗风柱，抗风柱上的柱应符合屋架上弦连接的构造需要（有些刚架结构厂房的山墙抗风柱直接与刚架下面连接，端柱不内移）。

2）当山墙为承重山墙时，承重山墙内缘与横向定位轴线的距离应按砌体块材的半块或者取墙体厚度一半，如图 15-18 所示，以保证构件在墙体上有足够的支承长度。

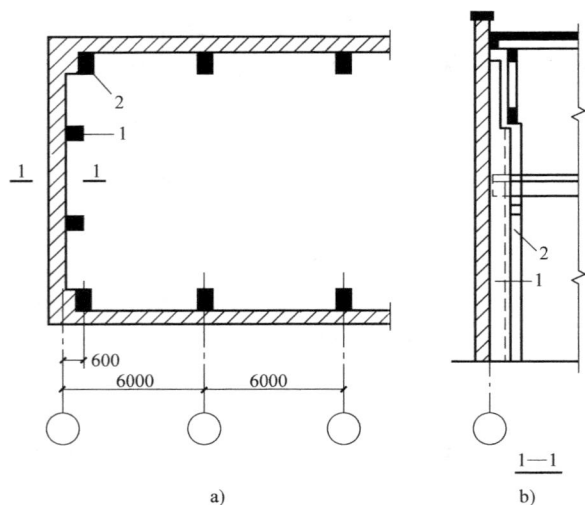

图 15-17　非承重山墙横向定位轴线

a）平面图　b）剖面图

1—抗风柱　2—端柱

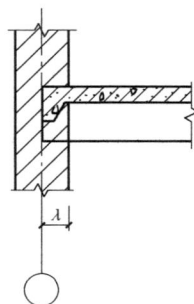

图 15-18　承重山墙
横向定位轴线

## 15.5.2　纵向定位轴线

单层厂房的纵向定位轴线主要用来标注厂房横向构件，如屋架或屋面梁长度的标志尺寸。纵向定位轴线应使厂房结构和起重机的规格协调，保证起重机与柱之间留有足够的安全距离，必要时，还应设置检修起重机的安全走道板。

**1. 外墙、边柱的定位轴线**

在支承梁式或桥式起重机厂房设计中，屋架和起重机的设计制作都是标准化的，建筑设计应满足：

$$L = L_k + 2e \tag{15-2}$$

式中　$L$——屋架跨度，即纵向定位轴线之间的距离；

$L_k$——起重机跨度，也就是起重机的轮距，可查起重机规格资料；

$e$——纵向定位轴线至起重机轨道中心线的距离，一般为 750mm，当起重机为重级工作制需要设安全走道板或起重机起重量大于 50t 时，可采用 1000mm。

由图 15-19a 可知：

$$e = h + K + B \tag{15-3}$$

式中　$h$——上柱截面高度；

$K$——起重机端部外缘至上柱内缘的安全距离；

$B$——轨道中心线至起重机端部外缘的距离，由起重机规格资料查出。

由于起重机起重量、柱距、跨度、有无安全走道板等因素的不同，边柱与纵向定位轴线的联系有以下两种情况。

（1）封闭式结合　在无起重机或只有悬挂式起重机，桥式起重机起重量小于或等于 20t，柱距为 6m 条件下的厂房，其定位轴线一般采用封闭式结合，如图 15-19a 所示。

此时相应的参数为：$B$ 小于或等于 260mm，$h$ 一般为 400mm，$e$ 等于 750mm，$K = e - (h + B)$

且大于或等于 90mm，满足大于或等于 80mm 的要求。封闭式结合的屋面板可全部采用标准板，不需设补充构件，具有构造简单、施工方便等优点。

（2）非封闭式结合　在柱距为 6m、起重机起重量大于或等于 30t/5t，此时 $B = 300$mm，如继续采用封闭式结合，已不能满足起重机运行所需安全间隙的要求。解决此问题的办法是将边柱外缘自定位轴线向外移动一定距离，这个距离称为联系尺寸，用 $D$ 表示。为了减少构件类型，$D$ 值一般取 300mm 或 300mm 的倍数。采用非封闭结合时，如按常规布置屋面板只能铺至定位轴线处，与外墙内缘出现了非封闭的构造间隙，需要非标准的补充构件板，非封闭式结合构造复杂，施工也较为麻烦，如图 15-19b 所示。

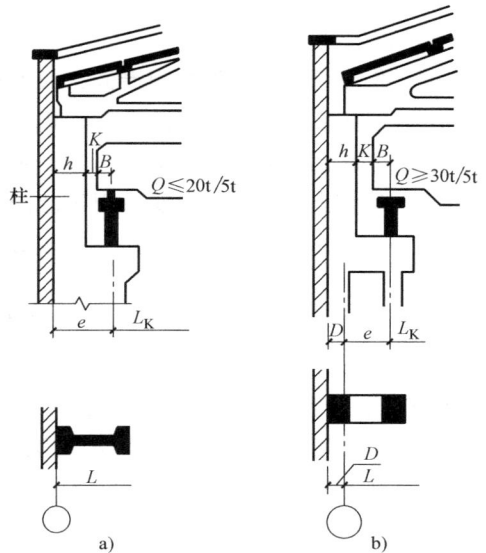

图 15-19　外墙边柱与纵向定位轴线
a）封闭式结合　b）非封闭式结合

### 2. 中柱与纵向定位轴线的关系

多跨厂房的中柱有等高跨和不等高跨两种。等高跨厂房中柱通常为单柱，其截面中心与纵向定位轴线重合。此时上柱截面一般取 600mm，以满足屋架和屋面大梁的支承长度。高低跨中柱与定位轴线的关系也有以下两种情况。

（1）设一条定位轴线　当高低跨处采用单柱时，如果高跨起重机起重量 $Q$ 小于或等于 20t/5t，则高跨上柱外缘和封墙内缘与定位轴线相重合，单轴线封闭结合如图 15-20 所示。

（2）设两条定位轴线　当高跨起重机起重量较大，如 $Q$ 大于或等于 30t/5t 时，应采用两条定位轴线。高跨轴线与上柱外缘之间设联系尺寸 $D$，为简化屋面构造，低跨定位轴线应自上柱外缘、封墙内缘通过。此时同一柱子的两条定位轴线分属高低跨，当高跨和低跨均为封闭结合，而两条定位轴线之间设有封墙时，则插入距等于墙体厚度；当高跨为非封闭结合，且高跨上柱外与低跨屋架端部之间设有封墙时，两条定位轴线之间的插入距等于墙体厚度与联系尺寸之和。

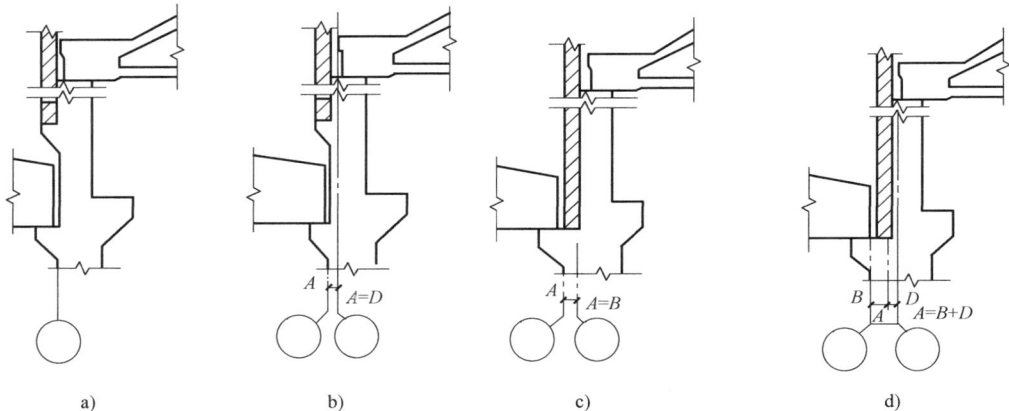

图 15-20　无变形缝不等高跨中柱纵向定位轴线
a）单轴线封闭结合　b）双轴线非封闭结合（插入距为联系尺寸）
c）双轴线封闭结合（插入距为墙体厚度）　d）双轴线非封闭结合（插入距为联系尺寸加墙体厚度）

### 15.5.3 纵横跨交接处的定位轴线

厂房纵横跨相交，常在交接处设变形缝，使纵横跨各自独立。纵横跨应有各自的柱列和定位轴线。设计时，常将纵跨和横跨的结构分开，并在两者之间设变形缝。纵横跨交接处设双柱、双定位轴线。

当纵跨的山墙比横跨的侧墙低，长度小于或等于侧墙，横跨为封闭式结合时，可采用双柱单墙处理。当横跨为非封闭结合时，仍采用单墙处理。

有纵横相交跨的单层厂房，其定位轴线编号常以跨数较多的部分为准。

本节所述定位轴线，主要适用于装配式钢筋混凝土结构或混合结构的单层厂房，对于钢结构厂房，可参照国家标准《厂房建筑模数协调标准》（GB/T 50006—2010）执行。

# 思 考 题

1. 影响厂房平面形式的主要因素是什么？
2. 如何利用"窗地面积比"的方法进行采光计算？
3. 自然通风的基本原理是什么？
4. 常见的采光天窗有哪几种形式？
5. 什么是柱网？确定柱网的原则是什么？常用的柱距、跨度尺寸有哪些？
6. 什么是单层厂房的高度？如何确定厂房高度？
7. 天然采光的基本要求是什么？
8. 定位轴线的含义和作用是什么？
9. 影响厂房立面的主要因素有哪些？在厂房立面设计中应注意哪些问题？

# 第16章 单层工业建筑构造

单层工业建筑构造包括外墙、侧窗、大门、屋顶、天窗、地面等，如图16-1所示。单层工业建筑的构造设计既要满足工艺要求，又要体现简约、美观、适用、施工方便、便于维修的特点。

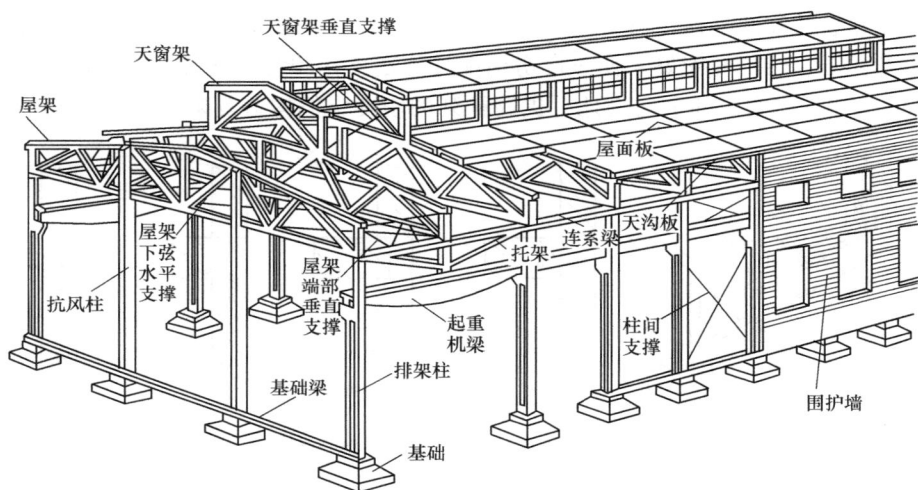

图 16-1 单层工业建筑构造

## 16.1 单层厂房外墙

单层厂房的外墙，按其承重情况可分为承重墙、自承重墙及骨架墙等类型；按其材料及构造方式可分为砌体墙和板材墙。承重墙整体性差，抗震能力弱，当厂房跨度小于15m且柱顶标高不大于6.6m，起重机吨位不超过5t时，可采用砖墙承重结构，承重外墙设基础，并设置壁柱加强稳定性。

当厂房跨度和高度较大，起重设备较重时，通常采用自承重墙及骨架墙等非承重墙。由厂房的排架柱承担屋盖与起重设备等荷载，外墙只承担自重，仅起围护作用，自承重墙如图16-2所示。骨架墙适应高大及有振动的厂房以及厂房的改建、扩建等，当前应用广泛。在单层厂房中，除有特殊工艺要求的厂房采用钢筋混凝土骨架结构承重，其余大多数厂房或地震烈度高的地区的厂房应采用钢骨架承重。骨架墙可分为块材墙、板材墙和开敞式外墙等。厂房的结构形式和墙体材料向高强、轻型和配套化发展。

### 16.1.1 块材墙

单层厂房非承重外墙宜采用排架结构承重，填充墙外墙自重一般由基础梁、连系梁承担，外墙只起围护作用。如图16-2所示，高度小于或等于15m时，采用外墙支承于基础梁上的方

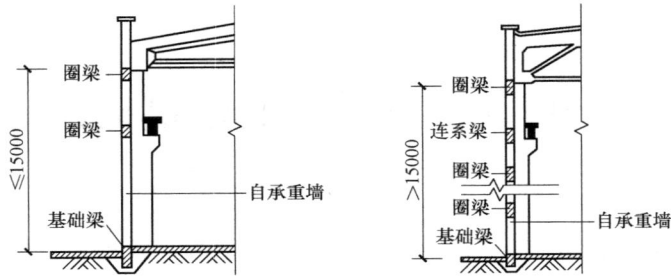

图 16-2　自承重墙与结构的关系

式，高度大于 15m 时，连系梁上部外墙支承于连系梁上。

　　单层厂房外墙与柱的平面位置关系，如图 16-3 所示，方案 a 外墙设在柱的外侧，具有构造简单、施工方便、热工性能好、便于厂房构配件的定型化和统一化等特点，应用最多。方案 c 和 d 外墙位于柱子之间，能节约用地，提高柱列的刚度，但构造复杂，热工性能差。

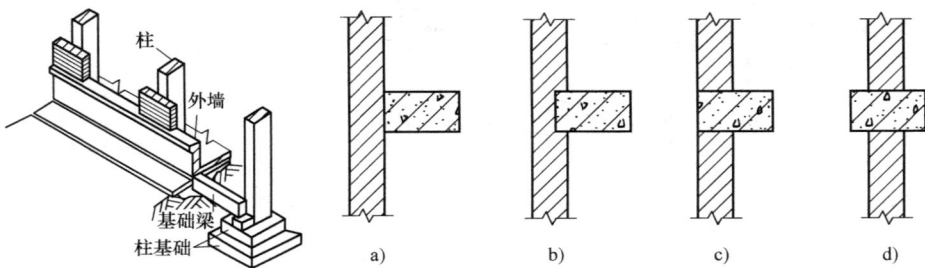

图 16-3　单层厂房外墙与柱的平面位置关系

　　块材围护墙一般不设基础，下部墙身通过基础梁将荷载传至柱下基础，上部墙身支承在连系梁上，连系梁将荷载通过柱子传至基础。柱和屋架端部常用钢筋拉接块材墙，由柱、屋架沿高度每隔 500~600mm 伸出 2φ6 钢筋砌入墙内。为增加墙体的稳定性，可沿高度每 4m 左右设一道圈梁。

## 16.1.2　板材墙

　　板材墙主要有钢筋混凝土板材和波形板材。采用板材墙能减轻劳动强度，充分利用工业废料，加快施工速度，提高墙体的抗震性能，是厂房建筑工业化的重要措施。

### 1. 钢筋混凝土板材墙

　　（1）墙板类型　根据材料和构造方式，墙板分为单一材料墙板和复合墙板。单一材料墙板常见的有钢筋混凝土槽形板、空心板和配筋轻型混凝土墙板，用钢筋混凝土预制的墙板耐久性好，制作简单。复合墙板是指采用承重骨架、外壳及各种轻质夹芯材料所组成的墙板。

　　（2）墙板布置　墙板布置分为横向布置、竖向布置和混合布置，如图 16-4 所示。其中横向布置用得最多，其次是混合布置。竖向布置因板长受侧窗高度的限制，板型和构件较多，故应用较少。横向布板以柱距为板长，可省去窗过梁和连系梁，板型少，并有助于加强厂房刚度，接缝处也较容易处理。混合布置墙板虽增加板型，但立面处理灵活。

　　（3）墙板和柱的连接　墙板和柱的连接应安全可靠，并便于安装和检修，一般分为柔性连接和刚性连接。柔性连接的特点是墙板与厂房骨架以及板与板之间在一定范围内可相对独立位移，能较好地适应由振动引起的变形。如图 16-5 所示，螺栓挂钩柔性连接是在垂直

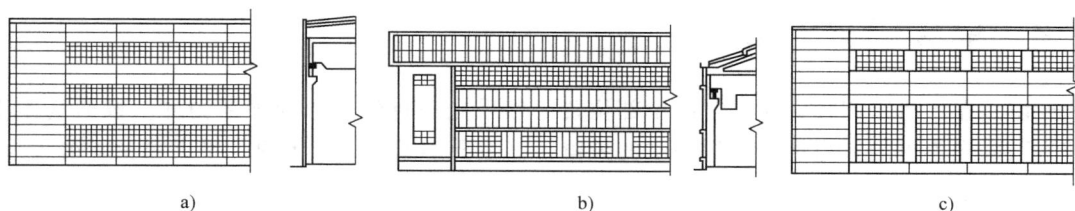

图 16-4　墙板布置

a）横向布置　b）竖向布置　c）混合布置

方向每隔 3~4 块板在柱上设钢支托支承墙板荷载，在水平方向用螺栓挂钩将墙板拉结固定在一起。其安装、维修方便，但用钢量较多，暴露的金属多，易腐蚀。如图 16-6 所示，刚性连接就是将每块板材与柱子用型钢焊接在一起，无须另设钢支托。其优点是连接件钢材少，但由于失去了能相对位移的条件，在基础出现不均匀沉降或有较大振动荷载时，墙板易产生裂缝等现象。

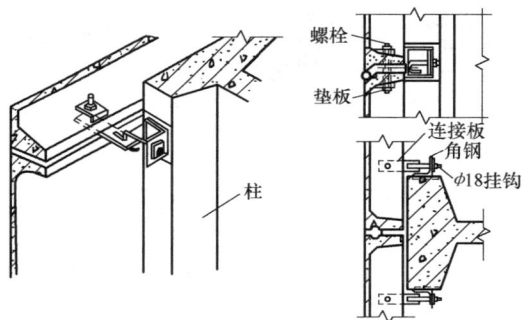

图 16-5　螺栓挂钩柔性连接

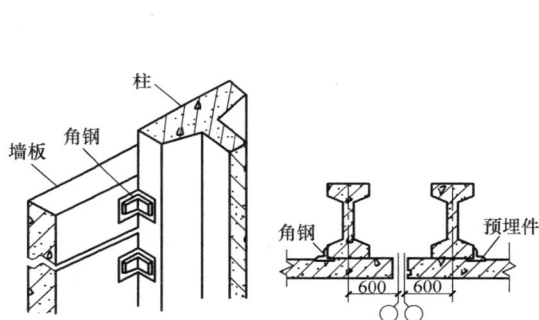

图 16-6　刚性连接

### 2. 波形板材墙

波形板材墙按其材料可分为压型薄钢板、石棉水泥波形板、玻璃钢波形板等，这类墙板主要用于无保温要求的厂房和仓库等建筑，连接构造基本相同。压型薄钢板是通过钩头螺栓连接在型钢墙梁上，型钢墙梁既可通过预埋件焊接也可用螺栓连接在柱子上，如图 16-7 所示。

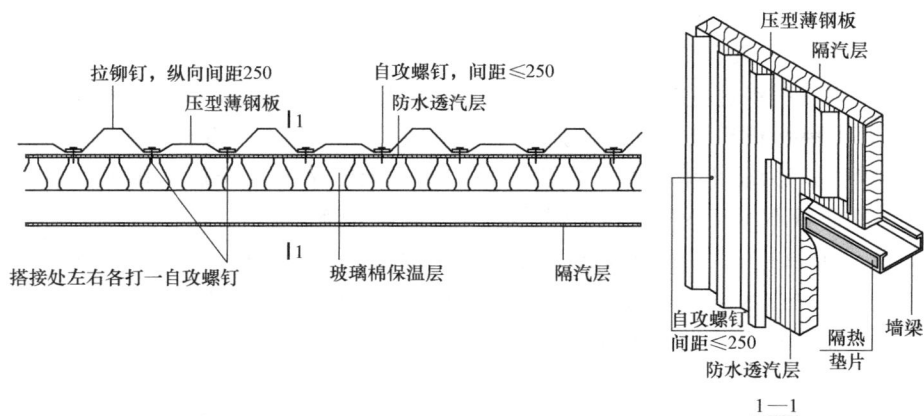

图 16-7　压型薄钢板连接构造

# 16.2　单层厂房天窗

天窗是在厂房跨度较大时，解决中部位置天然采光和自然通风的顶部构件。根据其作用，可分为以采光为主的天窗和以通风为主的天窗。其主要形式有矩形天窗、平天窗及下沉式天窗等，其中矩形天窗应用最为广泛。

## 16.2.1　矩形天窗

矩形天窗沿厂房的纵向布置，每段天窗的端部设上天窗屋顶的检修梯。天窗的两侧根据通风要求可设挡风板。如图 16-8 所示，矩形天窗主要由天窗架、天窗扇、天窗端壁板、天窗侧板、天窗屋顶及檐口等组成。

（1）天窗架　天窗架是天窗的承重构件，它直接支承在屋架上弦节点上。其常用的有钢筋混凝土天窗架和钢天窗架两种形式。为获得良好的采光效率，天窗架的跨度一般为厂房跨度的 1/2～1/3，且应符合扩大模数 3M。天窗架的高度结合天窗扇的尺寸确定，多为天窗架跨度的 0.3～0.5 倍。相邻两天窗的轴线间距不宜大于工作面至天窗下缘高度的 4 倍。

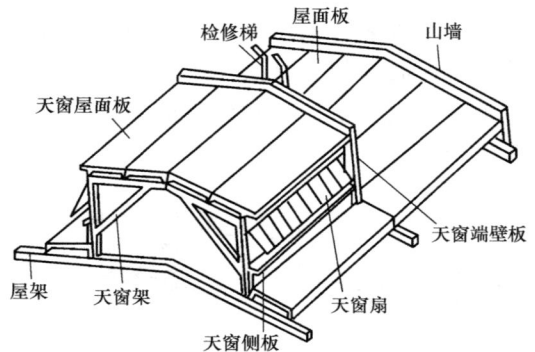

图 16-8　矩形天窗构造组成

（2）天窗扇　天窗扇的作用主要是为了采光、通风和挡雨。其常用的类型有钢制和木制两种。钢天窗扇具有耐久、耐高温、重量轻、挡光少、使用过程中不变形、关闭紧密等优点。工业建筑中常采用钢天窗扇。目前有定型的上悬钢天窗扇和中悬钢天窗扇。

上悬钢天窗扇防雨性能较好，但由于其最大开启角度仅为 45°，故通风功能较差。上悬钢天窗扇的开启扇与天窗端壁板以及扇与扇之间均需设置固定扇，以起竖框的作用。定型上悬钢天窗扇的高度有三种：900mm、1200mm、1500mm。根据需要可以将其组合成不同高度的天窗。上悬钢天窗扇主要由开启扇和固定扇等基本单元组成，可以布置成通长窗扇和分段窗扇。通长窗扇由两个端部固定窗扇及若干个中间开启窗扇连接而成。分段窗扇是在每个柱距内设单独开关的窗。上悬钢天窗扇构造如图 16-9 所示。

（3）天窗端壁板　天窗两端的承重围护构件称为天窗端壁板。钢天窗采用压型钢板端壁板，钢筋混凝土屋架则采用钢筋混凝土端壁板，端壁板及天窗架与屋架上弦的连接均通过预埋件焊接，端壁板下部与屋面板相接处要做泛水，需要保温的厂房一般在端壁板内侧加设保温层。

（4）天窗侧板　为防止雨水溅入厂房和积雪影响天窗采光及开启，在天窗扇下方设置侧板，一般高出屋面板不少于 300mm，积雪较深地区可采用 500mm。

（5）天窗屋顶及檐口　天窗屋顶多采用无组织排水的带挑檐屋面板，挑出长度 300～500mm。采用有组织排水时，可用带檐沟的屋面板，或用焊在天窗架上钢牛腿支承的天沟板排水，或用固定在檐口板上的金属天沟排水。

矩形通风天窗由天窗及其两侧的挡风板构成。矩形通风天窗多用于热加工车间。除有保温要求的厂房外，矩形通风天窗一般不设天窗扇，仅在进风口处设置挡风板，以此提高通风效率。除寒冷地区采暖的车间外，其窗口开敞，不装设窗扇，为了防止飘雨，需设置挡雨设施。

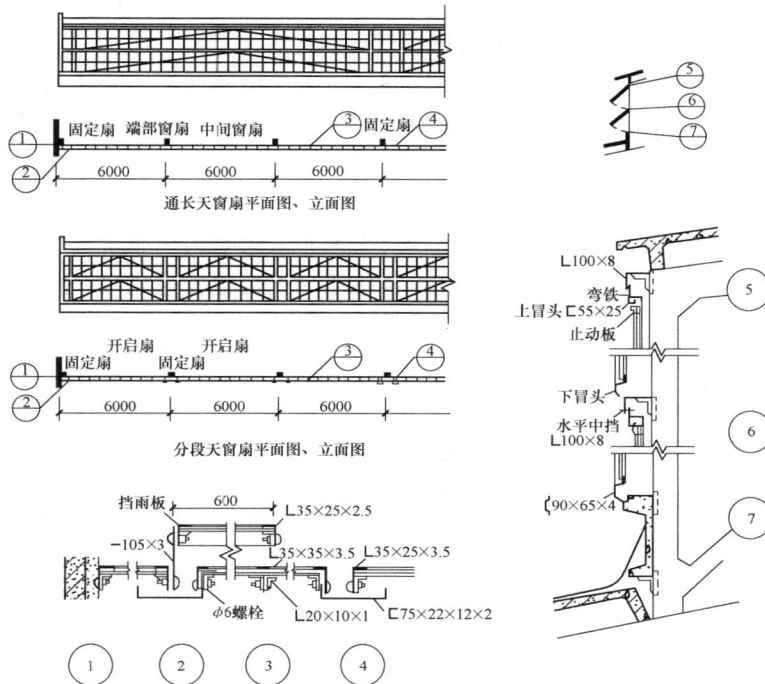

图 16-9　上悬钢天窗扇构造

## 16.2.2　平天窗

平天窗采光效率高，布置灵活，构造简单，适应性强，但应注意避免眩光，做好玻璃的安全防护，及时清理积尘，选用合适的通风措施。它适用于一般冷加工车间。

平天窗的类型有采光罩、采光板、采光带三种，如图 16-10 所示。采光罩是在屋面板的孔

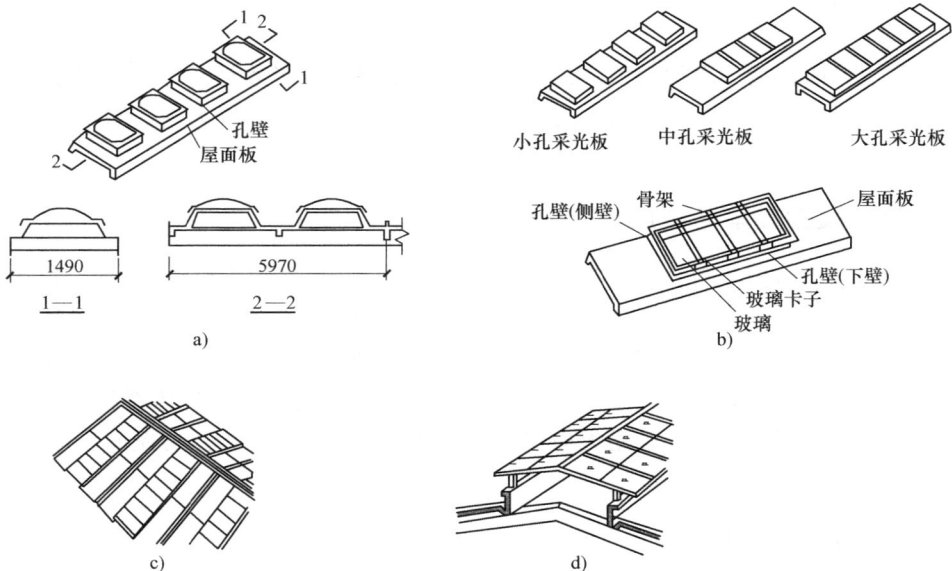

图 16-10　平天窗的类型
a）采光罩　b）采光板　c）横向采光带　d）纵向采光带

洞上设置锥形、弧形透光材料。采光板是在屋面板的孔洞上设置平板透光材料。采光带是在屋面的通长（横向或纵向）孔洞上设置平板透光材料。

透光材料可采用玻璃、有机玻璃和玻璃钢等。由于玻璃的透光率高，光线质量好，所以采用玻璃最多。从安全考虑，可选择钢化玻璃、夹层玻璃、夹丝玻璃等，如果采用非安全玻璃应在其下设金属安全网。

平天窗若需兼作自然通风时，可通过以下方式实现：①采用开启的采光板或采光罩；②带通风百叶的采光罩；③组合式通风采光罩，在两个采光罩相对的侧面做百叶，在百叶两侧加挡风板，构成一个通风井；④在南方炎热地区，可采用平天窗结合通风屋脊进行通风的方式。如图 16-11 所示。

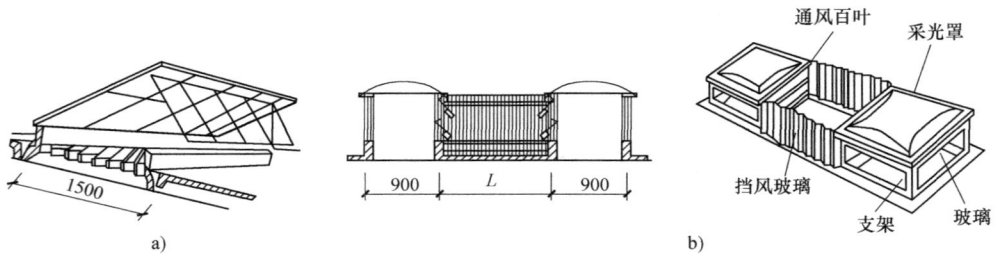

图 16-11　平天窗的采光和通风结合处理
a）带开启扇的采光板　b）采光罩加挡风侧板

### 16.2.3　下沉式天窗

下沉式天窗应用最少，它是在拟设置天窗的部位，把屋面板下移铺在屋架的下弦上，从而利用屋架上下弦之间的空间构成天窗。其可分为纵向下沉、横向下沉、井式下沉等类型。与矩形通风天窗相比，其省去了天窗架和挡风板，但增加了构造和施工的复杂程度。

## 16.3　单层厂房屋顶

单层厂房屋顶的构造与民用建筑屋顶基本相同。单层厂房多数是多跨大面积建筑，为解决厂房内部采光和通风常需要设置天窗，为解决屋顶排水、防水常设置天沟、雨水口等，因此屋顶构造较为复杂。

### 16.3.1　厂房屋顶的类型与组成

厂房屋顶的基层结构类型分为有檩体系和无檩体系两种。有檩体系（图 16-12a）是指先在屋架上搁置檩条，然后放小型屋面板，小型屋面板的长度为檩条的间距。这种体系构件小、重量轻、吊装容易，多用于施工机械起吊能力小的施工现场。无檩体系（图 16-12b）是指将大型屋面板直接搁置在屋架上，大型屋面板的长度是柱子的间距，这种体系构件大、类型少，便于工业化施工。单层厂房较多采用无檩体系的大型屋面板，钢结构厂房屋面一般采用压型钢板有檩体系。

### 16.3.2　单层厂房屋顶的排水

单层厂房屋顶的排水类同于民用建筑，根据地区气候状况、工艺流程、厂房的剖面形式以及技术经济等确定排水方式。单层厂房屋顶的排水方式分为无组织排水和有组织排水两种。无

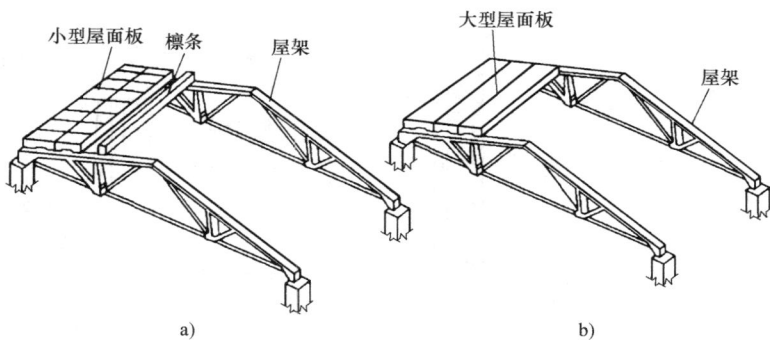

图 16-12　有檩体系屋顶和无檩体系屋顶

a）有檩体系屋顶　b）无檩体系屋顶

组织排水常用于降雨量小的地区，适合屋顶坡长较小、高度较低的厂房。有组织排水又分为内排水和外排水。内排水主要用于大型厂房及严寒地区的厂房，如图 16-13 所示为女儿墙墙内排水；有组织外排水常用于降雨量大的地区，如图 16-14 和图 16-15 所示。

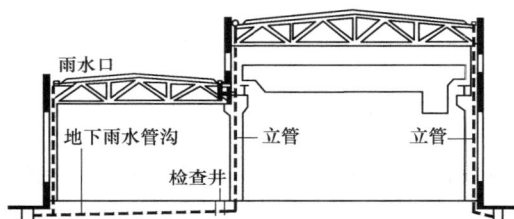

图 16-13　女儿墙墙内排水

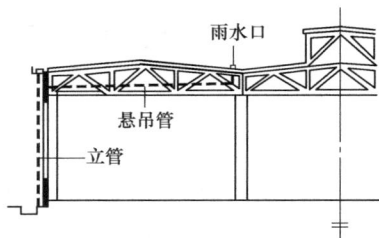

图 16-14　挑檐沟外排水

## 16.3.3　单层厂房屋顶的防水

单层厂房屋顶的防水，依据防水材料和构造的不同，分为卷材防水屋顶、各种波形瓦防水屋顶及钢筋混凝土构件自防水屋顶（目前已很少应用）。

**1. 卷材防水屋顶**

卷材防水屋顶的构造做法类同于民用建筑。因为厂房屋顶面积大，受到各种振动的影响多，屋顶的基层变形情况较民用建筑严重，容易因产生屋顶变形而引起卷材的开裂和破

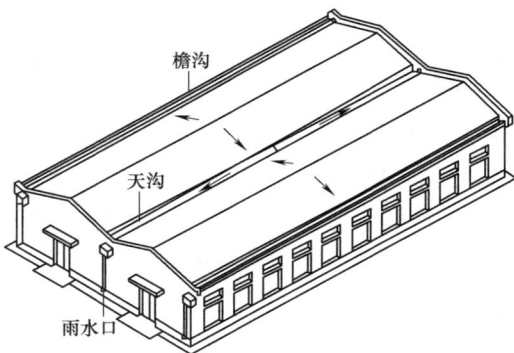

图 16-15　长天沟外排水

坏。为防止卷材防水屋顶的开裂，应增强屋顶基层的刚度和整体性，以减小基层的变形；同时改进卷材在易出现裂缝的横缝处的构造，以适应基层的变形。如在大型屋顶板或保温层上做找平层时，应先在构件接缝处留分隔缝，缝中用油膏填充，其上铺 300mm 宽的油毡作缓冲层，然后再铺设卷材防水层。高低跨处泛水构造如图 16-16 所示。

**2. 波形瓦防水屋顶**

波形瓦防水屋顶属于有檩体系，波形瓦类型主要有石棉水泥瓦、镀锌薄钢板瓦、压型钢板瓦及玻璃钢瓦等。

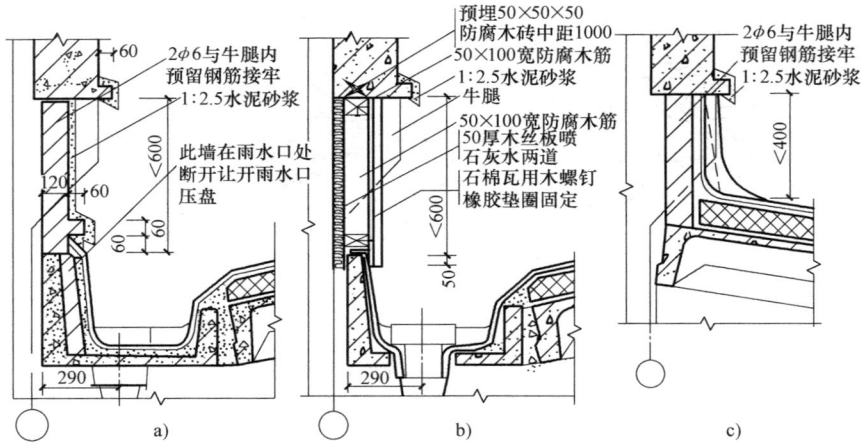

图 16-16　卷材防水屋顶高低跨处泛水构造示例

a)、b) 有天沟高低跨处泛水　c) 无天沟高低跨处泛水

# 16.4　单层厂房侧窗、大门及其他

## 16.4.1　侧窗

单层厂房的侧窗面积大，多采用拼樘组合窗。单层厂房的侧窗不仅要满足采光和通风的要求，还应满足与生产工艺有关的一些特殊要求，如有爆炸危险的厂房，侧窗应便于泄压；有恒温、恒湿和洁净要求的厂房，侧窗应有足够的保温、隔热性能等。

（1）侧窗的类型　根据侧窗采用的材料可分为钢窗、木窗及塑钢窗等，多用钢侧窗。根据侧窗的开关方式可分为中悬窗、平开窗、垂直旋转窗、固定窗等。工业厂房侧窗与民用建筑窗户的材料、开启方式等基本相同，但由于其面积较大，往往需进行拼樘组合。根据厂房通风的需要，厂房外墙的侧窗，一般将悬窗、平开窗或固定窗等组合在一起。

（2）钢侧窗构造　钢窗具有坚固耐久、防火、关闭紧密、遮光少等优点，比较适用于厂房侧窗。对于钢组合窗，需采用拼樘构件来连系相邻的基本窗，以加强窗的整体刚度和稳定性。

钢侧窗的构造及安装方式同民用建筑部分。厂房侧窗高度和宽度较大，窗的开关常借助于开关器，有手动和电动两种形式。

## 16.4.2　大门

### 1. 大门的尺寸与类型

单层厂房大门主要用于生产运输、人流通行以及紧急疏散。大门的尺寸应根据运输工具的类型、运输货物的外形尺寸及通行方便等因素确定。一般门的尺寸比装满货物的车辆宽出 600～1000mm，高度应高出 400～600mm。门洞尺寸较大时，应当防止门扇变形，常用型钢做骨架的钢木大门或钢板门。

大门根据其开关方式分为平开门、推拉门、折叠门、上翻门、升降门、卷帘门，如图 16-17 所示。厂房大门可用人力、机械或电动开关。

平开门受力状况较差，易产生下垂和扭曲变形，门洞较大时不宜采用；推拉门构造简单，门扇受力状况较好，不易变形，应用广泛，但密闭性差，不宜用于在冬季需要采暖的厂房；折

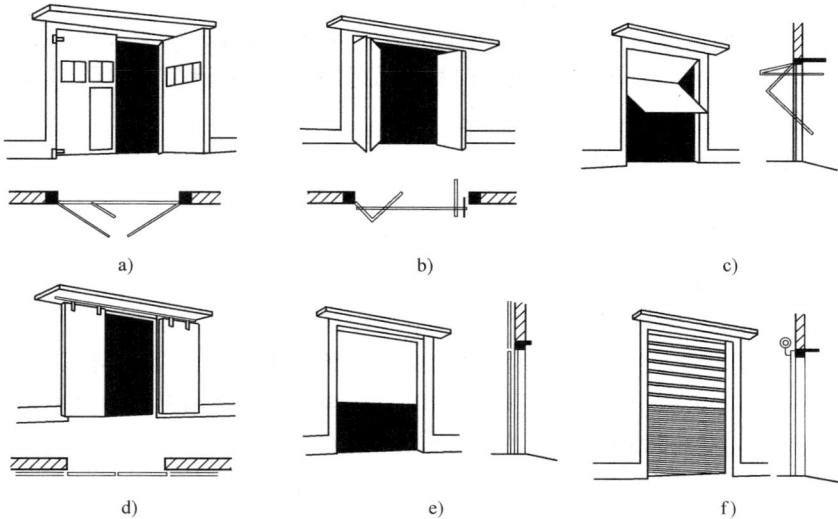

图 16-17　大门开启方式

a）平开门　b）折叠门　c）上翻门　d）推拉门　e）升降门　f）卷帘门

叠门占用空间较少，适用于较大的门洞口；上翻门开启时门扇随水平轴沿导轨上翻至门顶过梁下面，不占使用空间，可避免门扇的碰损，多用作车库大门；升降门开启时门扇沿导轨上升，不占使用空间，但门洞上部要有足够的上升高度，开启方式有手动和电动，常用于大型厂房；卷帘门开启时通过门洞上部的转动轴叶片卷起，适用于 4~7m 宽的门洞，高度不受限制。

**2. 一般大门的构造**

（1）平开钢木大门　平开钢木大门由门扇和门框组成。门洞尺寸一般不大于 3.6m×3.6m。门扇较大时采用焊接型钢骨架，如角钢横撑和交叉横撑增强门扇刚度，上贴 15~25mm 厚的木门芯板。寒冷地区有保温要求的大门，可采用双层木板中间填保温材料。当门洞宽度小于 3m 时可用砖砌门框；门洞宽度大于 3m 时，宜采用钢筋混凝土门框。在安装铰链处预埋件，一般每个门扇设两个铰链，铰链焊接在预埋件上。

（2）推拉门　推拉门由门扇、上导轨、地槽（下导轨）及门框组成。每个门扇宽度一般不大于 1.8m。门扇尺寸应比洞口宽 200mm。门扇不太高时，门扇角钢骨架中间只设横撑，在安装滑轮处设斜撑。推拉门的支承方式可分为上挂式和下滑式两种。当门扇高度小于 4m 时采用上挂式，即门扇通过滑轮挂在门洞上方的导轨上；当门扇高度大于 4m 时，采用下滑式。在门洞上下均设导轨，下面导轨承受门的重量。

（3）折叠门　折叠门一般可分为侧挂式、侧悬式和中悬式。侧挂式折叠门可用普通铰链，靠框的门扇如为平开门，在它侧面只挂一扇门，不适用于较大的洞口。侧悬式和中悬式折叠门，在洞口上方设有导轨，各门扇间除用铰链连接外，在门扇顶部还装有带滑轮的铰链，下部装地槽滑轮，开闭时，上下滑轮沿导轨移动，带动门扇折叠，适用于较大的洞口。

（4）卷帘门　卷帘门主要由帘板、导轨及传动装置组成。工业建筑中的帘板由镀锌钢板或铝合金板轧制的页板组成，页板之间用铆钉连接。帘板的下部采用钢板和角钢，用以增强卷帘门的刚度，并便于安设门钮。帘板的上部与卷筒连接，开启时，帘板沿着门洞两侧的导轨上升，卷在卷筒上。门洞的上部设传动装置，传动装置分为手动和电动。

**3. 特殊要求的门**

1）防火门用于加工或存放易燃品的车间或仓库。根据车间对防火门耐火等级的要求，门扇可以采用钢板、木板外贴石棉板再包以镀锌薄钢板或木板外直接包镀锌薄钢板等构造措施。

防火门常采用自重下滑关闭门，门上导轨有 5%~8% 的坡度，火灾发生时，易熔合金的熔点为 70℃，易熔合金熔断后，重锤落地，门扇依靠自重下滑关闭。当门洞口尺寸较大时，可做成两个门扇相对下滑。

2）保温门要求门扇具有一定的热阻值和门缝密闭处理，在门扇两层面板间填以轻质、疏松的材料（如玻璃棉、矿棉、软木等）。

3）隔声门的隔声效果与门扇的材料和门缝的密闭有关，虽然门扇越重隔声越好，但门扇过重开关不便，五金件也易损坏，因此隔声门常采用多层复合结构，即在两层面板之间填吸声材料（如矿棉、玻璃棉、玻璃纤维等）。

一般保温门和隔声门的面板常采用整体板材，不易发生变形。门缝密闭处理对门的隔声、保温以及防尘等使用要求有很大影响，通常采用的措施是在门缝内粘贴填缝材料，填缝材料应具有足够的弹性和压缩性，如橡胶管、海绵橡胶条、羊毛毡条等。还应注意其裁口形式，裁口做成斜面比较容易关闭紧密，可避免由于门扇胀缩而引起的缝隙不密合。

### 16.4.3　厂房其他构造

#### 1. 地面

工业厂房地面一般面积较大，承受的荷载较大，要求具有抵抗各种破坏作用的能力，并能满足生产使用的要求。如生产精密仪器和仪表的车间，地面要求防尘，易于清洁；有化学侵蚀的车间，地面应有足够的抗腐蚀性等。工业厂房地面一般由地基、垫层和面层组成。

垫层可分为刚性垫层和柔性垫层。刚性垫层采用混凝土，或钢筋混凝土，一般用于承受较大荷载的地面，且不允许面层变形或出现裂缝，或有侵蚀性介质，或有大量水的作用。柔性垫层一般用于有重大冲击、剧烈振动作用或储放笨重材料的地面，材料有砂、碎石、矿渣、灰土、三合土等。垫层厚度根据作用在地面上的荷载经计算确定。

（1）地面类型与面层选择　面层是直接受各种物理和化学作用的表面层，应根据工业生产的使用要求选择地面面层，可参考表 16-1。

表 16-1　地面面层的选择

| 对垫层的要求 | 面层材料 | 适用范围 |
|---|---|---|
| 机动车行驶、受坚硬物体磨损 | 混凝土、铁屑水泥、粗石 | 车行通道、仓库、钢绳车间等 |
| 10kg 以内的坚硬物体对地面产生冲击 | 混凝土、块石、缸砖 | 机械加工车间、金属结构车间 |
| 50kg 以上的坚硬物体对地面产生冲击 | 矿渣、碎石、素土 | 铸造、锻压、冲压、废钢处理车间等 |
| 受高温作用地段（500℃） | 矿渣、凸缘铸铁板、素土 | 铸造车间的熔化浇注工段、轧钢车间加热和轧机工段、玻璃熔制工段 |
| 有水和其他中性液体作用地段 | 混凝土、水磨石、陶板 | 选矿车间、造纸车间 |
| 有防爆要求 | 菱苦土、木砖沥青砂浆 | 精苯车间、氢气车间、火药仓库 |
| 有酸性介质作用 | 耐酸陶板、聚氯乙烯塑料 | 硫酸车间的净化、硝酸车间的吸收浓缩 |
| 有碱性介质作用 | 耐碱沥青混凝土、陶板 | 纯碱车间、液氨车间、碱熔炉工段 |
| 不导电地面 | 石油沥青混凝土、聚氯乙烯塑料 | 电解车间 |
| 高度清洁要求 | 水磨石、陶板、马赛克、拼花木地板、聚氯乙烯塑料、涂料 | 光学精密器械、仪器仪表、钟表、电信器材装配 |

水玻璃混凝土地面具有耐酸性；沥青混凝土地面具有耐碱性；块石地面较粗糙，耐磨损，可承受振动和较大荷载。水性地坪涂料包括过氯乙烯涂料、环氧地坪涂料、氯-偏共聚乳液地面涂料等，水性地坪涂料具有不起灰，无有害挥发物，干净无尘，耐磨损，能长期经受叉车等车辆的辗轧，广泛适用于食品、医药、机械工业机床、仪器、仪表等工业车间。

（2）地面细部构造　混凝土垫层需考虑温度变化产生的附加应力的影响，同时防止因混凝土收缩变形所导致的地面裂缝。垫层应设置纵向、横向缩缝。纵向缩缝根据要求采用平头缝或企口缝，其间距一般为 3~6m；横向缩缝采用假缝，其间距为 6~12m。在混凝土垫层上做细石混凝土面层时，其面层应设分格缝，分格缝应与垫层的缩缝对齐；如果采用沥青类面层或块材面层时，其面层可不设缝；设有隔离层的水玻璃混凝土、耐碱混凝土面层的分格缝可不与垫层的缩缝对齐。

**2. 平台与钢梯**

起重机钢梯是供从室内地坪至起重机驾驶室使用的钢梯，驾驶室的边距起重机梁中心线之间的距离为 1.1m，梯宽为 600mm，柱距为 6.0m。

**3. 走道板**

起重机梁走道板又称安全走道板，是为维修起重机轨道和检修起重机而设，一般由支架、走道板及栏杆组成。走道板沿起重机梁顶面铺设，一般采用钢筋混凝土板或防滑钢板。走道板在适当部位应设上人孔及钢梯。栏杆可用角钢或钢管制作。

# 16.5　轻型钢结构工业厂房

钢结构工业厂房因其施工速度快、自重轻、抗震性能好、环保等特点在建筑工程中已被广泛认可，在工业厂房中逐渐代替了笨重的钢筋混凝土结构而得到了普遍应用。

单层轻型钢结构厂房一般采用门式刚架，屋架和网架为主要承重结构，如图 16-18 所示。其上设檩条、屋面板，其下设柱、基础，柱的外侧有轻质墙梁，柱的内侧可设起重机梁。

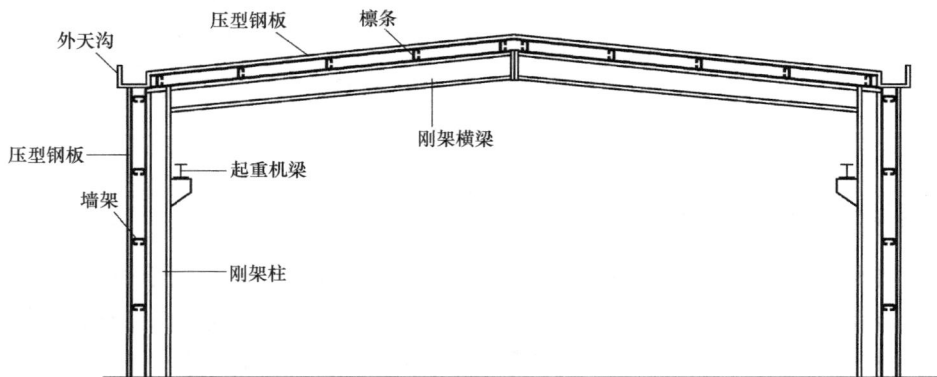

图 16-18　门式刚架（有檩体系）

## 16.5.1　压型钢板外墙

压型钢板外墙包括单层板、复合板和夹芯板外墙。压型钢板外墙构造应力求简单，施工方便，与墙梁连接可靠，转角等细部构造应有足够的搭接长度，以保证防水效果。如图 16-19 所示，单层板和复合板外墙压型钢板墙梁、墙板及包角板的构造。

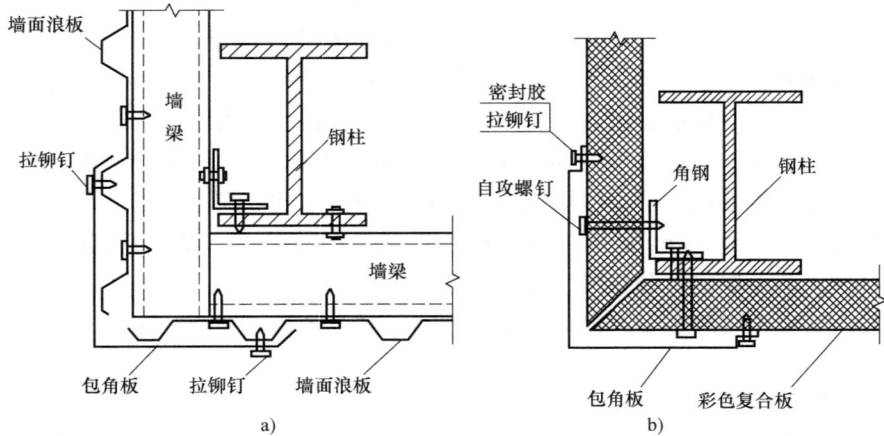

图 16-19　外墙压型钢板墙梁、墙板及包角板的构造
a）非保温型外墙墙角构造　b）保温型外墙墙角构造

双层压型钢板复合墙是以檩条、墙梁或专用固定支架作为墙板支撑骨架，骨架外侧设单层压型钢板外墙板，内侧设装饰板，内外板之间设保温及隔热系统，其构造如图 16-20 所示。

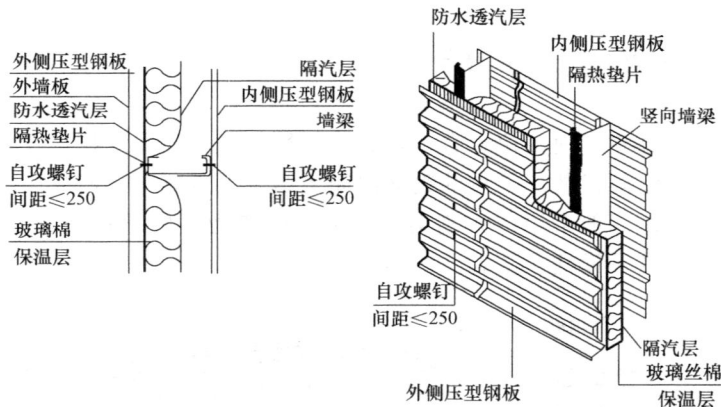

图 16-20　双层压型钢板复合墙构造

## 16.5.2　压型钢板轻型屋面

轻型钢结构工业厂房应根据当地风荷载、结构形体、热工性能、屋面坡度等情况，采用相应的压型金属板板型及构造系统。屋面板类型包括单层压型钢板、复合压型钢板、钢骨架轻型屋面板。压型钢板是目前轻型屋面有檩体系中应用最广泛的屋面材料，具有轻质、高强、美观、耐用、施工简便、抗震、防火等特点。该屋面是在刚架斜梁上先设置 C 形或 Z 形冷轧薄壁钢檩条，再铺设压型钢板，如图 16-21 所示。

### 1. 压型钢板

压型钢板可作为一级、二级防水等级屋面中的一道防水层。当有保温隔热要求时，可采用双层钢板中间夹保温层（超细玻璃纤维棉或岩棉等）的做法，如图 16-22 所示。

在积雪厚度较大及腐蚀环境中，屋面坡度宜≥8%，压型钢板波高<50mm 时，其屋面坡度应适当加大。压型钢板的纵向搭接应位于檩条或墙梁处，两块板均应伸至支承构件上。压型钢

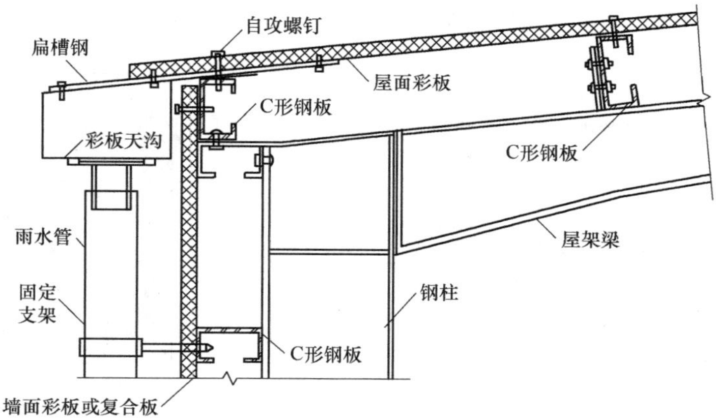

图 16-21　压型钢板屋面及檐沟构造

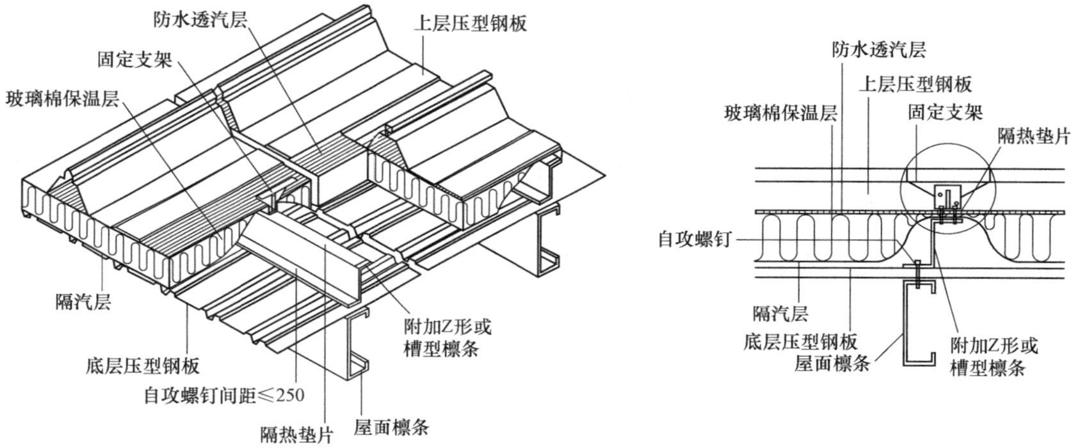

图 16-22　双层压型钢板复合保温屋面构造

板的横向搭接方向宜与主导风向一致，搭接不小于一个波。搭接部位设通长密封胶带。

### 2. 压型钢板屋面节点构造

压型钢板屋面（有保温）的内天沟节点构造如图 16-23 所示，屋脊节点构造如图 16-24 所

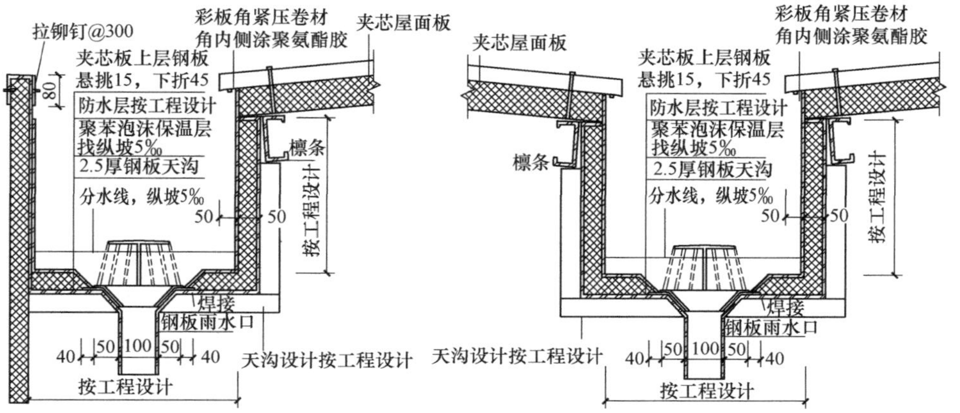

图 16-23　内天沟节点构造

a）端部内天沟节点　　b）中间内天沟节点

示，女儿墙泛水节点构造如图 16-25 所示。

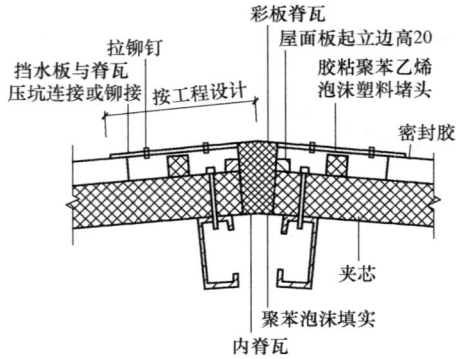

图 16-24　屋脊节点构造图

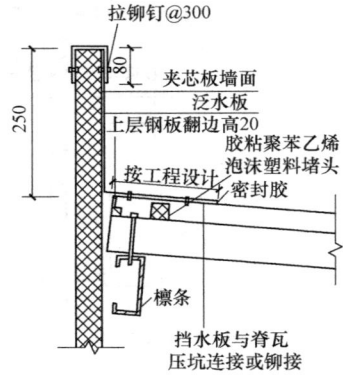

图 16-25　女儿墙泛水节点构造

# 思 考 题

1. 钢筋混凝土大型墙板的布置方式有哪几种？
2. 简述单层工业厂房侧窗的种类及构造特点。
3. 厂房大门按门扇开启方式有哪几种？各适用于什么情况？
4. 简述单层厂房屋顶的排水方式和适用范围。

# 下篇 专 篇

# 第17章 绿色建筑

建筑是人类为了适应环境、改善环境而建造的介于人与自然之间的人工产物，它是人类生存与生活的场所。建筑从最初的规划设计，到之后的施工、运行及最终的拆除、报废，形成了一个完整的全生命周期。除规划、设计阶段外，在建筑的施工、运行、拆除的各阶段均存在资源、能源的输入及各种废弃物的排放问题。随着可持续发展理念的提出，绿色生态建筑在建筑领域逐渐成为一种发展趋势。根据现行国家《绿色建筑评价标准》GB/T 50378 所给的定义，绿色建筑是指在建筑的全生命周期内，最大限度地节约资源（节能、节地、节水、节材）、保护环境和减少污染，为人们提供健康、适用和高效的使用空间，与自然和谐共生的建筑。也可以将其理解为在规划、设计时充分考虑并利用环境因素，使施工过程中对环境的影响最小，且其运行阶段能为人们提供健康、舒适、低耗、无害的空间，拆除后又对环境危害降到最小，在建筑全生命周期内，通过降低资源和能源的消耗，减少各种废物的产生，实现与自然共生的建筑。

## 17.1 绿色建筑的发展

20世纪60年代，美籍意大利建筑师保罗·索勒瑞将生态学（Ecology）与建筑学（Architecture）两词合并为"生态建筑"（Arology）。他认为，生态建筑是尽可能利用建筑物当地的环境特色与相关的自然因素（如地质、气候、阳光、空气、水流），使之符合人类居住需求，并且降低各种不利于人类身心的环境因素作用，同时，尽可能不破坏当地环境因素循环，确保生态体系健康运行的建筑。这便是绿色建筑理念的雏形。20世纪70年代，美国建立了绿色建筑创新理论学术研究会，以研究绿色建筑问题。随后，不少国家均建立了绿色建筑评价标准体系，其中我国原建设部颁布《绿色生态住宅小区建设要点与技术导则》，主要内容包括：总则、能源系统、水环境系统、气环境系统、声环境系统、光环境系统、热环境系统、绿化系统、废弃物管理与处置系统、绿色建材系统。美国颁布 LEED，英国颁布 BREE·AM，澳大利亚颁布 NABERS 国家房屋环境评分标准体系。2014年中国建筑科学研究院和上海市建筑科学研究院（集团）有限公司会同有关单位在原国家标准《绿色建筑评价标准》(GB/T 50378—2006) 基础上进行修订完成《绿色建筑评价标准》(GB/T 50378—2014)，2019年再次修订完成《绿色建筑评价标准》(GB/T 50378—2019)。

# 17.2　绿色建筑的设计原则与设计方法

　　绿色建筑并不是一种建筑的新风格，而是结合人类发展所面临的环境问题给出的一种建筑设计方向的探索。绿色建筑的出现标志着建筑设计不仅要从建筑的美学、空间利用、形式结构、色彩结构等角度考虑，还要从生态的角度看待建筑，这意味着建筑不仅是被作为非生命元素来看待，更被视为生态循环系统的有机组成部分。绿色建筑的兴起是与绿色设计观念在全世界范围的广泛传播密不可分的，是绿色设计观念在建筑学领域的体现。绿色设计是指在产品全生命周期内优先考虑产品环境属性，同时保证产品应有的基本性能、使用寿命和质量的设计。因此，相比传统建筑，绿色建筑设计有两个特点：一是在保证建筑物的性能、质量、寿命、成本要求的同时，优先考虑建筑物的环境属性，从根本上防止污染，节约资源和能源；二是设计师所考虑的时间跨度长，涉及建筑物的全生命周期，即从建筑的前期策划、设计概念形成、建造施工、建筑物使用直至建筑物报废后对废弃物处置的全生命周期环节。

## 17.2.1　绿色建筑的设计原则

　　绿色建筑的三个要素，即以保护环境减少污染为特征，以节约资源为基础，以提供舒适空间为目标。绿色建筑设计除满足传统建筑的一般设计原则外，还应遵循可持续发展理念，具体在规划设计时，应尊重设计区域内的土地和环境的自然属性，全面考虑建筑内外环境及周围环境的各种关系。绿色建筑理论的引入为建筑提供了新的设计准则和方法，归纳起来主要包括以下三个方面：

### 1. 资源利用的 3R 原则

　　建筑的建造和使用过程中经常提到"四节一环保"，所谓"四节一环保"是指"节能、节地、节水、节材和环境保护"，涉及的资源主要包含能源、土地、材料、水。3R 原则即指减量、重用和循环，是绿色建筑中资源利用的基本原则。其中，"减量（Reducing）"是指减少投入建筑物建设和使用过程的资源消耗量。通过减少物质使用量和能源消耗量，从而达到节约资源和减少排放的目的。"重用（Reusing）"是指再利用，即尽可能保证所选用的资源在全生命周期中得到最大限度的利用，尽可能多次以及以多种方式使用建筑材料或建筑构件。"循环（Recycling）"是指在选用材料时须考虑其再生能力，尽可能利用可再生能源，使建筑在建造和使用期间所消耗的能量、原料及废料能循环利用或自行分解。3R 原则中各原则的重要性并不是并列的，对待废物问题的优先顺序为避免产生（即减量），反复利用（即重用）和最终处置（即循环）。

### 2. 环境友好原则

　　建筑领域的环境包含室内环境和室外环境。室内环境需要考虑建筑的功能要求及使用者的生理和心理需求，在对室内材料进行选择时，尽量选用适宜的自然要素，努力营造优美、安全、健康和舒适的室内环境。室外环境需要在设计时尽量减少建筑对自然生态环境的破坏，将建筑对环境的影响尽量达到最低水平，从全生命周期上做到环境友好。

### 3. 地域性原则

　　在设计绿色建筑时，应注意与地域自然环境的结合，适应建筑物周边环境的地形、地貌和气候等自然条件，充分利用天然地形、阳光、水、风及植物等，将这些自然因素结合在设计之中。在选用建筑材料和绿化植物时，尽量优先选用当地材料，以降低管理、维护和运输成本。设计的建筑风格要符合当地的历史性和地域性，使建筑能够与周边环境和谐共存。

### 17.2.2 绿色建筑的设计方法

绿色建筑的设计是一个极其复杂的过程，它需要建筑设计师根据建筑的客观环境要求以及居民的使用要求来进行设计，其最主要的内容还是环境保护与资源利用。

#### 1. 现场设计方法

在选定建筑地址后，建筑设计师应根据当地的自然环境来对建筑进行设计，保证建筑能够与自然环境和谐相处，避免对当地的自然环境造成损害。现场设计时还应充分考虑当地的地理环境，做到具体问题具体分析。

#### 2. 全生命周期设计方法

一般建筑考虑的是全生命周期，即包括项目前期、建设运行期、维修拆除期；绿色建筑考虑的全生命周期，包括建筑材料开采期、加工建设运行期，以及维修改造期和最后的拆除。关注建筑的全生命周期，意味着在规划设计阶段需充分考虑并利用环境因素，尽量做到在施工阶段对环境的影响最低，在使用阶段能为使用人群提供健康、舒适、安全、低耗的空间，在拆除阶段又对环境危害降到最低，并使拆除材料尽可能地被再循环利用。

#### 3. 装配式建筑设计方法

装配式建筑是以构件工厂预制化生产，现场装配式安装为模式，以标准化设计、工厂化生产、装配化施工，以及一体化装修和信息化管理为特征，整合从研发设计、生产制造、现场装配等各个业务领域，实现建筑产品节能、环保、全生命周期价值最大化的可持续发展的新型建筑生产方式。装配式建筑循环经济特征显著，采用的钢模板可循环使用，节省了大量脚手架和模板作业，节约了木材资源。此外，由于构件在工厂生产，现场湿作业少，大大减少了施工现场的污染和噪声。

## 17.3 绿色建筑的评定

绿色建筑所践行的是生态文明和科学发展观，其内涵和外延极其丰富，并且随着人类文明进程不断地发展而发展。面对一个建筑物，判定它是否为绿色建筑，需要根据明确的绿色建筑评价标准来判定。绿色建筑评价体系在绿色建筑的发展中起到关键性作用，是绿色建筑从理念向实践转化的重要基础和工具。我国在绿色建筑评价体系制定方面也进行了许多有益的尝试，经过多年的理论研究和实践，经过数次修订，于 2019 年 3 月 13 日发布了目前最新版绿色建筑的国家标准《绿色建筑评价标准》（GB/T 50378—2019）。下面对该标准进行简要介绍。

#### 1. 评价对象和范围

该标准适用于各类民用建筑绿色性能的评价，包括公共建筑和住宅建筑。绿色建筑评价应在建筑工程竣工后进行。在建筑工程施工图设计完成后，可进行预评价。

#### 2. 特点

我国各地区在气候、环境、资源、经济发展水平与民俗文化等方面都存在较大差异，而因地制宜又是绿色建筑建设的基本原则，因此对绿色建筑的评价，也应综合考量建筑所在地域的气候、环境、资源、经济和文化等条件及特点。建筑物从规划设计到施工，再到运行使用及最终的拆除，构成一个全生命周期。《绿色建筑评价标准》（GB/T 50378—2019）以"四节一环保"为基本约束，以"以人为本"为核心要求，对建筑的安全耐久、健康舒适、生活便利、资源节约、环境宜居等方面的性能进行综合评价。

符合国家法律法规和有关标准是参与绿色建筑评价的前提条件。该标准重点在于对建筑绿色性能进行评价，并未涵盖通常建筑物所应有的全部功能和性能要求，故参与评价的建筑尚应符合现行国家有关标准的规定。

### 3. 评价指标体系与等级划分

《绿色建筑评价标准》（GB/T 50378—2019）的指标体系包括五大类指标：安全耐久、健康舒适、生活便利、资源节约、环境宜居。每类指标均包括控制项和评分项。为了鼓励绿色建筑采用提高、创新的建筑技术和产品建造更高性能的绿色建筑，评价指标体系还统一设置"提高与创新"加分项。控制项是绿色建筑的必要条件。评分项的评价依据评价条文的规定确定得分或不得分，得分时根据需要对具体评分子项确定得分值，或根据具体达标程度确定得分值。加分项的评价依据评价条文的规定确定得分或不得分。参评建筑的总得分由控制项基础分值、评分项得分和提高与创新项得分三部分组成，总得分满分为 110 分。绿色建筑评价分值见表 17-1。

表 17-1　绿色建筑评价分值

| | 控制项基础分值 | 评价指标评分项满分值 | | | | | 提高与创新加分项满分值 |
| --- | --- | --- | --- | --- | --- | --- | --- |
| | | 安全耐久 | 健康舒适 | 生活便利 | 资源节约 | 环境宜居 | |
| 预评价分值 | 400 | 100 | 100 | 70 | 200 | 100 | 100 |
| 评价分值 | 400 | 100 | 100 | 100 | 200 | 100 | 100 |

注：预评价时，关于物业管理等项目不得分。

绿色建筑评价的总得分应按下式进行计算：

$$Q = (Q_0 + Q_1 + Q_2 + Q_3 + Q_4 + Q_5 + Q_A)/10 \qquad (17-1)$$

式中　$Q$——总得分；

$Q_0$——控制项基础分值，当满足所有控制项的要求时取 400 分；

$Q_1 \sim Q_5$——分别为评价指标体系 5 类指标（安全耐久、健康舒适、生活便利、资源节约、环境宜居）评分项得分；

$Q_A$——提高与创新加分项得分。

绿色建筑划分为基本级、一星级、二星级、三星级 4 个等级。当满足全部控制项要求时，绿色建筑等级应为基本级。一星级、二星级、三星级 3 个等级的绿色建筑均应满足本标准全部控制项的要求，且每类指标的评分项得分不应小于其评分项满分值的 30%；一星级、二星级、三星级 3 个等级的绿色建筑均应进行全装修，全装修工程质量、选用材料及产品质量应符合现行国家有关标准的规定；当总得分分别达到 60 分、70 分、85 分且满足表 17-2 的要求时，绿色建筑等级分别为一星级、二星级、三星级。

表 17-2　一星级、二星级、三星级绿色建筑的技术要求

| | 一星级 | 二星级 | 三星级 |
| --- | --- | --- | --- |
| 围护结构热工性能的提高比例，或建筑供暖空调负荷降低比例 | 围护结构提高 5%，或负荷降低 5% | 围护结构提高 10%，或负荷降低 10% | 围护结构提高 20%，或负荷降低 15% |
| 严寒和寒冷地区住宅建筑外窗传热系数降低比例 | 5% | 10% | 20% |
| 节水器具用水效率等级 | 3 级 | 2 级 | |

（续）

| | 一星级 | 二星级 | 三星级 |
|---|---|---|---|
| 住宅建筑隔声性能 | — | 室外与卧室之间、分户墙（楼板）两侧卧室之间的空气声隔声性能以及卧室楼板的撞击声隔声性能达到低限标准限值和高要求标准限值的平均值 | 室外与卧室之间、分户墙（楼板）两侧卧室之间的空气声隔声性能以及卧室楼板的撞击声隔声性能达到高要求标准限值 |
| 室内主要空气污染物浓度降低比例 | 10% | 20% | |
| 外窗气密性能 | 符合现行国家相关节能设计标准的规定，且外窗洞口与外窗本体的结合部位应严密 | | |

# 思 考 题

1. 什么是绿色建筑？绿色建筑的三要素是什么？
2. 绿色建筑设计要素和设计方法是什么？
3. 绿色建筑的评定分为哪几个等级？

# 第18章 建筑节能

面对世界能源危机和环境危机的大背景，各国开始努力提高用能效率，开发新能源和可再生能源，以保护环境为目标，走可持续发展的道路。而建筑行业用能占社会总能耗的比重较大，建筑节能自然成为一个热点问题，备受国内外高度关注。同时建筑节能并不是以牺牲人的舒适和健康为代价，而是在建筑中提高能源效率，以有限的资源和最小的能源消耗为代价取得最大的经济效益和社会效益。因此，建筑节能是实现国家节能规划目标、减排温室气体的重要措施，符合全球发展趋势。

为了贯彻落实国家关于节能减排和建筑节能的法律法规，我国发布了一系列的相关规范和标准，对推动节能减排和建筑节能工作起到了积极作用。与此同时，有关部门通过对许多示范工程进行积极的探索和深入的研究，并结合我国国情，对国家相关设计标准，提出了许多行之有效的建筑节能构造方法，极大地推动了建筑节能工作的发展。

## 18.1 概述

### 18.1.1 建筑节能的概念

进入 21 世纪以来，能源短缺和环境污染问题成为世界关注的焦点问题，转变传统高能耗、高污染的经济增长方式，发展以低能耗、低排放为标志的低碳经济，实现可持续发展，正成为世界各国经济发展的共同选择。我国面对的资源和环境压力比以往任何时候都更加严峻，由于我国人口众多，人均资源不足，能源利用效率低，加之消费水平日益增长，能源消耗不断提高，当前严峻的国情决定了我国必须大力推进节能减排，发展低碳经济。

在所有推行节能减排的行业中，建筑节能无疑是最行之有效、最具潜力的行业之一。我国是能耗大国，能耗总量居世界第二，其中建筑能耗约占社会总能耗的三分之一。随着城市建设的高速发展，建筑能耗逐年大幅度上升，庞大的建筑能耗已成为国民经济的巨大负担，也成为能源安全的巨大威胁，因此，建筑行业全面节能势在必行。全面的建筑节能有利于从根本上促进能源资源的节约和合理利用，缓解我国能源资源供应与社会经济发展的矛盾；有利于加快发展循环经济，实现社会经济的可持续发展；有利于长远地保障国家能源安全、保护环境、提高人民群众生活质量、贯彻落实科学发展观。

建筑节能具体是指在建筑物的规划、设计、新建（改建、扩建）、改造和使用过程中，执行节能标准，采用节能型的技术、工艺、设备、材料和产品，提高其保温隔热性能、采暖供热和空调制冷制热系统效率，加强建筑物用能系统的运行管理，利用可再生能源，在保证室内热环境质量的前提下，增大室内外能量交换热阻，以减少供热系统、空调制冷制热、照明、热水供应等因大量热消耗而产生的能耗。

### 18.1.2 建筑节能的途径

建筑节能技术包括很多方面，主要涉及建筑外围护结构、供热系统、制冷系统及可再生能源方面的节能技术。因此建筑节能工作主要围绕两个方面进行：一是减少能源总需求量，尽量减少不可再生能源的消耗，提高能源利用效率，减少围护结构的能量损失，降低建筑设施运行能耗；二是利用新能源。具体建筑节能途径如下：

（1）合理的规划和建筑设计　在建筑规划阶段，要慎重考虑建筑的朝向、间距、体型、体量、绿化配置等因素对节能的影响，来改善热环境。在建筑设计中，原则上应减少建筑物外表面积，适当控制建筑体型系数，因此应重视造型规整；另外要重视屋檐、挑檐、遮阳板、窗帘、百叶窗等构造措施，其对调节日照节省能源十分有效；并应充分利用建筑周围的自然条件，改善区域环境气候，从而达到既起到美化，又能降低建筑能源消耗的目的。

（2）积极采用新技术节能降耗　降低建筑能耗，首先要通过围护结构、外墙、屋面、外门窗来实现。自 20 世纪 80 年代以来，新型墙体材料和高保温材料不断涌现，混凝土空心砌块、聚苯乙烯泡沫板等材料，逐渐代替了传统墙体材料，在建筑节能中发挥了重要作用。同时，近年来各种外墙外保温技术系统日益成熟并在工程中广泛应用，显示出了良好的应用前景。除此之外，还应当注意到通过门窗传热和其缝隙渗透空气的耗能约占整个住宅建筑耗热量的 50%，因此，外门窗是住宅建筑节能的重点，应合理控制窗墙面积比，提高外门窗的气密性，以及采用热阻大、能耗低的节能材料制造新型保温节能门窗等方式降低建筑能耗。

（3）最大限度地利用可再生能源　可再生能源包括太阳能、地热能、风能、生物质能等。人们对太阳能的利用方式进行了广泛的探索，使太阳能初步得到利用，如太阳能参与采暖和制冷。窗户是利用太阳能的关键部位，冬季通过太阳照射可直接获得热量。太阳能制冷技术与蓄存技术也得到大力发展，如用太阳能集热器供应热水，利用太阳能发电等。其他自然能源，如地热能，地源热泵可用于建筑采暖与制冷。风力资源丰富的地方也可以利用风能发电，沿海地区还可以利用潮汐发电，供建筑物照明。

（4）充分利用废弃的资源　建筑消耗的资源巨大，但地球资源需要保护，所以应尽量减少资源消耗量，提高资源利用效率，充分利用好废弃的、再生的或者可再生资源，工业废弃物如粉煤灰、尾砂、煤矸石、灰渣等可以根据其性能做成建筑材料。既有建筑物拆下的材料，如钢材、木材、砖石、玻璃等可以重复利用或再生利用。

# 18.2　建筑节能设计标准

## 18.2.1　建筑热工设计分区

适宜的室内温度和湿度状况是人们生活及生产的基本要求。对于建筑的外围护结构来说，建筑室内外都会存在温差，特别是处于寒冷地区且冬季需要采暖的建筑和在有些地区因夏季炎热而需要使用空调制冷的建筑，其围护结构两侧的温差在这样的情况下甚至可以达到几十度。因此在对建筑进行节能设计时，应根据各地的气候条件和建筑物的使用要求，合理解决建筑物能量传递过程中的保温和隔热问题。我国幅员辽阔，地形复杂，各地区气候相差悬殊（北方的大陆性气候、沿海的海洋性气候、南方的湿热气候、云南的高原气候、四川的盆地气候、吐鲁番的沙漠性气候等），空气温度、湿度、太阳的辐射、风、降水、积雪、日照时间等都是气候的要素，也是影响建筑节能设计的重要因素。在建筑节能设计时，必须根据各地区的气候特点进行有针对性的设计。为此，《民用建筑热工设计规范》（GB 50176—2016）把我国建筑热工设计划分为两级、5 个大区和 11 个小区，具体分区及相应的设计要求见表 18-1。

表 18-1　建筑热工设计一级区划指标及设计原则

| 分区名称 | 分区指标 | | 设计要求 |
| --- | --- | --- | --- |
| | 主要指标 | 辅助指标 | |
| 严寒地区 | 最冷月平均温度 ≤ -10℃ | 日平均温度 ≤ 5℃ 的天数 ≥145d | 必须充分满足冬季保温要求,一般可不考虑夏季防热 |
| 寒冷地区 | 最冷月平均温度 0 ~ -10℃ | 日平均温度 ≤ 5℃ 的天数 90 ~ 145d | 应满足冬季保温要求,部分地区兼顾夏季防热 |
| 夏热冬冷地区 | 最冷月平均温度 0 ~ 10℃,最热月平均温度 25 ~ 30℃ | 日平均温度 ≤5℃ 的天数 0 ~ 90d,日平均温度 ≥25℃ 的天数 40 ~ 110d | 必须满足夏季防热要求,适当兼顾冬季保温 |
| 夏热冬暖地区 | 最冷月平均温度 >10℃,最热月平均温度 25 ~ 29℃ | 日平均温度 ≥25℃ 的天数 100 ~ 200d | 必须充分满足夏季防热要求,一般可不考虑冬季保温 |
| 温和地区 | 最冷月平均温度 0 ~ 13℃,最热月平均温度 18 ~ 25℃ | 日平均温度 ≤ 5℃ 的天数 0 ~ 90d | 部分地区应考虑冬季保温要求,一般可不考虑夏季防热 |

## 18.2.2　居住建筑节能设计标准

### 1. 严寒和寒冷地区居住建筑节能设计

严寒和寒冷地区基本是我国的三北地区:东北、华北、西北。这些地区一年近一半的时间处于低温状态,这导致建筑采暖需消耗大量能量,所以设计时必须对建筑物的耗热量指标进行控制。根据《严寒和寒冷地区居住建筑节能设计标准》(JGJ 26—2018),建筑物应满足以下要求。

(1) 平面布置　建筑群的总体布置,以及单体建筑的平面、立面设计和门窗的设置,应考虑冬季需利用日照并避开主导风向。建筑物的朝向宜朝向南北或接近朝向南北;建筑物不宜设有三面外墙的房间;严寒和寒冷地区居住建筑的体型系数不应大于表 18-2 中的限值(建筑物体型系数是指建筑物的外表面积和外表面积所包围的体积之比)。

表 18-2　体型系数限值

| 气候区 | 建筑层数 | |
| --- | --- | --- |
| | ≤3 层 | ≥4 层 |
| 严寒地区(1 区) | 0.55 | 0.30 |
| 寒冷地区(2 区) | 0.57 | 0.33 |

(2) 外门窗　寒冷 B 区建筑的南向外窗(包括阳台的透明部分)宜设置水平遮阳设施或活动遮阳设施,东、西向的外窗宜设置活动遮阳设施,居住建筑不宜设置凸窗。严寒地区除南向外不应设置凸窗,寒冷区北向的卧室、起居室不应设置凸窗。严寒和寒冷地区居住建筑的窗墙面积比不应大于表 18-3 规定的限值。严寒地区居住建筑的屋面天窗与该房间屋面面积的比值不应大于 0.10,寒冷地区不应大于 0.15,且应保证外窗及敞开式阳台门具有良好的密闭性能。

表 18-3　窗墙面积比限值

| 朝　向 | 窗墙面积比 | |
| --- | --- | --- |
| | 严寒地区(1 区) | 寒冷地区(2 区) |
| 北 | 0.25 | 0.30 |
| 东、西 | 0.30 | 0.35 |
| 南 | 0.45 | 0.50 |

（3）外围护结构　建筑围护结构主要包括墙体、门、窗和屋顶等。严寒和寒冷地区需要改进建筑物围护结构保温性能，进一步降低采暖所需热量。具体的外围护结构的热工性能参数需满足《严寒和寒冷地区居住建筑节能设计标准》（JGJ 26—2018）的具体要求。

（4）采暖供热　集中采暖和集中空气调节系统的施工图设计，必须对每一个房间进行热负荷和逐项逐时的冷负荷计算。位于严寒和寒冷地区的居住建筑，应设置采暖设施；位于寒冷B区的居住建筑，还宜设置或预留设置安装空调设施的位置和条件。除当地电力充足和供电政策支持，或者建筑所在地无法利用其他形式的能源外，严寒和寒冷地区的居住建筑内，不应设计采用直接电热采暖。

**2. 夏热冬冷地区居住建筑节能设计**

夏热冬冷地区大体上是长江中下游地区，如成都、武汉、南京、上海等。夏热冬冷地区气候的显著特点是夏季炎热、冬季寒冷。根据该地区的气候特征，建筑物的围护结构热工性能首先要保证夏季隔热、冬季保温的要求。根据《夏热冬冷地区居住建筑节能设计标准》（JGJ 134—2010），在进行建筑节能设计时须满足以下条件：

（1）平面布置　建筑群的规划布置、建筑物的平面布置应有利于自然通风。组织好建筑物室内外春秋季和夏季凉爽时间的自然通风，不仅有利于改善室内的热舒适程度，而且可减少开空调的时间，有利于降低建筑物的实际使用能耗。因此在建筑单体设计和群体总平面布置时，考虑自然通风是十分必要的。建筑物的朝向宜采用南北向或接近南北向。太阳辐射热对建筑能耗的影响很大，夏季太阳辐射热增加制冷负荷，冬季太阳辐射热降低采暖负荷。

（2）体型系数　3层以下（含3层）建筑物的体型系数不应超过0.55，4~11层建筑物的体型系数不应超过0.40，12层及以上建筑物的体型系数不应超过0.35。

（3）围护结构设计参数　外窗（包括阳台门的透明部分）的面积不应过大。普通窗户（包括阳台门的透明部分）的保温隔热性能相较于外墙差很多，夏季白天通过窗户进入室内的太阳辐射热也比外墙多得多，窗墙面积比越大，则采暖和空调的能耗也越大。因此，从节能的角度出发，必须限制窗墙面积比。多层住宅外窗宜采用平开窗，外窗宜设置活动外遮阳设施。平开窗的开启面积大，有利于自然通风。同时为了保证采暖、使用空调时住宅的换气次数得以控制，要求窗户及阳台门具有良好的气密性，外窗可开启面积不应小于外窗所在房间地面面积的5%。多层住宅外窗宜采用平开窗，一般而言，平开窗的气密性比推拉窗好。不同朝向、不同窗墙面积比的外窗，及其他围护结构各部分的传热系数和热惰性指标应符合《夏热冬冷地区居住建筑节能设计标准》（JGJ 134—2010）的规定。其中外墙的传热系数应考虑结构性冷桥的影响。

**3. 夏热冬暖地区居住建筑节能设计**

夏热冬暖地区大体上是华南地区：福州、广州、南宁、台北等。这些地区的建筑设计主要考虑的是夏季防热。由于夏季太阳辐射强烈，平均气温偏高，所以在当地建筑物设计中，屋顶、外墙的隔热和外窗的遮阳主要用于防止大量的太阳辐射的热量进入室内，同时通过房间的自然通风可有效地带走室内热量，并对人体舒适感起到调节作用。为了达到这些目的，可以从总体的防热和围护结构隔热着手。根据《夏热冬暖地区居住建筑节能设计标准》（JGJ 75—2012），在进行建筑节能设计时须满足以下要求：

（1）体型系数　北区内，单元式、通廊式住宅的体型系数不宜大于0.35，塔式住宅的体型系数不宜大于0.40。

（2）窗墙面积比　居住建筑的外窗面积不应过大，各朝向的单一朝向窗墙面积比，南、北向不应大于0.40；东、西向不应大于0.30。建筑的卧室、书房、起居室等主要房间的房间窗地面积比不应小于 1/7。当房间窗地面积比小于 1/5 时，外窗玻璃的可见光透射比不应小于 0.40。居住建筑的天窗面积不应大于屋顶总面积的 4%，传热系数不应大于 4.0W/(m² · K)，遮阳系数不应大于 0.40。

（3）K、D 值　围护结构传热系数 K、热情性指标 D 值直接影响建筑采暖空调房间冷热负荷的大小，也直接影响到建筑能耗。居住建筑屋顶及外墙的传热系数 K 和热情性指标 D 以及外窗的传热系数和综合遮阳系数应符合《夏热冬暖地区居住建筑节能设计标准》（JGJ 75—2012）规定。

（4）遮阳系数　居住建筑的外窗，尤其是东、西向的外窗宜采用活动或固定的建筑外遮阳设施。居住建筑外窗（包括阳台门）的可开启面积不应小于外窗所在房间地面面积的 8% 或外窗面积的 45%。在保证安全的前提下，应采用平开窗，这是因为推拉窗的最大可开启面积接近 50%，平开窗接近 100%。

（5）通风系统　对于夏热冬暖地区中的湿热地区，由于昼夜温差小，相对湿度较高，可以设计连续通风来改善室内环境。而对于干热地区，则考虑用白天关窗、夜间通风的方法来降温。另外，南方亚热带地区有季节风，因此在建筑物设计中要充分考虑利用海风、江风的自然通风优越性，并按以自然风为主、空调为辅的原则来考虑建筑朝向和布局。利用自然通风是能够适应气候的一种适宜性技术措施，可以在降低能源消耗的同时为室内引入新风，在现代技术的发展过程中，自然通风可与太阳能技术、地下蓄冷蓄热、自动控制等技术相结合，形成一个有组织的自然通风系统。

### 4. 温和地区居住建筑节能设计

温和地区，冬暖夏凉，四季如春，总的来说，温和地区有全年室外太阳辐射强、昼夜温差小、夏季日平均温度不高、冬季寒冷时间短且气温不极端的特征，一般可不考虑夏季防热，部分地区需注意冬季保温。依据《温和地区居住建筑节能设计标准》（JGJ 475—2019），在进行建筑节能设计时须满足以下条件：

（1）平面布置　建筑群平面布置设计是节能设计的重要内容之一。温和地区节能设计可考虑在夏季利用自然通风降低房间室温，被动式遮阳能减少房间热量，降低房间自然室温；在冬季需避开主导风向，减少房间热损失，因此在建筑群的总体规划和建筑单体设计时，宜利用太阳能改善室内热环境，并宜满足夏季自然通风和建筑遮阳的要求，建筑物的主要房间开窗宜避开冬季主导风向。山地建筑的选址宜避开背阴的北坡地段。居住建筑的朝向宜为南北向或接近南北向。

（2）屋顶和外墙节能措施　基于温和地区的气候特点，考虑充分利用气候资源达到节能目的，进而提出相应的屋顶和外墙节能措施：宜采用浅色外饰面等反射隔热措施；东、西外墙宜采用花格构件或植物等遮阳；宜采用屋面遮阳或通风屋顶或者采用种植屋面和蓄水屋面。同时对冬季日照率不小于 70%，且冬季月均太阳辐射量不少于 400MJ/m² 的地区，应进行被动式太阳能利用设计；对冬季日照率大于 55% 但小于 70%，且冬季月均太阳辐射量不少于 350MJ/m² 的地区，也可进行被动式太阳能利用设计。

（3）围护结构热工设计　围护结构热工性能参数是影响建筑能耗效率的重要参数，因此温和地区居住建筑非透明围护结构各部分的平均传热系数、热情性指标、外窗的窗墙面积比、外窗传热系数、综合遮阳系数等参数须满足《温和地区居住建筑节能设计标准》（JGJ 475—2019）规定。

（4）自然通风　温和 B 区居住建筑的主要房间宜布置于夏季迎风面，辅助用房宜布置于背风面；未设置通风系统的居住建筑，户型进深不应超过 12m；温和 A 区居住建筑的外窗有效通风面积不应小于外窗所在房间地面面积的 5%；温和 B 区居住建筑的卧室、起居室应设置外窗，窗地面积比不应小于 1/7，其外窗有效通风面积不应小于外窗所在房间地面面积的 10%等。

## 18.2.3　公共建筑节能设计标准

随着建筑技术的发展和建设规模的不断扩大，超高超大的公共建筑在我国各地日益增多。超高超大类建筑多以商业用途为主，在建筑形式上追求特异即不同于常规建筑类型，且耗能多。加强对此类建筑能耗的控制，提高能源系统应用方案的合理性，选取最优方案，对建筑节能工作尤其重要。

《公共建筑节能设计标准》（GB 50189—2015）对公共建筑的结构、热工以及暖通空调、给水排水、电气以及可再生能源应用设计中应该控制的、与能耗有关的指标和应采取的节能措施做出了规定。从房屋建筑学的角度，简单介绍该标准对公共建筑节能的设计要求。

（1）建筑总体设计及规划　建筑群的总体规划应考虑减轻热岛效应。建筑的总体规划和总平面设计应有利于自然通风以及冬季日照。建筑的主朝向宜选择本地区最佳朝向或适宜朝向，且宜避开冬季主导风向。建筑设计应遵循被动节能措施优先的原则，充分利用天然采光、自然通风并结合围护结构保温隔热和遮阳措施，降低建筑的用能需求。建筑体型宜规整，避免过多的凹凸变化。

（2）建筑单体设计　公共建筑根据规模分为甲、乙两类，其中甲类公共建筑应符合单栋建筑面积大于 300m$^2$ 的建筑，或单栋建筑面积小于或等于 300m$^2$ 但总建筑面积大于 1000m$^2$ 的建筑群；乙类公共建筑应符合单栋建筑面积小于或等于 300m$^2$ 的建筑。在严寒和寒冷地区，当其单栋建筑面积大于 300m$^2$ 且小于 800m$^2$ 时，公共建筑体型系数应不大于 0.5，当其建筑面积大于 800m$^2$ 时，体型系数应不大于 0.4。且严寒地区甲类公共建筑各单一立面窗墙面积比（包括透光幕墙）均不宜大于 0.60；其他地区甲类公共建筑各单一立面窗墙面积比（包括透光幕墙）均不宜大于 0.70。甲类公共建筑单一立面窗墙面积比小于 0.40 时，透光材料的可见光透射比不应小于 0.60；甲类公共建筑单一立面窗墙面积比大于或等于 0.40 时，透光材料的可见光透射比不应小于 0.40。甲类公共建筑的屋顶透光部分面积不应大于屋顶总面积的 20%。

（3）围护结构热工设计　根据建筑热工设计的气候分区，一类公共建筑的围护结构热工性能参数限值如传热系数、保温材料层热阻、太阳得热系数，以及二类公共建筑屋面、外墙、楼板、外窗的传热系数等参数限值，标准均对此做出相应规定，此处不再一一列举。

## 18.2.4　工业建筑节能设计标准

工业建筑节能是指在工业建筑规划、设计和使用过程中，在满足规定的建筑功能要求和室内外环境质量的前提下，通过采取技术措施和管理手段，实现零能耗或降低运行能耗、提高能源利用效率的过程。工业建筑节能是国家可持续发展战略的重要一环，是工业建筑发展的必然趋势。鉴于工业节能的迫切需求，为提高工业建筑环境控制能效，改善工业建筑环境质量，《工业建筑节能设计统一标准》（GB 51245—2017）编制完成，于 2018 年 1 月 1 日起实施，该标准对我国工业建筑节能事业发展有着重要意义。

该标准从各类工业建筑的共性问题出发，编制宏观的、导则性的工业建筑节能设计统一标准，涉及工业建筑节能设计分类、节能设计参数、建筑及其围护结构热工设计、暖通、空调、采光、照明、电力等专业节能设计的指导性条款。

（1）工业建筑节能设计分类　根据主要环境控制及能耗方式、室内源项特征将工业建筑分为两类，其类别有可能是指一栋单体建筑或一栋单体建筑的某个部位。一类工业建筑及二类工业建筑具体分类情况见表 18-4。

表 18-4 工业建筑节能设计分类

| 类别 | 环境控制及能耗方式 | 建筑节能设计原则 |
| --- | --- | --- |
| 一类工业建筑 | 供暖、空调 | 通过围护结构保温和供暖系统节能设计,降低冬季供暖能耗;通过围护结构隔热和空调系统节能设计,降低夏季空调能耗 |
| 二类工业建筑 | 通风 | 通过自然通风设计和机械通风系统节能设计,降低通风能耗 |

对于一类工业建筑，冬季以供暖能耗为主，夏季以空调能耗为主，通常无强污染源及强热源，其环境控制方式和节能设计方法与民用建筑相近，如图 18-1 所示。一类工业建筑节能设计原则是通过围护结构保温隔热遮阳设计和供暖空调系统节能设计，来降低冬季供暖、夏季空调的能耗。对于二类工业建筑，以通风能耗为主，通常有强污染源或强热源，其室内环境

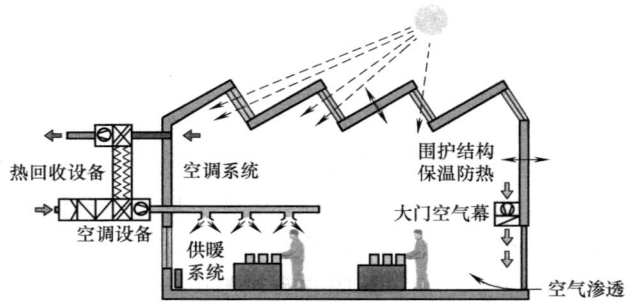
图 18-1 一类工业建筑示意图

控制方式和节能设计方法与民用建筑存在显著差异。二类工业建筑节能设计原则是通过围护结构保温隔热遮阳设计、自然通风设计和机械通风系统节能设计，来降低通风能耗，和避免供暖空调能耗，如图 18-2 所示。

（2）总图与建筑设计 工业厂区选址应综合考虑区域的生态环境因素，充分利用有利条件，并符合可持续发展原则。工业建筑总图设计应避免大量热、蒸汽或有害物质向相邻建筑散发而造成能耗增加的问题，应采取控制建筑间距、选择最佳朝向、确定建筑密度和绿化构成等措施。建筑总图设计应合理确定能源设备机房的位置，缩短能源供应输送距离。且有利于冬季日照、夏季自然通

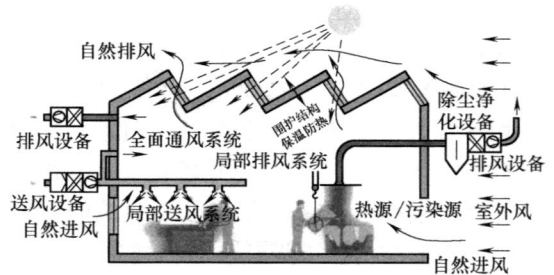
图 18-2 二类工业建筑示意图

风和自然采光等条件，合理利用当地主导风向。在满足工艺需求的基础上，建筑内部功能布局应区分不同生产区域。对于大量散热的热源，宜放在生产厂房的外部，并与生产辅助用房保持距离；对于生产厂房内的热源，宜采取隔热措施，并宜采用远距离控制或自动控制。建筑设计应优先采用被动式节能技术，根据气候条件，合理采用围护结构保温隔热与遮阳、天然采光、自然通风等措施，以降低建筑的供暖、空调、通风和照明系统的能耗。建筑设计应充分利用工业厂区水资源、植被等自然条件，合理选择绿化和铺装形式，营建有利的区域生态条件。而且一类工业建筑总窗墙面积比不应大于 0.50，屋顶透光部分的面积与屋顶总面积之比不应大于 0.15。

（3）自然通风与采光 工业建筑宜充分利用自然通风消除工业建筑余热、余湿，同时应避免自然进风对室内环境的污染或无组织排放造成室外环境的污染。当外墙进风面积不能保证自然通风要求时，可采用在地面设置地下风道作为进风口的方式；对于常年温差大、地层温度较

低的地区，宜利用地道作为进风冷却的方式。以风压形成自然通风为主的工业建筑，其迎风面与夏季主导风向宜成 60°~90°，且不宜小于 45°。建筑设计应充分利用天然采光。大跨度或大进深的厂房在采光设计时，宜采用顶部天窗采光或导光管采光系统等采光装置。

（4）围护结构热工设计　根据建筑热工设计的气候分区，一类工业建筑的围护结构的热工性能参数限值如传热系数、太阳得热系数、地面热阻、地下室外墙热阻，二类工业建筑围护结构的传热系数等参数限值，现行国家标准《工业建筑节能设计统一标准》GB 51245 均对此做出相应规定。同时生产车间应优先采用预制装配式外墙围护结构，当采用预制装配式复合围护结构时，应符合下列规定：①根据建筑功能和使用条件，应选择保温材料品种和设置相应构造层次。②预制装配式围护结构应有气密性和水密性要求；对于有保温隔热的建筑，其围护结构应设置隔汽层和防风透气层。③当保温层或多孔墙体材料外侧存在密实材料层时，应进行内部冷凝受潮验算，必要时采取隔汽措施。④屋面防水层下设置的保温层为多孔或纤维材料时，应采取排气措施。除此之外，建筑围护结构应采取阻断热桥、变形缝采取保温措施、防结露及防水排潮措施。

# 18.3　建筑节能基本构造

## 18.3.1　墙体节能

我国幅员辽阔，地区气候差异较大，不同季节温度差别悬殊，同时面对目前环境恶化、能源日益紧张的趋势，对于外围护构件的墙体，加强保温隔热和提高气密性也就显得格外重要。提高外墙保温能力，减少热损失，一般有三种方法：①仅通过增加外墙厚度，使传热过程延缓，达到保温隔热的目的；②采用导热系数小、保温效果好的材料作为外墙围护构件；③采用由多种材料组合而成的组合墙解决保温隔热问题。随着国内墙体改革浪潮的兴起，建筑节能已纳入国家强制性规范的设计要求之中。目前常用的有以下方式：外墙外保温墙体、外墙内保温墙体、外墙夹心保温构造。

（1）外墙外保温墙体　外墙外保温墙体是一种将保温隔热材料放在外墙外侧（即低温一侧）的复合墙体，具有较强的耐候性、防水性和防水蒸气渗透性。同时，其具有绝热性能优越，能消除热桥，减小保温材料内部凝结水的出现概率，以及便于室内装修等优点。但是由于保温材料是直接做在室外的，需承受如风雨、冻晒、磨损与撞击等影响因素较多，因而对此种墙体的构造处理要求很高，即必须对外墙面另加保护层和防水饰面，在我国寒冷地区外保护层厚度需达到 30~40mm，其构造如图 18-3 所示。

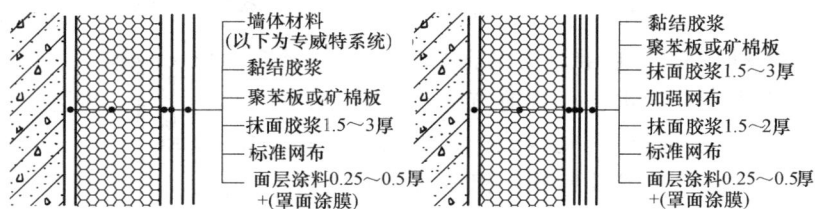

图 18-3　外墙外保温构造

（2）外墙内保温墙体　外墙内保温墙体在我国应用也较为广泛，其常用的构造方式有粘贴式、挂装式、粉刷式三种。外墙内保温墙体，施工简便、保温隔热效果好、综合造价低、特别适用于夏热冬冷地区。由于保温材料的蓄热系数小，有利于室内温度的快速升高或降低，其性价比高，故适用范围广，但必须注意外围护结构内部产生冷凝结水的问题，其构造形式如图 18-4 所示。

（3）外墙夹心保温构造　在复合墙体保温形式中，为了避免蒸汽由室内高温一侧向室外低温侧移动，在墙内形成凝结水，或为了避免受室外各种不利因素的袭击，常采用半砖或其他预制板材加以处理，使外墙形成夹心构件，即双层结构的外墙中间放置保温材料，或留出封闭的空气间层，外墙夹心

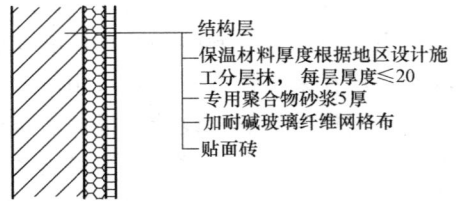

图 18-4　外墙内保温厨房、卫生间构造

保温构造如图 18-5 所示。这种构造保温材料不易受潮，且对保温材料的要求也较低。外墙空气间层的厚度一般为 40~60mm，并且要求处于密闭状态，以保证其具有较强的保温性能。

## 18.3.2　门窗节能

门窗是围护结构中保温隔热的薄弱环节，是影响建筑室内热环境和造成能耗过高的主要原因。例如，在传统建筑中，通过窗的耗热量占建筑总能耗的 20% 以上；在节能建筑中，由于保温材料的墙体热阻增大，窗的热损失占建筑总能耗的比例更大；在空调建筑中，通过窗户（特别是阳面的窗户）进入室内的太阳辐射热，极大

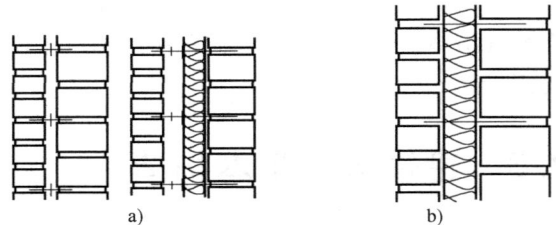

图 18-5　外墙夹心保温构造
a）外墙利用夹心构件保温的构造
b）外墙利用空气间层保温的构造

地增加了空调负荷，并且随着窗墙面积比的增加而增大。造成门窗能量损失大的原因是门窗与周围环境进行了热交换，如通过门窗框、玻璃、热桥、门窗缝隙造成的热损失。因此，门窗节能设计主要应从门窗形式、门窗型材、玻璃密封等方面着手。

（1）控制窗墙面积比　窗墙面积比是指窗洞口面积与房间里面单元面积的比值。为了获得开阔的视野和良好的采光而加大窗洞口面积，这种做法对保温节能十分不利。尽管南向窗在冬季晴天可以获得更多的日照来补充室内的热量，但从保温性能来看，窗的传热系数是屋面及外墙的 3~5 倍，而其他朝向的窗户过大，对节能更为不利。另外，窗洞口太大，在夏季通过太阳辐射热会过多，还会增加空调负荷。因此，从降低建筑能耗的角度出发，在满足室内采光要求的情况下，要严格控制窗墙面积比。

（2）选用低传热的门窗型材　门窗框多采用轻质薄壁结构，是室外门窗中能量流失的薄弱环节，因此，门窗型材的选用至关重要。目前节能门窗改进其隔热性能，多做成断桥或复合式的，如断热铝材、断热钢材、玻璃钢材以及铝塑、铝木等复合型材料。铝塑复合节能门窗型材构造如图 18-6 所示。

（3）选用节能玻璃　玻璃面积通常占门窗总面

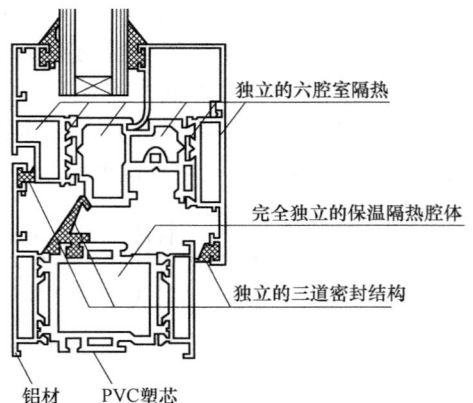

独立的六腔室隔热

完全独立的保温隔热腔体

独立的三道密封结构

铝材　　PVC塑芯

图 18-6　铝塑复合节能门窗型材构造

积的 58%~87%，因此采用节能玻璃也是提高门窗保温节能效果的一个重要因素。节能玻璃的种类包括吸热玻璃、镀膜玻璃、热反射玻璃和低辐射（Low-E）玻璃、中空玻璃和真空玻璃。吸热玻璃、镀膜玻璃、钢化玻璃（又称为强化玻璃）、夹层玻璃等品种的玻璃又可以组成中空

玻璃或真空玻璃。其中，建筑门窗中使用中空玻璃是一种有效的节能环保途径，在实际工程中应用广泛，如图 18-7 所示。

（4）门窗密封严密　门窗框与墙体之间、框扇之间、玻璃与框扇之间的缝隙，是空气流动的通道，影响门窗节能效果，应密封严密。门窗框与墙体间的缝隙不得用水泥砂浆填塞，应采用弹性材料填嵌饱满，表面用密封胶密封。如塑钢门窗框与墙体间的缝隙，通常用聚氨酯发泡剂进行填充，其不仅有填充作用，而且还有良好的密封保温和隔热性能，如图 18-8 所示。框扇之间、玻璃与框扇之间用密封条挤紧密封。密封条分为毛条和

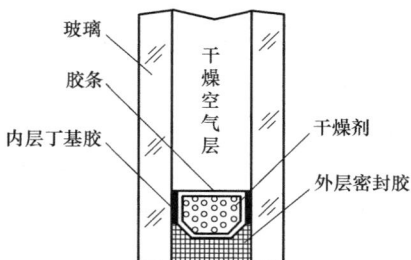

图 18-7　中空玻璃示意图

胶条。密封胶条必须具有足够的抗拉强度、良好的弹性、耐温性和耐老化性，其断面尺寸应与门窗型材匹配，否则胶条经过太阳长期暴晒会老化变硬、失去弹性、容易脱落，此时，其不仅密封性差，且易造成玻璃松动，产生安全隐患。密封条在窗内的分布如图 18-9 所示。

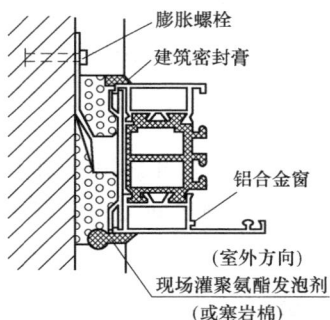

图 18-8　铝合金窗砖墙安装节点

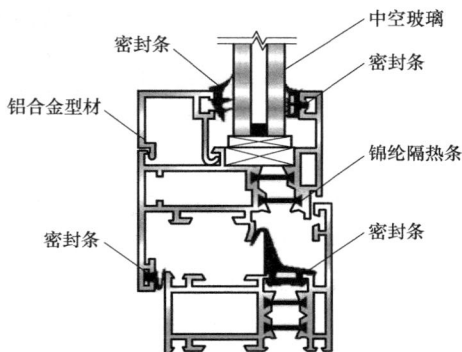

图 18-9　铝合金窗内分布的密封条

### 18.3.3　屋面节能

屋面的保温、隔热是围护结构节能的重点之一。在寒冷地区，屋面设保温层以阻止室内热量散失；在炎热地区，屋面设置隔热降温层以阻止太阳的辐射热传至室内；在冬冷夏热地区，建筑节能则要冬、夏兼顾。屋顶保温与隔热技术有倒置式保温隔热屋面、种植屋面、蓄水屋面和通风屋面。

（1）倒置式保温隔热屋面　将保温隔热层设在防水层的上方的屋面称为倒铺式或倒置式保温隔热屋面。由于倒置式保温隔热屋面采用的是外隔热保温形式，即外隔热保温材料层的热阻作用首先对室外综合温度波进行了衰减，使其后产生在屋面材料上的内部温度低于传统保温隔热屋顶内部温度，屋面所蓄有的热量始终低于传统屋面保温隔热形式蓄有的热量，且其向室内散热也少，因此，是一种隔热保温效果较好的节能屋面构造形式。

（2）种植屋面　随着我国城市化进程的高速发展和建筑面积急剧增加，产生的建筑能耗将更加巨大，"城市热岛"现象将更为严重。而城市建筑实行屋面绿化，可以大幅度降低建筑能耗、减少温室气体的排放，同时可增加城市绿地面积、美化城市、改善城市气候环境。

种植屋面分为覆土种植和无土种植两种：①覆土种植是在钢筋混凝土屋面上覆盖 100～150mm 厚的种植土壤，种植植被的隔热性能比架空通风间层的屋面好，可大大降低内表面的温度。②无土种植具有自重轻、屋面温差小，有利于防水防渗的特点，它是采用水渣、蛭石或

者是木屑代替土壤，重量减轻的同时隔热性能也得到提升，且对屋面构造没有特殊要求，只是在檐口和走道板处须防止蛭石或木屑在雨水外溢时被冲走。

（3）蓄水屋面　在平屋面上蓄积一层水，利用水的蒸发吸收大量太阳辐射和室外气温的热量，而水蒸发又将热量散发，以减少屋面吸收热能，达到隔热降温的目的。不仅如此，水面还可反射阳光，减少阳光对屋面的直射作用。另外，水层长期将防水层淹没，使混凝土防水层处于水的养护下，可减少由于变化引起的开裂和防止混凝土的炭化，使沥青和嵌缝胶泥之类的防水材料在水层的保护下推迟老化过程，延长使用年限，蓄水屋面构造如图 18-10 所示。

蓄水屋面也存在一些缺点，在夜间屋面蓄水后外表面温度始终高于无水屋面，这时很难利用屋面散热，且屋面蓄水也增加了屋面的净重，以及为防止渗水还需加强屋面的防水措施。

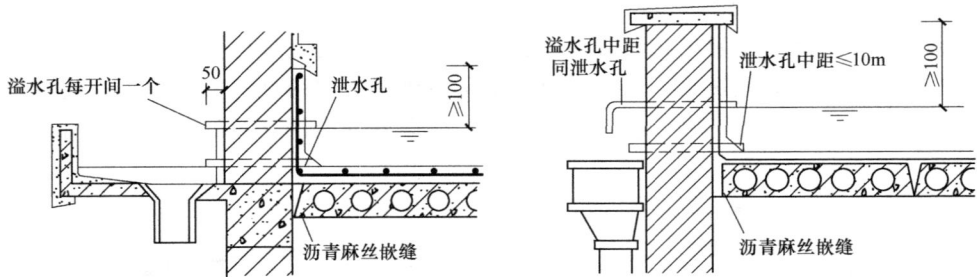

图 18-10　蓄水屋面构造

（4）通风屋面　通风屋面是在屋面中设置通风间层，其上层表面可遮挡太阳辐射，并利用风压和热压作用将间层内的热空气带走，达到隔热降温的目的。通风间层一般有屋面架空通风隔热间层和顶棚通风间层两种，如图 18-11 所示。

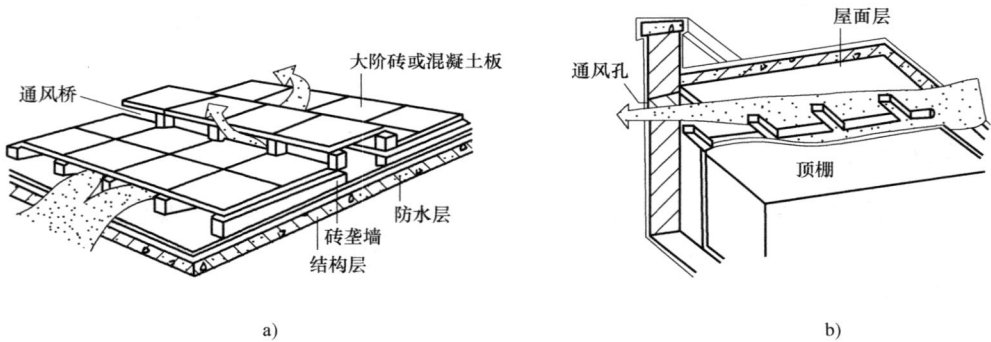

a)　　　　　　　　　　　　　　　　　　b)

图 18-11　通风屋面节能原理示意图
a）架空通风隔热间层　b）顶棚通风间层

## 18.3.4　建筑幕墙节能

目前，建筑幕墙使用范围十分广泛，特别是城市的地标性建筑基本都采用了各种形式的建筑幕墙，其不仅能够把建筑围护结构的使用功能与装饰功能巧妙地融为一体，而且使建筑更具现代感和装饰艺术性。建筑幕墙是一种新型的墙体，是连接建筑室内人居环境和室外自然环境的中间媒介，因此增强建筑幕墙节能作用，是实现建筑节能的重要途径之一。下面介绍一种双层呼吸式幕墙的节能原理。

双层呼吸式幕墙是由内、外两道幕墙组成，与传统幕墙相比，它的最大特点是在内外两层幕墙之间形成一个通风换气层，空气可以从下部进风口进入，又从上部排风口离开这一空间，使这一空间经常处于空气流动状态，并伴随着热量在这一空间流动，因此又称为呼吸式幕墙，如图 18-12 所示。冬季时，关闭通风层两端的进、排风口，换气层中的空气在阳光的照射下温度升高，形成一个温室，有效地提高了内层玻璃的温度，减少建筑物的采暖费用。夏季时，打开换气层的进、排风口，在阳光的照射下换气层空气温度升高自然上浮，形成自下而上的空气流，由于烟囱效应带走通道内的热量，降低内层玻璃表面的温度，减少制冷费用。另外，通过对进、排风口的控制以及对内层幕墙结构的设计，可达到由通风层向室内输送新鲜空气的目的，从而提高建筑通风质量。

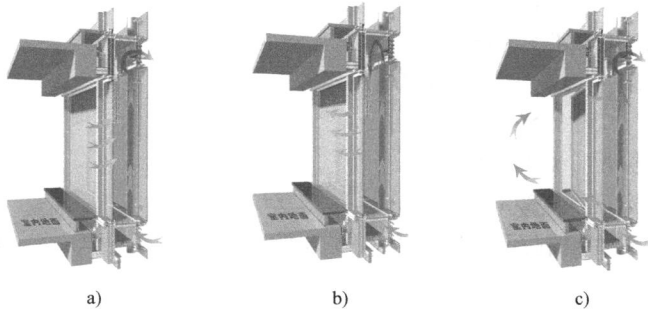

图 18-12　双层呼吸式幕墙节能原理示意图

a）夏季空气间层气体流动　b）冬季空气间层气体流动　c）春、秋季空气间层气体流动

# 思　考　题

1. 什么是建筑节能？建筑节能的意义是什么？
2. 什么是建筑体型系数？什么是热桥？
3. 一类工业建筑的特征是什么？其节能设计原则是什么？
4. 如何提高外墙保温能力、减少热损失？
5. 门窗节能的基本措施是什么？
6. 铝塑复合节能窗的节能原理是什么？
7. 屋面节能的方式有哪些？

# 附录 A　现行常用建筑规范汇编

1. 城市居住区规划设计标准　GB 50180
2. 城市停车规划规范　GB/T 51149
3. 总图制图标准　GB/T 50103
4. 房屋建筑制图统一标准 GB/T 50001
5. 建筑制图标准　GB/T 50104
6. 建筑结构制图标准　GB/T 50105
7. 建筑模数协调标准　GB/T 50002
8. 建筑工程设计文件编制深度规定（2016 年版）
9. 民用建筑设计统一标准　GB 50352
10. 无障碍设计规范　GB 50763
11. 建筑工程建筑面积计算规范　GB/T 50353
12. 绿色建筑评价标准　GB/T 50378
13. 民用建筑绿色设计规范　JGJ/T 229
14. 民用建筑热工设计规范　GB 50176
15. 建筑照明设计标准　GB 50034
16. 建筑设计防火规范（2018 年版）　　GB 50016
17. 建筑内部装修设计防火规范　GB 50222
18. 汽车库、修车库、停车场设计防火规范　GB 50067
19. 建筑地面设计规范　GB 50037
20. 地下工程防水技术规范　GB 50108
21. 屋面工程技术规范　GB 50345
22. 种植屋面工程技术规程　JGJ 155
23. 住宅设计规范　GB 50096
24. 住宅建筑规范　GB 50368
25. 老年人照料设施建筑设计标准　JGJ 450
26. 宿舍建筑设计规范　JGJ 36
27. 办公建筑设计规范　JGJ 67
28. 旅馆建筑设计规范　JGJ 62
29. 中小学校设计规范　GB 50099
30. 商店建筑设计规范　JGJ 48
31. 图书馆建筑设计规范　JGJ 38
32. 档案馆建筑设计规范　JGJ 25
33. 博物馆建筑设计规范　JGJ 66
34. 剧场建筑设计规范　JGJ 57
35. 电影院建筑设计规范　JGJ 58

36. 体育建筑设计规范　JGJ 31

37. 综合医院建筑设计规范　GB 51039

38. 疗养院建筑设计标准　JGJ/T 40

39. 饮食建筑设计标准　JGJ 64

40. 托儿所、幼儿园建筑设计规范（2019 年版）　JGJ 39

41. 幼儿园建设标准　建标 175

42. 车库建筑设计规范　JGJ 100

43. 城市公共厕所设计标准　CJJ 14

44. 电梯制造与安装安全规范　GB 7588

45. 电梯主参数及轿厢、井道、机房的型式与尺寸　第 1 部分：Ⅰ、Ⅱ、Ⅲ、Ⅳ类电梯　GB/T 7025.1

46. 电梯主参数及轿厢、井道、机房的型式与尺寸　第 2 部分：Ⅳ类电梯　GB/T 7025.2

47. 电梯主参数及轿厢、井道、机房的型式与尺寸　第 3 部分：Ⅴ类电梯　GB/T 7025.3

48. 液压电梯　JG 5071

49. 建筑气候区划标准　GB 50178

50. 公共建筑节能设计标准　GB 50189

51. 严寒和寒冷地区居住建筑节能设计标准　JGJ 26

52. 夏热冬冷地区居住建筑节能设计标准　JGJ 134

53. 夏热冬暖地区居住建筑节能设计标准　JGJ 75

54. 工业建筑节能设计统一标准　GB 51245

55. 既有居住建筑节能改造技术规程　JGJ/T 129

56. 居住建筑节能检测标准　JGJ/T 132

57. 建筑外门窗气密、水密、抗风压性能检测方法　GB/T 7106

58. 外墙外保温工程技术标准　JGJ 144

59. 外墙内保温工程技术规程　JGJ/T 261

60. 建筑结构可靠性设计统一标准　GB 50068

61. 建筑结构荷载规范　GB 50009

62. 混凝土结构设计规范（2015 年版）　GB 50010

63. 建筑地基基础设计规范　GB 50007

64. 砌体结构设计规范　GB 50003

65. 建筑抗震设计规范（2016 年版）　GB 50011

# 附录 B　房屋建筑学课程设计任务书

专业级

教研室

年　　月

×××建筑设计

## 一、题目

自拟，如某某花园 5# 住宅楼建筑设计、某某公司办公楼建筑设计等。

## 二、目的和要求

通过本次课程设计，使学生在掌握基础理论知识的前提下，能够运用建筑构造设计的基本理论、方法和建筑标准，独立完成一套建筑施工图。

要求方案合理、满足建筑物功能要求、套型恰当、使用方便、经济合理、造型美观。施工图设计要求结构合理，各部分做法正确、完整无遗漏，投影关系正确、无矛盾，符合建筑设计标准规范的要求和房屋建筑制图统一标准。

## 三、设计条件

（1）基地自定。

（2）技术条件：结构按砖混结构或钢筋混凝土框架结构考虑。建筑的水、暖、电均由城市集中供应；抗震设防烈度、耐火等级、防水等级等查相关规范确定。

（3）层数及层高。

层数：4~6 层。

层高：自定，住宅一般可选用 2.8m、2.9m 或 3m，其他建筑为 3.3m、3.6m、4.2m 等。

## 四、方案选择

学生每人一题，自行绘制方案，根据所选房屋的使用性质和各种承重方案的特点，选择合理的承重方案。

## 五、设计内容及深度要求

本次设计需自行确定建筑方案，初步选定主要构件尺寸并进行布置，明确各部位构造做法。在此基础上按施工图深度要求进行设计，其具体内容如下：

（1）建筑设计总说明、图纸目录、门窗表（计算机绘制）及技术经济指标等。技术经济指标的项目和计算方法满足相关规范要求；建筑设计总说明中注明总建筑面积、材料做法等；图纸目录按顺序编排。

（2）平面图、立面图、剖面图绘制（计算机绘制，比例为 1∶100 或自选）。

1）平面图：一层平面图、标准层平面图、顶层平面图（自选）、屋顶平面图（比例为

1∶200）。

2）立面图：以轴线命名，主要包括立面图及侧立面图（根据需要）。

3）剖面图（选有代表性的墙、柱、门窗处，不剖楼梯）。

（3）楼梯详图（手工绘制，比例 1∶50 或 1∶60）包括楼梯平面图和剖面图（集中设计时间为两周时绘制，一周时不需要绘制）。

（4）其他详图（计算机绘制，比例为 1∶50 或自选）包括厨房、卫生间、盥洗室详图等，以及根据自己所选项目的使用功能，有必要绘制的其他建筑施工图。

## 六、其他要求

### 1. 图纸

图纸均采用 A2 图纸（标准尺寸为 420mm×594mm）或 A2 加长。

### 2. 设计时间

集中设计时间为两周或一周（根据教学计划安排）。

# 参 考 文 献

[1] 中华人民共和国住房和城乡建设部. 绿色建筑评价标准：GB/T 50378—2019 [S]. 北京：中国建筑工业出版社，2019.

[2] 中华人民共和国住房和城乡建设部. 民用建筑设计统一标准：GB 50352—2019 [S]. 北京：中国建筑工业出版社，2019.

[3] 中华人民共和国住房和城乡建设部. 中小学校设计规范：GB 50099—2011 [S]. 北京：中国建筑工业出版社，2011.

[4] 中华人民共和国住房和城乡建设部. 住宅设计规范：GB 50096—2011 [S]. 北京：中国建筑工业出版社，2011.

[5] 中华人民共和国住房和城乡建设部. 建筑设计防火规范（2018 年版）：GB 50016—2014 [S]. 北京：中国建筑工业出版社，2018.

[6] 中华人民共和国住房和城乡建设部. 无障碍设计规范：GB 50763—2012 [S]. 北京：中国建筑工业出版社，2012.

[7] 中国联合工程公司. 建筑地面设计规范：GB 50037—2013 [S]. 北京：中国计划出版社，2014.

[8] 中华人民共和国住房和城乡建设部. 民用建筑热工设计规范：GB 50176—2016 [S]. 北京：中国建筑工业出版社，2016.

[9] 中华人民共和国住房和城乡建设部. 地下工程防水技术规范：GB 50108—2008 [S]. 北京：中国建筑工业出版社，2008.

[10] 中华人民共和国住房和城乡建设部. 建筑照明设计标准：GB 50034—2013 [S]. 北京：中国建筑工业出版社，2014.

[11] 中华人民共和国住房和城乡建设部. 建筑采光设计标准：GB 50033—2013 [S]. 北京：中国建筑工业出版社，2013.

[12] 中华人民共和国住房和城乡建设部. 公共建筑节能设计标准：GB 50189—2015 [S]. 北京：中国建筑工业出版社，2015.

[13] 中华人民共和国住房和城乡建设部. 工业建筑节能设计统一标准：GB 51245—2017 [S]. 北京：中国计划出版社，2017.

[14] 中华人民共和国住房和城乡建设部. 严寒和寒冷地区居住建筑节能设计标准：JGJ 26—2018 [S]. 北京：中国建筑工业出版社，2019.

[15] 中华人民共和国住房和城乡建设部. 夏热冬冷地区居住建筑节能设计标准：JGJ 134—2010 [S]. 北京：中国建筑工业出版社，2010.

[16] 中华人民共和国住房和城乡建设部. 夏热冬暖地区居住建筑节能设计标准：JGJ 75—2012 [S]. 北京：中国建筑工业出版社，2012.

[17] 中华人民共和国住房和城乡建设部. 温和地区居住建筑节能设计标准：JGJ 475—2019 [S]. 北京：中国建筑工业出版社，2019.

[18] 中华人民共和国住房和城乡建设部. 建筑地基基础设计规范：GB 50007—2011 [S]. 北京：中国建筑工业出版社，2012.

[19] 中华人民共和国住房和城乡建设部. 建筑抗震设计规范（2016 年版）：GB 50011—2010 [S]. 北京：中国建筑工业出版社，2016.

[20] 中华人民共和国住房和城乡建设部. 混凝土结构设计规范（2015 年版）：GB 50010—2010 [S]. 北京：

中国建筑工业出版社，2016.

[21] 建筑设计资料集（第三版）编委会. 建筑设计资料集 第 1 分册 建筑总论 [M]. 3 版. 北京：中国建筑工业出版社，2017.

[22] 建筑设计资料集（第三版）编委会. 建筑设计资料集 第 2 分册 居住 [M]. 3 版. 北京：中国建筑工业出版社，2017.

[23] 建筑设计资料集（第三版）编委会. 建筑设计资料集 第 3 分册 办公·金融·司法·广电·邮政 [M]. 3 版. 北京：中国建筑工业出版社，2017.

[24] 建筑设计资料集（第三版）编委会. 建筑设计资料集 第 4 分册 教科·文化·宗教·博览·观演 [M]. 3 版. 北京：中国建筑工业出版社，2017.

[25] 建筑设计资料集（第三版）编委会. 建筑设计资料集 第 5 分册 休闲娱乐·餐饮·旅馆·商业 [M]. 3 版. 北京：中国建筑工业出版社，2017.

[26] 建筑设计资料集（第三版）编委会. 建筑设计资料集 第 6 分册 体育·医疗·福利 [M]. 3 版. 北京：中国建筑工业出版社，2017.

[27] 建筑设计资料集（第三版）编委会. 建筑设计资料集 第 7 分册 交通·物流·工业·市政 [M]. 3 版. 北京：中国建筑工业出版社，2017.

[28] 建筑设计资料集（第三版）编委会. 建筑设计资料集 第 8 分册 建筑专题 [M]. 3 版. 北京：中国建筑工业出版社，2017.

[29] 同济大学，西安建筑科技大学，东南大学，等. 房屋建筑学 [M]. 5 版. 北京：中国建筑工业出版社，2016.

[30] 西安建筑科技大学，长安大学，西安交通大学，等. 房屋建筑学 [M]. 2 版. 北京：中国建筑工业出版社，2017.

[31] 鲍家声，鲍莉. 建筑设计教程 [M]. 2 版. 北京：中国建筑工业出版社，2021.

[32] 陈晓霞，吴双双. 房屋建筑学课程设计指南 [M]. 北京：中国建材工业出版社，2018.

[33] 董黎，董仕君，裴刚，等. 房屋建筑学 [M]. 2 版. 北京：高等教育出版社，2016.

[34] 郭学明. 装配式建筑概论 [M]. 北京：机械工业出版社，2018.

[35] 何培斌. 房屋建筑学 [M]. 重庆：重庆大学出版社，2016.

[36] 王雪松，李必瑜. 房屋建筑学 [M]. 6 版. 武汉：武汉理工大学出版社，2021.

[37] 刘加平，董靓，孙世钧. 绿色建筑概论 [M]. 2 版. 北京：中国建筑工业出版社，2020.

[38] 刘建荣，翁季，孙雁. 建筑构造：下册 [M]. 6 版. 北京：中国建筑工业出版社，2019.

[39] 刘靖，刘惠卿，王海涛. 建筑节能 [M]. 长沙：中南大学出版社，2015.

[40] 刘晓燕，王忠华，韩滔，等. 建筑节能原理与应用 [M]. 北京：中国水利水电出版社，2012.

[41] 聂洪达. 房屋建筑学 [M]. 3 版. 北京：北京大学出版社，2016.

[42] 潘睿. 房屋建筑学 [M]. 4 版. 武汉：华中科技大学出版社，2020.

[43] 彭一刚. 建筑空间组合论 [M]. 3 版. 北京：中国建筑工业出版社，2011.

[44] 盛培基. 房屋建筑学 [M]. 武汉：武汉大学出版社，2013.

[45] 宋兴禹，曾跃飞. 装配式建筑概论 [M]. 北京：机械工业出版社，2021.

[46] 王海军，魏华，李金云. 房屋建筑学 [M]. 北京：高等教育出版社，2015.

[47] 王万江，曾铁军. 房屋建筑学 [M]. 4 版. 重庆：重庆大学出版社，2017.

[48] 王怡. 工业建筑节能 [M]. 北京：中国建筑工业出版社，2018.

[49] 吴刚，潘金龙. 装配式建筑 [M]. 北京：中国建筑工业出版社，2018.

[50] 肖芳. 建筑构造 [M]. 3 版. 北京：北京大学出版社，2021.

[51] 邢双军. 房屋建筑学 [M]. 2 版. 北京：机械工业出版社，2018.

[52] 张险峰. 建筑节能的意义与途径 [J]. 城市开发，2018（08）：66-67.

[53] 朱德本. 建筑设计图集 当代工业建筑 [M]. 北京：中国建筑工业出版社，1996.

[54] 梁鼎森. 民用建筑设计导论 [M]. 北京：中国建筑工业出版社，2011.

[55]　齐康. 齐康建筑设计作品系列 4　周恩来纪念馆［M］. 沈阳：辽宁科学技术出版社，1999.

[56]　大师系列丛书编辑部. 图解当代欧洲建筑大师 2［M］. 长沙：湖南大学出版社，2008.

[57]　叶依谦. 演进的设计：国际投资大厦项目设计的回顾与分析［J］. 建筑创作，2004（05）：42-79.

[58]　何平. 近代中国的汇丰银行［J］. 中国金融，2016（02）：93-94.

[59]　闫祥梅，罗晓滨. 河南广播电视发射塔外筒桉叶糖形钢柱吊装技术［J］. 施工技术，2011，40（22）：8-10.

[60]　西尔克·哈里奇，比阿特丽斯·普拉萨，焦怡雪. 创意毕尔巴鄂：古根海姆效应［J］. 国际城市规划，2012，27（03）：11-16.

[61]　程大锦. 建筑：形式、空间和秩序［M］. 4 版. 刘丛红，译. 天津：天津大学出版社，2018.

[62]　赵伟伟. 中国海盐博物馆［J］. 建筑学报，2010（11）：30-34.

[63]　舒赫. 江苏省美术馆新馆［J］. 建筑学报，2010（11）：48-51.

[64]　李璠. 麦克纳马拉校友中心，明尼苏达大学，明尼苏达州，美国［J］. 世界建筑，2008（10）：30-33.

[65]　K. 弗兰姆普敦，张钦楠，关肇邺，等. 20 世纪世界建筑精品集锦　1900—1999　第 9 卷　东亚［M］. 北京：中国建筑工业出版社，1999.